決勝に勝利、喜ぶ智弁和歌山ナイン

第103回全国高等学校野球選手権大会

優勝 智弁山

（21年ぶり3回目）

優勝旗を授与された
主将の宮坂

準々決勝 明徳義塾戦。智弁学
園は九回裏無死満塁、岡島の安
打で森田がサヨナラの生還。劇
的勝利で準決勝に進出した

完封投手たち

代木大和
[明徳義塾]

試合数	投球回	打者数	安打
3	18	68	8

三振	四死球	失点	自責点	球数
15	10	2	2	241

上山颯太
[三重]

試合数	投球回	打者数	安打
2	10	46	13

三振	四死球	失点	自責点	球数
6	3	5	4	153

渡辺翔真
[盛岡大付]

試合数	投球回	打者数	安打
3	24 2/3	95	14

三振	四死球	失点	自責点	球数
16	7	4	2	340

深沢鳳介
[専大松戸]

試合数	投球回	打者数	安打
2	12 1/3	49	10

三振	四死球	失点	自責点	球数
13	1	1	1	181

當山 渚
[沖縄尚学]

試合数	投球回	打者数	安打
2	16 2/3	61	15

三振	四死球	失点	自責点	球数
17	1	4	4	230

森下瑠大 ［京都国際］

試合数	投球回	打者数	安打
4	28	112	15

三振	四死球	失点	自責点	球数
28	14	6	6	427

ヴァデルナ フェルガス ［日本航空］

試合数	投球回	打者数	安打
3	24 1/3	101	18

三振	四死球	失点	自責点	球数
19	13	6	5	388

秋山正雲 ［二松学舎大付］

試合数	投球回	打者数	安打
2	19	78	16

三振	四死球	失点	自責点	球数
17	6	6	5	311

好投及ばず──悔しき完封負け

西田恒河 ［樟南］

試合数	投球回	打者数	安打
1	9	40	9

三振	四死球	失点	自責点	球数
3	4	2	2	138

大嶋 柊 ［西日本短大付］

試合数	投球回	打者数	安打
1	8	34	4

三振	四死球	失点	自責点	球数
4	5	2	0	132

外丸東真 ［前橋育英］

試合数	投球回	打者数	安打
1	8	29	

三振	四死球	失点	自責点	球数
7	3	1	1	102

好守の輝き
── 無失策試合から

二回表帯広農2死一塁、走者・佐藤大は暴投で三塁を狙うがタッチアウト。三塁手・渡辺勇

七回表、明徳義塾2死二、三塁、米崎の飛球を左翼手・前川（智弁学園）が好捕

八回裏無死、松商学園の代打・藤石の打球を好捕する米崎（明徳義塾）

六回表1死、広島新庄の繁光のファウルフライを岸本（横浜）が好捕

石見智翠館のサヨナラ
日大山形戦、九回裏1死三塁から今泉の中前打でホームを目指す山崎琢

横浜のサヨナラ
広島新庄戦、九回裏2死一、三塁で一年生の1番・緒方が劇的な逆転サヨナラ本塁打を放つ

神戸国際大付のサヨナラ
長崎商戦、十回裏2死二、三塁から4番・西川の左前打で、二塁走者・松尾が生還し逆転サヨナラ。捕手・伊藤

近江のサヨナラ
神戸国際大付戦、九回裏1死一塁、春山の右中間打で一気に生還した明石の歓喜のヘッドスライディング

高川学園のサヨナラ
小松大谷戦、九回裏1死満塁からサヨナラとなる押し出しの四球を選び、喜ぶ山

サヨナラは
いつもドラマチック

京都国際のサヨナラ
敦賀気比戦、九回裏1死二塁、松下の右前安打と敵失で走者・平野が生還し、サヨナラ勝ちを収めて喜ぶ京都国際ナイン

前川右京 (智弁学園)
大会最多本塁打②
大会最多安打⑩
大会最多打点⑦

吉田瑞樹 (浦和学院)
大会最多三塁打②

大仲勝海
(智弁和歌山)
大会最多安打⑩
大会最高打率 .588
大会最多犠打③

第103回 記録を残したプレーヤーたち

中川勇斗 (京都国際)
大会最多本塁打②

久次米陸士 (日本航空)
大会最多盗塁③

織茂秀喜 (松商学園)
1試合最多安打⑤
1試合最多打点⑥

沢山佳文 (長崎商)
大会最多犠打③
1試合最多犠打③

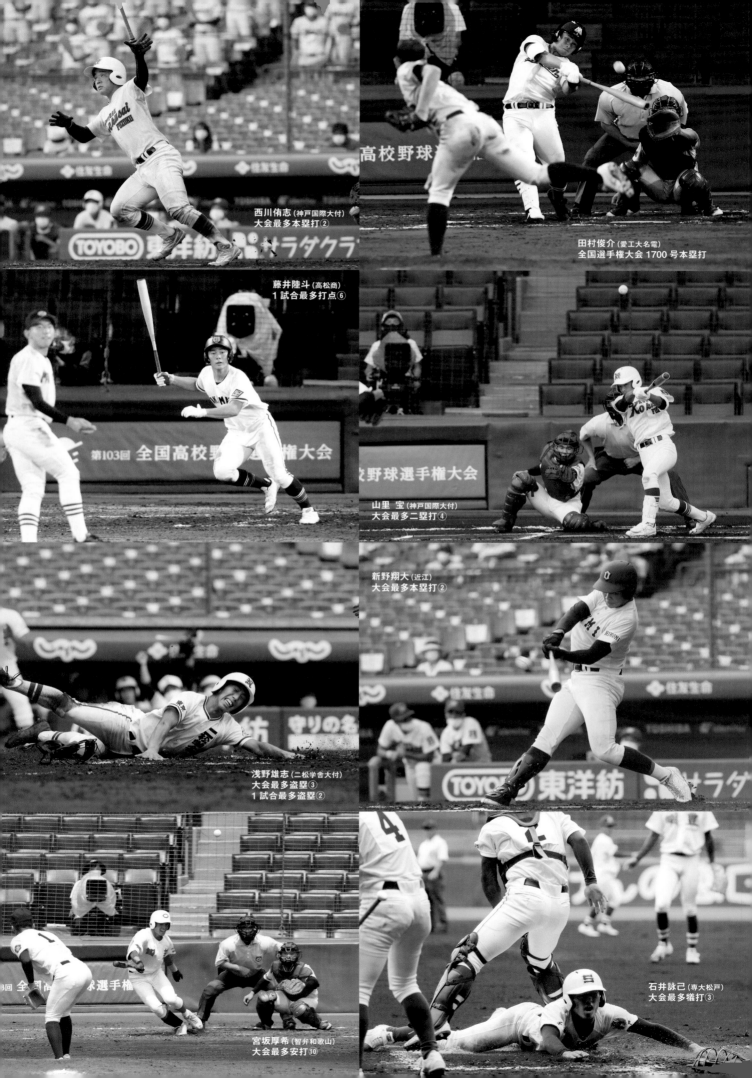

西川侑志（神戸国際大付）
大会最多本塁打②

田村俊介（愛工大名電）
全国選手権大会 1700 号本塁打

藤井陸斗（高松商）
1 試合最多打点⑥

山里 宝（神戸国際大付）
大会最多二塁打④

新野翔大（近江）
大会最多本塁打②

浅野雄志（二松学舎大付）
大会最多盗塁③
1 試合最多盗塁②

宮坂厚希（智弁和歌山）
大会最多安打⑩

石井詠己（専大松戸）
大会最多犠打③

目次

【凡例】

選手名　守備位置　〔 〕は先発　代打　代走

シングルヒット　打球の方向　アミカケ字は安打　遊ゴロ併殺　投手交代

死球　遊併　本塁打　三塁打　ファウルフライ　左邪　遊ゴ　振逃　右中二　振り逃げ　二直併　ライナー　犠打　二塁打　ライナー併殺　四球　二直併

中本●右三

★ 本塁打　三 三塁打　二 二塁打　盗 盗塁　併 併殺　暴 暴投
ボ ボーク　逸 捕逸　失 失策　妨 妨害出塁

全国選手権大会試合成績

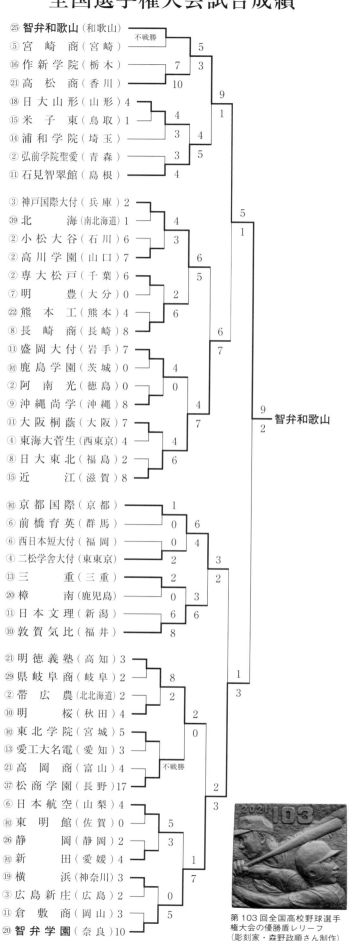

注　丸数字は出場回数。初は初出場。智弁和歌山は宮崎商に不戦勝。
　　松商学園は東北学院に不戦勝。いずれも試合辞退で

第103回全国高校野球選手権大会の優勝盾レリーフ
（彫刻家・森野政順さん制作）

智弁和歌山、静かに勝利の整列
今大会を振り返る

最後の打者を三振に仕留めて、優勝を決めた直後だった。智弁和歌山の選手たちは派手にガッツポーズをすることもなく、歓喜の輪をつくることもなく、淡々と整列に向かった。試合後のインタビューで、主将の宮坂は「礼に始まり礼に終わる」と、その理由を説明した。

相手の智弁学園（奈良）へ敬意を表することに加え、密にならないよう、最後まで新型コロナウイルスの感染対策を意識した行動でもあった。

2年ぶりに復活した選手権大会は、新型コロナの影響を強く受けた。

開会式は一部を簡素化した。一般向けのチケット販売を行わず、入場は学校関係者に限った。

大会中、チーム内に感染者が出た宮崎商が智弁和歌山との初戦を戦うことなく甲子園を去り、1回戦に勝った東北学院（宮城）も2回戦を辞退した。不戦勝（不戦敗）は全国選手権で初めてだった。地方大会では、春の選抜大会優勝の東海大相模（神奈川）や2019年夏の第101回大会準優勝の星稜（石川）など、計9校が野球部員らに感染者が出たとして、出場辞退を余儀なくされた。

悪天候にも苦しめられた。順延（一部順延を含む）は7度にのぼり、第57回大会（1975年）の5度を上回って過去最多となった。大阪桐蔭─東海大菅生（西東京）は八回途中で23年ぶりの降雨コールドゲームとなり、降雨ノーゲームも2度あった。

当初8月25日の予定だった決勝はこれまでで最も遅い同29日となり、大会期間20日も史上最長だった。2連戦を解消するため、今大会から3回戦終了翌日にも休養日を新設し、計3日としたが、順延が重なった影響で1日に減ってしまった。

近年、「打高投低」の傾向が顕著だった夏の戦いにも変化は見てとれた。コロナ禍で部活動が厳しい制約を受けた。実戦経験が不足し、感覚を磨きにくかった打者の仕上がりが遅れている印象を受けた。総得点367は過去20年間で2番目に少なかった。

好投手が多かったこともあり、完封は9試合を数えた。1大会9完封は2004年の第86回大会以来の多さ。西村（智弁学園）、代木（明徳義塾）、森下（京都国際）、秋山（二松学舎大付）、ヴァデルナ（日本航空）、當山（沖縄尚学）ら制球力の高い左腕が目立った。

優勝した智弁和歌山も、4試合（不戦勝を除く）で失策は二つしかなく、計7失点。伝統の強打も健在だったが、エース右腕の中西を中心に、タイプの違う5投手をそろえ、守り勝った印象が強かった。

打者の経験が不足し、「この夏は守りが鍵になる」とみて、鍛えてきた中谷監督は元プロ野球選手。元プロ選手の監督による全国制覇は、1982年の第64回大会を制した池田（徳島）の蔦文也氏（故人）以来、39年ぶりのこと。2013年の学生野球資格回復研修導入後は初めてだった。

4強がすべて近畿勢となったのも今大会の特徴の一つ。夏の初優勝に一歩、届かなかったが、強打者の前川に、西村、小畠の左右の二枚看板を擁した智弁学園も好チームだった。京都国際は捕手の中川が攻守でチームを引っ張り、初出場で躍進。大阪桐蔭を逆転で破るなど近江（滋賀）の粘り強さも鮮烈な印象を残した。

障害予防の観点から、20年春に「1週間に500球」の投球数制限が導入されて初めての全国選手権でもあった。1人の投手だけで地方大会を勝ち上がった代表校は2校だけで、この夏、制限が適用された投手は全国で一人もいなかった。複数投手制が浸透してきたことをうかがわせた。

いかに球児の健康を守っていくかという大きな課題はこの先も変わらない。異例の大会とはなったが、前年の3年生の思いも詰まった2年分の「特別な夏」を、高校野球の次の一歩につなげていきたい。
（山口裕起）

1、2年生の活躍が目立った
八田英二・大会審判委員長（日本高野連会長）の講評（要旨）

1週間500球以内の投球数制限の導入で、投手の起用方法も注目されました。智弁和歌山、智弁学園ともに複数の投手の持ち味を発揮し、勝ち上がってきた白熱の戦いになりました。準々決勝は4試合中3試合がサヨナラとなり、好勝負が展開されました。準決勝に進出した4校すべてを近畿地区の代表校が占めました。大会を通じて1、2年生の選手の活躍が目立ち、今後の成長が楽しみです。

ひたむきな球児の姿、心動かした
中村史郎・大会会長（朝日新聞社社長）のあいさつ（要旨）

智弁和歌山は強力打線で栄冠を勝ち取りました。準優勝の智弁学園は鍛えられた守備が見事でした。2年ぶりの大会は新型コロナウイルスと長雨で異例ずくめになりました。困難に立ち向かい、ひたむきに白球を追った球児の姿は多くの人の心を動かしました。私たちは今大会の課題を検証して今後に生かすとともに、甲子園という夢の舞台を全力で支えていきます。来年は球場で応援できるようになることを願っています。

[1回戦] 8月10日 第1日 第1試合

チーム		1	2	3	4	5	6	7	8	9	計
米子東	(鳥取)	0	0	0	0	0	0	0	0	1	1
日大山形	(山形)	1	0	2	0	0	1	0	0	X	4

投手陣が踏ん張り、日大山形開幕戦飾る
日大山形は先発・斎藤が12安打を浴びるが1失点。
米子東は九回に1点返すも追い上げならず。

米子東

		打	得	安	点	振	球	犠	盗	失	1	2	3	4	5	6	7	8	9
(中)	松田	3	0	0	0	3	0	0	0	0	三振		三振		三振				
遊	岩崎	2	0	1	0	1	0	0	0	0							遊安		・三振
遊投	藪本	5	0	2	0	1	0	0	0	0	中安		中安	右飛	遊ゴ	三振			
(投右)	舩木佑	5	0	0	0	1	0	0	0	0	中飛	二併		遊ゴ	右飛	三振			
(左)	太田	4	0	2	0	0	0	0	0	0	左安		二ゴ		中安	右飛			
(一)	瀬川	3	0	1	0	0	1	0	0	0	四球		遊ゴ		左安	遊ゴ			
(三)	岡本	4	1	1	0	0	0	0	0	0	三飛		中飛		三併		二安		
(右)	中本	3	0	1	0	0	1	0	0	1		遊ゴ		三失	四球		左安		
(捕)	舩木洸	3	0	1	0	0	0	0	0	0		三ゴ		二安	三ゴ				
打	徳丸	1	0	1	1	0	0	0	0	0									遊安
(二)	長尾	4	0	2	0	1	0	0	1	0	三振			右安	左飛		中安		
	残 11	37	1	12	1	7	2	0	1	1									

各回得点 0 0 0 0 0 0 0 0 1

投手	回	打	安	振	球	失	責	数
舩木佑	4	19	4	1	1	3	3	63
藪本	4	17	3	5	2	1	1	59

日大山形

		打	得	安	点	振	球	犠	盗	失	1	2	3	4	5	6	7	8	9
(三)	秋葉	4	0	1	0	0	0	0	0	1	右安		三ゴ	二ゴ				一邪	
(二)	新田	3	2	2	0	1	1	0	1	0	四球	中安		・三振		右安			
(一)	佐藤	3	1	2	2	0	0	0	0	0	左安	左二		死球					
(捕)	伊藤	4	0	2	1	1	0	0	0	1	二併		右安	三振		三振			
(中)	榎本	3	1	0	0	2	1	0	0	0	三ゴ	三振			死球	三振			
(捕)	梅津	3	0	0	0	1	0	1	0	0	二ゴ		右飛	捕犠	三振				
(右)	塩野	4	0	2	0	0	0	0	0	0	左安		右安	三振	遊飛				
(投)	斎藤	4	0	1	1	0	0	0	0	0	遊ゴ	遊ゴ		左安	一飛				
投	滝口	0	0	0	0	0	0	0	0	0									
(遊)	大場	4	0	1	0	0	0	0	0	0		遊ゴ	中安	遊ゴ	一ゴ				
	残 8	32	4	11	4	6	3	1	1	2									

各回得点 1 0 2 0 0 1 0 0 X

投手	回	打	安	振	球	失	責	数
斎藤	8 0/3	36	12	4	2	1	1	110
滝口	1	3	0	3	0	0	0	13

二佐藤　盗新田(一回)長尾(五回)　失伊藤(一回)中本(三回)秋葉(五回)　併米子東1　日大山形2
▽審判(球)大槻　(塁)堅田　金丸　鈴木　[試合時間]1時間58分　※五回表、米子東の中本が守備妨害でアウト

◎…日大山形は一回、佐藤の適時打で先制すると、三回には佐藤、伊藤の連続適時打で2点、六回には斎藤の適時打で1点と小刻みに加点し、流れを渡さなかった。米子東は相手を上回る12安打を放ったが、あと1本が出ず、九回の1点止まりだった。

○斎藤(山)　九回に1失点して無死満塁で降板。「自分がエースである以上、九回を投げきらないといけない。緊張もあってバテてしまった」

●紙本監督(米)　「甲子園で応援してくださる方々の前で試合ができて幸せだった。地元にいいニュースを届けたかった。早い回に点を取れればよかった」

開幕戦での勝利で勢いつける　山形勢の開幕試合での勝利は42年ぶり。第61回(1979年)で、日大山形が新居浜商(愛媛)を下して以来。山形勢の開幕試合の通算は2勝1敗。

一回裏日大山形1死二塁、佐藤は先制の左前適時打を放つ

[1回戦] 8月10日 第1日 第2試合

チーム		1	2	3	4	5	6	7	8	9	計
新田	(愛媛)	0	1	0	0	0	1	0	2	0	4
静岡	(静岡)	0	0	0	0	0	0	2	0	0	2

好守備で勝利呼び込んだ新田、夏初勝利
新田は同点とされた七回、1死一塁で静岡・山岸の大飛球を中堅手・長谷川が好捕。夏初出場初勝利。

新田

		打	得	安	点	振	球	犠	盗	失	1	2	3	4	5	6	7	8	9
(中)	長谷川	4	0	3	0	1	1	0	0	0	右安	三振			中安	四球		左安	
(三)	入山	4	0	1	2	1	0	1	0	0	三振		遊ゴ		・三振			右二	
(捕)	近平	3	0	0	0	2	2	0	0	0	三振		三振	四球	二ゴ	四球			
(捕)	古和田	4	0	0	0	1	1	0	0	1	三ゴ		遊飛	四球	三振	中飛			
(左)	新納	3	1	1	0	1	2	0	0	0		右安	死球	投ゴ	四球	振逃			
(一)	乗松	3	0	0	0	3	0	2	0	0		投犠	投犠	三振	三振		・三振		
(右)	山本	3	1	2	0	0	2	0	0	0	左安		遊ゴ		中安	四球	四球		
(投)	向井	3	1	1	1	0	1	1	0	0	右安		三邪	一ゴ		四球	捕犠		
(遊)	山内	5	1	1	1	1	0	0	0	0	三振		遊ゴ	左安		投ゴ	中飛		
	残 14	32	4	9	4	10	9	4	0	1									

各回得点 0 1 0 0 0 1 0 2 0

投手	回	打	安	振	球	失	責	数
向井	9	35	8	1	2	2	0	119

静岡

		打	得	安	点	振	球	犠	盗	失	1	2	3	4	5	6	7	8	9
(二)	渋谷	4	0	1	0	0	0	0	0	0	遊ゴ		左安		一邪		右飛		
(右)	金子	2	0	1	0	1	0	1	0	0	三振		中二						
投	鈴木	1	0	1	0	0	0	0	0	0						中安			
打右	宮本	1	0	0	0	0	0	0	0	0							三ゴ		
(一)	座馬	3	0	1	0	1	0	1	0	0	二ゴ		捕邪		中安	四球			
(左)	池田	4	0	1	0	0	0	0	0	0		右飛		遊飛	二ゴ	左安			
(投右投)	高須	4	1	1	0	0	0	0	0	0	三ゴ		中飛			左安	右飛		
(中)	相田	3	0	0	0	0	0	0	0	0		左邪		右飛		一犠	二飛		
(捕)	川端	3	1	1	0	0	1	0	0	0		四球	中飛		右安	遊直			
打	山本	2	0	1	1	0	0	1	0	0		一犠		捕邪	中安	二飛			
(三)	山岸	3	0	0	0	0	0	0	0	0		中飛			遊直	中飛			
	残 6	31	2	8	1	2	2	0	0										

各回得点 0 0 0 0 0 0 2 0 0

投手	回	打	安	振	球	失	責	数
高須	5 2/3	28	7	5	4	2	2	112
鈴木	2 1/3	13	2	4	2	2	2	58
高須	1	4	0	1	1	0	0	17

二金子　入山　失古和田(七回)　暴高須(六回)　併新田1
▽審判(球)野口　(塁)乗金　広瀬　深沢　[試合時間]2時間15分

◎…新田が競り勝った。同点に追いつかれた直後の八回、2四球と安打で1死満塁とし、入山の右翼線への2点適時打で勝ち越した。静岡は七回、山本の適時打などで振り出しに戻したが、相手中堅手・長谷川の好プレーに阻まれてリードを奪えなかった。

●池田監督(静)　「攻撃から試合を展開していこうと言っていたが、(狙い球を)絞りきれなかった。思う通りにできないのが甲子園なのかな」

192センチ、静岡のエースがあえいだ　身長192センチの静岡のエース・高須は「フォームが崩れ、思ったように投げられなくなった」。六回に2死三塁を招くと浮いた変化球を左前へ運ばれて2点目を失った。次打者に四球を与えて交代、右翼の守備についた。

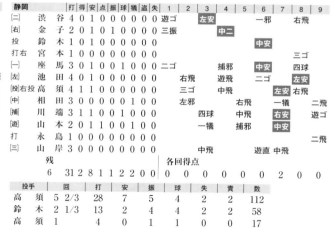

五回表新田2死満塁、新納(7)の打球を好捕する投手・高須

[1回戦] 8月10日 第1日 第3試合

		1	2	3	4	5	6	7	8	9	計
東明館	(佐賀)	0	0	0	0	0	0	0	0	0	0
日本航空	(山梨)	0	0	0	0	0	1	0	3	X	4

好守連発の日本航空が先制、投手戦制す
六回、日本航空が2死一、三塁で盗塁に成功し先制。投げてはヴァデルナが5安打完封。

東明館

	選手	打	得	安	点	振	球	犠	盗	失	打撃内容
捕投	加藤	2	0	0	0	0	1	1	0	0	四球 / 投犠 / 中飛 / 左飛
(二)	久保	3	0	0	0	1	0	1	0	0	投犠 / 遊直 / ニゴ / 三振
(右)	井上	3	0	0	0	0	1	0	0	0	三振 / 二飛 / ニゴ / 右飛
(遊)	出田	3	0	1	0	0	1	0	0	0	遊ゴ / 左安 / 四球 / 二飛
(一)	窪山	4	0	0	0	0	0	0	0	0	右飛 / ニゴ / 中飛 / 二飛
捕	石井	0	0	0	0	0	0	0	0	0	
(左一)	松本	4	0	2	0	0	0	0	1	0	左二 / 左安 / 三失 / 遊ゴ
(中)	成沢	4	0	1	0	2	0	0	0	0	三振 / 三振 / 中安 / ニゴ
(三)	藤田	4	0	0	0	0	0	0	0	0	三振 / ニゴ / 遊ゴ / ニゴ
(投左)	今村	2	0	1	0	1	1	0	0	0	中安 / 三振 / 四球
	残 8	29	0	5	0	5	3	3	1	0	

各回得点：0 0 0 0 0 0 0 0 0

日本航空

	選手	打	得	安	点	振	球	犠	盗	失	打撃内容
(遊)	久次米	2	1	1	0	0	1	1	1	0	三ゴ / 四球 / 遊安 / 一犠
(三)	森	3	1	1	1	1	0	1	0	1	三ゴ / 三振 / 投犠 / 左二
(中)	エドボロ	4	1	1	0	0	0	0	1	0	三ゴ / 遊ゴ / 三振 / 右二
(左)	和泉	4	0	1	2	1	0	0	0	0	遊ゴ / 一邪 / 三振 / 右安
走左	成沢	0	0	0	0	0	0	0	0	0	
(一)	塚田	4	0	0	0	0	0	0	0	0	二邪 / 遊直 / ニゴ / 左飛
	和田	4	0	1	0	0	0	0	0	0	遊飛 / 三ゴ / 左二 / 三ゴ
(右)	土橋	3	0	1	0	0	0	0	0	0	左安 / ニゴ / 投ゴ
右		0	0	0	0	0	0	0	0	0	
(捕)	山本竜	3	0	0	0	0	0	0	0	0	三ゴ / 三ゴ / 遊ゴ
(投)	ヴァデルナ	2	1	2	0	0	0	1	0	0	投犠 / 中安 / 中安
	残 5	29	4	8	3	2	1	3	2	1	

各回得点：0 0 0 0 0 1 0 3 X

投手	回	打	安	振	球	失	責	数
今村	7 1/3	31	8	2	1	4	4	91
加藤	2/3	2	0	0	0	0	0	10
ヴァデルナ	9	35	5	5	3	0	0	125

二 松本 和田 森 エドボロ 遠石井(八回)　盗 松本(四回) 久次米(六回) エドボロ(六回)　失 森(六回)
▽審判 (球)高田 (塁)西山 中川 前坂 [試合時間]1時間45分

◎…日本航空のヴァデルナが打たせて取る投球で5安打完封した。打線は六回2死一、三塁から重盗で1点先制。八回は森と和泉の適時打で突き放した。東明館は今村が粘投し、バックも堅守。六回の本塁突入を中堅手の好返球で阻まれたのが痛かった。
●豊福監督(東)「思ったより悔しい。相手の長打力はすごく脅威だった。しっかり鍛え直して、もう一度この場に戻ってきたい」
東明館、2年生は誓う 東明館の右腕、2年生の今村に異変が起きたのは八回だった。「腕が振れなくなり、コーナーに行かなくなってきた」。得意の球が真ん中に入ったところを2番打者に捉えられ、左越え適時二塁打に。直後、3、4番に痛打された球も抑えが利かず高い。直後、加藤にマウンドを譲った。今村は試合後、「投げきれるスタミナをつけて戻ってきたい」。

六回裏日本航空2死一、三塁、三塁走者・久次米は本盗に成功する

[49代表 登録選手名簿]

帯広農
1 佐藤 大海 ②
2 渋谷 悠稀 ③
3 干場 雄心 ③
4 清水 椋太 ③
5 西川 健生 ③
6 ◎佐伯 柊 ③
7 佐藤 敦基 ③
8 村中 滉貴 ③
9 谷口 純也 ③
10 水口 智文 ③
11 武藤 大斗 ③
12 貞広 大聖 ③
13 鴨川 昂政 ③
14 小寺 潤 ③
15 飯田 和也 ③
16 江本 悠李 ③
17 三浦 毅留 ②
18 得地 佳来 ③
部長 大久保聡彦
監督 前田 康晴

北海
1 木村 大成 ③
2 大津 綾也 ③
3 杉林 蒼太 ②
4 小原 海月 ③
5 尾崎 大嘉 ③
6 ◎宮下 朝陽 ③
7 林 大海 ③
8 山田 堅真 ③
9 江口聡一郎 ③
10 吉野 龍生 ③
11 工藤 泰己 ③
12 中井 侃煌 ③
13 熊谷 陽輝 ①
14 斉藤 真吾 ③
15 井尻 琉斗 ②
16 中川 太陽 ③
17 関 虎大朗 ③
18 酒井 智輝 ③
部長 立島 達直
監督 平川 敦

弘前学院聖愛
1 葛西 倖生 ②
2 松坂 映杜 ③
3 木村 光佑 ③
4 工藤 遼大 ②
5 高木 優斗 ③
6 長利 斗真 ③
7 ◎佐藤 純斗 ③
8 丸岡昂太郎 ③
9 町田 修平 ③
10 前田 拓飛 ③
11 斎藤 禅 ②
12 工藤 天晴 ③
13 工藤 良唯 ③
14 三浦 瑠真 ③
15 宇野琥太朗 ①
16 佐々木凌来 ③
17 佐藤 心 ②
18 斎藤 圭人 ③
部長 太田 淳
監督 原田 一範

盛岡大付
1 渡辺 翔真 ③
2 ◎田屋 瑛人 ③
3 金子 京介 ③
4 南 早羽己 ③
5 松本 龍哉 ③
6 佐々木一晃 ③
7 平内 蒼大 ③
8 新井 流星 ③
9 小針 遼梧 ③
10 大平 一真 ③
11 阿部 凜叶 ③
12 大貫 鉄生 ③
13 駒田 隼大 ③
14 中沢 舟汰 ③
15 庄司 光汰 ③
16 蝦名 叶多 ③
17 金田 塁 ②
18 井口 敦 ③
部長 松崎 克哉
監督 関口 清治

明桜
1 風間 球打 ③
2 ◎中井 稜貴 ③
3 真柴 育夢 ③
4 石田 恋 ②
5 渡辺 勇伸 ③
6 石田 一斗 ③
7 土居 健太 ③
8 福溜洸太朗 ③
9 上山 優和 ③
10 山本 隆世 ③
11 栗城 蓮 ③
12 浅利 一煕 ③
13 渡辺 翔太 ③
14 三浦 柊馬 ③
15 石井 貫太 ③
16 冨岡 淳志 ③
17 高橋 聖央 ③
18 佐藤 秀悟 ③
部長 高井 智一
監督 興石 重弘

日大山形
1 斎藤 堅史 ③
2 梅津 康生 ③
3 ◎佐藤 拓斗 ③
4 新田 大樹 ③
5 秋葉 光大 ③
6 大場陽南斗 ②
7 伊藤 翔海 ③
8 榎本 拓海 ③
9 塩野 叶人 ③
10 滝口 琉偉 ③
11 大類 興雅 ③
12 鑓水 快 ③
13 鹿野 一斗 ③
14 井上 丈慈 ③
15 児珠 颯 ③
16 遠藤 夕雅 ③
17 渡辺 夢斗 ③
18 豊川 夢虎 ③
部長 園田 剛樹
監督 荒木 準也

東北学院
1 伊東 大夢 ③
2 加藤 翔也 ③
3 木村 颯汰 ③
4 今野 隼翔 ③
5 大洞 雄平 ③
6 武田 修弥 ③
7 山田 将生 ③
8 今野孝多朗 ③
9 及川 健成 ③
10 畠山 元 ③
11 小幡 仁哉 ③
12 佐々木康平 ③
13 ◎古沢 環 ③
14 根本 陽生 ③
15 佐藤 樹 ③
16 塩沼 慶太 ③
17 平間 春多 ③
18 直井良偉人 ③
部長 幡手新一郎
監督 渡辺 徹

日大東北
1 吉田 達也 ③
2 奈須 優眞 ②
3 岡部 歩夢 ③
4 ◎松川 侑矢 ③
5 相沢 柊吾 ③
6 山下日南太 ③
7 久納 海 ③
8 馬場 央典 ③
9 大塚 健太 ③
10 星 拳翔 ③
11 堀米 涼太 ③
12 大塚 翔太 ③
13 柳沼 奏汰 ③
14 佐藤 優成 ③
15 樋谷 蒼太 ③
16 村田 陽希 ③
17 鈴木 良輔 ③
18 関根 雅人 ③
部長 中村 猛安
監督 宗像 忠典

鹿島学園
1 薮野 哲也 ③
2 高久 塁 ③
3 大塚 大 ③
4 船田 琉斗 ③
5 平塚 将馬 ③
6 ◎甲斐 竣介 ③
7 羽場 颯 ③
8 畑本 拓海 ③
9 稲垣 尚英 ③
10 坂上 春喜 ③
11 大川 塁 ③
12 佐藤 夢来 ③
13 川島 大空 ③
14 網野 秀哉 ③
15 堀之内巴琉 ③
16 小池虹之郎 ③
17 岩沢 脩太 ③
18 荒木 玄篤 ③
部長 岡部 真洋
監督 鈴木 博識

作新学院
1 井上 力斗 ③
2 渡辺 翔偉 ③
3 小口 莉央 ③
4 高久 雄吾 ③
5 大房 建斗 ③
6 相場 秀登 ③
7 鈴木 陽登 ③
8 ◎田代 健介 ③
9 相原 一真 ③
10 佐藤 優成 ③
11 林 拓希 ③
12 浜口 陽介 ③
13 池沢 皓平 ③
14 守谷 龍成 ③
15 柳田 恵叶 ③
16 平塚 響葵 ③
17 戎 響葵 ③
18 片山 祐 ③
部長 岩嶋 敬一
監督 小針 崇宏

丸数字は学年を示します

[1回戦] 8月11日 第2日 第1試合

チーム		1	2	3	4	5	6	7	8	9	計
智弁学園	(奈良)	0	0	0	2	5	0	3	0	0	10
倉敷商	(岡山)	0	0	0	0	0	0	0	0	3	3

多彩な攻撃で得点を重ね、智弁学園快勝
適時打、スクイズなど多彩な攻撃で智弁学園が14安打10得点。倉敷商は九回に3点返すも及ばず。

智弁学園

	選手	打	得	安	点	振	球	犠	盗	失	1	2	3	4	5	6	7	8	9
遊	岡島	5	0	2	0	0	0	0	0	0	左飛		三邪		左二	右三	中飛		
二	高谷																		
右	谷口	4	1	0	0	1	1	0	0	0			三振	遊飛	四球	ニゴ	中飛		
右	前川	4	2	2	1	1	1	0	0	0	一安			二安	死球	三振	中飛		
三	山下	4	3	2	1	0	1	0	0	0	左二			二ゴ		四球	右安		
捕	植垣	3	2	1	1	2	1	0	0	0			三振	●三振	右安	死球			
捕	安藤	1	0	1	0	0	0	0	0	0							右安		
一	三垣	3	0	1	2	1	1	1	0	0			三振	死球	中二	三犠	ニゴ		
中	森	4	1	2	4	0	0	1	0	0			遊直	投犠	三犠	左安	右飛		
二遊	竹村	4	0	2	0	0	1	0	0	1				二安	投併	一飛	中安		
投	西村	2	1	1	1	1	0	2	0	0				捕犠	三振	投犠	四球		
打	坩和	1	0	0	0	0	0	0	0	0								一邪	
投	藤本	0	0	0	0	0	0	0	0	0									
投	小畠	0	0	0	0	0	0	0	0	0									
残 8		35	10	14	10	6	6	4	0	1									

各回得点 0 0 0 2 5 0 3 0 0

投手	回	打	安	振	球	失	責	数
西村	8	29	6	4	0	0	0	95
藤本	0/3	3	3	1	0	3	2	10
小畠	1	4	1	1	0	0	0	9

倉敷商

	選手	打	得	安	点	振	球	犠	盗	失	1	2	3	4	5	6	7	8	9
中	雄龍	4	0	1	0	1	0	0	0	0	三振		一ゴ		二ゴ			右安	
遊	池上	3	0	0	0	0	1	0	0	0	死球		遊ゴ	ニゴ		投ゴ			
三	山下	4	1	2	0	0	0	0	0	0			一併	三振	中飛		中安		
左	弓取	3	0	0	0	0	0	0	0	0			投ゴ	遊直	中飛				
二	品田	1	1	1	1	0	0	0	0	0								左安	
右	西川	4	0	1	1	0	0	0	0	0			中飛		一邪		一飛	●中安	
三	加藤	2	0	1	0	0	0	0	0	0					ニゴ	右安			
打左	今	2	0	0	0	0	0	0	0	0							三振	二ゴ	
投	三宅	1	0	0	0	1	0	0	0	0			三振						
打投	永野	1	0	0	0	0	0	0	0	0						ニゴ			
打投	柏内	2	0	0	0	0	0	0	0	0								中飛	ニゴ
捕	小田	2	0	1	0	0	0	0	0	0				中安		投ゴ			
打	大山	1	0	0	0	0	1	0	0	0								投安	
走	重見	0	0	0	0	0	0	0	0	0									
捕	長谷川	0	0	0	0	0	0	0	0	0									
打	岸本	1	0	0	0	1	0	0	0	0									三振
残 6		35	3	10	2	5	1	0	0	0									

各回得点 0 0 0 0 0 0 0 0 3

投手	回	打	安	振	球	失	責	数
三宅	3 0/3	13	4	3	0	2	2	51
永野	5	29	10	3	5	8	8	90
柏内	1	3	0	1	0	1	0	8

三 岡島 二 山下(智) 岡島 三 三垣 失 竹村(九回) 暴 藤本(九回) 併 智弁学園1 倉敷商2
▽審判 (球)鈴木 (塁)金丸 城市 大槻 [試合時間]2時間10分 ※七回表、死球の植垣に臨時代走前川

◎…智弁学園が多彩に攻めた。14安打で10得点。無死一塁で強攻する場面もあれば、四、五、七回にはいずれも1死からスクイズを決めるなど小技も光った。倉敷商は九回、先頭から4連打。継投した相手救援陣を攻めて3点を返したが、及ばなかった。
●梶山監督(倉)「三回までは我慢できていた。その間のチャンスでうまく攻められていれば、違った展開だったと思う。力の差を感じた」

力投した智弁学園の西村

[1回戦] 8月11日 第2日 第2試合

チーム		1	2	3	4	5	6	7	8	9	計
広島新庄	(広島)	0	0	0	0	1	0	0	0	1	2
横浜	(神奈川)	0	0	0	0	0	0	0	0	3	3

逆転サヨナラ本塁打で横浜劇的勝利
広島新庄が九回に2点目を追加。裏の横浜2死一、三塁で1年生の緒方が本塁打を放ち、逆転勝利。

広島新庄

	選手	打	得	安	点	振	球	犠	盗	失	1	2	3	4	5	6	7	8	9
二	大可	4	1	2	0	0	0	0	1	0			中安		右飛				一安
三	繁光	4	0	1	0	0	0	0	0	0	投ゴ			右邪	右邪				左安
右	平	4	0	1	1	1	0	0	0	0	右邪			投ゴ	三振				右安
投左一	花田	4	0	0	0	0	0	0	0	0			遊ゴ	ニゴ		遊ゴ			左飛
中左	藤川	4	1	2	0	1	0	0	1	0			三振		中安	中安			三振
遊	瀬尾	4	0	0	0	0	0	0	0	0			中飛		左飛	投併			ニゴ
左	葛西	2	0	0	0	0	0	0	0	0				ニゴ	投ゴ				
投	西井	1	0	0	0	0	0	0	0	0									左飛
一	河野	3	0	1	1	0	0	0	0	0			遊ゴ		中安			遊ゴ	
中	嶋田	0	0	0	0	0	0	0	0	0									
捕	北田	3	0	0	0	2	0	0	0	0			三振		左飛				三振
残 4		33	2	7	2	4	0	0	2	0									

各回得点 0 0 0 0 1 0 0 0 1

投手	回	打	安	振	球	失	責	数
花田	6 0/3	24	5	4	1	0	0	100
西井	2 0/3	9	2	1	1	1	1	29
秋山	2/3	5	2	1	0	2	1	13

横浜

	選手	打	得	安	点	振	球	犠	盗	失	1	2	3	4	5	6	7	8	9
遊	緒方	5	1	2	3	1	0	0	0	0	中安		捕飛		三振			遊ゴ	左本
中	安達	3	0	1	0	1	0	1	0	0	投犠		三邪		左安				三振
捕	金井	4	0	2	0	1	0	0	1	0	三振		遊安		左安				中安
投三	宮田	4	0	0	0	2	0	0	0	0	振逃		遊併		遊ゴ				三振
右	岸本	3	1	1	0	0	1	1	0	0	ニゴ		三振		四球				右安
一	玉城	3	1	1	0	0	1	0	0	0	遊ゴ		三ゴ		●投犠				●中安
三	増田	3	0	0	0	0	0	0	0	0	遊飛		投ゴ		遊ゴ				
投	杉山																		
打	延末	1	0	0	0	1	0	0	0	0									三振
二	板倉	4	0	2	0	0	0	0	2	0			中安		右安				三ゴ 二飛
残 8		33	3	9	3	7	2	2	2	0									

各回得点 0 0 0 0 0 0 0 0 3

投手	回	打	安	振	球	失	責	数
宮田	8	27	4	4	0	1	1	103
杉山	1	6	3	0	0	1	1	20

本 緒方(秋山) 盗 板倉(三回) 藤川(五回) 金井(八回) 大可(九回) 暴 花田(二回) 併 広島新庄1 横浜1
▽審判 (球)美野 (塁)宅間 久保 大屋 [試合時間]2時間10分

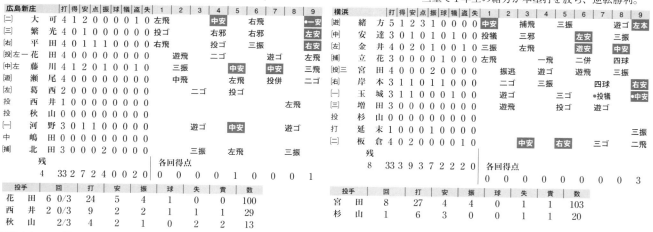

◎…横浜は2点を追う九回、2死一、三塁の好機で、1番・緒方が左越えにサヨナラの3点本塁打。広島新庄は河野の適時打などで先行、花田、西井が横浜打線を抑えたが、3番手・秋山が1球に泣いた。
広島新庄、3投手が力投 右の花田、左の秋山。本格派2人に西井が加わって投手層に厚みが出た広島新庄が横浜を苦しめた。
●宇多村監督(広)「強打の横浜を(終盤まで)0で抑えた投手陣を褒めたい。守備も、今までやってきたことが発揮できた」
無失策とサヨナラ本塁打 横浜の緒方が広島新庄戦の九回にサヨナラ本塁打を記録。第101回の福本(星稜)が智弁和歌山戦で放って以来、23度目。無失策試合は今大会初。

九回裏横浜2死一、三塁、緒方はサヨナラ本塁打を放ち、本塁へ

[1回戦] 8月11日 第2日 第3試合

		1	2	3	4	5	6	7	8	9	計
松商学園	（長野）	4	3	4	0	1	1	0	3	1	17
高岡商	（富山）	0	0	3	1	0	0	0	0	0	4

松商学園が猛打で圧倒　驚異の中軸12打点
松商学園が初回からたたみかけ、三回までで11得点。中軸の3人で10安打12打点を挙げた。

松商学園

守	選手	打	得	安	点	振	球	犠	盗	失	1	2	3	4	5	6	7	8	9
右	今井	5	2	0	0	0	2	0	0	0	ニゴ	四球	四球		中飛	三邪	右飛	二直	
左	間中	2	4	1	0	0	3	1	1	0	四球	三犠	遊失		左安	四球	四球		
中	織茂	6	3	5	6	0	0	0	0	0	左安	中安	右二		中三	遊ゴ			
一	斎藤	6	3	3	3	1	0	0	0	1	右安	左安	右本		左飛	二ゴ※	三振		
三	熊谷	5	2	2	3	3	0	0	0	0	遊失	中安	●左安			三振	遊ゴ	●四球	
二	金井	5	0	2	3	1	1	0	0	1	左二	左安	四球		三振	左飛	一ゴ		
捕	野田	3	1	0	0	0	2	1	0	0	中飛	●三ゴ	投犠		四球	●中飛	死球		
投	栗原	4	0	1	0	0	0	0	0	0	ニゴ		ニゴ		左邪	左安			
打	宮下	1	1	1	0	0	0	0	0	0							左二		
投	渡辺創	1	0	0	0	0	0	0	0	0									
遊	吉水	5	1	2	2	2	1	0	0	0	三振	中飛	三振		左安	四球	左安		
	残 11	43	17	17	17	7	5	10	2	1	2								

各回得点　4 3 4 0 1 1 0 3 1

投手	回	打	安	振	球	失	責	数
栗原	7	33	7	8	4	4	2	121
渡辺創	2	9	3	3	0	0	0	36

高岡商

守	選手	打	得	安	点	振	球	犠	盗	失	1	2	3	4	5	6	7	8	9
遊	石黒	4	1	1	0	1	1	1	0	0	3	左飛	左安	四球	三ゴ		三振		
中	本田	5	1	0	0	2	0	0	0	0	三振	一失	三振		中飛	遊直		中飛	
一投左	近藤	5	0	2	2	1	0	0	0	0	死球	遊飛	四球		中安	右安			
右	田嶋	5	0	1	0	2	0	0	0	0	捕ゴ	三振	遊ゴ		右安	三振			
投一投	川渕	4	0	0	0	2	1	0	0	0	四球	一邪	三振		遊ゴ	三振			
三	井上	3	0	0	0	1	0	0	0	0	三振		ニゴ		三ゴ				
三	小西	1	0	1	0	1	0	0	0	0						●中安			
右	早上	1	0	0	0	0	1	0	0	0			三振						
	田	2	1	1	1	0	0	0	0	0				中本	三ゴ				
投	桑名	0	0	0	0	0	0	0	0	0									
打	林	1	0	0	0	0	0	0	0	0							二失		
左	宮脇	0	0	0	0	0	0	0	0	0									
二	宮内	4	1	2	0	1	0	0	0	0	右安	三振	右安		投併				
	残 11	38	4	10	3	11	4	0	0	4									

各回得点　0 0 3 1 0 0 0 0 0

投手	回	打	安	振	球	失	責	数
川渕	1 2/3	15	2	1	2	7	5	68
堀内	1	7	2	0	1	4	0	26
田中	4 1/3	20	5	3	2	2	2	86
桑名	1	7	2	1	2	3	3	29
川渕	1	6	1	0	2	1	1	17

本 斎藤（堀内）田中（栗原）　三 織茂　二 金井 織茂2 堀内 宮下　盗 間中（五回）　失 石黒3（一回、三回、七回）早上（二回）斎藤（三回）金井（八回）　暴 田中（五回）桑名（八回）　併 松商学園1　▽審判（球）尾崎（塁）大上 長谷川 井狩　[試合時間]2時間43分　※七回表、松商学園1死一塁で斎藤のニゴロは遊撃手のエラーで出塁

◎…松商学園が序盤から全開。三回までに本塁打を含む10安打を集めて11得点し、後半も小刻みに加点。終始主導権を譲らなかった。高岡商は三回に堀内の2点二塁打などで反撃。計10安打を放ち、4度の継投で立て直しを図るも相手の猛攻をかわせなかった。
●吉田監督（高）　三回までに11失点。「甲子園に慣れる前にミスや長打が出て、失点を重ねてしまった。田中はベストピッチだったと思う」
松商学園積み重ねた記録　松商学園は春夏通算40勝を記録、夏は27勝目。

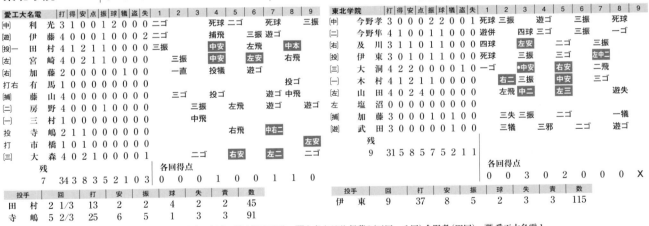

高岡商の1番打者・石黒（右）

[1回戦] 8月11日 第2日 第4試合

		1	2	3	4	5	6	7	8	9	計
愛工大名電	（愛知）	0	0	0	1	0	0	1	1	0	3
東北学院	（宮城）	0	0	3	0	2	0	0	0	X	5

強豪相手に東北学院が春夏通じて初勝利
初出場の東北学院は三回に山田の適時二塁打で3点先制。愛工大名電は先発・田村が制球に苦しんだ。

愛工大名電

守	選手	打	得	安	点	振	球	犠	盗	失	1	2	3	4	5	6	7	8	9
中	利光	3	1	0	0	1	2	0	0	0	ニゴ	死球	ニゴ	死球		三振			
遊	伊藤	4	0	0	0	1	0	0	0	2	ニゴ	捕飛	三振	遊ゴ					
投一	田村	4	1	2	1	1	0	0	0	0	三振	中安	左飛					中本	
左	宮崎	4	0	2	1	1	0	0	0	0	三振	中安	左安				右安		
右	加藤	2	0	0	0	0	1	0	0	0	一直	投犠	遊ゴ						
打	有馬	1	0	0	0	0	0	0	0	0								投ゴ	
捕	藤山	4	0	0	0	0	0	0	0	0	ニゴ		投ゴ	遊ゴ	中飛				
二	房野	4	0	0	0	0	0	0	0	0	三振	左飛	遊ゴ	遊ゴ					
一	三村	1	0	0	0	0	0	0	0	0	中飛								
投	寺嶋	2	1	1	0	0	0	0	0	0				右飛	中右二				
打	市橋	1	0	1	0	0	0	0	0	0								左安	
三	大森	4	0	2	1	0	0	0	0	0			ニゴ		右安	左二	ニゴ		
	残 7	34	3	8	3	5	2	1	0	3									

各回得点　0 0 0 1 0 0 1 1 0

投手	回	打	安	振	球	失	責	数
田村	2 1/3	13	2	1	4	2	2	45
寺嶋	5 2/3	25	6	1	1	3	3	91

東北学院

守	選手	打	得	安	点	振	球	犠	盗	失	1	2	3	4	5	6	7	8	9
中	今野孝	3	0	0	0	2	2	0	0	1	死球	三振	遊ゴ	三振			死球		
二	今野隼	4	1	0	0	1	1	0	0	0	遊併	四球	三振	三振			一ゴ		
右	及川	3	1	1	0	1	1	0	0	0	左安	三振	ニゴ				右中二		
三	伊東	3	1	1	0	1	1	0	0	0	死球	三振	ニゴ				左中二		
三	大洞	4	2	2	0	0	0	0	1	0	一ゴ	●中安		右安		二飛			
一	木村	4	1	2	1	1	0	0	0	0	右二	三振	中安			三ゴ			
左	山田	4	0	2	4	0	0	0	0	0	左飛	中二		左三		遊失			
左	塩沼	0	0	0	0	0	0	0	0	0									
捕	加藤	3	0	0	0	1	0	0	0	0	三失	三振	ニゴ		一犠				
遊	武	3	0	0	0	0	1	0	0	0	三犠	三邪	ニゴ	遊ゴ					
	残 9	31	5	8	5	7	5	2	1	1									

各回得点　0 0 3 0 2 0 0 0 X

投手	回	打	安	振	球	失	責	数
伊東	9	37	8	5	2	3	3	115

本 田村（伊東）　三 山田　二 木村 山田 寺嶋 大森 伊東　盗 大洞（五回）　失 大森（二回）伊藤2（三回、八回）今野孝（四回）　併 愛工大名電1　▽審判（球）土井（塁）黒羽 秋山 北田（外）井狩 大上　[試合時間]2時間9分

◎…東北学院が勝負強い打撃で勝ちきった。三回に四球と2安打で2死満塁の好機をつくり、山田が走者一掃の適時二塁打。五回には2死から3連打で追加点を挙げた。愛工大名電は七回に連続二塁打、八回にも田村のソロ本塁打で追い上げたが及ばなかった。
○山田（東）　2安打4打点。七回の守備で右ひざを痛めたが「足は大丈夫。みんながつないだチャンスを生かせてよかった」。
●倉野監督（愛）　「甲子園の波にのまれた。選手が力を出せず、残念です。田村はスター性がある。大谷翔平選手のようになってほしい」
愛工大名電、「二刀流」の意地　愛工大名電の左腕・田村は制球に苦しみ、三回途中で降板も、打者として八回に特大の一発。「この経験を次のステージに生かしたい」。「二刀流」に磨きをかけ、プロを目指す。

九回表愛工大名電1死一塁、大森のニゴロを好捕し二塁で封殺する東北学院・今野隼

[1回戦] 8月15日 第3日 第1試合

		1	2	3	4	5	6	7	8	9	計
帯広農	（北北海道）	0	0	1	1	0	0	0	0	0	2
明　桜	（秋田）	1	0	0	0	3	0	0	0	X	4

注目の風間が10K完投、明桜が初戦突破
明桜はリードされるも五回、石田一、真柴の連続適時打で逆転。先発の風間が10奪三振2失点で完投。

帯広農

		打	得	安	点	振	球	犠	盗	失	1	2	3	4	5	6	7	8	9
三	西川	4	0	1	0	0	0	0	0	0	三邪		左安		遊ゴ			捕邪	
二	清水	4	0	1	1	1	0	0	0	0	三振		左中二		中飛	ニゴ			遊ゴ
遊	佐伯	4	0	2	0	1	0	0	1	0	中二		三振			三ゴ		三安	
干	干場	4	0	1	0	3	0	0	1	0	三振		三振		中安			三振	
捕	渋谷	4	1	0	0	3	0	0	0	0		三振		振逃		三振			二直
投	佐藤大	1	0	0	0	0	1	1	0	0		遊飛		三犠			死球		
投	水口	0	0	0	0	0	0	0	0	0									
打	鴨川	1	0	0	0	0	0	0	0	0									
中	村中	4	0	1	0	0	0	0	0	0		三ゴ		遊飛					左飛
左	佐藤敦	3	1	1	1	1	1	0	0	0			四球	右二			三振		一飛
右	谷口	3	0	0	0	1	0	0	0	0			三振	二飛				一邪	
	残 6	32	2	7	2	10	2	1	2	0									

各回得点：0　0　1　1　0　0　0　0　0

投手	回	打	安	振	球	失	責	数
佐藤大	7	29	7	3	3	4	4	104
水口	1	4	0	1	0	0	0	11

明桜

		打	得	安	点	振	球	犠	盗	失	1	2	3	4	5	6	7	8	9
捕	中井	3	1	2	0	1	1	0	0	0	三振		左安		四球			中飛	
右	土居	4	2	2	0	0	0	0	0	0	遊安		投ゴ		中安			右飛	
遊	石田一	2	1	1	1	0	2	0	1	0	四球		捕邪		左安			四球	
中	真柴	3	0	1	2	0	1	0	1	0	四球		二併		左安			一ゴ	
一	福溜	3	0	2	1	0	0	1	0	0	左犠		左安		中飛			右二	
投	風間	4	0	0	0	0	0	0	0	0	一飛		一ゴ		三ゴ			三邪	
二	石田恋	3	0	0	0	0	0	0	0	0		中飛		捕邪			三振		
三	渡辺勇	3	0	0	0	0	0	0	0	0		ニゴ		右飛			ニゴ		
左	上山	3	0	0	0	2	0	0	0	0		三振			三振		二直		
	残 5	28	4	8	4	3	4	1	2	0									

各回得点：1　0　0　0　3　0　0　0　X

投手	回	打	安	振	球	失	責	数
風間	9	35	7	10	2	2	2	140

二　佐伯　清水　佐藤敦　福溜　　盗　真柴（一回）石田一（五回）干場（六回）佐伯（八回）　暴　風間2（四回）　併　帯広農1
▽審判（球）吉岡（塁）深沢　舟久保　佐伯　[試合時間] 1時間53分

⊛…互いに無失策の接戦を制したのは、集中打が出た明桜。五回2死から中井が四球を選び、続く土居、石田一、真柴が3連打。3点を挙げて逆転した。帯広農は佐藤敦の適時二塁打など7安打を放ったものの、六、八回の好機を生かせず及ばなかった。

○真柴（桜）　五回に勝ち越しの2点適時打。秋田大会では打率が低く、「チャンスで打つこともしたいけど、出塁する打撃もして打率を上げていきたい」。

明桜・風間、10Kでも60点　今大会注目の右腕、明桜の風間は「まだまだ緊張もあった」。変化球の制球に苦しんだが、要所で踏ん張った。「今回は初戦。自分が投げきらないと」。監督に完投を志願し、2失点で10奪三振。「（自己採点は）60点くらい。次は引き締めたい」。この日は最速150キロを計測したが、本来の投球とまではいかなかったようだ。

明桜の投手・風間

［49代表 登録選手名簿］

前橋育英
1　外丸　東真　③
2　阿部　咲人　③
3　佐藤　大我　③
4　井上　陽太　③
5　野村　慶　②
6　岡田　啓吾　②
7　横倉　拓実　③
8　◎皆川　岳飛　③
9　西沢　大希　③
10　菊池　楽　③
11　上原　真翔　③
12　飯島　寛登　②
13　安藤　廉　②
14　野中　寿真　②
15　原嶋　晃宏　③
16　清水　優雅　②
17　矢島　頼我　③
18　町田　豪汰　③
部長　清水　陽介
監督　荒井　直樹

浦和学院
1　宮城　誇南　②
2　◎吉田　瑞樹　③
3　金田　優太　③
4　八谷　晟歩　③
5　高松　陸　③
6　吉田　匠吾　③
7　松嶋　晃希　③
8　藤井　一翔　③
9　三奈木亜星　③
10　芳野　大輝　③
11　浅田　康成　③
12　高山　維月　②
13　松本　大成　③
14　倉岡　弘道　③
15　尾崎　亘　②
16　大内　碧真　②
17　石田創太郎　③
18　安達　斗空　③
部長　森　大
監督　森　士

専大松戸
1　深沢　鳳介　③
2　加藤　大悟　②
3　山口　颯大　③
4　大森　駿太　③
5　横山　瑛太　③
6　◎石井　詠己　③
7　吉岡　道泰　③
8　苅部　力翔　③
9　奥田　和尉　③
10　鈴木　良麻　③
11　岡本　陸　③
12　高橋　秀昌　③
13　綱取　大晃　③
14　佐野　涼翔　③
15　平田　未来　②
16　富田　隆太　②
17　中舘　悠企　②
18　石神　遥樹　③
部長　森岡健太郎
監督　持丸　修一

二松学舎大付
1　秋山　正雲　③
2　冨安　翔太　③
3　◎関　遼輔　③
4　親富祖凪人　③
5　浅野　雄志　③
6　永見　恵多　②
7　桜井虎太郎　③
8　栗本　優伸　③
9　丸山　壮史　③
10　布施　東海　③
11　西堀　温人　③
12　鎌田　直樹　③
13　岩崎　遥斗　③
14　成沢　悠太　③
15　平山　雄大　②
16　栗島　義昌　③
17　瀬谷　大夢　②
18　安藤　榛哉　②
部長　立野　淳平
監督　市原　勝人

東海大菅生
1　本田　峻也　③
2　福原　聖矢　②
3　岩井　大和　③
4　小山　凌暉　②
5　小池　祐吏　②
6　金谷　竜汰　③
7　堀町　沖永　②
8　◎栄　塁唯　③
9　千田光一郎　③
10　鈴木　悠平　②
11　桜井　海理　②
12　山下　晴哉　③
13　沼沢　大翔　②
14　本橋　空南太　②
15　山田　聖和　③
16　岩田　一真　③
17　橋本　唯塔　②
18　多井　耶雲　③
部長　宮原　上総
監督　若林　弘泰

横浜
1　杉山　遥希　①
2　立花　祥希　③
3　玉城　陽希　③
4　増田　悠人　③
5　宮田　知弥　③
6　緒方　連　①
7　金井慎之介　③
8　◎安達　大和　③
9　岸本　一心　②
10　田高　康成　②
11　山田　烈士　③
12　丸木　悠汰　②
13　延末　勧太　②
14　板倉　寛多　②
15　笹山　聡也　②
16　中藤　光洋　③
17　八木田翁雅　③
18　小野　勝利　①
部長　名塚　徹
監督　村田　浩明

日本文理
1　田中　晴也　②
2　竹野　聖智　②
3　斎藤　優也　②
4　土野　奏　②
5　岩田　大澄　③
6　米山　温人　③
7　◎渡辺　暁仁　③
8　高橋瑛一朗　③
9　玉木　聖大　③
10　村越仁士克　③
11　高橋　史佳　③
12　伊藤　祥太　③
13　工藤　天真　②
14　桜沢　玲　②
15　佐野　哲太　③
16　磯部　鉄心　②
17　高橋　悠愛　②
18　大平　龍希　②
部長　金子　慧
監督　鈴木　崇

松商学園
1　渡辺創治郎　③
2　◎藤石　烈翔　③
3　斎藤　優也　③
4　金井　創　③
5　熊谷　大生　③
6　吉水　真斗　②
7　間中　大介　③
8　織茂　秀喜　③
9　宮下　淳輝　③
10　西　倫太朗　③
11　栗原　英豊　③
12　野田　留輝　③
13　柴田　人毅　③
14　渡辺　大恒　③
15　滝川　大生　③
16　忠地　大樹　③
17　夜久　英寿　③
18　今井　勝　③
部長　松宗　勝
監督　足立　修

日本航空
1　ヴァデルナフェルガス　③
2　山本　竜毅　③
3　塚田甲子郎　③
4　和田　航弥　③
5　和泉　颯馬　③
6　◎久次米陸士　③
7　成沢　祐哉　③
8　エドポロケイン　③
9　土橋　広夢　③
10　小沢　耕介　③
11　東谷　星哉　③
12　南沢　修斗　②
13　中西　海都　③
14　森　迅央　②
15　山本　昂旺　③
16　中島　優愛　③
17　高橋　周一　③
18　藤　希　③
部長　桜井　諒佑
監督　豊泉　啓介

静岡
1　高須　大雅　③
2　川端　慶　③
3　座馬　礼央　③
4　渋谷　泰生　②
5　山岸　廉尊　②
6　山本　和輝　③
7　池田　惟音　②
8　相田　康慎　②
9　◎金子　裕斗　③
10　鈴木　脩矢　②
11　吉田　優飛　③
12　高林　陽　③
13　袴田　航颯　③
14　萩原　悠日　②
15　永島　周　②
16　宮本　兵馬　③
17　池谷　友希　②
18　伊藤　爽介　③
部長　直井　勇人
監督　池田新之介

丸数字は学年を示します

［1回戦］8月15日 第3日 第2試合

	1	2	3	4	5	6	7	8	9	計
県岐阜商（岐阜）	0	0	0	0	0	1	0	1	0	2
明徳義塾（高知）	0	0	0	0	0	2	0	0	1	3

好救援の明徳義塾、サヨナラで接戦制す
六回、明徳義塾は先制されたが吉村への継投でピンチ脱出。九回、森松のサヨナラ打で接戦を制す。

県岐阜商

	選手	打	得	安	点	振	球	犠	盗	失
左	広部	2	0	0	0	0	0	1	0	0
左	後藤	1	1	1	0	0	0	0	0	0
一	梅村	1	1	0	0	0	2	1	0	0
右	野村	4	0	2	2	1	0	0	0	0
捕	高木	4	0	0	0	0	0	0	0	0
中	中西	4	0	1	0	0	0	0	0	0
三	行方	3	0	0	0	1	1	0	0	0
二	内藤	4	0	1	0	0	0	0	1	1
遊	湊	3	0	0	0	2	0	0	0	0
投	野崎	1	0	0	0	1	1	0	0	0
打	宇佐美	1	0	0	0	0	0	0	0	0
投	小西	0	0	0	0	0	0	0	0	0
残	5	28	2	5	2	5	4	2	1	1

各回得点 0 0 0 0 0 1 0 1 0

明徳義塾

	選手	打	得	安	点	振	球	犠	盗	失
遊	米崎	2	1	0	0	0	2	1	0	0
二	池辺	4	0	1	0	1	0	1	0	0
捕	森松	5	1	2	1	2	0	0	0	0
捕	加藤	4	1	1	0	0	0	0	0	0
投一	代木	3	0	1	1	1	0	1	0	0
右	山藤	3	0	0	0	0	1	1	0	0
中	井上	2	0	1	0	1	2	0	0	0
三	梅原	2	0	0	0	1	1	1	0	0
一	岩城	1	0	0	0	0	0	0	0	0
投	吉村	2	0	1	0	0	1	0	0	0
残	10	28	3	7	3	7	6	5	0	0

各回得点 0 0 0 0 0 2 0 0 1

投手	回	打	安	振	球	失	責	数
野崎	6	26	4	4	4	2	2	87
小西	2 2/3	13	3	1	1	1	1	58
代木	5 0/3	21	3	4	4	1	1	81
吉村	4	13	2	1	0	1	1	50

三 松野 加藤　二 森松2　盗 内藤（二回）　失 内藤（六回）　併 県岐阜商1 明徳義塾1
▽審判（球）西貝 （塁）前坂 三浦和 三浦陽 ［試合時間］2時間16分

◇…六回の攻防で明徳義塾が主導権を握った。表の守り、1点を先行されなお無死三塁から救援した吉村が後続を断った。直後の攻撃で森松、加藤の連続長打で追いつき、代木の犠飛で勝ち越した。八回に松野の適時打で追いついた県岐阜商の粘りも見事だった。

人生初のサヨナラ打　同点の九回2死二塁、明徳義塾、サヨナラの好機。「自分で決めてやろうと、気持ちが入りました」と森松。一度もバットを振らずに3球で追い込まれた。5球目。低めのスライダーをすくい上げると、打球は前進していた中堅手の頭上を越えた。人生初のサヨナラ打に、「僕は野性的に打つタイプ。来た球をはじき返しました」。選抜で初戦に敗れているだけに、「甲子園の借りは甲子園でしか返せない」と森松は言う。明徳義塾は春夏の甲子園で通算60勝目を挙げた。

サヨナラ打を放った明徳義塾の森松

［1回戦］8月15日 第3日 第3試合

	1	2	3	4	5	6	7	8	9	計
神戸国際大付（兵庫）	0	2	0	0	0	0	0	0	0	2
北海（南北海道）	0	0	0	0	1	0	0	0	0	1

神戸国際大付が好継投で辛勝
二回、神戸国際大付がスクイズと適時二塁打で2点先制。北海は1点返すが、八回の好機を逃し惜敗。

神戸国際大付

	選手	打	得	安	点	振	球	犠	盗	失
中左	能登原	3	0	0	0	1	2	0	1	0
遊	山里	5	0	3	1	1	0	0	0	0
投右	阪上	4	0	0	0	0	1	0	1	0
捕	西川	3	0	0	0	0	1	1	0	0
一	武士	3	0	0	0	1	1	0	0	0
右	松尾	2	0	0	0	0	0	0	0	0
打中	関	1	0	0	0	0	0	0	0	0
三	栗原	4	1	2	0	0	0	0	1	0
右	岡田	3	1	1	0	2	0	0	0	0
投	楠本	1	0	0	0	1	0	0	0	0
二	川西	2	0	1	0	1	1	0	0	0
残	10	31	2	6	2	8	6	2	2	0

各回得点 0 2 0 0 0 0 0 0 0

北海

	選手	打	得	安	点	振	球	犠	盗	失
中	山田	5	0	2	1	0	0	0	0	0
三	尾崎	4	0	0	0	2	0	0	0	0
二	大津	4	0	1	0	0	0	0	0	0
遊	宮下	4	0	2	0	1	0	0	0	0
右	江口	2	0	1	0	0	2	0	0	0
右	関	0	0	0	0	0	0	0	0	0
一	杉林	4	0	0	0	0	0	0	0	0
左	林	4	0	1	0	1	0	0	0	0
投	木村	3	1	1	0	0	1	1	0	0
二	小原	3	0	1	0	0	1	0	0	0
残	9	33	1	9	1	5	1	5	3	0	0

各回得点 0 0 0 0 1 0 0 0 0

投手	回	打	安	振	球	失	責	数
阪上	5	21	5	2	1	1	1	68
楠本	4	16	4	3	0	0	0	69
木村	9	39	6	8	6	2	2	152

二 山里3 栗原 木村 山田　盗 西川（二回）　盗 能登原（四回）栗原（六回）
▽審判（球）乗金 （塁）中西 木村 広瀬 （外）三浦陽 深沢 ［試合時間］2時間21分

◇…今春の選抜大会の再戦をまたも神戸国際大付が制した。二回、山里の二塁打などで先制。変化球主体の阪上から直球で押す楠本への継投で競り勝った。北海の木村は中盤以降力みが抜けて完投したが、打線は八回1死二、三塁など好機であと1本が出なかった。

神戸国際大付、手応え　今春の選抜でサヨナラ勝ちした北海との再戦。神戸国際大付の阪上は5回1失点で、選抜時より復調した投球を見せた。今春は右ひじに痛みがあり、先発して1回と3分の2を投げて1失点。「思うように投げられなかった」。選抜後は右ひじを治すことに専念してきた。試合を振り返り、「途中で代えられてしまったがまだまだ投げられると思います」としっかりとした手応えをつかんだ。ただ神戸国際大付の打線は、三回以降は大会屈指の好左腕・北海の木村を前に沈黙してしまった。

北海の宮下がチーム初安打

[1回戦] 8月15日 第3日 第4試合

		1	2	3	4	5	6	7	8	9	
小松大谷	(石川)	1	0	3	1	1	0	0	0	0	6
高川学園	(山口)	0	0	0	4	1	0	0	1	1	7

サヨナラ押し出し、高川学園が辛勝
高川学園がじわじわ追いつき、サヨナラで甲子園初勝利。試合終了が21時40分と大会史上最遅。

小松大谷		打	得	安	点	振	球	犠	盗	失	1	2	3	4	5	6	7	8	9
(中)	僧野	5	1	1	1	2	0	0	0	0	三振		三ゴ	右安		三飛		三振	
(二)	中谷	4	2	2	2	0	1	0	0	0	右三		左安	二ゴ				中飛	
(捕)	東出	5	1	3	2	0	0	0	0	0	中安		左二	投ゴ		遊ゴ		左安	
(一)	奥野	5	0	0	0	2	0	0	0	0	左飛		三振	遊ゴ		三振		三邪	
(遊)	吉田創	3	1	1	2	0	1	0	0	1	右飛		中安		死球			二直	
(左)	北村	3	0	0	0	0	1	0	0	0	中飛		四球		投ゴ			遊ゴ	
(投右)	北方	3	0	0	0	0	0	0	0	0	中飛		遊ゴ		二失				
投右	岩野	1	0	0	0	0	0	0	0	0								一邪	
右	徳	0	0	0	0	0	0	0	0	0									
(三)	木下	4	1	0	0	0	0	0	0	2	一ゴ		捕失	投ゴ				二ゴ	
(右)投右	吉田佑	3	0	0	0	0	1	0	1	0			遊失	投犠		捕邪		三ゴ	
	残																		
	7	36	6	7	5	4	3	1	0	4		各回得点	1	0	3	1	1	0	0	0	0

投手	回	打	安	振	球	失	責	数
北方	4	20	4	3	4	4	1	87
吉田佑	2 1/3	10	4	2	0	1	1	44
岩野	2	14	3	4	6	2	2	57
吉田佑	0/3	2	0	0	2	0	0	14

高川学園		打	得	安	点	振	球	犠	盗	失	1	2	3	4	5	6	7	8	9
(遊)	山	4	0	1	2	1	2	0	0	1	中飛		左安	四球			左安	三振	四球
(捕)	山崎	3	0	2	0	0	2	0	0	1	四球			四球	左飛		左中二	右安	
(右)	源	5	2	3	0	0	0	0	1	0	中安		遊失		中三		三振	四球	
(三)	立石	4	1	2	3	1	1	0	0	0	遊併打			中本		中三		右安	
(左)	田口	4	1	1	0	1	1	0	0	0	二ゴ			二安		二ゴ		死球	振逃
(一)	隅田	3	1	0	0	2	2	0	0	0	三振			三失		三振		四球	四球
(投)	河野	4	1	0	0	2	0	0	1	0	0	三振			一ゴ		左飛		振逃	三犠
(二)	山見	2	0	0	1	3	0	0	1		三振		四球			左飛		四球	四球
(中)	中村	4	1	2	1	1	1	0	0	0	二ゴ		左安		三振			一安	四球
	残																		
	14	33	7	11	7	9	12	1	1	3		各回得点	0	0	0	4	1	0	0	1	1

投手	回	打	安	振	球	失	責	数
河野	9	40	7	4	3	6	1	145

本 立石(北方) **三** 中谷 源 立石 **二** 東出 山崎 **盗** 源(四回) **失** 山(三回) 木下2(四回、八回) 吉田創(四回) 山崎(四回) 山見(五回) 吉田佑(八回) **暴** 河野2(三回)
併 小松大谷1 ▽審判 (球) 北田 (塁) 三宅 小林 中川 (外) 中西 木村 [試合時間] 2時間30分

小松大谷の東出が生還

☺…高川学園が同点の九回に押し出し四球を選び、サヨナラ勝ちした。4番・立石が四回の2点本塁打を含む計3打点。先発の河野は後半に持ち直し、六回以降は1安打無失点。小松大谷は五回までに6点を奪ったが、計4失策と守りが乱れたのが響いた。
〇河野(高) 山口大会の全5試合を一人で投げ抜き、この日は145球の完投。「疲れはない。普段投げ込んでいるので大丈夫」
●吉田佑(小) 九回1死一、二塁で再登板したが、連続四球でサヨナラ負け。「粘りきれず、チームを終わらせてしまって申し訳ない」
●東出(小) 3安打2打点。「悔しさはあるけど、小松大谷としては何も終わっていない。後輩に引き継ごうと思う」

[1回戦] 8月16日 第4日 第1試合

		1	2	3	4	5	6	7	8	9	
熊本工	(熊本)	2	0	1	0	0	0	1	0	0	4
長崎商	(長崎)	3	0	3	2	0	0	0	0	X	8

九州対決に打ち勝ち、長崎商69年ぶりの夏の勝利
序盤から点の取り合いで長崎商が打ち勝つ。熊本工は13安打ながら4併殺12残塁と拙攻が響いた。

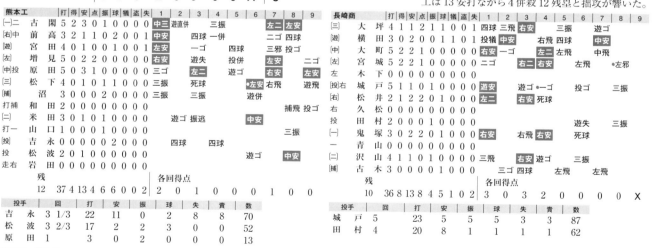

熊本工		打	得	安	点	振	球	犠	盗	失	1	2	3	4	5	6	7	8	9
(一)二	古閑	5	2	3	0	0	1	0	0	0	中三		遊直併		三振		左二	左安	
(右)中	前高	3	2	1	1	0	2	0	0	1	中安		四球	一併		ニゴ	四球		
(遊)	宮城	4	0	1	1	0	0	1	0	1	一ゴ			四球		三邪		投ゴ	
(左)	増見	5	0	2	2	0	0	0	0	0	右安		遊失	投併		左安		ニゴ	
(中)投	原田	5	0	3	1	0	0	0	0	0	三ゴ		左二		遊ゴ		右安	左安	
(三)	松下	4	0	1	0	1	1	0	0	0	三振		死球	●左安	右飛			遊飛	
(捕)	沼	3	0	0	0	2	0	0	0	0	三振		三振			遊併			
打捕	和田	2	0	0	0	0	0	0	0	0							捕飛	投ゴ	
(二)	米田	3	0	1	0	1	0	0	0	0		遊ゴ	振逃			中安			
打一	山口	1	0	0	0	0	0	0	0	0							三振		
(投)	吉永	0	0	0	0	0	2	0	0	0			四球	四球					
投	松波	2	0	1	0	0	0	0	0	0			遊ゴ				中安		
走右	岩田	0	0	0	0	0	0	0	0	0									
	残																		
	12	37	4	13	4	6	6	0	0	2		各回得点	2	0	1	0	0	0	1	0	0

投手	回	打	安	振	球	失	責	数
吉永	3 1/3	22	11	0	2	8	8	70
松波	3 2/3	17	2	2	3	0	0	52
原田	1	3	0	2	0	0	0	13

長崎商		打	得	安	点	振	球	犠	盗	失	1	2	3	4	5	6	7	8	9
(三)	大坪	4	1	1	2	1	1	0	0	1	四球	三飛	右安		三振		遊ゴ		
(遊)	横田	3	0	2	0	0	1	1	0	1	投譲	中安		右飛	四球		中安		
(中)	大宮	5	2	2	1	0	0	0	0	0	ニゴ			左二	左安		中飛		
左	木下	0	0	0	0	0	0	0	0	0							●左邪		
(投)右	城戸	5	1	1	0	0	0	0	0	0	遊安		遊ゴ・一ゴ		投ゴ		三振		
(右)	松井	2	1	2	2	0	1	0	0	0	左二		右安	死球					
右	久松	0	0	0	0	0	0	0	0	0							遊失	三振	
投	田村	2	0	0	0	0	0	0	0	0							遊失	三振	
(一)	鬼塚	3	0	2	2	0	1	0	0	0	右飛		右安	右安			死球		
一	青山	0	0	0	0	0	0	0	0	0									
(二)	沢山	4	1	1	0	1	0	0	0	0	三飛		右安	遊ゴ		三振			
(捕)	古木	3	0	0	0	0	1	0	0	0	ニゴ	四球		左飛		左飛			
	残																		
	10	36	8	13	8	4	5	1	0	2		各回得点	3	0	3	2	0	0	0	0	X

投手	回	打	安	振	球	失	責	数
城戸	5	23	5	5	5	3	3	87
田村	4	20	8	1	1	1	1	62

三 古閑 **二** 松井 原田 宮城 大町 古閑 **失** 大坪(一回) 横田(三回) 前高(四回) 宮田(六回) **併** 長崎商4
▽審判 (球) 大屋 (塁) 宅間 山下 城市 [試合時間] 2時間8分

☺…長崎商の内野陣がピンチに4併殺を奪い、城戸、田村の継投を支えた。打線は四回までに12安打8点を挙げ、主導権を握った。熊本工も相手と同じ13安打を放ったが12残塁。一回裏に4長短打を浴びて逆転を許した後、流れをつかめなかった。
●吉永(熊) 四回途中8失点で降板。自身初の甲子園で70球を投げた。「独特の雰囲気の中で投げられたのはよかった」
●田島監督(熊) 三回までに6失点。「1点ずつならいいと話していた分、序盤の失点は想定外だった」
●沼(熊) 主将としてチームを引っ張る。「甲子園に来たからには勝って熊本に良い報告ができればよかったが、楽しんで戦うことはできた」

力投した長崎商の城戸

[1回戦] 8月16日 第4日 第2試合

		1	2	3	4	5	6	7	8	9	
明豊 (大分)		0	0	0	0	0	0	0	0	0	0
専大松戸 (千葉)		2	0	0	1	1	0	1	1	X	6

専大松戸の深沢が11奪三振で完封勝利
専大松戸は初回、重盗などで2点先制。専大松戸・深沢は横手投げで抜群の制球力、6安打に抑えた。

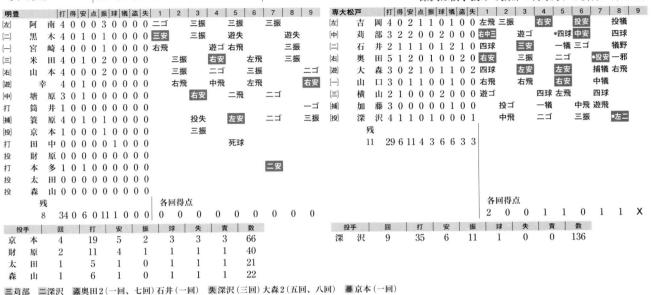

明豊		打	得	安	点	振	球	犠	盗	失	1	2	3	4	5	6	7	8	9
[左]	阿南	4	0	0	0	3	0	0	0	0	ニゴ		三振		三振		三振		
[二]	黒木	4	0	1	0	1	0	0	0	0	三安		三振		遊失		遊失		
[一]	宮崎	4	0	0	0	1	0	0	0	0	右飛			遊ゴ	右飛		三振		
[三]	米山	4	0	1	0	2	0	0	0	0		三振		ニゴ		三振		三振	
[右]	山本	4	0	0	0	1	0	0	0	0		右飛		中飛		左飛		右安	
[遊]	幸	4	0	1	0	0	0	0	0	0		右安		二飛		ニゴ			
[中]	塘原	3	0	1	0	0	0	0	0	0							一ゴ		
打	筒井	1	0	0	0	0	0	0	0	0									
[捕]	簑原	4	0	1	0	0	0	0	0	0		投失		左安	ニゴ	三振			
[投]	京本	1	0	0	0	1	0	0	0	0		三振							
打		0	0	0	0	0	1	0	0	0			死球						
投	財原	0	0	0	0	0	0	0	0	0									
打	本多	1	0	1	0	0	0	0	0	0					二安				
投	太田	0	0	0	0	0	0	0	0	0									
投	森山	0	0	0	0	0	0	0	0	0									
	残 8	34	0	6	0	11	1	0	0	0									

各回得点 0 0 0 0 0 0 0 0 0

専大松戸		打	得	安	点	振	球	犠	盗	失	1	2	3	4	5	6	7	8	9
[右]	吉岡	4	0	2	1	1	0	1	0	0	左飛		三振		右安		投安		投犠
[中]	苅部	3	2	2	0	0	2	0	0	0	右中三		遊ゴ		三安		四球		中安 四球
[二]	石井	2	1	1	0	1	2	1	0	0	四球		四球	1	四球		三ゴ		犠野
[右]	奥田	5	1	2	0	1	0	0	2	0	右安		三振		ニゴ		投安		一邪
[遊]	大森	3	0	2	1	0	1	1	0	2	四球		左安		左安		右安		捕邪 右飛
[一]	山口	3	0	1	1	0	0	1	0	0	右飛		右安		右安		右安		中犠
[三]	横山	2	1	0	0	0	2	0	0	0	遊ゴ				四球	左飛		四球	
[捕]	加藤	3	0	0	0	0	0	1	0	0		投ゴ		一犠		中飛		遊飛	
[投]	深沢	4	1	1	1	0	1	0	0	1	中飛		ニゴ		三振		左二		
	残 11	29	6	11	4	3	6	6	3	3									

各回得点 2 0 0 1 1 0 1 1 X

投手	回	打	安	振	球	失	責	数
京本	4	19	5	2	3	3	3	66
財原	2	11	4	1	1	1	1	40
太田	1	5	1	0	1	1	1	21
森山	1	6	1	0	1	1	1	22

投手	回	打	安	振	球	失	責	数
深沢	9	35	6	11	1	0	0	136

三 苅部　二 深沢　盗 奥田2(一回、七回)石井(一回)　失 深沢(三回)大森2(五回、八回)　暴 京本(一回)
▽審判 (球) 金丸　(塁) 永井　上大　久保　[試合時間] 2時間13分

◎…専大松戸の先発・深沢はテンポ良くコースを投げ分け、被安打6、11奪三振で完封した。打線は一回1死一、三塁で重盗を決めるなどして2点を先行。その後も小刻みに加点して突き放した。明豊は打線がつながらず、4投手による継投も実らなかった。
●川崎監督(明)「飛び抜けた選手がいなくても、高校生はこうやって伸びると証明してくれた。後輩にとって、希望となるような3年生だった」

一回裏専大松戸1死一、三塁、一塁走者・奥田の二盗の間に三塁走者・石井が本盗を決める

[49代表 登録選手名簿]

愛工大名電
1	◎ 田村 俊介 ③
2	藤山 航平 ②
3	三村 渓翔 ②
4	房野 史弥 ②
5	大森 瑛斗 ②
6	伊藤 基佑 ②
7	宮崎 海 ③
8	利光真之介 ③
9	加藤 蓮 ③
10	寺嶋 大希 ③
11	野崎 健太 ③
12	松下 舜哉 ③
13	有馬 伽久 ③
14	川合 爽斗 ③
15	山田 空暉 ③
16	永江慎之介 ②
17	石村 一樹 ③
18	石橋 昂士 ③
部長	橋本慎太郎
監督	倉野 光生

県岐阜商
1	野崎 慎裕 ③
2	◎ 高木 翔斗 ③
3	梅村 豪 ③
4	宇佐美佑典 ③
5	行方 丈 ③
6	湊 将悟 ③
7	広部 嵩典 ③
8	中西 流空 ③
9	松野 匠馬 ③
10	小西 彩翔 ②
11	大島 成憧 ③
12	矢野 航太 ①
13	石原 英弥 ③
14	内藤 大輔 ②
15	小林 凜人 ②
16	井上 悠 ②
17	加納 充瑠 ③
18	後藤 耀介 ③
部長	上畑 将
監督	鍛治舍 巧

三重
1	上山 颯太 ②
2	服部 優成 ③
3	◎ 池田 慎弥 ③
4	宝田 裕椰 ③
5	佐脇 桜太 ③
6	品川 侑生 ③
7	永井 誠悟 ③
8	森 涼太 ③
9	原田 俊輔 ③
10	辻 亮輔 ③
11	谷 公希 ③
12	高山 亮太 ①
13	宇佐美貴也 ③
14	下田 晃舗 ③
15	木本 光祐 ③
16	藤井 勇斗 ③
17	野田 泰市 ③
18	堀田 琉生 ③
部長	中沢 良文
監督	沖田 展男

高岡商
1	川渕 恒輝 ③
2	近藤 祐星 ③
3	堀内 慎哉 ③
4	宮内 一行 ③
5	小西 翔陽 ③
6	石黒 和弥 ③
7	早上 樹生 ③
8	本田 暖人 ③
9	田嶋 柊翔 ③
10	◎ 林 蓮太郎 ③
11	桑名 勝 ③
12	田中 大都 ③
13	向郷 愁士 ③
14	柴田 晟那 ③
15	井上 幹太 ②
16	多賀 健渡 ③
17	宮脇 一翔 ③
18	横江 壱吹 ①
部長	飯島 悠
監督	吉田 真

小松大谷
1	北方 慈也 ③
2	東出 直也 ③
3	奥野 真斗 ③
4	中谷 慎吾 ③
5	◎ 木下 仁緒 ③
6	吉田 創登 ③
7	池添 倭斗 ③
8	僧野 我斗 ③
9	吉田 佑久 ③
10	南 彰栄 ②
11	岩野 凌太 ③
12	北村 怜士 ②
13	多造 汰一 ③
14	中山 楓太 ②
15	中村 拓来 ②
16	神谷 莉毅 ①
17	徳野 智哉 ③
18	西田 雅貴 ③
部長	志田 慶歩
監督	西野 貴裕

敦賀気比
1	本田 克 ③
2	長尾 朝陽 ③
3	小西 奏思 ③
4	東 鉄心 ③
5	上加世田頼希 ②
6	前川 誠太 ③
7	森田 世羅 ③
8	◎ 大島 正樹 ③
9	沼田 航 ③
10	吉崎 空 ③
11	竹松 明良 ③
12	渡辺 優斗 ③
13	岩本 哲 ③
14	今井 士温 ②
15	阿竹真士朗 ③
16	細谷 俊作 ③
17	渡辺飛雄馬 ③
18	川勝 郁海 ③
部長	中野洋一郎
監督	東 哲平

近江
1	岩佐 直哉 ③
2	島滝 悠真 ③
3	新野 翔大 ③
4	津田 基 ③
5	山口 蓮太朗 ③
6	井口 遥希 ③
7	◎ 春山 陽生 ③
8	山田 陽翔 ③
9	西山 嵐大 ③
10	星野 世那 ③
11	外義 来都 ③
12	大橋 大翔 ③
13	塚脇 楓太 ③
14	柴田 隼 ③
15	横田 悟 ①
16	明石 楓大 ②
17	副島 良太 ②
18		
部長	武田 弘和
監督	多賀 章仁

京都国際
1	森下 瑠大 ②
2	中川 勇斗 ③
3	前田 大記 ③
4	金田 龍雅 ③
5	植西 龍雅 ③
6	武田 侑大 ③
7	岩内琉貴也 ③
8	松下 恵富 ③
9	平野 順大 ③
10	金森 塁 ③
11	佐々木康耀 ③
12	加藤 蒼 ③
13	前川 宗海 ③
14	三浦 悠聖 ③
15	◎ 山口 吟太 ③
16	髙橋 集 ③
17	後藤 陸斗 ③
18	松本 陸 ③
部長	宮村 貴大
監督	小牧 憲継

大阪桐蔭
1	松浦 慶斗 ③
2	田近 介人 ③
3	前田 健伸 ③
4	繁永 晟 ③
5	宮下 隼輔 ③
6	藤原 夏暉 ③
7	野田翔一郎 ③
8	◎ 池田 陵真 ③
9	花田 旭 ③
10	竹中 勇登 ③
11	関戸 康介 ③
12	松尾 汐恩 ②
13	石川 雄大 ③
14	小谷 太誠 ③
15	川原 嗣貴 ②
16	柳 俊太郎 ③
17	山下 来球 ③
18	坂 玲哉 ③
部長	有友 茂史
監督	西谷 浩一

神戸国際大付
1	楠本 晴紀 ②
2	◎ 西川 侑志 ③
3	武本 琉聖 ③
4	坂本 陽飛 ③
5	栗原 琉晟 ③
6	山里 宝 ③
7	夜久 彪真 ③
8	関 悠人 ③
9	阪上 翔也 ③
10	岡田 悠作 ③
11	中辻 優斗 ③
12	加門虎太朗 ③
13	能登原健生 ③
14	川西 琉成 ③
15	勝木力學斗 ③
16	松尾 優仁 ②
17	上田 聖也 ③
18	柴田 勝成 ①
部長	田中 隆太
監督	青木 尚龍

丸数字は学年を示します

［1回戦］ 8月16日 第4日 第3試合

		1	2	3	4	5	6	7	8	9	計
阿南光	（徳島）	0	0	0	0	0	0	0	0	0	0
沖縄尚学	（沖縄）	2	1	0	0	0	1	2	2	X	8

沖縄尚学・當山、2安打無四球完封
序盤の攻防が明暗を分けた。沖縄尚学は一、二回に適時打で3得点。阿南光は井上陸が好守で見せた。

阿南光		打	得	安	点	振	球	犠	盗	失	1	2	3	4	5	6	7	8	9
［中］	萩野	3	0	0	0	0	0	0	0	0	左飛			遊ゴ			投ゴ		
［右］	島崎	3	0	0	2	0	0	0	0	0	三振		ニゴ			三振			
	矢野	3	0	1	0	0	0	0	0	0	三振		中安			遊ゴ			
［捕］	高木	3	0	1	0	2	0	0	0	0	右安		三振			三振			
［捕］	岡川	3	0	0	0	0	0	0	0	1	投併		遊邪			投ゴ			
［三］	岩田宏	2	0	0	0	0	0	0	0	0	左飛		二飛						
打	田中	1	0	0	0	0	1	0	0	0							三振		
三	佐々木	0	0	0	0	0	0	0	0	0									
［投］	森山	3	0	0	1	0	0	0	0	0	三振		一ゴ			左飛			
［遊］	井上陸	2	0	0	0	2	0	0	0	0	三振		三振						
打	河野	1	0	0	0	1	0	0	0	0							三振		
［一］	岩田真	2	0	0	0	0	1	0	0	1	三振		ニゴ						
打	木村	1	0	0	0	1	0	0	0	0							三振		
	残																		

各回得点 0 2 0 0 1 2 0 0 0
0 27 0 2 0 12 0 0 2

投手	回	打	安	振	球	失	責	数
森山	8	43	13	6	6	8	7	179

沖縄尚学		打	得	安	点	振	球	犠	盗	失	1	2	3	4	5	6	7	8	9
［中］	後間	3	0	1	0	1	2	0	0	0	三振	四球	左安			四球	遊ゴ		
［左］	下地	5	0	4	1	0	0	0	1	0	ニゴ	右安	左安			投安	中二		
［遊］	仲宗根卓	4	2	1	1	1	0	0	0	0	四球	左安	三振			左安	敬遠		
［一］	知念大	4	2	2	2	1	1	0	0	0	左二	左安	左飛			敬遠	左二		
［二］	長浜	5	0	2	1	0	0	0	0	0	左二	右安	遊ゴ			右飛	一ゴ		
［右］	大城	5	1	1	1	0	0	0	0	0	中飛	三振	ニゴ			右安	左飛		
［三］	知念新	3	1	0	0	0	1	1	0	0	死球	三ゴ	捕邪			一犠	二飛		
［捕］	前盛	3	2	1	1	1	1	0	0	0	三振	ニゴ	四球			右三			
［投］	當山	3	0	1	0	1	0	1	0	0	三振	左安	一犠			投ゴ			
	残	11	35	8	13	7	6	6	2	1	0								

各回得点 2 1 0 0 0 1 2 2 X

投手	回	打	安	振	球	失	責	数
當山	9	27	2	12	0	0	0	116

三前盛　二知念大2　長浜　仲宗根卓　盗下地（二回）　失岡川（二回）岩田真（七回）　併沖縄尚学1
▽審判（球）田中　（塁）吉岡　佐伯　長谷川　[試合時間]1時間57分　※七回裏、沖縄尚学2死三塁で後間の遊ゴロは一塁手のエラーで出塁

☺…沖縄尚学の當山が被安打2、12奪三振で完封した。低めに集めた変化球と内角を突く直球で二塁を踏ませず。打線は一回、知念大、長浜の連続適時二塁打で先制。その後も四球や犠打を絡めてそつなく加点した。阿南光は2年生エース・森山を援護できなかった。

○比嘉監督（沖）　県勢100勝に、「生徒の頑張りもあって、運良く立ち会わせてもらえた。何とか勝ち取りたいと思っていた」。

●中山監督（阿）　今年度限りで定年退職。「すばらしい経験ができた。生徒は全国レベルを肌で感じたと思う。経験を受け継いでいってほしい」

選手権大会初の申告敬遠　阿南光が沖縄尚学戦の六回2死二、三塁、知念大に対して敬遠を申告した。日本高野連が2020年春の公式戦から採用し、全国選手権大会では初めて。

六回裏沖縄尚学1死満塁、阿南光の遊撃手・井上陸（6）が好捕

［1回戦］ 8月16日 第4日 第4試合

		1	2	3	4	5	6	7	8	9	計
鹿島学園	（茨城）	0	0	0	0	0	0	0	0	0	0
盛岡大付	（岩手）	0	0	0	3	0	4	0	0	X	7

強打の盛岡大付、豪快打で初出場校を圧倒
盛岡大付は四回、平内が右翼席に特大の3点本塁打。鹿島学園は毎回のように走者を出すが及ばず。

鹿島学園		打	得	安	点	振	球	犠	盗	失	1	2	3	4	5	6	7	8	9
［左］	羽鳥	4	0	0	0	1	0	0	0	0	投直	遊ゴ		三振		遊飛			
［二］	船田	3	0	0	0	0	0	0	0	1	二飛		左飛	一ゴ					
打二	網野	1	0	1	0	0	0	0	0	0						右安			
［捕］	高久	4	0	1	0	0	0	0	0	0	中安	右飛	中飛			左安			
［一］	大塚	3	0	1	0	0	1	0	0	0	左二	四球				左飛			
遊	小池	0	0	0	0	0	0	0	0	0				左飛					
［三］	平塚	2	0	0	0	0	1	0	0	0	四球	三ゴ	投ゴ						
打一	堀之内	1	0	0	0	0	0	0	0	0				一ゴ					
［遊］三	甲斐	4	0	1	0	1	0	0	0	0	中飛		三振	右安		遊失			
走	佐藤	0	0	0	0	0	0	0	0	0									
［右］	稲垣	2	0	0	0	0	0	0	0	0		三失	三振						
打右	川島	2	0	0	0	0	0	0	0	0			ニゴ			遊邪			
［中］	畑本	2	0	1	0	0	1	1	0	0	三犠		右中二	二直		四球			
走	岩沢	0	0	0	0	0	0	0	0	0									
［投］	薮野	2	0	0	0	1	0	0	0	0	遊飛	三振							
打投	大川	2	0	0	0	0	0	0	0	0						遊ゴ	遊併		
	残	9	32	0	5	0	4	3	1	0	1								

各回得点 0 0 0 0 0 0 0 0 0

投手	回	打	安	振	球	失	責	数
薮野	6	28	5	5	4	7	4	111
大川	2	8	3	3	0	0	0	34

盛岡大付		打	得	安	点	振	球	犠	盗	失	1	2	3	4	5	6	7	8	9
［三］	松本	3	0	0	0	3	1	0	0	1	三振		三振		四球	三振			
三	庄司	0	0	0	0	0	0	0	0	0									
［中］	新井	4	0	1	0	0	0	0	0	0	ニゴ		投ゴ	中飛		中安			
右	大平	0	0	0	0	0	0	0	0	0									
［一］	金子	4	1	3	0	0	0	0	0	0	左安		遊ゴ	左安	左安				
［右］	小針	3	2	1	0	1	1	0	0	0	右飛		左安	四球	三振				
右左	中沢	0	0	0	0	0	0	0	0	0									
［二］	南	2	1	0	0	0	1	1	0	0	一ゴ		四球	一犠	二併				
［中］	平内	2	1	1	3	0	1	0	0	0	ニゴ		右本	敬遠					
中	大貫	1	0	0	0	0	0	0	0	0									
打	金田	1	0	0	0	1	0	0	0	0					三振				
中	駒田	0	0	0	0	0	0	0	0	0									
［遊］	佐々木	4	1	1	1	0	0	0	0	0	ニゴ		左飛	二失	左安				
走遊	蝦名	0	0	0	0	0	0	0	0	1									
［投］	渡辺	3	0	0	1	2	0	0	0	0	三振		ニゴ	投犠	三振				
［捕］	田屋	4	0	1	1	1	0	0	0	0	中飛		三振	中安	中飛				
	残	5	30	7	8	6	8	4	2	0	2								

各回得点 0 0 0 3 0 4 0 0 X

投手	回	打	安	振	球	失	責	数
渡辺	9	36	5	4	3	0	0	125

本平内（薮野）　二大塚　畑本　失松本（二回）船田（六回）蝦名（九回）　併鹿島学園1　盛岡大付1
▽審判（球）大槻　（塁）三宅　北田　秋山　（外）吉岡　佐伯　[試合時間]2時間2分

☺…盛岡大付が投打で圧倒した。打線は四回2死一、二塁から、平内の右越え3点本塁打で先制した。六回は四球や敵失を生かして、2安打で4得点。先発の渡辺はテンポ良く打たせて取って完封した。鹿島学園は一、二回の好機を生かせず、流れを引き渡した。

●大川（鹿）　2年生右腕。七回から登板した。「先輩から受け継いだマウンドを絶対守ってやると思った。この経験を新チームで生かしたい」

●鈴木監督（鹿）　「一、二回で先行できず、相手に流れがいってしまった。いい薬にして成長してほしい。時間はあっという間に過ぎた」

四回裏盛岡大付2死一、二塁、平内は先制の3点本塁打を放つ

[1回戦] 8月17日 第5日 第1試合

		1	2	3	4	5	6	7	8	9	計	
東海大菅生（東東京）		0	1	0	0	0	0	0	3	0	4	（八回表1死 降雨コールド）
大阪桐蔭（大阪）		2	0	2	0	0	1	0	2		7	

大阪桐蔭3本塁打、降雨コールドで勝利
初回、大阪桐蔭の花田が2点本塁打。三回も藤原、前田に本塁打。東海大菅生は反撃も降雨コールド。

東海大菅生

		打	得	安	点	振	球	犠	盗	失	1	2	3	4	5	6	7	8	9
(中右)	千田	4	0	0	0	1	0	0	0	0	遊ゴ	二飛		一邪			三振		
(捕)	福原	2	0	1	0	0	2	0	0	0	四球		右安	一邪			四球		
(右左)	堀町	4	0	1	2	0	0	0	0	0	二飛		二飛		左飛	右二			
(三)	小池	4	0	1	0	2	0	0	0	1	中安	ヒゴ*		三振		三振			
(一)	岩井	4	0	0	2	0	0	0	0	0	三振		中飛		三振	●右飛			
(左)	山田	3	0	1	0	1	0	0	0	0		三振		一邪		左二			
走中	栄	1	1	1	0	0	0	0	0	0						左安			
(二)	小山	2	0	0	0	1	0	0	0	0		三振		投ゴ					
投	本田	2	1	2	1	0	0	0	0	0			右二	遊安					
(遊)	金谷	3	1	1	0	0	0	0	0	1			左安	捕邪		中飛			
投	桜井	1	0	1	0	0	0	0	0	0			右安						
二	本橋	1	1	0	0	0	1	0	0	0					右飛	四球			
	残 8	31	4	9	3	7	3	0	0	2									

各回得点 0 1 0 0 0 0 0 3 0

投手	回	打	安	振	球	失	責	数
桜井	3	15	5	3	1	4	4	62
本田	4	23	5	4	5	3	3	88

大阪桐蔭

		打	得	安	点	振	球	犠	盗	失	1	2	3	4	5	6	7	8	9
(遊)	繁永	3	1	1	0	0	2	0	0	0	遊ゴ	投ゴ		右二		四球			
(遊)	藤原	5	1	1	1	3	0	0	0	0	三振		左本		三振	三振	投ゴ		
(中)	池田	4	1	3	1	0	0	0	0	0		三安		三ゴ		左二	中安		
(右)	花田	4	1	3	1	1	2	0	0	1	中本		中本		中安	三ゴ			
(一)	前田	3	1	1	1	1	1	0	0	1	右飛		中本		四球	三振			
(三)	宮下	3	0	1	0	1	1	0	0	0		中安	三振		四球	三振			
(左)	野間	3	1	1	0	0	0	1	0	0		投犠	●ニゴ	中飛		中安			
(捕)	松尾	3	1	0	0	0	0	0	0	0		ニゴ	遊飛		中飛	四球			
投	竹中	0	0	0	0	0	0	0	0	0									
投	松浦	2	0	0	0	1	0	0	0	0			四球		ニゴ	遊失			
打捕	田近	1	0	1	0	1	2	0	0	0							右二		
	残 10	31	7	10	7	7	6	1	0	2									

各回得点 2 0 2 0 0 1 0 2

投手	回	打	安	振	球	失	責	数
松浦	7	31	7	7	3	4	3	118
竹中	1/3					0	0	8

本 花田（桜井）藤原（桜井）前田（桜井）　**二** 繁永 池田 山田 本田 堀町 田近　**犠** 小池（一回）花田（二回）前田（三回）金谷（六回）
▽審判（球）山口（塁）美野 大屋 舟久保　【試合時間】2時間7分　※三回表、東海大菅生の4番・小池の三ゴは一塁手のエラーで出塁

◎…大阪桐蔭は三回までに花田、藤原、前田の3本塁打で主導権を握ると、以降も効果的に加点した。東海大菅生は七回に山田、本田、堀町がそれぞれ二塁打を放つなど反撃。3点を追う八回もコールド直前まで、1死一、二塁の好機をつくって追いすがった。

●若林監督（東）「しょうがない。これだけ日程が順延していたので1試合でもということだと思う。ルールなので、勝負のアヤとか野球ってそういうもの。僕としては互角に戦ってくれた」

西谷監督、勝利記録を伸ばす　大阪桐蔭・西谷監督は甲子園大会56勝目。歴代3位。1位は智弁和歌山の高嶋仁・前監督の68勝、2位はPL学園の中村順司・元監督の58勝。

力投する大阪桐蔭の松浦

[2回戦] 8月19日 第6日

智弁和歌山（和歌山）		智弁和歌山の不戦勝
宮崎商（宮崎）		

宮崎商、感染受け試合辞退
選手ら13人の新型コロナウイルス陽性が確認された宮崎商が試合辞退を申し出、大会本部が受理。

宮崎商・東北学院、感染受けて試合を辞退　［8月18日付］

　大会本部は8月17日、オンラインで会見を開き、宮崎商と東北学院（宮城）から試合を辞退するとの申し出がそれぞれあり、受理したと発表した。宮崎商では選手ら13人、東北学院では選手1人の新型コロナウイルス陽性が確認されていた。宮崎商は19日の智弁和歌山との初戦（2回戦）が、東北学院は21日の松商学園（長野）との2回戦が不戦敗となる。

　日本高校野球連盟の八田英二会長は宮崎商の辞退を受けての会見で、「選手たちの無念を思うと言葉もない。感染防止に努めてきたが、集団感染が起き、医療機関などに大きなご負担をおかけし、申し訳ない」と述べた。宮崎商の橋口光朗監督は「甲子園でプレーさせてあげられなかったのが申し訳なく、無念極まりない」とコメントした。

　大会本部によると、宮崎商は選手、監督ら35人が8月5日に宿舎に入った。14日夕に選手1人が発熱、15日に陽性が確認された。その後、医療機関の検査で17日朝までに感染者は計13人となった。保健所は濃厚接触者を8人とした。

　大会の感染対策ガイドラインでは、代表校の選手らに感染者が出た場合、集団感染が疑われるかを重要視して対応するとしている。大会本部は16日夜に緊急対策本部の会議を開き、宮崎商の事案は集団感染と判断した。同校は17日朝に辞退を申し出た。学校側は、選手らの陽性判明と、保健所からの集団感染との指摘を踏まえて、辞退を判断したという。

　東北学院からは17日夕、大会本部に辞退の申し入れがあった。同校の阿部恒幸校長は「出場すれば、感染者、濃厚接触者の特定につながる恐れがあり、生徒の将来に影響を及ぼす可能性があることから、大変残念だが、学校として出場辞退という判断をした」との談話を発表した。

　東北学院は11日に愛工大名電（愛知）との1回戦に勝った。選手1人が13日に発熱し、陽性が確認された。保健所は15日、選手ら3人、チームと大会本部との調整などを担う朝日新聞の担当記者1人の計4人を濃厚接触者とした。この4人は12、14日のPCR検査では陰性だった。緊急対策本部は東北学院については個別感染と判断していたという。

　13年ぶり5回目だった宮崎商の出場回数はカウントされる。東北学院は初出場だった。全国選手権大会の試合が不戦勝（不戦敗）となるのは初。10日の開幕後、今大会での新型コロナの感染による試合の辞退は宮崎商が初、東北学院が2例目となった。

[2回戦] 8月19日 第6日 第3試合

	1	2	3	4	5	6	7	8	9	計
前橋育英（群馬）	0	0	0	0	0	0	0	0	0	0
京都国際（京都）	0	1	0	0	0	0	0	0	X	1

京都国際が1点を守り、緊迫の投手戦制す

京都国際・森下と前橋育英・外丸の投げ合い。二回、京都国際・中川が本塁打。これが決勝点に。

前橋育英

		打	得	安	点	振	球	犠	盗	失	1	2	3	4	5	6	7	8	9
[左]	横倉	3	0	2	0	0	1	0	0	0	左安		ニゴ	四球				中安	
[一]	佐藤	3	0	0	0	1	0	1	0	0	犠失		三振	ニゴ				投ゴ	
[遊]	岡	4	0	0	0	3	0	0	0	0	三振			左飛		三振		三振	
[中]	皆川	3	0	0	0	1	1	0	0	0	四球			一ゴ		三ゴ		三振	
[三]	野村	4	0	1	0	1	0	0	0	0	三振		右安	捕邪			右飛		
[右]	西沢	3	0	1	0	1	0	0	0	0	三振		三安		三失				
打	矢島	1	0	0	0	0	0	0	0	0					遊飛				
[投]	外丸	4	0	0	0	1	0	0	0	0		三振	二併		遊ゴ		右飛		
[捕]	阿	3	0	0	0	0	0	0	0	0		三振		二飛	三邪				
[二]	井上	3	0	0	0	1	0	0	0	0		三振		遊ゴ		右飛			
	残																		
	7	31	0	4	0	10	2	1	0	0	各回得点 0	0	0	0	0	0	0	0	0

投手	回	打	安	振	球	失	責	数
外丸	8	29	4	7	3	1	1	102

京都国際

		打	得	安	点	振	球	犠	盗	失	1	2	3	4	5	6	7	8	9
[遊]	武田	4	0	0	0	1	0	0	0	0	三振		遊ゴ		左飛		ニゴ		
[一]	金田	3	0	0	0	3	1	0	0	0	三振		四球		三振		三振		
[捕]	植西	3	0	0	1	0	0	0	0	0		遊ゴ		左飛		三振			
[中]	中川	1	1	1	1	0	2	0	1	0	左本		四球		死球				
[三]	辻井	2	0	1	0	0	0	1	0	1	中安		右飛		一犠				
[右]	平野	3	0	0	0	1	0	0	0	0		二併		遊ゴ		三振			
[投]	森下	3	0	0	0	1	0	0	0	1		三振		中飛		右飛			
[左]	岩内	3	0	1	0	0	0	0	0	0		左飛		ニゴ		遊安			
[中]	松下	2	0	1	0	0	1	0	0	0		三飛			右二		三犠		
	残																		
	4	24	1	4	1	7	3	2	1	2	各回得点 0	1	0	0	0	0	0	0	X

投手	回	打	安	振	球	失	責	数
森下	9	34	4	10	2	0	0	130

本 中川（外丸）　**二** 松下　**盗** 中川（四回）　**失** 森下（一回）辻井（七回）　**暴** 森下（一回）外丸（六回）　**併** 前橋育英1　京都国際1
▽審判（球）宅間　（塁）城市　高田　山下　[試合時間] 1時間48分

☺…京都国際が投手戦を制した。2年生左腕・森下が被安打4で10奪三振。二回以降三塁を踏ませなかった。打っては4番・中川が二回に左翼へ本塁打を放った。前橋育英は、先発右腕・外丸が被安打4で完投も、打線が3度無死で走者を出したが、生かせなかった。

●荒井監督（前）「投手の外丸を中心に、うちの粘りの野球ができた。ただ打撃では、相手投手の低めの変化球をなかなか見極められなかった」

京都勢が群馬勢に9連勝 2回戦で京都国際が前橋育英に勝利し、第16回（1930年）の平安中─桐生中以来、京都勢が群馬勢から9戦連続で勝利を挙げた。対戦は9度目で、京都勢が全勝。

若いチームの京都国際が躍進 京都国際は、先発に2年生5人が並んだ。今春の選抜で初めて甲子園の土を踏み、着実な成長を遂げ、全国選手権初出場をつかんだ。優勝経験のある前橋育英を相手に、森下を完封に導いた3年生捕手の中川は、「2年生主体と言われ、3年生がもっとやらないといけないと思っている」。大舞台で、思いを実践してみせた。

完投した前橋育英の外丸

[49代表 登録選手名簿]

智弁学園

1	西村	王雅	③
2	植垣	洸	③
3	三垣	飛馬	③
4	竹村	日向	③
5 ◎	山下	陽輔	③
6	岡島	光星	③
7	前川	右京	③
8	森田	空	③
9	谷口	綜大	③
10	小畠	一心	②
11	藤本	竣介	③
12	埣和	拓海	③
13	高岡	聡太	③
14	足立	風馬	③
15	三好	将太	③
16	安藤	壮央	③
17	中陳	六斗	②
18	田辺	涼介	②
部長	井元	康勝	
監督	小坂	将商	

智弁和歌山

1	中西	聖輝	③
2	渡部	海	②
3	岡西	佑弥	③
4	大仲	勝海	③
5	高嶋	奬哉	③
6	大西	拓磨	③
7	角井翔一朗		③
8 ◎	宮坂	厚希	③
9	徳丸	天晴	③
10	須川	光大	②
11	高橋	令	②
12	石平	創士	③
13	永田	七成	③
14	湯浅	孝介	①
15	小畑虎之介		①
16	塩路	柊季	③
17	武元	一輝	②
18	伊藤	大稀	①
部長	芝野	恵介	
監督	中谷	仁	

倉敷商

1	永野	司	③
2	小田	壮太	②
3	藤森	旭心	②
4	加藤	大将	③
5 ◎	山下	周太	③
6	池上	正純	③
7	弓取	将大	③
8	雄蔵	人志	③
9	西川	恭輔	③
10	三宅貫太郎		③
11	柏内	翔太	②
12	長谷川隼斗		②
13	大山	洸司	③
14	重見	健仁	③
15	山本	凌大	③
16	品田	祐希	③
17	今田	毅稀	②
18	岸本	空知	②
部長	伊丹	健	
監督	梶山	和洋	

広島新庄

1	花田	侑樹	③
2	北田	大翔	③
3	葛西	太陽	③
4 ◎	大可	克明	③
5	繁光	力輝	③
6	瀬尾	秀太	③
7	佐野	秀稔	③
8	藤川	蓮	③
9	平田	龍輝	③
10	秋山	恭平	③
11	新開	健音	②
12	高尾	哉朱	③
13	杉政	快成	③
14	梶岡	伯空	②
15	河野	優輝	①
16	嶋田	士龍	③
17	森下	毅士	③
18	西井	拓大	③
部長	田津	直樹	
監督	宇多村	聡	

米子東

1	舩木	佑	③
2	舩木	洸斗	③
3	瀬川凜太郎		③
4 ◎	長尾	泰成	③
5	岡本	陽希	③
6	藪本	鉄平	③
7	中本	翔琉	③
8	岩崎	照英	③
9	松田	侑人	③
10	小西康太郎		③
11	松本	航青	②
12	遠藤	悠生	③
13	米原	健貴	③
14	津田	拓海	②
15	徳丸	航祐	②
16	太田	絋暉	②
17	山崎	壮	③
18	寺井	大貴	②
部長	門永	芳典	
監督	紙本	庸由	

石見智翠館

1	山崎	琢磨	③
2	上	翔曳	②
3	伊藤	陽春	③
4	関山	和	③
5	宮本	越希	③
6 ◎	山崎	凌夢	③
7	岩村	康成	③
8	岡田	優駿	③
9	山本	寛太	③
10	豊岡	慶人	③
11	山本	由貴	③
12	遠藤	翔	③
13	今泉	秀悟	①
14	黒木	蓮	③
15	苗村	晃大	③
16	苗村	龍馬	③
17	正田	将也	③
18	田中	幹紘	③
部長	谷本	暁彦	
監督	末光	章朗	

高川学園

1	河野	颯	③
2 ◎	山崎	帆友	③
3	隅田	玄	③
4	山見	拓希	③
5	立石	正広	②
6	山	大輝	②
7	田口	哉�	②
8	中村	賢紳	③
9	源	卓	③
10	松川	雄登	②
11	松村	修宏	③
12	磯村	圭吾	③
13	藤田	健佑	②
14	中野	天嗣	②
15	井上心太郎		③
16	福井	幸大	③
17	黒松	叶豊	②
18	竹井	希宙	②
部長	西岡	大輔	
監督	松本祐一郎		

高松商

1	坂中	大貴	③
2 ◎	山崎	悠矢	③
3	本田	真拡	③
4	末浪	佑紘	③
5	安藤	康城	②
6	向井	万旺	③
7	藤井	陸斗	③
8	野崎	隼斗	②
9	浅野	翔吾	③
10	鈴木	敦稀	②
11	渡辺	和大	②
12	大平	岳	③
13	徳田	叶夢	②
14	山田	一成	③
15	渡辺	升翔	②
16	横井	亮太	③
17	大坪	太陽	③
18	橋崎	力	②
部長	三好	明彦	
監督	長尾	健司	

阿南光

1	森山	暁生	②
2	岡川	涼弥	③
3	岩田	真拡	③
4	矢野	隆太	③
5	佐々木春虎		③
6	井上	陸	③
7	高木	裕介	③
8 ◎	萩野	太陽	③
9	島崎	立暉	②
10	田中	浩人	③
11	木村	一政	③
12	岩田	宏夢	③
13	新田	陽生	③
14	井上	隼斗	②
15	津路	稜也	②
16	河野	陽介	③
17	秋山	光貴	③
18	木本	和歩	②
部長	高橋	徳	
監督	中山	寿人	

新田

1	向井	駿貴	③
2 ◎	古和田大耀		③
3	乗松	慶太	③
4	近平	侑甫	③
5	入山	雄太	③
6	山内	欣也	③
7	新納	蒼大	③
8	長谷川聖太		③
9	中村	凌貴	③
10	菊池優希冶		③
11	岡田	海成	②
12	福地	情	③
13	大内	悠平	②
14	大内	翼空	②
15	高木	太陽	③
16	島袋	桐悟	③
17	山本	侑哉	③
18	西原	海成	③
部長	浜田	英希	
監督	岡田	茂雄	

丸数字は学年を示します

[2回戦] 8月19日 第6日 第4試合

		1	2	3	4	5	6	7	8	9	計
作新学院	(栃木)	0	0	0	0	1	2	0	3	1	7
高松商	(香川)	0	0	3	0	3	0	0	4	X	10

4番が6打点、高松商勝負強く打ち勝つ
八回、高松商は4番・藤井の3点適時三塁打などで勝ち越し。作新学院も粘りを見せた。

作新学院
		打	得	安	点	振	球	犠	盗	失
[中]	田代	5	0	0	0	0	0	0	0	0
[二]	高久	4	1	1	0	1	1	0	0	0
[三]	大房	5	1	0	1	0	0	0	0	2
[一]	小口	4	2	3	0	1	1	0	0	0
[右]	鈴木	2	0	0	0	0	0	0	0	1
打左	平塚	3	1	2	1	1	0	0	0	0
[右]	相原	4	2	3	0	0	1	0	0	0
[遊]	相場	3	0	0	1	0	1	0	0	0
[捕]	渡辺	4	0	2	2	0	0	0	0	0
[投]	井上	1	0	1	0	0	0	0	0	0
打	池沢	1	0	0	0	0	0	1	0	0
投	佐藤	0	0	0	0	0	0	0	0	1
打	戎	1	0	1	0	0	0	0	0	0
走	柳田	0	0	0	0	0	0	0	0	0
投	林	1	0	0	0	0	0	0	0	0
残	8	37	7	13	6	3	4	1	0	4

高松商
		打	得	安	点	振	球	犠	盗	失
[中]	野崎	5	2	3	0	0	1	0	1	0
[右]	浅野	3	3	2	1	0	2	0	0	0
[左]	安藤	4	2	2	1	0	1	0	0	0
[三]	藤井	4	1	2	6	1	1	0	0	0
[一]	本田	2	0	0	0	0	0	2	0	0
一	山田	1	0	1	1	0	0	0	0	0
[二]	末浪	2	0	1	0	1	2	0	0	0
[捕]	山崎	4	0	0	1	0	0	0	0	0
[投]	徳田	3	1	1	0	2	0	0	0	1
投	渡辺和	0	0	0	0	0	0	0	0	0
投	坂中	1	0	0	0	1	0	0	0	0
[遊]	横井	3	0	0	0	0	0	1	0	0
走遊	渡辺升	0	1	0	0	0	0	0	0	1
残	7	32	10	12	9	7	6	3	2	2

投手	回	打	安	振	球	失	責	数
井上	4	18	5	2	2	3	2	71
佐藤	2	13	3	3	3	3	1	50
林	2	10	4	2	1	4	0	55

投手	回	打	安	振	球	失	責	数
徳田	5 1/3	22	6	1	2	3	2	82
渡辺和	2 1/3	13	5	2	2	3	3	48
坂中	1 1/3	7	2	5	0	1	0	26

三藤井 逸渡辺(六回) 盗野崎(一回)末浪(五回) 失大房2(三回、八回)佐藤(五回)鈴木(五回)徳田(六回)渡辺升(九回) 暴渡辺和2(六回)
併作新学院1 高松商3 ▽審判(球)田中 (塁)西貝 金丸 黒羽 (外)山下 高田 [試合時間]2時間28分

…両チーム計25安打の打撃戦を高松商が制した。三回、1死二塁から3連打などで3点を先行。八回2死満塁では、4番・藤井が走者一掃となる中越え適時三塁打を放った。作新学院は八回、渡辺の2点適時打などで同点に追いついたが、及ばなかった。
○藤井(高) 2安打6打点の活躍。「どんな球でも食らいつこうと思っていた。久しぶりの4番で緊張したけど、勝利に貢献できたんじゃないかな」

八回表作新学院2死二、三塁、渡辺の2点適時打で三塁走者に続き、二塁走者の相原も生還

[1回戦] 8月20日 第7日 第1試合

		1	2	3	4	5	6	7	8	9	計
近江	(滋賀)	1	2	0	0	1	0	3	1	0	8
日大東北	(福島)	0	0	0	0	2	0	0	0	0	2

扇の要が攻守に存在感、近江が初戦快勝
近江の捕手・島滝は二回に2点本塁打など大活躍。日大東北は投手・吉田が打球直撃で降板する不運。

近江
		打	得	安	点	振	球	犠	盗	失
[三]	井口	5	0	0	0	0	0	0	0	0
[左]	西山	3	0	0	0	0	2	0	0	0
[二]	津田	1	3	0	0	1	3	0	0	0
投右	山	4	1	2	1	0	0	0	0	0
[一]	新野	4	2	2	1	1	1	0	0	0
[捕]	島滝	5	2	3	4	1	0	0	0	0
[中]	春山	4	0	1	0	0	1	0	0	0
[遊]	横田	2	0	1	1	0	1	2	0	0
[右]	明石	1	0	0	0	0	0	0	0	0
打右	森川	1	0	0	0	0	0	0	0	0
投	岩佐	2	0	0	0	0	0	0	0	0
残	10	32	8	9	7	6	10	3	0	0

日大東北
		打	得	安	点	振	球	犠	盗	失
[右]	大塚	4	0	0	0	1	0	0	0	0
[左]	久納	4	0	0	0	1	0	0	0	0
[二]	松川	4	0	1	0	1	0	0	0	1
[投]	吉田	0	0	0	0	0	0	0	0	1
投	星	0	0	0	0	0	0	0	0	1
投	堀米涼	3	0	1	0	1	0	0	0	0
左	鈴木	0	0	0	0	0	0	0	0	0
打	岡部	1	0	0	0	0	0	0	0	1
[中]投	馬場	3	1	1	0	1	0	1	0	0
[捕]	奈須	4	1	1	1	3	0	0	0	0
[一]	柳沼	3	0	0	0	1	0	0	0	0
[遊]	山下	2	0	0	0	1	0	0	0	1
打	村田	0	0	0	0	0	0	1	0	0
走遊	槌谷	0	0	0	0	0	0	0	0	0
[三]	相沢	3	0	1	0	1	0	1	0	0
残	4	31	2	5	2	11	1	1	1	3

投手	回	打	安	振	球	失	責	数
山田	5	19	4	4	0	2	0	68
岩佐	4	14	1	7	0	0	0	46

投手	回	打	安	振	球	失	責	数
吉田	1/3	1	0	0	0	0	0	3
星	2/3	6	1	0	3	3	2	25
堀米涼	5 0/3	26	7	3	5	4	4	107
馬場	3	12	1	3	1	1	1	45

本島滝(星) 三馬場 奈須 二島滝2 山田 盗相沢(五回) 失星(一回)松川(一回)山下(八回) 暴馬場(七回)
▽審判(球)中西 (塁)野口 木村 三浦和 [試合時間]2時間24分

…近江は継投がはまった。先発・山田は低めにスライダーを集め5回2失点。救援の岩佐は直球主体に1安打に抑えた。打線も9安打8得点と活発。日大東北はエース・吉田が3球で負傷降板した後、3投手の継投で粘ったが、10の与四死球が悔やまれる。
●松川(東) 今大会後に宗像監督が退任する。「近江高校さんから『監督さんへ』と（ウィニング）ボールをいただいた。ここまで（監督に）育ててもらったので感謝しかない。宿舎に帰って渡したい」

近江の先発・山田

[2回戦] 8月20日 第7日 第2試合

	1	2	3	4	5	6	7	8	9	計
西日本短大付 (福岡)	0	0	0	0	0	0	0	0	0	0
二松学舎大付 (東京)	0	0	0	0	0	2	0	0	X	2

両エースの投手戦、二松学舎大付が制す
二松学舎大付の先発・秋山が好投し完封。西日本短大付・大嶋は六回、失策も絡んで失点。

西日本短大付

	選手	打	得	安	点	振	球	犠	盗	失
[二]	江口	4	0	1	0	0	0	0	0	1
[中]	池	4	0	0	0	3	0	0	0	0
[遊]	林	3	0	1	0	1	0	1	0	1
[捕]	三宅	1	0	0	0	0	3	0	0	0
[一]	山口雄	4	0	0	0	2	0	0	0	0
[三]	穴井	3	0	0	0	1	1	0	0	0
[左]	今田	4	0	1	0	0	0	0	0	0
[右]	簑	2	0	0	0	1	0	1	0	0
[打]	笹井	1	0	0	0	0	0	0	0	0
[投]	大嶋	3	0	1	0	2	0	0	0	0
	残 8 計	29	0	4	0	9	4	2	0	2

各回得点 0 0 0 0 0 0 0 0 0

投手	回	打	安	振	球	失	責	数
大嶋	8	34	4	4	5	2	0	132

二松学舎大付

	選手	打	得	安	点	振	球	犠	盗	失
[遊]	永見	3	0	1	0	0	1	0	0	0
[二]	親富祖	3	0	0	0	0	0	1	0	0
[中]	瀬谷	4	1	0	0	1	0	0	0	0
[三]	関	3	0	0	0	0	1	0	0	0
[右][左]	浅野	3	1	1	1	0	1	0	2	0
[投]	秋山	2	0	0	0	0	2	0	0	0
[右]	丸山	3	0	1	1	2	1	0	0	0
[捕]	鎌田	3	0	0	0	0	0	0	0	1
[左]	桜井	3	0	1	0	0	0	0	0	0
	残 8 計	27	2	4	2	4	5	2	2	1

各回得点 0 0 0 0 0 2 0 0 X

投手	回	打	安	振	球	失	責	数
秋山	9	35	4	9	4	0	0	139

二桜井 逸三宅(四回) 盗浅野2(六回、八回) 失江口(六回)鎌田(六回)林(八回) 暴大嶋2(五回、八回) 併二松学舎大付1
▽審判(球)前坂 (塁)広瀬 大屋 三浦陽 [試合時間]1時間55分

◎…投手戦を二松学舎大付が制した。両校無得点で迎えた六回、浅野、丸山の適時打で2点を先制。このリードを先発左腕・秋山が4安打完封の快投で守り切った。西日本短大付は無死の走者を4度出したが、あと一本が出ず。好投の先発・大嶋を援護できなかった。

○浅野(二) 六回、均衡を破る適時打。二盗も成功、2点目の本塁を踏む。「ヒットは何本も続かないと考えて、行けそうなら行こうと思った」

●西村監督(西) 完封負けに「対策はしてきたが、(二松学舎大付の)秋山君は要所でギアが入る。それに対応できなかった」。

二松学舎大付の秋山、起死回生 二松学舎大付の秋山は、五回まで無安打投球を続けていた。それが六回に一転。無死一、二塁。さらに犠打と四球でピンチは拡大。市原監督は伝令を走らせた。「0に抑えようと思わず、窮屈にならないように」。この言葉で、秋山は開き直った。常時140キロ弱だった直球が、140キロを超えた。かわす球は1球もない。ぐいぐい押す。2者連続空振り三振。雄たけびをあげて、ベンチへ駆け戻った。

六回表のピンチを切り抜け、ガッツポーズする二松学舎大付の秋山

[2回戦] 8月20日 第7日 第3試合

	1	2	3	4	5	6	7	8	9	計
三重 (三重)	0	1	0	1	0	0	0	0	0	2
樟南 (鹿児島)	0	0	0	0	0	0	0	0	0	0

互いに好守が光る接戦制し、三重が好発進
三重は初回、樟南・麦生田に左前安打を浴びるが原田が本塁へ好返球で補殺。樟南は拙攻が響いた。

三重

	選手	打	得	安	点	振	球	犠	盗	失
[中]	森	5	0	2	0	1	0	0	0	0
[右]	野田	3	0	0	0	1	1	1	0	0
[三]	佐脇	3	0	0	0	0	2	0	0	0
[一]	池田	5	0	0	0	0	0	2	0	0
[左]	原田	4	1	1	0	0	0	0	0	0
[遊]	品川	4	1	3	0	0	0	0	1	1
[二]	宝田	2	0	1	1	1	0	2	0	0
[投]	上山	4	0	2	1	0	0	0	0	1
[捕]	服部	2	0	0	0	0	1	1	0	0
	残 11 計	32	2	9	2	3	4	4	1	2

各回得点 0 1 0 1 0 0 0 0 0

投手	回	打	安	振	球	失	責	数
上山	9	35	7	6	2	0	0	116

樟南

	選手	打	得	安	点	振	球	犠	盗	失
[右]	町北	3	0	0	0	2	1	0	0	0
[遊]	尾崎	4	0	0	0	0	0	0	0	0
[遊]	畝地	0	0	0	0	0	0	0	0	0
[三]	下池	4	0	1	0	0	0	0	0	0
[一]	麦生田	4	0	3	0	0	0	0	0	0
[中]	西窪	3	0	0	0	0	1	0	1	0
[捕]	長沢	1	0	0	0	0	0	1	1	0
[打]	川辺	1	0	0	0	0	0	0	0	0
[打]	小峰	3	0	2	0	0	0	0	0	0
[走左]	小山	1	0	0	0	0	0	0	1	0
[投]	西田	4	0	0	0	0	0	0	0	0
[二]	今井	3	0	1	0	0	0	0	0	0
	残 8 計	31	0	7	0	6	2	2	1	0

各回得点 0 0 0 0 0 0 0 0 0

投手	回	打	安	振	球	失	責	数
西田	9	40	9	3	4	2	2	138

三森 二原田 逸服部(三回) 盗品川(二回)山口(七回) 失上山(一回)品川(六回) 暴西田(二回)
▽審判(球)永井 (塁)大槻 山口 尾崎 [試合時間]2時間4分

◎…三重が投打で上回った。打線は勝負強さが光り、二回に宝田の犠飛で先制。四回は、投手の上山の適時打で追加点を挙げた。上山は制球良く投げ、2四球で完封した。樟南は先発・西田が強力打線を2失点に抑えたが、打線が援護できなかった。

○上山(三) 7安打を浴びながらも完封。「公式戦の完封は初めて。先のことを考えずに、楽しんでできた。夢の舞台で、いい結果になったのでうれしい」

●山之口監督(樟) 再三好機をつくるも、あと一本が出ず。「実戦から長く離れたことで、生きたボールを捉える打撃ができなかった」

●西田(樟) 三重大会でチーム打率が5割を超える強力打線を2失点に抑える。「いつも通りの投球ではないが、スプリットは良かった」

一回裏樟南2死二塁、麦生田の安打で走者・下池は本塁を狙うがタッチアウト

［2回戦］8月20日 第7日 第4試合

	1	2	3	4	5	6	7	8	9	計
敦賀気比（福井）	1	5	0	0	1	0	0	1	0	8
日本文理（新潟）	0	0	0	2	1	0	0	1	2	6

両チームで30安打、敦賀気比が打ち合い制す
敦賀気比は二回に6長短打などで5得点。日本文理は最終回に2点差に詰め寄るも力尽きる。

敦賀気比

守	選手	打	得	安	点	振	球	犠	盗	失	1	2	3	4	5	6	7	8	9
[二]	東	6	2	2	1	1	0	0	0	1	三振	左安		二飛	遊飛			投安	右飛
[右]	沼田	4	1	2	2	0	0	1	0	0	左安	右二		二ゴ	中飛			三犠	
[中]	大島	5	0	2	0	1	0	0	0	0	右安	三振	右二	二ゴ			一ゴ		
[三]一三	上加世田	4	1	2	2	1	1	0	0	0	四球	左安	三振				左飛		
[遊]	前川	2	1	2	2	0	2	1	0	1	中犠	中安	左安	四球			四球		
[一]	小西	4	0	0	0	0	0	0	0	0	三振	遊ゴ	二ゴ	中飛					
投	吉崎	1	0	0	0	0	0	0	0	0								左飛	
一	今井	0	0	0	0	0	0	0	0	0									
[左]	森田	5	1	2	1	1	0	0	0	0	中安	三振	中安	二ゴ	中飛				
[捕]	長尾	5	1	3	0	1	0	0	0	1	右安	三振	左安	右飛					
走	細田	0	0	0	0	0	0	0	0	0									
捕	渡辺優	0	0	0	0	0	0	0	0	0									
[投]三投	本田	3	1	1	0	1	2	0	0	0	四球	三振	三安	投邪	四球				
残 11		39	8	16	8	7	5	2	0	3									

各回得点　1　5　0　0　1　0　0　1　0

日本文理

守	選手	打	得	安	点	振	球	犠	盗	失	1	2	3	4	5	6	7	8	9
[二]	土野	5	1	2	0	0	0	0	1	0	遊安	一ゴ		二直		二ゴ			右安
[一]右	塚野	3	2	2	0	1	1	1	0	0	一犠	四球		中安	三振				中安
[投]一	田	5	0	1	0	0	2	0	0	0		二飛		三振	三振				左安
[三]	渡辺	3	0	1	1	0	2	0	0	0		四球		左安	遊失				四球
[三]	岩田	5	1	1	1	1	0	0	0	0		遊併		二失	三安			左飛	左安
[右]	玉木	4	1	3	2	0	0	0	0	0		中飛		左本		中安			中安
走	桜沢	0	1	0	1	0	0	0	0	0									
投	村越	0	0	0	0	0	0	0	0	0									
打	高橋悠	1	0	0	0	0	0	0	0	0									二併
[中]	高橋瑛	4	0	2	0	1	0	0	0	0		投安		振逃	中飛				中安
[捕]	竹野	4	0	2	1	0	0	0	0	0		二直併		左安	中飛				右安
[遊]	米山	4	0	0	0	0	0	0	0	0		遊ゴ	二ゴ		三ゴ				二ゴ
残 9		38	6	14	5	4	3	1	1	0									

各回得点　0　0　0　2　1　0　0　1　2

投手

敦賀気比

投手	回	打	安	振	球	失	責	数
本田	5 2/3	26	8	2	2	3	2	82
吉崎	2 2/3	14	5	2	1	3	3	59
本田	2/3	2	1	0	0	0	0	10

日本文理

投手	回	打	安	振	球	失	責	数
田中	8	42	15	7	4	8	8	148
村越	1	4	1	0	1	0	0	17

本 玉木（本田）　**二** 沼田　大島　上加世田　**盗** 土野（九回）　**失** 東（四回）長尾（四回）前川（八回）　**暴** 本田（五回）吉崎2（六回、九回）田中（八回）
併 敦賀気比3　▽審判（球）吉岡　（塁）堅田　井狩　三宅　（外）三浦陽　大屋　［試合時間］2時間38分

◎…敦賀気比は序盤のリードが生きた。一回に前川の犠飛で先制し、二回は下位の森田、長尾の連打など6長短打を集めて一挙、5点を奪った。日本文理も14安打と打ち負けず九回は2点差にまで詰め寄ったが、最後は三つ目の併殺で反撃を断たれた。

●鈴木監督（文）　九回、2点差に迫る追い上げを見せ、「文理らしい粘り、つなぎが見えた。後輩たちの糧になる」。

9回ピンチに、エース再登板　敦賀気比の本田は先発し、六回途中からは三塁に就いた。しかし、九回、3点差に詰め寄られ、相手5番の打席の途中で再登板。「いつでもいけるようにしていた。正直、ほっとした」
初顔合わせの一戦　福井勢と新潟勢は選抜大会を含めて初対決。

二回表敦賀気比2死二塁、前川は中前適時打を放つ

［49代表 登録選手名簿］

明徳義塾
1	代木	大和	③
2	加藤	愛己	③
3	岩城	龍ノ介	③
4	池田	由伸	③
5	梅原	雅斗	③
6 ◎	米崎	薫暉	③
7	高松	紳志	③
8	山蔭	一颯	③
9	森松	幸亮	③
10	井上	航輝	③
11	西岡	颯	③
12	吉村	聖歩	②
13	西川	魁星	③
14	小阪	蓮武	③
15	矢野	勢也	②
16	江坂	斗航	②
17	寺地	隆成	①
18	小林	和生	③
部長	佐藤	洋	
監督	馬淵	史郎	

西日本短大付
1	大嶋	柊	③
2	三宅	海斗	③
3	山口	雄大	②
4	江口	翔人	①
5	穴井	秀山	②
6	林	直樹	③
7	今田	塁陽	③
8 ◎	池田	翔	③
9	蕢田	晟大	③
10	島邑	諒生	③
11	江川	颯太	③
12	和田	悠二朗	②
13	笹井	博喜	③
14	松山	夢大	③
15	内野	太陽	③
16	角屋	一成	②
17	山口	紘輝	③
18	清水	空	③
部長	大石	伸一	
監督	西村慎太郎		

東明館
1	今村	珀孔	②
2 ◎	加藤	晴空	③
3	窪山	祥悟	③
4	久保	諒太	③
5	藤田	湧伍	③
6	出田龍太朗		③
7	松本	晃	③
8	成沢	空舞	②
9	井上	陽向	③
10	石井	佑弥	③
11	日山	夢大	③
12	副島	颯太	③
13	松原	一樹	③
14	坂本	航平	③
15	森	湧希	③
16	古賀	天翔	③
17	上川	一樹	③
18	野口	貴矢	③
部長	古賀	洋	
監督	豊福	弘太	

長崎商
1	城戸	悠希	③
2	古木	仁	③
3	青山	隼也	③
4	沢山	佳文	②
5	大坪	迅	②
6	横田	星大	②
7	宮城	伊吹	②
8	大町	航太	③
9	松井	心助	③
10	田村	琉登	③
11	横尾	飛翔	③
12	伊藤	大晟	③
13	鬼塚	陸人	③
14	西村	騎虎	③
15	渡辺	塁	③
16	久松	太陽	③
17	木下	航汰	③
18	浜口	一平	③
部長	奥村	真也	
監督	西口	博之	

熊本工
1	吉永	粋真	③
2 ◎	沼	丈真	③
3	古閑健太郎		③
4	米田	雄大	③
5	松下	侑司	③
6	宮田	宗慶	②
7	増見	優吏	③
8	原田	啓佑	③
9	前高	翔太	③
10	松波	勲典	③
11	山下	陽生	③
12	和田	優志	③
13	山口	大輔	③
14	須藤	心	③
15	上村	侑誠	③
16	岩田	周	③
17	谷崎	健太	③
18	青山	歩夢	③
部長	松岡	順一	
監督	田島	圭介	

明豊
1	京本	真	③
2	簑原	英明	③
3	宮崎	元哉	②
4	黒木	日向	③
5	米田	友	③
6 ◎	幸	修也	③
7	阿南	心雄	③
8	塘原	俊平	③
9	山本	晃也	③
10	太田虎次朗		③
11	財原	光優	③
12	田中	文都	③
13	荒木	愁太	③
14	本多	広人	③
15	筒井	翔太	③
16	原	駿太	③
17	森山	塁	③
18	貝塚谷城太		③
部長	赤峰	淳	
監督	川崎	絢平	

宮崎商
1	日高	大空	③
2	平松	諒真	③
3	水谷	圭佑	③
4	中野瑛二朗		③
5	渡辺	龍樹	③
6 ◎	中村	碧人	③
7	建山	翔	③
8	若松	大雅	③
9	西原	太一	③
10	西村	太陽	③
11	長友	稜太	③
12	藤沢	亮喜	③
13	井崎	真志	③
14	伊藤	桔平	③
15	梶原	謙臣	③
16	平野	凜	③
17	児玉	純梧	③
18	宮永	雅也	③
部長	河野	真一	
監督	橋口	光朗	

樟南
1	西田	恒河	③
2	長沢明日翔		③
3	麦生田	駿	②
4	今井	玲緒	③
5 ◎	下池	翔夢	③
6	尾崎	空	③
7	小峰	泰世	③
8	西窪	大翔	③
9	町北	周真	③
10	鵜狩	杏冴	③
11	茶園	啓志	③
12	森	亮太	③
13	浜島	航生	③
14	茶園	将太	①
15	満永堅士郎		③
16	献地	竣三	③
17	山口	大輝	③
18	川辺	彼方	③
部長	原田	博史	
監督	山之口和也		

沖縄尚学
1	當山	渚	③
2	前盛	魁来	②
3	知念	大河	③
4	長浜	諒	③
5	知念	新	③
6 ◎	仲宗根	皐	③
7	下地	泰世	③
8	後間	翔瑚	③
9	大城	稜雅	③
10	美里	大雅	③
11	比嘉	丈人	③
12	木場飛和太		③
13	玉寄	宥斗	③
14	照屋	里樹	③
15	高嶺	秀都	③
16	仲宗根大斗		③
17	仲村渠叶夢		③
18	知花慎之助		①
部長	大城	英健	
監督	比嘉	公也	

丸数字は学年を示します

［2回戦］8月21日 第8日 第1試合

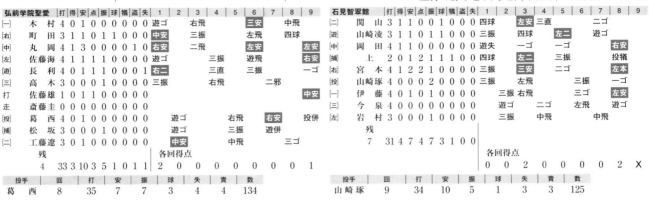

弘前学院聖愛（青森）	2	0	0	0	0	0	0	0	1	3
石見智翠館（島根）	0	0	2	0	0	0	0	2	X	4

3失点10被安打も、石見智翠館が粘り勝ち
両投手が粘投。八回、石見智翠館・宮本が2点本塁打で勝ち越し。弘前学院聖愛は10安打も及ばず。

弘前学院聖愛		打	得	安	点	振	球	犠	盗	失	1	2	3	4	5	6	7	8	9
［一］	木 村	4	0	1	0	0	0	0	0	0	遊ゴ			右飛		三安		中飛	
［右］	町 田	3	1	1	0	1	1	0	0	0	中安		三振		左安		四球		
［中］	丸	4	1	3	0	0	0	0	1	0	右安		二ゴ		左安		右安		
［左］	佐藤海	4	1	1	1	1	0	0	0	0	遊ゴ		三振		遊飛		右安		
［遊］	長 利	4	0	1	1	1	0	0	0	1	右二		三直		三振		一ゴ		
［三］	高 木	3	0	0	0	1	0	0	0	0	三振			右飛			二邪		
打	佐藤雄	1	0	1	1	0	0	0	0	0							中安		
走	斎藤圭	0	0	0	0	0	0	0	0	0									
投	葛 西	4	0	1	0	0	0	0	0	0				遊ゴ			右飛		投併
［捕］	松 坂	3	0	0	0	1	0	0	0	0			遊ゴ			三振		遊併	
［二］	工藤遼	3	0	1	0	0	0	0	0	0		中安			中飛			三ゴ	
	残																		
	4	33	3	10	3	5	1	0	1	1									

各回得点

2	0	0	0	0	0	0	0	1

石見智翠館		打	得	安	点	振	球	犠	盗	失	1	2	3	4	5	6	7	8	9
［二］	関 山	3	1	1	0	0	1	0	0	0	四球		左安	三直		二ゴ			
［遊］	山崎凌	3	1	1	0	1	1	0	0	0		四球		左二		遊ゴ			
［中］	岡 田	3	0	1	0	0	0	0	0	0		遊失		一ゴ				右安	
［捕］	上	2	0	1	2	1	1	1	0	0		四球	左二			三振		投犠	
［右］	宮 本	4	1	2	2	1	0	0	0	0		三振	三安			二ゴ		左本	
［投］	山崎琢	4	0	0	0	2	0	0	0	0		三振			左飛		三振		一ゴ
［一］	伊 藤	4	0	1	0	1	0	0	0	0			三振	右飛			三ゴ		左安
［三］	今 泉	4	0	0	0	0	0	0	0	0			遊ゴ		二ゴ		左飛		遊ゴ
［左］	岩 村	3	0	0	0	1	0	0	0	0			三振		中飛			中飛	
	残																		
	7	31	4	7	4	7	3	1	0	0									

各回得点

0	0	2	0	0	0	0	2	X

投手	回	打	安	振	球	失	責	数
葛 西	8	35	7	7	3	4	4	134

投手	回	打	安	振	球	失	責	数
山崎琢	9	34	10	5	1	3	3	125

本 宮本（葛西） **二** 長利 上 山崎凌 **盗** 丸岡（一回） **失** 長利（一回） **併** 石見智翠館2
▽審判（球）乗金 （塁）三浦和 中西 木村 ［試合時間］2時間0分

◎…石見智翠館が投手戦に粘り勝った。先発の山崎琢は初回こそ3長短打を浴びて2失点したが、二回以降に立て直し、10安打を浴びながら3失点完投。弘前学院聖愛の先発、葛西は七回まで2失点の好投を見せたが、八回に浴びた2ランが痛かった。

●原田監督（弘） 「去年は大会がなく、今年は対外試合が少なかった。甲子園に来てもコロナ対策や順延。よく気持ちを切らさずにがんばったと、3年生に言いたい」

ピンチでも仲間信じて 石見智翠館のエース・山崎琢は一回に2失点しても落ち着いていた。「野手を信じ、打たせて取る」。2009年に「江の川」から今の校名になって初めての甲子園勝利を手にした。

島根勢が夏30勝 2回戦で石見智翠館が弘前学院聖愛に勝って達成。夏の初戦突破は第94回（2012年）に立正大淞南が盛岡大付に勝利して以来9年ぶり。

八回裏石見智翠館1死二塁、宮本は勝ち越しの2点本塁打を放つ

［2回戦］8月21日 第8日 第2試合

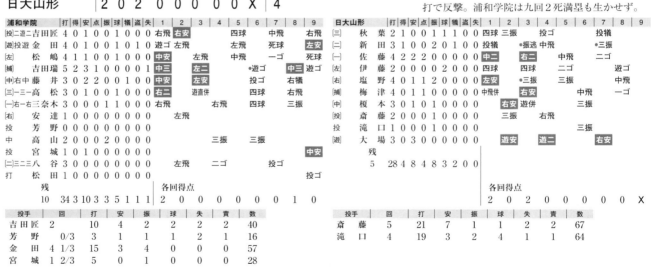

浦和学院（埼玉）	2	0	0	0	0	0	0	1	0	3
日大山形	2	0	2	0	0	0	0	0	X	4

日大山形が継投で序盤のリードを守る
日大山形、初回に先制されるも佐藤、塩野の適時打で反撃。浦和学院は九回2死満塁も生かせず。

浦和学院		打	得	安	点	振	球	犠	盗	失	1	2	3	4	5	6	7	8	9
［投］二遊	吉田匠	4	0	1	0	0	1	0	0	0	右飛	右安			四球		中飛		右飛
［遊］遊投	金 田	4	0	1	0	0	1	0	1	0	遊ゴ	左飛			左飛		死球		左安
［左］	松 嶋	4	1	1	0	0	0	0	0	0	中安		左飛		中飛		一ゴ		死球
［捕］	吉田瑞	5	2	3	1	0	0	0	0	1	中三		左二		遊安		中三		遊併
［中］右中	藤 井	3	0	2	2	0	0	1	0	0	中安		左安		投ゴ		右犠		
［三］一三	高 松	3	0	1	0	0	1	0	0	0	右二		遊直併		四球		右飛		
［一］右一右三	奈 木	3	0	0	0	1	1	0	0	0	右飛			四球		三振			
投	芳 野	0	0	0	0	0	0	0	0	0			左飛						
中	高 山	2	0	0	0	0	0	0	0	0					三振		三振		
投	宮 城	1	0	1	0	0	0	0	0	0									中安
［二］三二三	八 谷	3	0	0	0	0	0	0	0	0			左飛		二ゴ		投ゴ		
打	松 田	1	0	0	0	0	0	0	0	0							投ゴ		
	残																		
	10	34	3	10	3	3	5	1	1	1									

各回得点

2	0	0	0	0	0	0	1	0

日大山形		打	得	安	点	振	球	犠	盗	失	1	2	3	4	5	6	7	8	9
［三］	秋 葉	2	1	0	0	1	1	1	0	0	四球	三振		投ゴ			投犠		
［二］	新 田	3	1	0	0	2	0	1	0	0	投犠	●振逃	中飛			●三振			
［右］	佐 藤	4	2	2	2	0	0	0	0	0	中二		右二		二ゴ		二ゴ		
［左］	伊 藤	2	0	0	0	0	2	0	0	0	四球		四球		二ゴ		遊ゴ		
［一］	塩 野	4	0	1	1	2	0	0	0	0	左安		●三振		三振			中飛	
［捕］	梅 津	4	0	1	1	0	0	0	0	0	中飛併		右安			中飛		一ゴ	
［中］	榎 本	3	0	1	0	1	0	0	0	0		右安	遊併			三振			
［投］	斎 藤	2	0	0	0	1	0	0	0	0		三振		右飛					
投	滝 口	1	0	0	0	1	0	0	0	0					三振				
［遊］	大 場	3	0	3	0	0	0	0	0	0			遊安		遊二		右安		
	残																		
	5	28	4	8	4	8	3	2	0	0									

各回得点

2	0	2	0	0	0	0	0	X

投手	回	打	安	振	球	失	責	数
吉田匠	2	10	4	2	2	2	2	40
芳 野	0/3	3	1	2	1	2	1	16
金 田	4 1/3	15	3	4	0	0	0	57
宮 城	1 2/3	5	0	1	0	0	0	28

投手	回	打	安	振	球	失	責	数
斎 藤	5	21	7	1	1	2	2	67
滝 口	4	19	3	2	4	1	1	64

三 吉田瑞2 **二** 高松 佐藤2 吉田瑞 大場 **盗** 金田（七回） **失** 吉田瑞（三回） **併** 浦和学院2 日大山形1
▽審判（球）美野 （塁）高田 山下 大屋 ［試合時間］1時間59分

◎…日大山形は反撃が早かった。一回に佐藤の適時二塁打などで即座に追いつき、三回は佐藤の適時二塁打などで勝ち越し。積極的なスイングで好機を生かし、序盤で主導権を握った。浦和学院は八回に1点差とし、九回も2死満塁と攻めたが、及ばなかった。

○滝口（山） 六回から救援。1失点したがリードを守り、「流れを渡さないよう、まっすぐでどんどん押した。最後まで強い気持ちで投げた」。

山形勢は埼玉勢に初勝利 過去2度は、第75回（1993年）で日大山形が春日部共栄に、第97回（2015年）で鶴岡東が花咲徳栄に敗れた。

五回表浦和学院1死一塁、走者・吉田匠は二盗を試みるがタッチアウト

[2回戦] 8月21日 第8日 第3試合

	1	2	3	4	5	6	7	8	9	計
新　田	0	0	0	0	0	0	3	0	0	3
日本航空	0	0	0	3	1	0	1	0	X	5

投打がかみ合った日本航空が完勝
日本航空は四回、和泉からの3連打などで3点を先制。新田は七回に反撃し、1点差まで詰め寄った。

新田

	選手	打	得	安	点	振	球	犠	盗	失	打席結果
[中]	長谷川	4	0	2	1	1	1	0	0	0	投ゴ／三振／右安／二安／四球
[三]	入山	5	0	0	0	0	2	0	0	1	遊飛／ニゴ／捕邪／三振／三振
[近]	近平	4	0	0	0	0	0	0	0	0	左邪／ニゴ／ニゴ
[捕投]	古和田	4	1	2	0	1	0	0	0	0	中安／振逃／投安／左飛
[左]	新納	4	0	1	0	0	0	0	0	0	二併／右飛／右邪／左二
[右]	山本	3	1	0	0	2	1	0	0	0	三振／右飛／死球／左飛
[一]	乗松	3	1	1	0	0	1	0	0	0	右飛／一ゴ／中安／四球
走	島袋	0	0	0	0	0	0	0	0	0	
[投]	向井	1	0	0	0	0	1	0	0	0	三振
打捕	福地	2	0	0	1	0	0	0	0	0	ニゴ／死球／ニゴ
[遊]	山内	3	0	1	1	0	0	1	0	0	ニゴ／左安／左犠／中飛
	残 8	33	3	7	3	7	4	1	0	1	

各回得点：0 0 0 0 0 0 3 0 0

投手	回	打	安	振	球	失	責	数
向井	5	23	8	1	4	4	4	65
古和田	3	12	1	3	1	1	0	44

日本航空

	選手	打	得	安	点	振	球	犠	盗	失	打席結果
[遊]	久次米	4	1	1	0	1	0	0	1	0	三ゴ／遊ゴ／右安／三振
[三]	森	3	1	1	0	1	1	0	0	0	死飛／三振／左二
[中]	エドポロ	4	0	0	0	0	0	0	0	0	右飛／三邪／右飛
[左]	和泉	2	1	1	0	1	2	0	0	0	四球／中安／四球／三振
[一]	塚田	2	0	2	1	0	1	1	0	0	投犠／左安／中安／四球
[二]	和田	3	1	1	1	0	0	1	0	0	左飛／左安／遊ゴ／一犠
[右]	土橋	3	1	0	0	0	0	0	0	0	ニゴ／死球／左飛／右ゴ
右	藤	0	0	0	0	0	0	0	0	0	
[捕]	山本竜	4	0	2	0	1	0	0	0	0	中安／遊安／三振／遊ゴ
[投]	ヴァデルナ	2	0	1	2	0	0	1	0	0	投犠／中安／三ゴ
	残 6	27	5	9	4	4	5	3	1	0	

各回得点：0 0 0 3 1 0 1 0 X

投手	回	打	安	振	球	失	責	数
ヴァデルナ	9	38	7	7	4	3	3	139

二森 新納　遊山本竜(五回)　盗久次米(五回)　失入山(七回)　暴ヴァデルナ(七回)　併日本航空1
▽(球)西貝　(塁)宅間　三浦陽　大上　[試合時間]1時間50分

◎…日本航空が四回に集中打。1死から3連打でまず1点。さらに死球などで2死満塁とし、ヴァデルナの中前2点適時打が出て計5安打で3得点。五、七回も加点した。新田は七回に犠飛や長谷川の適時打などで一時1点差まで詰め寄ったが、及ばなかった。

山梨勢は愛媛勢に初勝利　過去3度は、第43回（1961年）で甲府一が松山商に、第62回（80年）で日川が南宇和に、第66回（84年）は東海大甲府が松山商に敗れた。

力投する日本航空のヴァデルナ

[2回戦] 8月21日 第8日 第4試合

	1	2	3	4	5	6	7	8	9	計
横　浜	0	0	0	0	0	0	0	0	0	0
智弁学園	0	0	0	3	0	2	0	0	X	5

智弁学園・前川が強烈打、弾みをつける勝利
智弁学園・前川は四回1死満塁から2点適時打と六回に2点本塁打。横浜は打線が精彩を欠いた。

横浜

	選手	打	得	安	点	振	球	犠	盗	失	打席結果
[遊]	緒方	5	0	2	0	2	0	0	0	0	三振／中安／一邪／左安／三振
[中]	安達	4	0	2	0	0	0	0	0	0	二飛／遊ゴ／二安／左安
[左投]	金井	4	0	1	0	1	0	0	0	0	三振／ニゴ／左飛／遊ゴ
[捕]	立花	4	0	1	0	0	0	0	1	0	右飛／二安／遊ゴ／遊失
[一]	玉城	3	0	0	0	0	1	0	0	2	ニゴ／二飛／四球／ニゴ
[三投三]	宮田	3	0	0	0	1	1	0	0	0	四球／三振／ニゴ／三邪
[右]	岸本	3	0	0	0	0	1	0	0	1	遊飛／四球／一ゴ／ゴ
[二三左]	増田	2	0	0	0	0	1	0	0	0	二直／投犠／遊ゴ
打	八木田	1	0	0	0	0	0	0	0	0	ニゴ
[投]	杉山	1	0	0	0	0	0	0	0	0	三振
打	小野	1	0	0	0	0	0	0	0	0	三振
投	田高	0	0	0	0	0	0	0	0	0	
二	板倉	1	0	1	0	1	0	0	0	0	右安
打	丸木	1	0	0	0	0	0	0	0	0	三ゴ
	残 10	33	0	7	0	6	3	1	1	3	

各回得点：0 0 0 0 0 0 0 0 0

投手	回	打	安	振	球	失	責	数
杉山	4	23	6	1	5	3	3	74
田高	1 0/3	5	2	1	2	2	2	25
宮田	2	9	2	2	1	0	0	25
金井	1	3	3	1	1	0	0	19

智弁学園

	選手	打	得	安	点	振	球	犠	盗	失	打席結果
[左]	前川	5	1	3	4	1	0	0	0	0	右安／ニゴ／中安／中本／三振
[右]	谷口	3	0	1	0	1	1	1	0	0	三犠／一直／三振／ゴ／三振
[遊]	岡島	4	0	1	0	1	1	0	0	1	四球／二安／二振／ニゴ／三振
[三]	山下	3	0	1	1	0	1	2	0	0	遊併／四球／四球／三ゴ／右安
[一]	三垣	4	0	1	0	1	0	0	0	0	死球／三ゴ／投ゴ／遊ゴ／一ゴ
[中]	森田	5	0	3	0	0	0	0	0	0	遊ゴ／投ゴ／中安／右安／左安
[捕]	植垣	3	1	1	0	2	1	0	0	0	三振／四球／三振／右安
[西]	西村	4	1	1	0	0	0	0	0	0	遊ゴ／左安／左邪／中飛
投	小畠	0	0	0	0	0	0	0	0	0	
[二]	竹村	2	2	1	0	0	2	0	0	1	一失／中安／四球／四球
	残 13	33	5	13	5	5	8	1	0	2	

各回得点：0 0 0 3 0 2 0 0 X

投手	回	打	安	振	球	失	責	数
西村	8	34	7	5	3	0	0	123
小畠	1	3	0	1	0	0	0	15

本前川(田高)　盗立花(四回)　失玉城2(三回)竹村(六回)岸本(七回)岡島(八回)　暴西村(八回)　併横浜1
▽審判(球)野口　(塁)大槻　前坂　金丸　[試合時間]2時間22分　※三回裏、智弁学園の1番・前川のニゴロは一塁手のエラーで出塁

◎…智弁学園は先発の西村が流れを引き寄せた。一回を2三振を含む三者凡退で切り抜けると、味方打線が序盤の好機を続けてつぶすなか、先制点を許さない。すると四回の攻撃で1死満塁から前川が中越え2点打を放った。横浜は四、六回と四球が失点に絡んだ。

●村田監督(横)　昨年4月に就任し、監督として初の甲子園。「力負けしたと、肌で感じました。打者も、投手も、守備力もそう。全国優勝ができるチームにして帰ってきたい」

六回裏智弁学園無死一塁、前川は2点本塁打を放つ

[2回戦] 8月22日 第9日

松商学園	
東北学院	松商学園の不戦勝

東北学院、感染受け試合辞退
選手1人の新型コロナウイルス陽性が確認された東北学院が試合辞退を申し出、大会本部が受理。

●不戦だった夏のメンバーを主体に11月7日、長野・松本市四賀球場で交流試合を行い、松商学園が東北学院に5-4のサヨナラ勝ち。

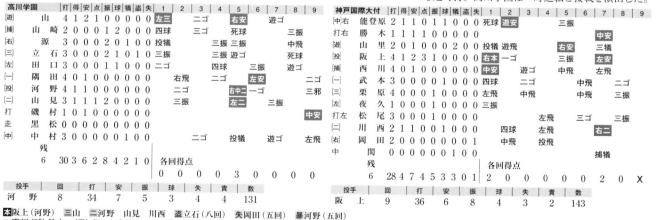

［2回戦］8月22日 第9日 第1試合

	1	2	3	4	5	6	7	8	9	計
明徳義塾	0	0	1	0	1	0	3	0	3	8
明 桜	0	1	0	0	0	0	0	1	0	2

明徳義塾が剛腕攻略、打線は着実に得点
明徳義塾は三回に森松の適時内野安打で同点後、手堅く追加点を挙げる。明桜は好機を生かせず。

明徳義塾

		打	得	安	点	振	球	犠	盗	失	1	2	3	4	5	6	7	8	9
[遊]	米崎	4	2	1	0	2	1	0	1	0	三振		捕邪		中飛		三振		
[二]	池辺	3	1	1	0	2	1	1	0	0		中安		左安		捕犠		死球	
[左]	森松	2	1	2	2	0	2	0	1	0	四球		一安		右安		四球		
打	西川	0	0	0	0	0	0	1	0	0							投犠		
左	小阪	0	0	0	0	0	0	0	0	0									
[捕]	加藤	4	2	1	1	2	1	0	1	1	三振	三振		二直		四球		三ゴ	
[投]一	代木	3	1	1	0	1	2	0	0	0	四球		三振		右安	三飛		四球	
[右]	山蔭	3	0	1	2	0	1	1	0	0	四球		中飛		投犠	右安		一ゴ	
[中]	井上	3	0	0	0	0	2	0	0	0	三併		四球		四球	一ゴ		遊失	
[三]	梅原	5	0	0	0	2	0	0	0	0		三振	三振		ニゴ		中飛	遊ゴ	
[一]	岩城	2	1	1	0	0	0	0	0	0					遊安		中飛		
投	吉村	2	0	0	0	2	0	0	0	0							三振		三振
	残																		
	9	31	8	8	5	10	10	3	3	1									

各回得点　0 0 1 0 1 0 3 0 3

投手	回	打	安	振	球	失	責	数
代木	4 0/3	17	2	5	4	1	1	58
吉村	5	18	3	1	2	1	1	61

明桜

		打	得	安	点	振	球	犠	盗	失	1	2	3	4	5	6	7	8	9
[捕]	中井	2	0	0	0	0	2	0	0	0	遊ゴ		四球		三飛			四球	
[遊]投遊	土居	2	0	0	0	1	0	2	0	0	三振		三邪犠		三犠				
[遊]投遊	石田一	4	0	1	1	0	0	0	0	1	三ゴ		ニゴ			左安		三ゴ	
[一]	真柴	2	1	0	0	1	1	1	0	1	0	死球		三振		投併			
打一	渡辺翔	1	0	0	0	0	0	0	0	0								遊直	
[中]	福溜	3	0	0	0	1	1	0	0	0	三振		四球		二直			中飛	
[投]右	風間	4	0	0	1	0	0	1	0	0	三振		投併			投ゴ		一ゴ	
打	石田恋	3	0	2	1	0	0	0	0	0	左二		中二		一ゴ				
打	高橋	0	0	0	0	0	1	0	0	0								死球	
走	佐藤	0	0	0	0	0	0	1	0	0									
[三]	渡辺勇	2	0	0	0	1	1	0	0	0		投ゴ			四球		三振		
投	栗城	0	0	0	0	0	0	0	0	0									
投	山本	0	0	0	0	0	0	0	0	0									
打	三浦	1	0	0	0	0	0	0	0	0									投ゴ
[右]	上山	2	0	1	0	1	0	1	0	0				三振		右安			
遊三	冨岡	1	1	1	0	0	0	0	0	0								右安	
	残																		
	6	27	2	5	2	6	6	2	2	1									

各回得点　0 1 0 0 0 0 0 1 0

投手	回	打	安	振	球	失	責	数
風間	6	27	6	8	5	2	2	139
石田一	1	7	1	0	3	3	3	29
栗城	1 2/3	9	1	2	2	3	1	35
山本	1/3	1	0	0	0	0	0	3

三米崎　二石田恋2　加藤　盗真柴（二回）米崎（七回）森松（七回）加藤（七回）佐藤（九回）
併明徳義塾3　明桜1　▽審判（球）土井　（塁）小林　黒羽　田中　［試合時間］2時間29分
失加藤（二回）石田一（九回）　暴風間（三回）

◎…明徳義塾は1点を追う三回2死一、二塁から森松の内野安打で同点とすると、五回2死三塁でも森松の右前適時打で勝ち越した。七回は本盗と山蔭の右前適時打で3点を追加した。明桜の先発・風間は6回を投げ5四球、139球で降板。好機の3併殺が痛かった。

●輿石監督（桜）「風間は球数が増え、五回くらいから疲れが見えていた。（相手打線が）しぶとく、粘り強く打たれたなという気がします」

五回表明徳義塾2死三塁、森松は勝ち越しの適時打を放つ

［2回戦］8月22日 第9日 第2試合

	1	2	3	4	5	6	7	8	9	計
高川学園	0	0	0	0	3	0	0	0	0	3
神戸国際大付	2	0	0	0	0	0	2	0	X	4

阪上の活躍で神戸国際大付逆転勝ち
神戸国際大付・阪上が初回に2点本塁打と七回にも適時打。高川学園は一時逆転と接戦を演出した。

高川学園

		打	得	安	点	振	球	犠	盗	失	1	2	3	4	5	6	7	8	9
[遊]	山	4	1	2	1	0	0	0	0	0	左三		ニゴ		右安		遊ゴ		
[捕]	山崎	2	0	0	1	2	0	0	0	0	四球		死球		三振				
[右]	源	3	0	0	0	2	0	1	0	0	投犠		三振	三振		中飛			
[三]	立石	3	0	0	0	2	1	0	1	0	三振		三振	遊犠		死球			
[左]	田口	3	0	0	1	1	0	0	0	0	ニゴ			四球		三振	遊ゴ		
[一]	隅田	4	0	1	0	0	0	0	0	0		右飛		ニゴ		左安		ニゴ	
[投]	河野	4	1	1	0	0	0	0	0	0		ニゴ		右中二	ゴ		三邪		
[二]	山見	3	1	1	1	2	0	0	0	0		三振			左二		三振		
打	磯村	1	0	1	0	0	0	0	0	0								中安	
走	黒松	0	0	0	0	0	0	0	0	0									
[中]	中村	3	0	0	0	0	0	1	0	0			ニゴ		投犠		遊ゴ	左飛	
	残																		
	6	30	3	6	2	8	4	2	1	0									

各回得点　0 0 0 0 3 0 0 0 0

投手	回	打	安	振	球	失	責	数
河野	8	34	7	5	3	4	4	131

神戸国際大付

		打	得	安	点	振	球	犠	盗	失	1	2	3	4	5	6	7	8	9
[中]右	能登原	2	1	1	0	1	1	0	0	0	死球	遊安			三振				
打右	勝木	1	1	1	1	0	0	0	0	0							中安		
[遊]	山里	2	0	1	0	0	0	2	0	0	投犠	遊犠			右安		三振		
[投]	阪上	4	1	2	3	1	0	0	0	0	右本	一ゴ			三振		左安		
[捕]	西川	4	0	1	0	0	0	0	0	0	中安		遊ゴ		中飛		左飛		
[一]	武本	3	0	0	0	0	1	0	0	0	四球		ニゴ		中飛		ニゴ		
[三]	栗原	4	0	0	0	1	0	0	0	0	左飛		中飛		中飛		三振		
打	森久	1	0	0	0	1	0	0	0	0					三振				
打左	松尾	3	0	0	0	0	0	0	0	0					左飛		ニゴ	三振	
[二]	川西	2	1	1	0	0	1	0	0	0		四球			左飛		右二		
[右]	岡田	2	0	0	0	0	0	0	0	1		中飛			投飛				
中	関	0	0	0	0	0	0	1	0	0								捕犠	
	残																		
	6	28	4	7	4	5	3	3	0	1									

各回得点　2 0 0 0 0 0 2 0 X

投手	回	打	安	振	球	失	責	数
阪上	9	36	6	8	4	3	2	143

本阪上（河野）　三山　二河野　山見　川西　盗立石（八回）　失岡田（五回）　暴河野（五回）
▽審判（球）鈴木　（塁）北田　永井　三宅　［試合時間］2時間1分

◎…シーソーゲームを神戸国際大付が制した。一回に阪上が2ラン。1点を追う七回は代打・勝木の適時打で同点に追いつき、阪上の適時打で勝ち越した。高川学園は五回、山見の適時二塁打や山の適時打などで一度はリードしたが、及ばなかった。

○勝木（神）七回に代打で同点打。「いつ来てもいいように準備はしていた。よっしゃ来たな、という感じで打席に入りました。1本出てよかった」

●松本監督（高）「1回戦に勝った後、昨年の3年生からたくさんメッセージをもらった。2年分（の思いを込めて）、戦うことができた」

●山（高）　五回、右前に勝ち越しの適時打を放ち、右翼手が後逸（記録は失策）する間にそのまま生還。「自分が持っている以上の力が出せた」

一回裏神戸国際大付1死二塁、阪上は先制の2点本塁打を放つ

[2回戦] 8月22日 第9日 第3試合

	1	2	3	4	5	6	7	8	9	計
専大松戸	0	0	2	0	0	0	0	0	0	2
長崎商	2	0	0	0	3	0	1	0	X	6

長崎商が粘りの3連打、粘投リレーも見事
長崎商は五回、2死一、三塁から3連打で勝ち越し。専大松戸は得点圏に走者を出すが後が続かず。

専大松戸

		打	得	安	点	振	球	犠	盗	失
[左]	吉岡	4	1	1	0	0	0	1	0	0
[中]	苅部	5	0	2	2	0	0	0	0	0
[二]	石井	3	0	0	0	2	0	1	0	0
打	取	1	0	0	0	0	0	0	0	0
[右]	奥田	4	0	1	0	0	0	0	0	0
[遊]	大森	2	0	0	0	0	2	0	0	0
[一]	山口	4	0	1	0	0	0	0	0	0
[三]	横山	4	0	2	0	1	0	0	0	0
[捕]	加藤	3	0	0	0	2	0	1	0	0
[投]	岡本	1	1	1	0	0	1	0	0	0
投	深沢	1	0	0	0	1	0	0	0	0
	残 10	32	2	8	2	5	5	2	0	0

各回得点 0 0 2 0 0 0 0 0 0

長崎商

		打	得	安	点	振	球	犠	盗	失
[三]	大坪	5	1	3	0	1	0	0	0	1
[遊]	横田	4	2	2	0	0	0	1	1	0
[中]	大町	3	1	1	0	0	1	0	0	1
[二]	宮城	3	0	2	1	1	0	1	0	1
走左	久松	0	1	0	0	0	0	0	0	0
[投右]	城戸	3	1	2	2	0	0	1	0	0
[右]	松井	3	0	2	1	1	0	0	0	0
走	木下	1	0	0	0	0	0	0	0	0
投	田村	1	0	0	0	0	0	0	0	0
[捕]	鬼塚	3	0	2	2	1	0	0	0	0
[一]	沢山	4	0	0	0	0	0	0	0	0
[捕]	古木	4	0	1	0	2	0	0	0	0
	残 8	33	6	15	6	6	1	4	2	3

各回得点 2 0 0 0 3 0 1 0 X

投手	回	打	安	振	球	失	責	数
岡本	4 2/3	24	11	4	1	5	5	86
深沢	3 1/3	14	4	2	0	1	1	45

投手	回	打	安	振	球	失	責	数
城戸	5	25	7	3	3	2	1	80
田村	4	14	1	2	2	0	0	52

二 横山 盗 大坪（一回）横田（一回）失 大坪（一回）大町（二回）宮城（三回）暴 岡本（一回）田村（九回）併 専大松戸1 長崎商2
▽審判（球）高田 （塁）尾崎 吉岡 堅田 ［試合時間］1時間59分

◎…長崎商の打線は派手さはないが、つなぐ意識でコツコツと単打15本。五回2死一、三塁から城戸、松井、鬼塚の3連打で3点を勝ち越した。六回から救援の田村は打者のタイミングを外して好投。専大松戸は前半の逸機が響き、深沢の投入も流れを変えられず。
●持丸監督（専）「よくここまで成長してくれた。甲子園に来られたのは子どもたちのおかげ。下を向かず、上を向いて帰ろうと話しました」
専大松戸、相棒に感謝 専大松戸の先発・岡本は五回途中で深沢に交代。「深沢の存在がなければここまで成長できなかった」と感謝を表した。
長崎勢が夏通算40勝 65敗。春は27勝（24敗）。
長崎勢が千葉勢に初勝利 過去2度の対戦では第36回（1954年）で長崎商が千葉商に、第74回（92年）で佐世保実が拓大紅陵に敗れた。

五回裏長崎商2死一、二塁、松井は適時打を放つ

[2回戦] 8月22日 第9日 第4試合

	1	2	3	4	5	6	7	8	9	計
沖縄尚学	0	0	0	0	0	0	0	0	0	0
盛岡大付	0	0	0	2	0	0	0	2	X	4

盛岡大付のエースが快投、偉業に迫る完封劇
盛岡大付・渡辺が八回2死までパーフェクト。沖縄尚学の當山も粘投したが、打線が援護できず。

沖縄尚学

		打	得	安	点	振	球	犠	盗	失
[中]	後間	4	0	0	0	1	0	0	0	0
[左]	下地	3	0	0	0	0	0	0	0	0
打	比嘉	1	0	0	0	1	0	0	0	0
[遊]	仲宗根皐	3	0	0	0	2	0	0	0	0
[一]	知念大	3	0	0	0	1	0	0	0	0
[二]	長浜	3	0	0	0	0	0	0	0	0
[右]	大城	3	0	1	0	1	0	0	0	0
[捕]	前盛	3	0	0	0	0	0	0	0	0
[三]	知念新	2	0	0	0	1	0	1	0	0
[投]	當山	2	0	0	0	0	0	0	0	0
打	木場	1	0	0	0	0	0	0	0	0
	残 2	28	0	1	0	9	1	0	0	0

各回得点 0 0 0 0 0 0 0 0 0

盛岡大付

		打	得	安	点	振	球	犠	盗	失
[三]	松本	4	0	4	0	0	0	0	0	0
[二]	南	3	1	1	0	0	0	1	0	0
[右]	金子	4	1	1	0	0	0	0	0	0
[右]	小針	4	1	3	2	0	0	0	0	0
右	駒田	0	0	0	0	0	0	0	0	0
[左]	平内	4	0	1	0	1	0	0	0	0
中	大貫	0	0	0	0	0	0	0	0	0
[中左]	新井	3	1	1	2	1	1	0	0	0
[遊]	佐々木	3	0	0	0	0	0	0	0	0
打	中沢	1	0	1	0	0	0	0	0	0
走遊	蝦名	0	0	0	0	0	0	0	0	0
[投]	渡辺	4	0	2	0	0	0	0	0	0
[捕]	田屋	4	0	0	0	1	0	0	0	0
	残 8	34	4	14	4	5	1	1	0	0

各回得点 0 0 0 2 0 0 0 2 X

投手	回	打	安	振	球	失	責	数
當山	7 2/3	34	13	5	1	4	4	114
美里	1/3	2	1	0	0	0	0	6

投手	回	打	安	振	球	失	責	数
渡辺	9	29	1	9	1	0	0	115

本 小針（當山）新井（當山）**二** 小針 **暴** 當山（六回）**併** 沖縄尚学2
▽審判（球）中西 （塁）山口 井狩 三浦陽 （外）永井 北田 ［試合時間］1時間48分

◎…盛岡大付の右腕・渡辺が八回2死までパーフェクトの快投。懐に直球、外角にスライダーと丁寧に投げ分けて凡打の山を築いた。攻めては八回の2本塁打でだめ押し。沖縄尚学は無失策の堅守で粘投の左腕・當山をもり立てたが、打線が1安打に終わった。
○小針（盛）先制打、本塁打を含む3安打2打点の活躍。「筋肉は絶好調。大舞台で打てたので、ずっと筋トレをやってきてよかった」
●比嘉監督（沖）盛岡大付の渡辺について、「直球を待っている打者には緩い変化で入り、同じ軌道のなかでもスピードの変化をつけるなど打者と駆け引きできる投手と感じた」。

2試合連続で完封した盛岡大付の渡辺

[2回戦] 8月23日 第10日 第1試合

	1	2	3	4	5	6	7	8	9	計
大阪桐蔭	3	1	0	0	0	0	0	0	0	4
近江	0	0	1	1	1	0	1	2	X	6

好機逃さず逆転し、近江必勝リレーで競り勝つ
近江は4点先行されるも、じわじわ追い上げ逆転。大阪桐蔭は打線が四回以降1安打と振るわず。

大阪桐蔭

	選手	打	得	安	点	振	球	犠	盗	失	打席
(二)	繁永	4	0	0	0	0	0	0	0	0	右飛／遊失／遊直／左飛
(遊)	藤	4	1	2	0	1	0	0	0	1	左安／二ゴ／三振／右中三
(中)	池田	3	1	0	0	0	1	0	0	0	四球／右飛／三振
(右)	花田	3	0	0	0	0	1	0	0	0	右飛／遊飛／死球／遊ゴ
(一)	前田	2	1	0	0	2	2	0	0	0	四球／三振／三振／死球
走	石川	0	0	0	0	0	0	0	0	0	
投	川原	0	0	0	0	0	0	0	0	0	
(三)	宮下	4	0	2	3	0	0	0	0	0	左二／中安／三失／左邪
(左)	野間	4	0	0	1	0	0	0	0	0	三邪／三振／二ゴ／投直
(捕)	松尾	4	1	1	1	1	0	0	0	0	中本／中飛／三振／一邪
(投)	竹中	3	0	0	0	0	2	0	0	0	三振／三ゴ／三振
一	山下	1	0	0	0	0	0	0	0	0	一ゴ
	残 5	32	4	5	4	5	9	4	0	0	

各回得点：3 1 0 0 0 0 0 0 0

投手	回	打	安	振	球	失	責	数
竹中	7	33	7	4	6	4	4	127
川原	1	8	1	1	3	2	0	32

近江

	選手	打	得	安	点	振	球	犠	盗	失	打席
(三)(二)	井口	2	2	2	0	0	2	1	0	0	四球／右安／一犠／右安／四球
(左)	西山	1	0	0	1	0	3	1	0	0	四球／投犠／四球／遊ゴ／四球
打三	津田	2	0	1	2	0	1	0	0	1	四球／遊ゴ／右二
(投)(右)	山田	2	0	0	1	0	2	0	0	0	三ゴ／左犠／四球／四球／遊併
(一)	新野	5	1	2	2	1	0	0	0	0	遊ゴ／右本／左飛／右安／三振
(捕)	島滝	4	0	0	0	0	2	0	0	0	右飛／左飛／三振／三振
(中)	春山	3	0	1	0	0	1	0	0	0	左飛／四球／右安／遊飛
(遊)	横田	4	0	0	0	1	0	0	0	0	遊ゴ／左飛／三振／三飛
(右)	石明	3	2	2	0	0	0	0	0	0	遊安／右安／左飛
(投)	岩佐	1	1	0	0	0	0	0	0	0	投ゴ
	残 11	29	6	8	6	5	9	3	0	2	

各回得点：0 0 1 1 1 0 1 2 X

投手	回	打	安	振	球	失	責	数
山田	6	26	4	7	3	4	4	108
岩佐	3	10	1	2	1	0	0	37

本 松尾（山田） 新野（竹中） **三** 藤原 **二** 宮下 山口 **失** 横田（二回） 山口（六回） 藤原（八回） **暴** 竹中（五回） **併** 大阪桐蔭1
▽審判 （球）美野 （塁）大屋 乗金 木村 ［試合時間］2時間6分

◎…近江が得点機を逃さず、競り勝った。三回以降、得点圏に走者を置いた回は全て犠打や適時打で加点。投手陣も三回以降は、相手打線を散発2安打に抑えた。大阪桐蔭は1点リードの七回2死三塁の好機を生かせず。投手陣は計9四球と制球に苦しんだ。

○山田（近） 兄・優太の母校を相手に先発し、6回4失点。「特別な試合だったので、勝てて素直にうれしい」

○岩佐（近） 七回から救援し、無失点。「相手は直球を狙ってくると思ったので変化球中心に投げた。必勝リレーで勝ててうれしい」

●西谷監督（大） 投手起用について「決勝までプロ野球のようにローテーションを組めるわけではないので一番いい状態の投手でいった。温存して（松浦らを）投げさせなかったわけではありません」。

七回裏近江2死一、二塁、新野の適時打で二塁走者・井口が生還

2年ぶり夏の甲子園
感染防止策講じ開幕

開会式は一部を簡素化し、場内を1周する入場行進はとりやめた。選手はマスクを着用し、隣のチームと約1.5メートルの間隔をとって外野に整列。俳優・歌手の山崎育三郎さん（35）の大会歌「栄冠は君に輝く」の独唱に続き、1校ずつ本塁方向へ行進した。市立西宮高の女子生徒が先導した。吹奏楽や合唱の人数は従来の半数以下とした。（8月11日付）

今大会は代表校の生徒や保護者らに限って一、三塁側の内野席への入場を認め、吹奏楽部は各校50人を上限にアルプス席に入り、前後の演奏者と一定の間隔を空けることなどを促した。

選手宣誓をする小松大谷の木下仁緒主将

「私たちはくじけませんでした」
小松大谷・木下主将が宣誓

「2年ぶりの夏の甲子園。世界に広がる困難のために、普段の生活すらできなくなった人が多くいます。私たちも高校生活・部活動が2年前とは全く違ったものとなりました」

選手宣誓を務めた小松大谷（石川）の木下仁緒（にお）主将は、言葉をつなげた。

あえて「コロナ」という表現を避けた。日々繰り返されるこの言葉を聞くだけで苦しむ人が多くいる。そんな配慮からだった。

「1年前、甲子園という夢がなくなり、泣き崩れる先輩たちの姿がありました」。そのときの様子を思い浮かべ言葉にした。部員の新型コロナ感染で今夏の石川大会を途中で辞退せざるをえなかったライバル校への思いも込めた。そして続けた。

「しかし、私たちはくじけませんでした」

宣誓が決まると、盛り込んでほしい言葉を3年生部員に募った。昨年、涙をのんだ先輩たちに触れてほしいというのは、仲間たちの思いでもあった。

開会式後、木下主将は「温かい拍手をもらってホッとしました。一番の出来だったと思う」。マスク越しに笑顔を見せた。 （小島弘之）

【山崎育三郎さん、独唱前に談話】
（8月7日、コメント発表）

「甲子園で歌う機会を頂けたご縁に震えるほど感動しています。選手の皆さんには、昨年コロナの影響で大会が中止になり、出場できなかった先輩方の思いも胸に、全力で楽しんでプレーしてほしいです。出場する選手の皆さん、そして、今コロナ禍で戦う全ての皆さんへエールを届ける思いで歌いたいと思います」

山崎さんは昨年放送されたNHKの連続テレビ小説「エール」に出演し、大会歌を歌っていた。

独唱する山崎育三郎さん

[3回戦] 8月24日 第11日 第1試合

	1	2	3	4	5	6	7	8	9	10	
京都国際	0	0	0	0	1	3	0	0	0	2	6
二松学舎大付	1	0	0	0	0	0	0	0	3	0	4

（延長十回）

好左腕対決は延長戦へ、京都国際粘り勝ち
延長十回、2死一塁で森下が適時三塁打を放ち、京都国際が今大会初の延長戦を制す。

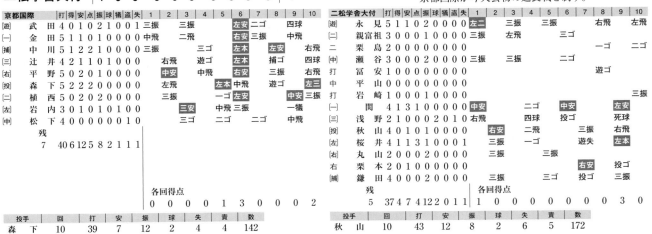

京都国際

		打	得	安	点	振	球	犠	盗	失	1	2	3	4	5	6	7	8	9	10
遊	武 田	4	0	1	0	2	1	0	0	1	三振		三振		中安	ニゴ		四球		
一	金 田	5	1	1	0	1	0	0	0	0	中飛		二ゴ		右安	三振		中飛		
捕	中 川	5	1	2	2	1	0	0	0	0	三振			三ゴ	左本			捕ゴ		
三	辻 井	4	2	1	1	0	1	0	0	0		右飛		遊ゴ	左本			四球		
右	平 野	5	0	2	0	1	0	0	0	0		中安		中飛	右安		三振		右飛	
投	森 下	5	2	2	2	0	0	0	0	0		左飛		左本	中飛		遊ゴ		左三	
二	植 西	5	0	2	0	2	0	0	0	0		三振		一ゴ	左安			中安	三振	
左	岩 内	3	0	1	0	1	0	1	0	0			三安	中飛	三振				一犠	
中	松 下	4	0	0	0	0	0	1	0		三ゴ		二ゴ	二ゴ		中飛				
	残																			
	7	40	6	12	5	8	2	1	1	1										

二松学舎大付

		打	得	安	点	振	球	犠	盗	失	1	2	3	4	5	6	7	8	9	10
遊	永 見	5	1	1	0	2	0	0	0	0	左二		三振		三振			右飛	左飛	
二	親富祖	3	0	0	0	1	0	0	0	0	三振		左飛		三ゴ					
中	栗 島	2	0	0	0	0	0	0	0	0								一ゴ		
中	瀬 谷	3	0	0	2	0	0	0	0	0	三振		三振		ニゴ				遊ゴ	
打	冨 安	1	0	0	0	0	0	0	0	0										
中	平 山	0	0	0	0	0	0	0	0	0										
打	岩 崎	1	0	0	0	1	0	0	0	0									三振	
一	関	4	1	3	1	0	0	0	0	0	中安		ニゴ		中安			左安		
三	浅 野	2	1	0	0	0	2	0	1	0	右飛		四球		投ゴ			死球		
投	秋 山	4	0	1	0	1	0	0	0	0		右安		二ゴ		三振		右飛		
左	桜 井	4	1	1	3	1	0	0	0	1	三振		一ゴ		遊失			左本		
右	丸 山	2	0	0	0	2	0	0	0	0	三振		三振							
右	栗 本	2	0	1	0	0	0	0	0	0							右安	投ゴ		
捕	鎌 田	4	0	0	0	2	0	0	0	0			三振		三ゴ			投ゴ	三振	
	残																			
	5	37	4	7	4	12	2	0	1	1										

各回得点
京都国際　0　0　0　0　1　3　0　0　0　2
二松学舎大付　1　0　0　0　0　0　0　0　3　0

投手	回	打	安	振	球	失	責	数
森 下	10	39	7	12	2	4	4	142

投手	回	打	安	振	球	失	責	数
秋 山	10	43	12	8	2	6	5	172

本森下（秋山）中川（秋山）辻井（秋山）桜井（森下）　**三**森下　**二**永見　**盗**松下（三回）浅野（四回）　**失**武田（七回）桜井（十回）
▽審判（球）大上　（塁）田中　宅間　山口　[試合時間]2時間12分

💬…京都国際が攻め勝った。五回に森下の本塁打、六回は中川、辻井の2者連続本塁打で優位に進め、延長十回も森下の三塁打ですぐに取り返し、勝負強かった。二松学舎大付は二回以降は攻めあぐねたが、九回、桜井の3点本塁打で同点に追いつく粘りを見せた。
●市原監督（二）「あそこまでいったら勝ちたかった。最後の本塁打でチームが一つになった。この1年間を凝縮したような試合だった」
●秋山（二）　先発し、172球を粘投。「まっすぐだけに頼ってしまった。でも、一番自信を持っている球なので悔いはない」
チーム連続本塁打　京都国際（中川、辻井）が二松学舎大付戦で記録。第101回（2019年）で星稜の内山、大高が仙台育英戦で放って以来、26度目。

延長十回表京都国際2死一塁、森下に勝ち越し打を打たれた秋山

[3回戦] 8月24日 第11日 第2試合

	1	2	3	4	5	6	7	8	9	
智弁和歌山	0	0	3	0	1	0	0	1	0	5
高松商	0	0	0	0	0	1	0	0	2	3

伝統の打力発揮、智弁和歌山鈍らず
順延などで、ほぼ1カ月ぶりの実戦となった智弁和歌山が打力を見せ、食い下がる高松商を退けた。

智弁和歌山

		打	得	安	点	振	球	犠	盗	失	1	2	3	4	5	6	7	8	9
中	宮 坂	4	1	1	0	0	0	1	0	0	三ゴ			三犠	右安		左飛		左直
二	大 仲	5	1	2	0	0	0	0	0	0	右飛		中安		中安		ニゴ	三飛	
左	角 井	3	1	1	1	1	0	0	0	0	三ゴ		右安		投犠		投ゴ		
左	須 川	1	0	1	0	0	0	0	0	0									左安
右	徳 丸	5	0	1	1	0	0	0	0	0	三ゴ		右二		右飛			右飛	遊ゴ
一	岡 西	3	0	0	1	0	0	1	0	0	一ゴ	中犠		一邪			左飛		
捕	渡 部	3	1	1	0	1	1	0	0	0	四球	捕邪		三振			左二		
三	高 嶋	3	0	2	0	0	1	0	1	0	右安		•右飛		四球		右安		
投	中 西	3	0	1	1	1	1	0	0	0	三振		三ゴ		投犠		中安		
投	伊 藤	0	0	0	0	0	0	0	0	0									
遊	大 西	4	1	1	0	0	0	0	0	1		中安	左邪		中飛		一ゴ		
	残																		
	8	34	5	11	4	2	2	4	1	1									

高松商

		打	得	安	点	振	球	犠	盗	失	1	2	3	4	5	6	7	8	9
中	野 崎	4	0	0	0	1	0	0	0	0	三ゴ		遊飛			左飛		三振	
右	浅 野	4	1	2	1	0	0	0	0	0	一ゴ		中安		左本		投飛		
三	安 藤	2	0	0	1	1	1	0	0	0	四球		投犠	三振		右飛			
左	藤 井	3	0	0	0	0	1	0	0	0	遊ゴ		四球		一ゴ	一ゴ			
一	本 田	3	0	1	0	0	0	0	0	0		遊ゴ		遊併		三安			
走一	山 田	0	1	0	0	0	0	0	0	0							四球		
二	末 浪	3	1	1	0	0	0	0	0	0		遊ゴ		三ゴ	投犠		中安		
捕	山 崎	3	0	1	0	1	1	0	0	0		三振	右中二		遊ゴ		死球		
投	徳 田	0	0	0	0	0	0	0	0	0									
打	鈴 木	1	0	0	0	0	0	0	0	0			右飛						
投	大 平	1	0	0	0	0	0	0	0	0				三ゴ					
投	坂 中	0	0	0	0	0	0	0	0	0									
打遊	向 井	2	0	0	0	0	0	0	0	0						三振	遊失		
遊	横 井	2	0	0	0	0	0	0	0	0			ニゴ	ニゴ					
打	渡辺升	1	0	1	0	0	0	0	0	0								右安	
投	渡辺和	0	0	0	0	0	0	0	0	0									
打	大 坪	1	0	0	0	0	0	0	0	0									•遊ゴ
	残																		
	6	30	3	6	1	4	4	2	0	0									

各回得点
智弁和歌山　0　0　3　0　1　0　0　1　0
高松商　0　0　0　0　0　1　0　0　2

投手	回	打	安	振	球	失	責	数
中 西	8 2/3	35	6	4	4	3	1	145
伊 藤	1/3	1	0	0	0	0	1	1

投手	回	打	安	振	球	失	責	数
徳 田	3	15	5	1	1	3	3	40
大 平	3	12	2	1	1	1	1	39
坂 中	2	9	3	0	1	0	0	26
渡辺和	1	4	1	0	0	1	1	10

本浅野（中西）　**二**徳丸　山崎　渡部　**盗**高嶋（二回）　**失**大西（九回）　**暴**中西（一回）大平（五回）　**併**智弁和歌山1
▽審判（球）金丸　（塁）鈴木　木村　吉岡　[試合時間]1時間54分

💬…智弁和歌山は集中打で主導権を握った。三回、2安打などで1死一、三塁を築くと、角井、徳丸の連続適時打などで3点を先行した。八回は2死無走者からの3連続長短打で加点。高松商は九回2死満塁と粘り、敵失で2点差に迫ったが、及ばなかった。
●長尾監督（高）　智弁和歌山の的確な守備位置について「よく研究しているなと思った。それができる大前提は（投手の）コントロールの良さ」。

先発し、好投した智弁和歌山の中西

[3回戦] 8月24日 第11日 第3試合

	1	2	3	4	5	6	7	8	9	計
三　重	0	0	0	0	0	0	1	2	0	3
敦賀気比	5	1	0	0	0	0	0	X		6

初回に猛攻、打撃好調の敦賀気比が進撃
敦賀気比は初回、打者一巡の猛攻で5得点。三重も八回に池田の2点本塁打で追うが届かず。

三重

		打	得	安	点	振	球	犠	盗	失	1	2	3	4	5	6	7	8	9
[右]	宇佐美	0	0	0	0	0	0	0	0	0									
打左	永井	3	0	0	0	1	0	0	0	0	三振		一ゴ			一ゴ			
左	原田	2	0	0	0	0	0	0	0	0							三振	二ゴ	
[右]	野田	5	0	1	0	0	0	0	0	0	一ゴ		左安	二ゴ		左飛		三ゴ	
[遊]	品川	3	1	2	0	0	1	0	0	0	四球		中安			左飛		二安	
[一]	池田	4	1	1	2	0	0	0	0	0	中飛		中飛			右飛		左本	
[中]	森	4	0	0	0	0	0	0	0	0		中飛		遊飛		中飛		右飛	
[三]	木本	4	0	0	0	0	0	0	0	1		ニゴ		右飛		遊飛	二直		
[二]	宝田	4	1	4	0	0	0	0	0	0		遊安		二安		左安	三安		
[投]	上山	1	0	0	0	0	0	0	0	0		投ゴ							
投	辻	1	0	0	0	0	0	0	0	0			左飛						
打	藤井	1	0	1	0	0	0	0	0	0							左安		
捕	高山	0	0	0	0	0	0	0	0	0							三直		
[捕]	服部	3	0	0	0	0	0	0	0	0		遊ゴ		ニゴ		二失			
投	谷	0	0	0	0	0	0	0	0	0									
打	佐脇	1	0	0	0	0	0	0	0	0								二飛	
	残																		
	8	37	3	9	2	2	1	0	0	1									

各回得点　0 0 0 0 0 0 1 2 0

投手	回	打	安	振	球	失	責	数
上　山	1	11	6	0	1	5	4	37
辻	5	20	1	2	1	1	1	66
谷	2	6	0	0	1	0	0	20

敦賀気比

		打	得	安	点	振	球	犠	盗	失	1	2	3	4	5	6	7	8	9
[二]	東	5	1	2	0	0	0	0	0	1	左中二	一邪		左安		三直		遊ゴ	
[右]	沼田	4	1	2	0	1	0	0	0	0	三安	ニゴ		三振		右安			
[中]	大島	3	1	0	0	0	1	0	0	0	死球	●右飛右飛		一ゴ					
[三]	上加世田	4	1	1	0	0	0	0	0	0	左安	ニゴ		中飛		遊ゴ			
[遊]	前川	4	1	1	0	0	0	0	0	0	三失	左安		中飛		●遊ゴ			
[一]	小西	4	1	2	3	0	0	0	0	0	中安	中二		遊ゴ		ニゴ			
[左]	森田	4	0	0	0	0	0	0	0	0	一ゴ	投ゴ		二ゴ		遊ゴ			
[捕]	長尾	3	0	2	1	1	0	1	0	0	中安	遊安		四球		二ゴ			
[投]	本田	2	0	1	0	0	0	2	0	0	右安	捕犠		三犠		中飛			
	残																		
	7	33	6	11	5	1	2	2	0	1									

各回得点　5 1 0 0 0 0 0 0 X

投手	回	打	安	振	球	失	責	数
本　田	9	38	9	2	1	3	2	107

本池田（本田）　**二**東　小西　**失**木本（一回）東（七回）
▽審判（球）前坂　（塁）土井　西貝　山下　[試合時間]1時間41分

③…敦賀気比が序盤のリードを守り切った。一回、打者一巡で6安打を集めて一挙5点を先制。二回にも小西の適時二塁打で加点した。三重は七回、宝田、藤井の連打などで1点を返し、八回には池田の本塁打で3点差に迫ったが、届かなかった。
●**沖田**監督（三）「向こうの打者が本当に上だった。（下級生は）学校に帰って、『また来たい』という思いでやってもらえたらと思う」

一回裏敦賀気比1死一、二塁、長尾は適時打を放つ

[3回戦] 8月24日 第11日 第4試合

	1	2	3	4	5	6	7	8	9	計
日大山形	1	0	0	0	0	0	3	0	0	4
石見智翠館	0	0	0	1	0	1	2	0	1	5

食らいつく石見智翠館、サヨナラで辛勝
石見智翠館が七回、3連続四球と山崎琢の適時打で同点。九回1死から今泉の適時打でサヨナラ。

日大山形

		打	得	安	点	振	球	犠	盗	失	1	2	3	4	5	6	7	8	9
[三]	秋葉	4	1	0	0	0	1	1	0	0	四球		中飛		一犠		投ゴ	左飛	
[二]	新田	2	0	1	0	0	2	1	1	1	投犠		左安		●死球	一ゴ	死球		
[一]	佐藤	3	1	1	0	1	0	1	0	0	死球		投犠		三振		中安	左飛	
[左]	伊藤	3	1	2	0	0	2	0	0	0	四球		四球		投ゴ		中安	左安	
[右]中	塩野	4	1	1	3	0	0	1	0	0	中犠		捕邪			左飛	右三	中飛	
[捕]	梅津	4	0	1	1	2	1	0	0	0	三振		三振		三邪		中安	四球	
[中]	榎本	3	0	0	0	1	2	0	0	0	三ゴ		三振		四球	四球	三飛		
投	大類	0	0	0	0	0	0	0	0	0									
[投]	斎藤	3	0	1	0	0	0	0	0	0	ニゴ		三振			中安			
投右	滝口	1	0	1	0	1	0	0	0	0						右安		四球	
[遊]	大場	5	0	2	0	0	0	0	0	0	ニゴ		投安	中飛	一ゴ		左安		
	残																		
	15	32	4	10	4	5	10	4	1	1									

各回得点　1 0 0 0 0 0 3 0 0

投手	回	打	安	振	球	失	責	数
斎藤	5 1/3	24	4	3	4	2	2	93
滝口	2 2/3	18	4	0	5	2	1	78
大類	1/3	2	2	0	1	1	1	14

石見智翠館

		打	得	安	点	振	球	犠	盗	失	1	2	3	4	5	6	7	8	9
[二]	関山	4	0	1	0	1	1	0	2	0	四球	投ゴ			中安		三振		二失
[遊]	山崎凌	4	1	2	0	0	1	0	1	0	遊ゴ	左安			一邪		四球		左安
[中]	岡	3	1	0	0	0	2	0	0	0	四球		三ゴ		四球		四球	一直	
[捕]	上	3	1	1	0	0	0	0	0	0	右安			三振		左二			
[右]	宮本	4	1	0	1	0	0	0	0	0	中安		死球	遊ゴ	ニゴ	三振			
[一]	伊藤	2	0	0	0	1	2	1	0	0			三振	投犠		四球	左飛	四球	
走	柴田	0	0	0	0	0	0	0	0	0	右安								
[投]左	山崎琢	5	1	3	2	0	0	0	0	0				ニゴ	遊ゴ	●二飛	一安	●中二	
[左]	今泉	5	0	2	1	1	0	0	0	0				二飛	三振		右安	三振	中安
投	山本由	3	0	1	1	1	1	0	0	0			中飛		右安	三振			
	残																		
	14	34	5	10	5	6	9	1	3	0									

各回得点　0 0 0 1 0 1 2 0 1

投手	回	打	安	振	球	失	責	数
山崎琢	4 1/3	19	2	4	4	1	1	61
山本由	4 2/3	27	8	1	6	3	3	93

三塩野　**二**上　山崎琢　**盗**新田（三回）関山2（五回、八回）山崎凌（七回）　**失**新田（八回）
▽審判（球）永井　（塁）野口　尾崎　井狩　（外）山下　木村　[試合時間]2時間36分

③…石見智翠館が競り勝った。七回に3連続四球を生かして2点を挙げて追いつくと、九回1死三塁から今泉の中前適時打でサヨナラ勝ち。日大山形は七回に集中打で一度は試合をひっくり返したが、九回は相手外野手の好守に勝ち越しを阻まれた。
○**今泉**（石）　1年生がスライダーを中前へサヨナラ打。「変化球が来ると思っていた。3年生とまだ野球ができる感謝の気持ちで次も臨みたい」
●**塩野**（山）　七回に一時逆転の右翼線2点三塁打。「相手を変則左腕と思わず、捉えるポイントだけを意識した。甲子園は楽しい場所でした」
今大会4度目のサヨナラ試合　1回戦の横浜（神奈川）―広島新庄、明徳義塾（高知）―県岐阜商、高川学園（山口）―小松大谷（石川）に次いで4度目。

五回表のピンチを切り抜け、ベンチに戻る石見智翠館の山本由

[3回戦] 8月25日 第12日 第1試合

									1	2	3	4	5	6	7	8	9	計
智弁学園									0	0	0	0	0	2	1	0	4	7
日本航空									1	0	0	0	0	0	0	0	0	1

強打の智弁学園、終盤本領発揮で突き放す
中盤まで智弁学園・小畠と日本航空・ヴァデルナの投手戦も、六回以降智弁学園が11安打で完勝。

智弁学園		打	得	安	点	振	球	犠	盗	失	1	2	3	4	5	6	7	8	9
[右]一	垪和	3	1	3	1	0	2	0	0	0	四球	四球				左中二	左安		●中安
[遊]	岡島	5	2	2	0	1	0	0	0	1	中安		三振			左安	●一ゴ	遊ゴ	
[左]	前川	3	1	1	2	2	2	0	0	0	四球		三振	四球	四球				右本
[三]	山下	5	1	3	0	0	0	0	0	0	三併			左安		遊併		左安	左三
[中]	森田	5	0	1	0	1	0	0	1	0		中飛	三振	三失			右安	捕飛	
[一]	三垣	2	0	0	0	1	2	0	0	0		三振		四球	四球			投ゴ	
打	三好	0	0	0	0	0	1	0	0	0								四球	
走右	谷口	0	1	0	0	0	0	0	1	0									
[投]	小畠	3	0	0	0	1	1	1	0	0		遊ゴ	投犠	三ゴ	三振	四球			
[捕]	植垣	5	0	2	2	2	0	0	0	0		ニゴ		三振		遊安	中安		
[二]	竹村	4	1	1	0	2	0	0	0	1							中安	三振	
残	10	35	7	13	5	10	8	1	2	2									

各回得点 0 0 0 0 0 2 1 0 4

投手	回	打	安	振	球	失	責	数
小畠	9	30	3	8	0	1	1	96

日本航空		打	得	安	点	振	球	犠	盗	失	1	2	3	4	5	6	7	8	9
[遊]	久次米	4	1	1	0	0	0	0	1	0	左安		遊ゴ		遊ゴ			ニゴ	
[三]	森	4	0	0	0	1	0	0	0	1	ニゴ		中飛	左飛		三振	三振		
[右]	エドポロ	3	0	0	1	1	0	0	0	0	三ゴ		三振		三振	二失			
	和泉	3	0	0	1	0	0	0	0	0	ニゴ			三ゴ		二失			
走左	成沢	0	0	0	0	0	0	0	0	0									
[一]	塚田	3	0	0	0	0	0	0	0	0		ニゴ	二飛	遊ゴ					
	和田	3	0	1	0	0	0	0	0	0		遊失	ニゴ		中安				
	土橋	2	0	0	0	0	0	0	0	0		三振	ニゴ						
打右	高橋	1	0	1	0	0	0	0	0	0				中安					
[投]	山本竜	1	0	0	0	0	0	0	0	0		投ゴ	三振	二併					
	ヴァデルナ	2	0	0	0	2	0	0	0	0		三振	三振						
投	藤	0	0	0	0	0	0	0	0	0									
打	中西	1	0	0	0	1	0	0	0	0			三振						
投	東谷	0	0	0	0	0	0	0	0	0									
投	小沢	0	0	0	0	0	0	0	0	0									
投	中島	0	0	0	0	0	0	0	0	0									
残	2	30	1	3	1	8	0	0	1	1									

各回得点 1 0 0 0 0 0 0 0 0

投手	回	打	安	振	球	失	責	数
ヴァデルナ	6 1/3	28	6	7	6	3	2	124
藤	1 2/3	8	3	3	0	0	0	34
東谷	1/3	2	1	0	0	1	1	4
小沢	0/3	2	2	0	0	2	2	6
中島	2/3	4	1	0	2	1	1	16

本 前川(小沢) **三** 山下 **二** 垪和 **盗** 久次米(一回) 森田(六回) 谷口(九回) **失** 岡島(二回) 森(六回) 竹村(七回) **ボ** ヴァデルナ(七回)
併 智弁学園1 日本航空2 ▽審判(球)中西 (塁)美野 鈴木 三浦陽 [試合時間]2時間18分

◎…智弁学園の右腕、小畠が会心の投球。140キロ前後の直球で差し込み、変化球で芯を外した。計5イニングを三者凡退とし、被安打3、無四死球、96球で完投した。打線は六回、連続長短打を足場に逆転した。日本航空は八回無死一、二塁を生かせず。
●豊泉監督(日)「甘い球を確実にとらえる智弁学園の力を目の当たりにした。レベルの高さを痛感し、足りないところだらけだと感じた」

六回表智弁学園無死、垪和は左中間へ二塁打を放つ

[3回戦] 8月25日 第12日 第2試合

									1	2	3	4	5	6	7	8	9	計
明徳義塾									0	1	0	0	0	1	0	0	0	2
松商学園									0	0	0	0	0	0	0	0	0	0

明徳義塾エース・代木が圧巻の3安打完封
明徳義塾・代木は二回に自らの本塁打で先制。松商学園は七回2死一、三塁の好機を生かせず。

明徳義塾		打	得	安	点	振	球	犠	盗	失	1	2	3	4	5	6	7	8	9
[遊]	米崎	4	0	1	0	1	0	0	0	0	左安		三振	中飛		中飛			
[二]	池辺	4	0	1	0	0	0	0	0	0	捕邪		三邪		二直		右安		
[左]	森松	3	0	0	0	2	0	0	0	0	三振		右飛	三振	遊飛		投飛		
[捕]	加藤	3	1	1	1	1	1	0	0	0		右飛		三振		左本	四球		
[投]	代木	4	1	1	1	0	0	0	0	0	右本		一直		左飛		●右飛		
[右]	山藤	3	0	0	0	1	1	0	0	0	左直		右飛		●四球		三振		
[中]	井上	3	0	0	0	0	0	1	0	0	投ゴ		二飛		投犠		三ゴ		
[三]	梅原	3	0	2	0	1	0	1	0	0		三振		右安	投犠		中安		
[一]	岩城	3	0	1	0	0	1	0	0	0		四球		右安	左飛		中飛		
残	7	30	2	7	2	6	3	3	0	0									

各回得点 0 1 0 0 0 1 0 0 0

投手	回	打	安	振	球	失	責	数
代木	9	30	3	6	2	0	0	102

松商学園		打	得	安	点	振	球	犠	盗	失	1	2	3	4	5	6	7	8	9
[中]	忠地	2	0	0	0	1	1	0	0	0	四球	遊ゴ			三振				
打	柴田	1	0	0	0	0	0	0	0	0							右飛		
[左]	間	3	0	1	0	1	0	1	0	0	投犠		投ゴ		左安		三振		
[右]	織茂	4	0	0	0	0	0	0	0	0	遊ゴ		中飛		一邪		左邪		
[一]	斎藤	3	0	0	0	0	0	0	0	0	遊ゴ		一ゴ			中飛			
[二]	熊谷	3	0	2	0	1	0	0	0	0		三振		右安		右安			
[二]	金井	3	0	0	0	2	0	0	0	0		三振		三振		遊ゴ			
[捕]	野田	2	0	0	0	0	0	0	0	0		捕邪		三併					
打捕	藤石	1	0	0	0	0	0	0	0	0							遊直		
[投]	栗原	0	0	0	0	0	1	0	0	0			四球						
打	渡辺大	1	0	0	0	0	0	0	0	0							ニゴ		
投	渡辺創	0	0	0	0	0	0	0	0	0									
投	今井	1	0	0	0	0	0	0	0	0								三ゴ	
[遊]	吉水	3	0	0	0	1	0	0	0	0			三振		遊ゴ		遊ゴ		
残	3	27	0	3	0	6	2	1	0	0									

各回得点 0 0 0 0 0 0 0 0 0

投手	回	打	安	振	球	失	責	数
栗原	6	23	5	5	1	2	2	101
渡辺創	1 2/3	8	1	0	2	0	0	33
今井	1 1/3	5	1	1	0	0	0	15

本 代木(栗原) 加藤(栗原) **併** 明徳義塾1
▽審判(球)乗金 (塁)大上 山下 尾崎 [試合時間]1時間55分

◎…両チーム無失策の引き締まった展開。明徳義塾の左腕・代木は制球良く、被安打3で完封した。打線は二回に代木が右越え、六回は加藤が左越えにソロ本塁打を放った。松商学園は、一、七回に走者を三塁まで進めたが無得点。粘る投手陣を援護できなかった。
○加藤(明) 六回、左翼ポール際へ貴重なソロ本塁打。「前でたたくように意識した。たまたま甘い球がきて、振り切ったら入った」
●足立監督(松)「投手陣は踏ん張ってくれたが、攻撃面でリズムをつくれなかったことが悔やまれる。代木君は球速以上に球の威力があった」

松商学園を完封した明徳義塾の代木

［3回戦］8月25日 第12日 第3試合

	1	2	3	4	5	6	7	8	9	10	計
長崎商	2	0	0	0	0	0	0	2	0	1	5
神戸国際大付	0	1	0	1	0	0	2	0	0	2	6

（延長十回）

神戸国際大付の主砲、殊勲のサヨナラ打
神戸国際大付・西川が二回に本塁打と十回に逆転サヨナラの2点適時打。長崎商の粘り実らず。

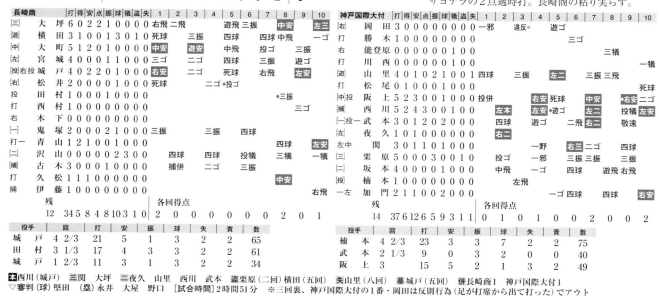

長崎商

守	選手	打	得	安	点	振	球	犠	盗	失	打席結果（1〜10回）
［三］	大坪	6	0	2	2	1	0	0	0	0	二飛／遊飛 三振／中安／左三
［遊］	横田	3	1	0	0	1	3	0	1	0	死球／三振／四球 中犠／一ゴ
［中］	大町	5	1	2	0	0	0	0	0	0	中安／遊安／中飛 投ゴ 三振
［左］	宮城	4	0	0	0	1	1	0	0	0	三ゴ／二ゴ／四球 三振 遊安
［投右投］	城戸	4	0	2	2	0	1	0	0	0	右安／二ゴ／死球 右飛 左安
［右］	松井	2	0	0	0	0	0	0	0	0	死球／二ゴ・投ゴ
投打	田村	1	0	0	0	1	0	0	0	0	三振
打	西村	1	0	0	0	0	0	0	0	0	三ゴ
右	木下	0	0	0	0	0	0	0	0	0	
［一］	鬼塚	2	0	0	2	1	0	0	0	0	三振 三振 四球
打一	青山	1	2	1	0	0	1	0	0	0	四球 左安
［二］	沢山	0	0	0	0	2	3	0	0	0	四球 四球 投犠 三犠 一犠
［捕］	古木	3	0	0	0	1	0	0	0	0	捕併 二ゴ 三振
打	久松	1	1	1	0	0	0	0	0	0	中安
捕	伊藤	1	0	0	0	0	0	0	0	0	右飛
残	12	34	5	8	4	8	10	3	1	0	

各回得点：2 0 0 0 0 0 0 2 0 1

投手	回	打	安	振	球	失	責	数
城戸	4 2/3	21	5	1	3	2	2	65
田村	3 1/3	17	4	3	3	2	2	61
城戸	1 2/3	11	1	1	1	0	0	34

神戸国際大付

守	選手	打	得	安	点	振	球	犠	盗	失	打席結果（1〜10回）
［右］	岡田	3	0	0	0	0	0	0	0	0	一邪／違反※／遊ゴ
打	勝木	1	0	0	0	0	0	0	0	0	三ゴ
右	能登原	0	0	0	0	0	0	0	0	0	三犠
打	川西	0	0	0	0	0	1	0	0	0	一犠
［遊］	山里	4	0	1	0	2	1	0	0	1	四球 三振 左二 三振 三飛
打	松尾	0	1	0	0	0	1	0	0	0	死球
［中投］	阪上	5	2	3	0	0	0	0	0	0	投併 右安 死球 中安 右安 二ゴ
［捕］	西川	5	2	4	3	0	0	1	0	0	左本 左安・遊ゴ 左二 投犠 左安
［一投一］	武本	3	0	1	2	0	2	0	0	0	四球 遊ゴ 二飛 右二 敬遠
［左］	夜久	0	0	0	0	0	0	0	0	0	右二
左中	関	3	0	1	1	0	1	0	0	0	一野 右三 二ゴ 四球
［三］	栗原	5	0	0	3	0	0	0	1	0	投ゴ 一邪 三振 三振 三振
［二］	坂本	4	0	0	0	0	1	0	0	0	中飛 一ゴ 四球 遊飛 右飛
［投］	楠本	1	0	0	0	0	0	0	0	0	左飛
一左	加門	2	1	1	0	0	2	0	0	0	一ゴ 四球 四球 右安
残	14	37	6	12	6	5	9	3	1	1	

各回得点：0 1 0 1 0 0 2 0 0 2

投手	回	打	安	振	球	失	責	数
楠本	4 2/3	23	3	3	7	2	2	75
武本	2 1/3	9	0	3	2	0	0	40
阪上	3	15	5	2	1	3	2	49

本 西川（城戸） 三 関 大坪 二 夜久 山里 西川 武本 盗 栗原（二回）横田（五回） 失 山里（八回） 暴 城戸（五回） 併 長崎商1 神戸国際大付1
▽審判（球）堅田（塁）永井 大屋 野口 ［試合時間］2時間51分 ※三回裏、神戸国際大付の1番・岡田は反則行為（足が打席から出て打った）でアウト

◎…神戸国際大付がサヨナラ勝ち。十回2死二、三塁、主砲・西川が左前へ2点適時打を放ち、接戦に終止符を打った。投手陣は計10四死球と苦しんだが3投手の継投でしのいだ。長崎商は八、十回に、いずれも2死から大坪が適時打を放つなど粘りが光った。
九州勢が敗退 長崎商が神戸国際大付（兵庫）に敗れ、第100回（2018年）から中止の昨夏を挟んで3大会連続で、九州・沖縄の代表校すべてが8強入りを逃した。

延長十回裏神戸国際大付2死二、三塁、西川はサヨナラの2点適時打を放つ

［3回戦］8月25日 第12日 第4試合

	1	2	3	4	5	6	7	8	9	計
近江	2	0	1	0	0	1	1	2	0	7
盛岡大付	0	0	2	0	0	0	0	1	1	4

被安打15ながらも、近江の両右腕が粘投
近江は初回に山田の適時打などで先制。盛岡大付は近江の山田、岩佐を15安打で攻めるが及ばず。

近江

守	選手	打	得	安	点	振	球	犠	盗	失	打席結果（1〜9回）
［二］	井口	2	2	0	1	1	2	1	0	0	四球 投ゴ 三振 四球 中犠
［左］	西山	2	1	1	1	2	1	1	0	0	死球 三振 三振 一犠 左安
［投右］	山田	4	1	2	1	1	0	1	0	0	左安 一犠失 三ゴ 左安 中安
［一］	新野	4	0	1	1	0	1	0	1	0	投ゴ 遊ゴ 右飛 四球 中安
［捕］	島滝	4	0	0	0	1	1	0	0	0	三振 四球 投ゴ 遊失 遊ゴ
［右］	明石	4	1	3	2	0	0	0	0	0	中安 左飛 右三 中安
投	岩佐	0	0	0	0	0	1	0	0	0	死球
［中］	春山	4	0	1	0	0	0	1	0	0	二ゴ 遊ゴ 投ゴ 右安 投犠
［遊］	横田	4	0	1	1	0	0	1	0	0	中飛 投ゴ 左安 一犠 一邪
［三］	津田	4	1	1	0	1	0	1	0	0	三振 右飛 三ゴ
残	10	32	7	10	7	5	7	5	2	0	

各回得点：2 0 1 0 0 1 1 2 0

投手	回	打	安	振	球	失	責	数
山田	6	25	7	10	1	2	2	89
岩佐	3	17	8	4	0	2	2	60

盛岡大付

守	選手	打	得	安	点	振	球	犠	盗	失	打席結果（1〜9回）
［三］	松本	5	1	2	0	1	0	0	0	0	三飛 三振 遊併 中安 左三
［二］	南	5	0	4	3	0	0	0	0	1	左安 左二 遊ゴ 左安 中安
［一］	金子	5	0	0	0	4	0	0	0	1	三振 三振 三振 三振
［右］	小針	5	1	2	0	0	0	0	0	0	遊ゴ 右安 三振 左安 右飛
［左］	平内	3	0	1	0	1	1	0	0	0	二ゴ 死球 三振 右安
走中	大貫	0	0	0	0	0	0	0	0	0	
打	金田	1	0	1	0	0	0	0	0	0	投安
走	小駒	0	0	0	0	0	0	0	0	0	
［中左］	新井	4	0	0	1	4	0	0	0	0	三振 三振 中犠 三振
［投］	大平	1	0	0	0	1	0	0	0	0	三振
投	渡辺	3	0	0	0	1	0	0	0	0	三振 投ゴ 三ゴ
［遊］	佐々木	4	1	3	0	0	0	0	0	1	左二 左安 ・三ゴ 左安
［捕］	田屋	4	1	2	0	1	0	0	0	1	中安 三安 三ゴ 三振
残	11	40	4	15	4	11	1	0	3	3	

各回得点：0 0 2 0 0 0 0 1 1

投手	回	打	安	振	球	失	責	数
井口	0/3	2	0	1	0	2	2	10
大平	2 1/3	12	2	2	0	2	2	45
渡辺	6 2/3	30	8	3	4	2	2	100

三 明石 松本 二 佐々木 南 盗 新野（三回）津田（八回） 失 金子（三回）佐々木（七回）田屋（八回） 併 近江1
▽審判（球）高田（塁）山口 土井 宅間（外）永井 大上 ［試合時間］2時間26分

◎…近江打線が集中力で上回った。一回、連続四球を足場に好機を築くと山田と明石の適時打で2点を先行。1点差の六回は横田、七回は明石いずれも2死から適時打を放った。盛岡大付は安打数で近江を上回ったが、山田、岩佐の両右腕に要所を締められた。
○明石（近） 3安打2打点。「滋賀大会は無安打で迷惑をかけたので、人より早く起きて練習してきた」
●関口監督（盛） 「もちろん悔しい。でも3試合も甲子園でできたことに感謝している。持ち味の打力は十分発揮してくれた」

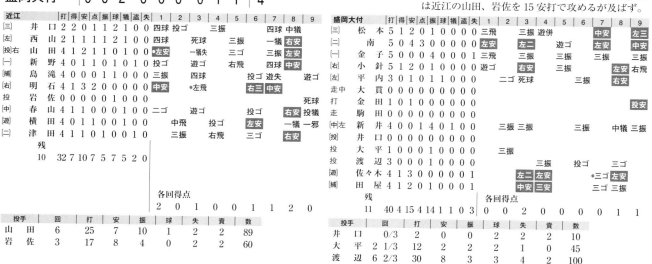

6回を投げ、好投した近江の山田

【雨カレンダー】

8月	9日	10日	11日	12日	13日	14日	15日	16日	17日	18日	19日	20日	21日	22日	23日	24日	25日	26日	27日	28日	29日
当初の予定	第1日 開会式 1回戦③	第2日 1回戦④	第3日 1回戦④	第4日 1回戦④	第5日 1回戦② 2回戦②	第6日 2回戦④	第7日 2回戦④	第8日 2回戦④	第9日 2回戦④	第10日 3回戦④	第11日 3回戦④	休養日	第12日 準々決勝④	休養日 女子決勝	第13日 準決勝②	休養日	第14日 決勝① 閉会式				
気象概況	雨時々曇り	晴れ時々曇り	曇り一時晴れ	雨時々曇り、雷を伴う	大雨	雨	雨のち曇り一時晴れ	雨時々曇り	大雨、雷を伴う	雨時々曇り	雨時々曇り、雷を伴う	曇り時々雨	曇り時々雨	曇りのち時々晴れ	曇り一時雨	曇りのち一時晴れ	曇りのち時々晴れ	曇り時々晴れ	晴れ	晴れ	晴れ
降水量(mm)	22.0	0.0	0.0	29.0	65.0	36.5	22.5	0.0	80.5	45.5	41.5	1.5	0.0	0.5	0.0	0.0	0.0	0.0	0.0	0.0	0.0
実際の日程	順延③	第1日 開会式 1回戦③	第2日 1回戦③	順延④	順延④	順延④	第3日 1回戦④	第4日 1回戦④	第5日 1回戦④	第6日 2回戦④	第7日 順延③ 2回戦②	第8日 1回戦① 2回戦①	第9日 2回戦④	第10日 2回戦④	第11日 2回戦④ 女子決勝	第12日 3回戦④	第13日 準々決勝④	休養日	休養日	第14日 準決勝②	第15日 決勝① 閉会式

※8月19日は第1、2試合（1回戦と2回戦）を順延したが、昼ごろから雨がやんで2回戦の2試合（第3、4試合）を先に実施した。
・丸数字は試合数。気象概況は神戸、降水量は阪神甲子園球場がある西宮の値（気象庁調べ）

雨とも闘った今大会

今大会は悪天候に悩まされた。順延は、一部順延を含めて7度に及び、第57回大会（1975年）の5度を上回って過去最多となった。大阪桐蔭—東海大菅生（1回戦）は八回表の途中で降雨コールドゲーム、明桜—帯広農（同）と近江—日大東北（同）は降雨ノーゲームになった。ノーゲームは、第91回（2009年）1回戦の如水館（広島）—高知以来で12年ぶり。雨、順延が続くなか、試合日程の変更などを重ね、大会期間は当初予定の8月9〜25日（17日間）から10〜29日（20日間）になった。

降雨コールド、球審の思い

八回途中で降雨コールドとなり、大阪桐蔭が7-4で東海大菅生（西東京）を下した8月17日の1回戦。山口智久球審（49）は試合終了の際、両主将を本塁後方に呼び寄せ、「この状態の中で、いい試合をしてくれてありがとう」とねぎらった。

八回表、東海大菅生が1死一、二塁としたところで、山口球審は中断を決意した。雨でグラウンドがぬかるみ、ゴロが止まって内野安打になった。「選手がけがをしてはいけない。これ以上は続けられない」

32分間の中断の末、グラウンドに再び出た山口球審は、両校の主将を呼んだ。

「申し訳ないけど、グラウンド状態が悪いので、ここで試合を終了させてもらいます」

と伝え、「後輩たちがまたここで対戦できるように頑張ってほしいと思います」と話しかけた。

午前10時38分、右手をあげて「ゲーム！」と告げた。

一礼し、回れ右をしてグラウンドにも頭を下げた。「試合終了のあいさつができなかった選手の分、最後まで試合をさせられなかったおわび、そして、『選手たちは頑張りました。ありがとうございます』というお礼の気持ちを込めました」

もっと早く試合を止めるべきだったのではないか。自責の念は消えないという。「最後の試合を途中で終わらせたくない」。そんな葛藤を抱えていた。

山口さんは埼玉・大宮南高で外野手として活躍し、明治大に進んだ。先輩に誘われて30歳で東京六大学連盟の審判員に。会社勤めをしながら、2009年の第91回大会から甲子園でも審判を務めてきた。学生野球ファンや選手には、イニングの合間に、大きな声で選手を激励する審判としても知られている。

33年前、同じようなシーンがあった。滝川二（兵庫）が9-3で高田（岩手）を下した第70回大会（1988年）の1回戦は八回途中での降雨コールドだった。

大阪桐蔭、降雨コールド勝ち

大会第5日の8月17日、第1試合は大阪桐蔭が東海大菅生（西東京）に7-4で八回表1死降雨コールド勝ちした。降雨コールドは、引き分け再試合となった第80回（1998年）の1回戦専大北上（岩手）—如水館（広島）以来、23年ぶり。試合は、東海大菅生の八回の攻撃中に雨脚が強まった。グラウンドは田んぼのようになり、午前10時6分に中断。同38分に試合終了が宣言された。

このとき球審を務めた永野元玄（もとはる）さん（85）は「私も山口さんと同じ。何とか試合を続けたいが、これ以上は無理だと判断しました」と振り返る。永野さんもやはり、試合終了の際、両主将を呼び寄せた。「誠に申し訳ないけど、試合を閉じさせてほしい。握手をしてもらえないだろうか」と話したという。

（編集委員・安藤嘉浩）

降雨コールドゲームとなり、試合終了のあいさつをする東海大菅生の主将・栄（左）と大阪桐蔭の主将・池田

[準々決勝] 8月26日 第13日 第1試合

	1	2	3	4	5	6	7	8	9	計
敦賀気比	0	0	0	0	0	0	0	2	0	2
京都国際	0	0	0	0	0	0	0	2	1	3

好走塁で森下を援護、京都国際の進撃続く
互いに七回まで無得点。敦賀気比が2点先制したが、京都国際は直後に追いつき、九回好走塁で辛勝。

敦賀気比		打	得	安	点	振	球	犠	盗	失	1	2	3	4	5	6	7	8	9
[日]	東	4	0	0	0	1	0	0	0	0	投ゴ		遊併		中飛		ニゴ		四球
[右]	沼 田	3	1	0	0	1	0	0	1	0	ニゴ			•投ゴ			死球		中安
[中]	大 島	2	0	0	0	1	1	0	0	0		四球		•ニゴ			投犠		
[三]	上加世田	3	1	3	0	0	1	0	0	0		二安	右安	右安			死球		
[遊]	前 川	4	0	1	1	2	0	0	0	1		三振	三振	二飛			左安		
[一]	小 西	2	0	1	0	1	1	0	0	0	右飛		遊ゴ				四球 右犠		
[左]	森 尾	4	0	1	0	0	0	0	0	0		遊飛				中安		捕ゴ 遊ゴ	
[捕]	長 尾	4	0	0	1	1	0	0	0	0			三振		四球				
捕	渡辺 優	1	0	0	0	0	0	0	0	0							四球	右飛	
[投]	本 田	1	0	0	0	0	0	0	0	0			四球					投併	
投	吉 崎	1	0	0	0	1	0	1	0	0							投犠	投ゴ	
投	竹 松	0	0	0	0	0	0	0	0	0									
	残																		
	8	26	2	5	2	5	2	5	8	3	0	2							

各回得点 0 0 0 0 0 0 0 2 0

京都国際		打	得	安	点	振	球	犠	盗	失	1	2	3	4	5	6	7	8	9
[遊]	武 田	3	1	1	0	0	1	0	0	0	死球		右飛		三ゴ				中安
[捕]	金 本	3	0	0	1	1	1	0	0	0	投ゴ			三振		ニゴ		死球	
[右投]	森 下	4	0	2	1	1	0	0	0	0	中安		右二				三振		一ゴ
[三]	辻 井	3	0	0	0	1	0	0	1	0	一犠			三振			遊ゴ		中飛
[投右]	平 野	4	1	1	0	0	0	0	0	0	ニゴ			三ゴ			ニゴ		中安
[一]	植 西	3	0	1	0	1	0	0	0	0	三振			右安			ニゴ		•一犠
[中]	松 下	4	1	3	0	0	0	0	0	0		捕邪				右安		右二 右安	
[左]	岩 内	2	0	0	0	1	0	0	1	0	遊失		•投犠				ニゴ		
	残																		
	7	29	3	8	2	3	3	3	0	0									

各回得点 0 0 0 0 0 0 0 2 1

投手	回	打	安	振	球	失	責	数
本 田	4 1/3	17	4	2	1	0	0	63
吉 崎	3 2/3	16	3	1	2	3	2	56
竹 松	1/3	2	1	0	0	0	0	3

投手	回	打	安	振	球	失	責	数
平 野	5	19	3	5	3	0	0	79
森 下	4	18	2	0	5	2	2	68

二森下 松下 失前川(三回)沼田(九回) 併京都国際2
▽審判(球)鈴木 (塁)野口 金丸 中西 [試合時間]2時間20分

◎…京都国際は左右の2年生投手が好投。先発右腕の平野は五回まで散発3安打に抑え、後を引き継いだ森下は、八回に失点したが、九回は無安打に抑えてサヨナラ勝ちにつなげた。敦賀気比は走者を三塁まで進めた四、五、七回の好機を生かせなかった。
●東監督(敦) 「投手起用など後手の采配をした僕の責任。選手はコロナ禍でいろいろと規制されるなか、最後は甲子園で輝いてくれた」
1日3試合のサヨナラ試合は史上4度目 第13日は京都国際ほか、智弁学園、近江がサヨナラ勝ち。同じ日に3試合のサヨナラ試合があったのは第43回の1回戦（1961年8月13日）、第55回の1回戦（73年8月9日）、第72回の2回戦（90年8月13日）に続いて4度目。同日に行われた準々決勝4試合のうち3試合がサヨナラとなったのは初めて。

先発で好投した京都国際の平野

[準々決勝] 8月26日 第13日 第2試合

	1	2	3	4	5	6	7	8	9	計
智弁和歌山	1	1	0	2	0	3	2	0	0	9
石見智翠館	0	0	0	0	0	0	0	1		1

投打充実の智弁和歌山、塩路が好投で制す
智弁和歌山の塩路が六回まで二塁を踏ませない好投。打っては高嶋の本塁打などで15安打9得点。

智弁和歌山		打	得	安	点	振	球	犠	盗	失	1	2	3	4	5	6	7	8	9
[中]	宮 坂	6	2	3	1	2	0	0	1	0	ニゴ		三振			中安		三安 左安	三振
[二]	大 仲	5	1	3	2	0	0	1	1	0	中安 ニゴ			投犠		•中安	投ゴ	右二	中飛
二	湯 浅	0	0	0	0	0	0	0	0	0									
[左]	角 井	3	0	1	1	1	1	1	0	0	左安		一失	三振			投犠 死球		
投	高 橋	0	0	0	0	0	0	0	0	0									
打	永 田	1	0	0	0	0	0	0	0	0								ニゴ	
投	武 元	0	0	0	0	0	0	0	0	0									
[右]	徳 丸	3	1	1	2	1	1	1	0	0	四球		三振 中飛			左中二 中犠			
[一]	岡 西	3	0	1	1	0	1	1	0	0	左犠		一ゴ			右安 死球 ニゴ			
[捕]	渡 部	4	0	2	1	0	0	1	0	0	左飛		右安		投犠 左安	三邪			
[三]	高 嶋	4	2	1	1	0	1	0	0	0	左本		四球 三ゴ ニゴ		中飛				
[三]	小 畑	0	0	0	0	0	0	0	0	0									
[投]	塩 路	2	0	0	0	1	0	0	0	0	遊失		投ゴ 三振						
打	石 平	1	0	0	0	0	0	0	0	0			一邪						
左	須 川	1	0	0	0	0	0	0	0	0			ニゴ						
[遊]	大 西	3	3	3	0	0	1	1	0	0	一犠		左安	死球 左安	投安				
	残																		
	12	36	9	15	9	5	5	7	2	0									

各回得点 1 1 0 2 0 3 2 0 0

石見智翠館		打	得	安	点	振	球	犠	盗	失	1	2	3	4	5	6	7	8	9
[二]	関 山	4	0	0	0	2	0	0	0	1	三振		ニ飛			左飛		三振	
[遊]	山崎凌	4	0	0	0	2	0	0	0	1	捕邪		三振			捕邪		•三振	
[右左]	宮 本	3	1	0	0	3	1	0	1	0	三振		三振		振逃			死球	
[捕]	上	4	0	0	0	4	0	0	0	0		三振		三振		三振		三振	
[投左一]	山崎琢	4	0	2	1	0	0	0	0	0			ニゴ		捕邪		右安		右二
[中]	岡 田	4	0	1	0	1	0	0	0	0		右安		遊飛		一併		三振	
[一]	伊 藤	2	0	0	0	1	0	0	0	0		一飛		三振					
打	遠 藤	1	0	0	0	0	0	0	0	0							左飛		
右	山本寛	0	0	0	0	0	0	0	0	0									
[三]	今 泉	2	0	0	0	1	0	0	0	0		遊直		ニゴ				死球	
走	柴 田	0	0	0	0	0	0	0	0	0									
三	苗 村	0	0	0	0	0	0	0	0	0									
[左]	岩 村	1	0	1	0	0	0	0	0	0				左安					
投	山本由	1	0	0	0	0	0	0	0	0						三振			
投	豊 岡	1	0	0	0	0	0	0	0	0								捕邪	
	残																		
	5	31	1	4	1	14	2	0	1	2									

各回得点 0 0 0 0 0 0 0 0 1

投手	回	打	安	振	球	失	責	数
塩 路	6	20	2	8	0	0	0	80
高 橋	2	7	1	3	1	0	0	30
武 元	1	5	1	3	1	1	1	24

投手	回	打	安	振	球	失	責	数
山崎琢	3 1/3	19	6	2	2	4	4	61
山本由	3	20	8	2	3	5	5	59
豊 岡	2 2/3	9	1	1	0	0	0	23

本高嶋(山崎琢) 二徳丸 大仲 山崎琢 盗宮坂(四回)大仲(四回)宮本(九回) 失山崎凌(二回)関山(三回) 暴高橋(七回) 併智弁和歌山1
▽審判(球)山口 (塁)乗金 井狩 美野 [試合時間]2時間10分

◎…智弁和歌山が投打に圧倒した。七回まで毎回安打で、ソロ本塁打を含む計15本の長短打で9得点。投げては、先発・塩路、高橋、武元の3投手が散発4安打に抑え、八回まで三塁を踏ませなかった。石見智翠館は、九回、2死二塁から山崎琢が適時打で意地を見せた。
●末光監督(石) 「いまの3年生がいなければ、甲子園で2勝もできなかったし、校歌も歌えなかった。その姿を次の代につなげたい」

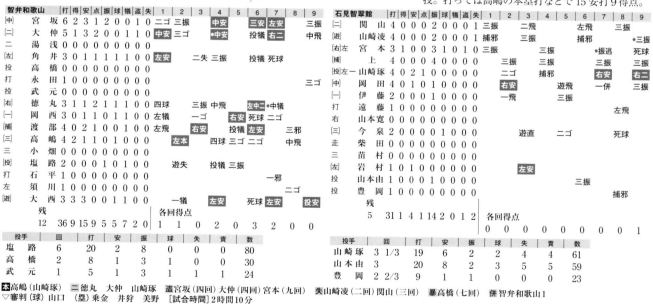

九回裏石見智翠館2死二塁、山崎琢は適時二塁打を放つ

[準々決勝] 8月26日 第13日 第3試合

	1	2	3	4	5	6	7	8	9	計
明徳義塾	0	0	0	1	0	0	0	0	1	2
智弁学園	0	0	0	1	0	0	0	0	2	3

最終回の攻防、智弁学園執念のサヨナラ打

最終回、明徳義塾の代木が勝ち越し本塁打も、智弁学園は裏に同点後、岡島が適時打でサヨナラ。

明徳義塾		打	得	安	点	振	球	犠	盗	失	1	2	3	4	5	6	7	8	9
[遊]	米崎	4	0	0	0	1	0	0	0	0	三邪		四球		三飛		左飛		一併
[二]	池辺	4	0	0	0	1	0	0	0	0	二ゴ		中飛		三振			一ゴ	
[右]	森松	3	1	0	0	0	1	0	0	0	一ゴ			四球		遊飛		中飛	
[捕]	加藤	4	0	1	0	0	0	0	0	0		三振		投安		一邪		左飛	
[一]	代木	3	1	1	1	0	0	1	0	0		一ゴ		一犠		一ゴ			右本
[右]	山藤	3	0	1	0	1	0	0	0	0	一安		死球			二ゴ	•三ゴ	
[中]	井上	2	0	1	1	0	1	1	0	0		左飛		投犠		四球		中安	
[三]	梅原	4	0	2	0	1	0	0	0	0			遊ゴ	三振			中安	右ゴ	
[投]	吉村	2	0	0	0	2	1	1	0	0			三振		三振		投犠		四球
残																			
8		29	2	6	2	5	5	3	0	0									

各回得点
0	0	0	1	0	0	0	0	1

投手	回	打	安	振	球	失	責	数
吉村	8 0/3	32	5	4	4	3	3	109

智弁学園		打	得	安	点	振	球	犠	盗	失	1	2	3	4	5	6	7	8	9
[一]	垪和	3	2	1	0	0	1	0	0	0	遊ゴ			四球		三ゴ			左安
[中]	森田	3	1	1	0	0	0	1	0	0	二ゴ			三振		一邪			中安
[右]	前田	2	0	1	0	0	2	0	0	0	二ゴ			死球		右安			死球
[左]	山下	3	0	1	2	0	1	0	0	0		一飛		右安		中飛			右安
[遊]	岡島	4	0	1	1	1	0	0	0	0		投ゴ		左飛			三振		右安
[右]	谷口	3	0	0	0	1	0	0	0	0		三振		中飛			一ゴ		
[捕]	植垣	3	0	0	0	0	0	0	0	0			二ゴ		投ゴ		二ゴ		
[ ]	西村	3	0	0	0	0	0	0	0	0			右飛		一ゴ		投ゴ		
[投]	小畠	1	0	0	0	0	0	0	0	0									
[二]	竹村	1	0	0	0	1	0	0	0	0				三振					
[二]	中陳	2	0	0	0	1	0	0	0	0						三振			一ゴ
残																			
5		27	3	5	3	4	4	1	0	0									

各回得点
0	0	0	1	0	0	0	0	2

投手	回	打	安	振	球	失	責	数
西村	8 0/3	32	4	5	4	2	2	109
小畠	1	5	2	0	1	0	0	10

本代木(西村)　**併**智弁学園1
▽審判 (球)尾崎　(塁)土井　吉岡　高田　[試合時間]1時間55分

⊙…智弁学園が逆転サヨナラ勝ち。1点を勝ち越された直後の九回、垪和、森田の連打で無死一、二塁とし、2連続死球でまず同点に。続く岡島が右前に決勝打を放った。明徳義塾は九回に代木のソロで勝ち越したが、力投してきた2年生左腕、吉村が力尽きた。
○西村(学)　力投も九回にソロを浴びて降板。「粘りの投球はできたかなと思います。(岡島の決勝打は)感動しました」
●馬淵監督(明)　「(選手には)『ご苦労さん』と、本心で言いたいです。五回までうちのペースだったんですけどね。吉村はあの点数で智弁学園を抑えて自信になる」
明徳義塾エース、後輩励ます一発　3回戦を完封し、決勝のソロを放った明徳義塾のエース・代木が、先発した2年生の吉村を励まし続けた。同点の九回は先頭で打席に入り、2試合連続のソロで勇気づけた。

九回表明徳義塾無死、代木は勝ち越しの本塁打を放ち生還

[準々決勝] 8月26日 第13日 第4試合

	1	2	3	4	5	6	7	8	9	計
神戸国際大付	0	0	0	0	0	1	1	0	0	4	6
近江	0	2	0	1	0	0	2	1	1	7

両校粘る好試合、近江・主将の一打で決着

神戸国際大付は九回3連打などで同点。その裏、近江は1死一塁で適時打、明石が俊足生かし生還。

神戸国際大付		打	得	安	点	振	球	犠	盗	失	1	2	3	4	5	6	7	8	9
[中]	関	5	0	1	2	1	0	0	1	0	二ゴ		二飛		三振		二飛		•右安
[二]	坂本	4	0	1	1	1	0	0	0	0	二ゴ		三ゴ		右安		三振		
二遊	川西	1	0	0	0	0	0	0	0	0					左飛	三邪		中飛	
[投]右	阪上	4	0	0	0	0	0	0	0	0	二ゴ								
[捕]	西川	4	1	2	1	1	0	0	0	0		左飛		左本		•左二		三振	
[一]	武本	3	1	0	0	1	1	0	0	0	三振		中飛		三直		四球		
[左]	加門	3	0	0	0	2	0	0	1	0	一邪		三振		振逃				左安
打	勝木	1	1	1	0	0	0	0	0	0									左安
投	中辻	0	0	0	0	0	0	0	0	0									
[右]	能登原	1	0	0	1	0	0	0	0	0					三振				
投	楠本	2	0	0	0	0	0	0	0	0						三振	三振		
打左	夜久	1	1	1	1	0	0	0	0	0									右安
[遊]	山里	2	1	0	0	0	0	1	0	1			左飛		四球	捕飛			
打三	松尾	1	1	1	1	0	0	0	0	0									左二
[三]	栗原	3	0	0	0	1	0	0	0	0			遊ゴ		三振	三振			
打二	柴田	0	0	0	0	0	1	0	0	0									四球
残																			
5		35	6	7	6	12	3	0	3	0									

各回得点
0	0	0	0	0	1	1	0	4

投手	回	打	安	振	球	失	責	数
阪上	2	10	2	2	2	2	2	36
楠本	5	23	6	6	2	3	3	90
岡田	1	7	4	1	2	1	1	30
中辻	1/3	3	1	0	1	1	1	9

近江		打	得	安	点	振	球	犠	盗	失	1	2	3	4	5	6	7	8	9
[三]	井口	5	0	1	0	1	0	0	0	0	三振	中飛		遊ゴ		遊ゴ			中安
[左]	西山	2	0	0	0	1	1	0	0	0	三振		•四球		一ゴ			三振	左安
左	岩佐	2	0	1	1	1	0	0	0	0									
右	星野	0	0	0	0	0	0	0	0	0									
[投]右投	山田	4	1	1	2	1	1	0	0	0	二ゴ		三振		一飛		中本	死球	
[一]	新野	5	1	2	1	2	0	0	0	0	中本		三振			三振	遊安	右飛	
[捕]	滝島	3	1	0	0	1	2	0	0	0		四球	一ゴ		三振	四球		•投ゴ	
[右]左	明石	3	2	1	0	0	1	1	1	0		左安		投犠		二ゴ	三ゴ		•死球
[中]	春山	4	0	3	1	0	0	1	0	0	中安		投犠		左安		左安		•右中安
[遊]	横田	3	0	1	0	1	1	0	1	0		四球		左安		遊安	三振		
[二]	津田	2	2	1	0	1	1	1	0	0	投犠	三振				右安			三安 死球
残																			
11		33	7	11	5	9	7	3	2	0									

各回得点
0	2	0	1	0	0	2	1	1

投手	回	打	安	振	球	失	責	数
山田	6	21	2	6	1	2	2	87
岩佐	2 2/3	15	4	5	4	4	4	51
山田	1/3	2	1	0	0	0	0	9

本新野(阪上)　西川(山田)　山田(楠本)　**二**西川　松尾　**盗**明石(四回)　横田(四回)　山里(六回)　加門(七回)　関(九回)　**暴**阪上(二回)　岩佐(七回)　楠本(七回)
▽審判 (球)西貝　(塁)前坂　永井　堅田　(外)山口　土井　[試合時間]2時間28分

⊙…近江がサヨナラ勝ち。九回1死一塁、春山の右中間安打で一塁走者・明石が長駆生還した。先発右腕の山田が七回に本塁打を放つなど投に活躍。神戸国際大付は九回2死から代打攻勢の3連打、関の適時打で4点差を追いつく見事な粘りをみせた。
●青木監督(神)　九回2死から4点差を追いつく。「よくやったと思います。(4者連続の代打攻勢は)準備していました」

九回裏近江1死一塁、春山の適時打でサヨナラの生還をした走者・明石は喜びのガッツポーズ

全国大会 試合結果一覧

35

［準決勝］8月28日 第14日 第1試合

	1	2	3	4	5	6	7	8	9	計
智弁和歌山	2	0	0	0	0	2	0	1	0	5
近江	0	0	1	0	0	0	0	0	0	1

智弁和歌山快勝、3度目の夏Vに王手

智弁和歌山は初回、角井、岡西の適時打で先制。
近江は山田が粘投も、打線が10三振と振るわず。

智弁和歌山		打	得	安	点	振	球	犠	盗	失	1	2	3	4	5	6	7	8	9
(中)	宮坂	5	2	4	0	0	0	0	0	0	右中二	遊直			左安	中安		三安	
(二)	大仲	3	0	1	2	0	0	2	0	0	二飛		中飛		投犠	左二		一犠	
(左)	角井	3	1	2	1	0	1	0	0	1	右二		右安		遊失	死球			
走左	須川	1	0	0	0	0	0	0	0	0							三ゴ		
(右)	徳丸	4	0	0	0	0	1	0	0	0	中飛		右飛		敬遠	右飛		中飛	
(一)	岡西	5	0	1	1	1	0	0	0	0	中安		中飛		三振	中飛		•右飛	
(捕)	渡部	4	0	0	0	0	1	0	0	0	左飛			一飛	一邪	四球		中飛	
(三)	高嶋	3	0	0	0	2	1	1	0	0		三振		四球		三振	捕犠	遊ゴ	
三	小畑	0	0	0	0	0	0	0	0	0									
(投)	中西	3	1	2	0	0	0	1	0	0		左安		投犠		中安	•遊ゴ		
(遊)	大西	4	1	1	0	0	0	0	0	0		捕邪		中飛		捕邪		右安	
	残																		
	11	35	5	11	4	3	4	4	0	1									

各回得点　2 0 0 0 0 2 0 1 0

投手	回	打	安	振	球	失	責	数
中西	9	33	4	10	3	1	0	124

近江		打	得	安	点	振	球	犠	盗	失	1	2	3	4	5	6	7	8	9
(三)遊	井口	4	0	1	0	2	0	0	0	0	三振		遊ゴ		左安			三振	
(右)	西山	2	0	0	0	1	0	0	0	0	ニゴ		四球		捕併				
投	副島	0	0	0	0	0	0	0	0	0									
打三	山口	1	0	0	0	1	0	0	0	0									
(投)右	山田	3	0	1	1	2	1	0	0	0	四球		左安			三振		三振	
(一)	新野	4	0	0	0	1	0	0	0	0	遊飛		ニゴ			三振			遊飛
(中)	春山	4	0	0	0	1	0	0	0	0	三ゴ		三振			右飛			右飛
(右)左	明石	2	0	0	1	1	1	0	0	0	中飛		四球			三振			
打	塚脇	1	0	0	0	0	0	0	0	0									遊飛
(捕)	島滝	2	0	1	0	1	0	1	0	0		三振		投犠			三安		
(遊)	横田	3	1	1	0	0	0	0	0	1		左二		左飛			左飛		
二	柴田	0	0	0	0	0	0	0	0	0									
(二)	津山	3	0	0	0	0	0	0	0	0		三振		遊ゴ			ニゴ		
投	外義	0	0	0	0	0	0	0	0	0									
	残																		
	5	29	1	4	1	10	3	1	0	1									

各回得点　0 0 1 0 0 0 0 0 0

投手	回	打	安	振	球	失	責	数
山田	6 2/3	34	9	3	4	4	4	122
副島	1 1/3	6	2	0	1	1	1	12
外義	1	3	0	0	0	0	0	12

二宮坂　角井　横田　大仲　失角井（三回）横田（五回）　暴山田（五回）副島（八回）　併智弁和歌山1
▽審判（球）大槻　（塁）西貝　美野　乗金　［試合時間］2時間10分

智弁和歌山、考える力

☺…智弁和歌山の先発・中西は尻上がりに調子を上げた。五回までは毎回のように走者を背負いながら決定打を許さない。大仲の2点適時二塁打でリードが広がった六回以降はスライダーの切れが増した。走者を1人しか許さず、準々決勝でサヨナラ勝ちした近江に反撃の糸口をつかませなかった。8番に入る打撃でも、二、六回に安打。近江の先発・山田に息をつく時間を与えず、攻略に貢献した。

近江は相手の失策や四球が絡んだ三回の好機で山田の適時打のみに終わり、たたみかけられなかった。　　　　（山口史朗）

五回表のピンチで打者を三振に打ち取った近江の山田

六回表智弁和歌山2死一塁、宮坂は中前安打を放ち、次打者・大仲につなぐ

配球読み切り、貴重な追加点

次の1点を、どちらが奪うか。じりじりとした展開を動かしたのは、智弁和歌山の打者の視野の広さと的確な状況判断だった。

六回、リードは1点。2死一塁から1番・宮坂が左打席に入ると、近江の外野手3人の守備位置が、一斉に左寄りに変わった。145キロ前後の直球を持つ右腕・山田の球威に自分たちが押し込まれると判断したのだろう。

宮坂は冷静だ。ヒットゾーンが広がった右方向に意識はいかない。相手の配球を見越して外角に狙いを定める。直球をファウルで粘り6球目。外へ落ちるフォークを遊撃手の頭上へ運び、「いつもどおり、後ろへつなぐことを考えた」。

一、二塁に好機が広がり、

次打者も左打ちの大仲。守備位置はほぼ変わらない。大仲も初球、外角への141キロに右足を踏み込み、狭い左翼線へ2点二塁打を流し打った。

なかなか追加点を奪えなかった。三回に失策も絡んで1点差とされた。失いかけていた流れを取り戻す2得点で、山田に「相手が上だった」と言わせた。

「野球は考えるスポーツ。気づきが大切。視野を広くもって、自分で状況を判断する」。元プロ選手でもある中谷監督が、選手たちに求めてきたものだ。コロナ禍で対外試合が限られたが、普段の練習や紅白戦で、その気づきを磨いてきたという。

「頭の中を整理して、いつもどおりです」と大仲はさらりと言った。「強打」の智弁和歌山は力だけではない。　　　　（山口裕起）

近江を背負った2年生

責任感が近江の右腕、山田を踏ん張らせた。

5試合目の先発。強打の智弁和歌山に立ち上がりから攻められた。釣り球には手を出してくれず、少しでも浮いた甘い球ははじき返された。一回に2点を失った後も毎回、走者を出された。

「みんなの思いを背負っている」と2年生。簡単に主導権は渡さない。1点を追う五回、1死満塁と攻められた。先輩捕手の島滝に「低めに放れていたら、お前は大丈夫」と言ってもらった。相手5番をワ

ンバウンドするスライダーで空振り三振に。球威が増す。次打者を、この日最速の146キロで一邪飛に仕留め、小さく右拳を握った。だが、力尽きた。六回に2点を失い、七回途中で降板した。

試合後、泣き崩れた。背中に手を添えられ、多賀監督に言われた。「よく頑張った。また、必ずここに帰ってこよう。甲子園で負けた借りは甲子園でしか返せないんやから」。心は決まっている。「来年またこの場所に、もっと強くなって戻ってきて、先輩たちを超えたい」　　　　（佐藤祐生）

多賀監督(近江)
「選手たちの頑張りは本当に素晴らしかった。感謝の気持ちでいっぱい。後輩たちには大きな遺産になる」

岩佐(近江)
これまでの全4試合で救援した3年生は登板せず。「ひじの調子が悪く投げられなかった。山田と2人で4試合勝てたことはよかった」

[準決勝] 8月28日 第14日 第2試合

	1	2	3	4	5	6	7	8	9	計
智弁学園	0	0	0	3	0	0	0	0	0	3
京都国際	0	0	0	0	1	0	0	0	0	1

奈良勢は京都勢に初勝利
過去2度の対戦では第19回（1933年）で郡山中が平安中に、第75回（93年）で郡山が京都西に敗れた。

智弁学園

		打	得	安	点	振	球	犠	盗	失	1	2	3	4	5	6	7	8	9
[一]	珊和	4	0	0	0	1	1	1	0	0	遊直		遊ゴ	●四球		三振		遊ゴ	
[中]	森田	4	0	3	0	0	1	0	1	0	遊安		遊失	四球		中二		中安	
[左]	前川	4	0	0	0	1	1	0	0	0	三直		遊飛	二併		中飛		三振	
[三]	山下	2	0	0	0	2	0	0	0		三直			四球	投ゴ		三振		三振
[遊]	岡島	3	0	1	0	1	0	1	0	1		右安		投犠	三邪		三振		
[一]	中陳	3	1	0	0	1	1	0	0	0		投ゴ		死球	右飛		三振		
[二]	竹村	0	0	0	0	0	0	0	0	0									
[捕]	植垣	1	1	0	0	0	2	0	1	0		打妨		四球	四球		投ゴ		
[投]	小畠	3	1	1	3	0	1	0	0	0		遊併		左本	四球		左飛		
[右]	谷口	4	0	0	0	2	0	0	0	0		遊ゴ		遊ゴ	三振		三振		
	残 9	28	3	5	3	6	9	1	2	1									
	各回得点										0	0	0	3	0	0	0	0	0

投手	回	打	安	振	球	失	責	数
小畠	9	31	3	5	2	1	1	118

京都国際

		打	得	安	点	振	球	犠	盗	失	1	2	3	4	5	6	7	8	9
[遊]	武田	4	0	0	0	0	0	0	0	1	三ゴ		一ゴ		三ゴ		中飛		
[中]	松下	4	0	2	0	0	0	0	0	0	左飛			右安	一安		遊ゴ		
[捕]	中川	4	0	0	0	1	0	0	0	1	中飛			遊併	投ゴ		三振		
[投右]	平野	4	0	0	0	2	0	0	0	0		ニゴ		ニゴ		三振		中飛	
[右]	辻井	3	1	1	0	0	0	0	0			遊失		中二		遊ゴ			
[三]	植西	3	0	0	0	1	0	0	0			右飛併		一ゴ		三振			
[三]	金田	2	0	0	1	0	0	1	0	0			中飛	中犠		捕邪			
[左]	後藤	1	0	0	0	0	0	0	0				ニゴ						
[投]	森下	1	0	0	0	1	1	0	0						三振			四球	
[右左]	岩内	2	0	0	0	1	0	0	0				四球		ニ直		中飛		
	残 3	28	1	3	1	5	2	1	0	2									
	各回得点										0	0	0	0	1	0	0	0	0

投手	回	打	安	振	球	失	責	数
平野	4	18	3	0	4	3	3	64
森下	5	21	2	6	5	0	0	87

本小畠（平野） **二**辻井 森田 **紡**植垣（中川／二回） **盗**植垣（六回）森田（九回） **失**岡島（二回）武田（三回） **暴**平野（四回） **併**智弁学園2 京都国際3
▽審判（球）野口 （塁）土井 前坂 金丸 [試合時間]2時間13分

智弁学園、ぶれない心

◎…智弁学園の小畠が投打に活躍した。投げては3安打1失点で完投。三回までは無安打で、失点は五回、犠飛による1点だけ。2四球と制球も安定し、六回以降は1安打しか許さず。最後は2者連続三振で締めくくった。

打っては四回2死一、二塁から左翼へ3ラン。この回、スクイズ失敗があったが、それをカバーする一打だった。

京都国際は五回からエース・森下を投入。追加点を許さなかったが、打線は好調だった3番・中川が無安打に抑えられ、点差を詰められなかった。（伊藤雅哉）

四回表智弁学園2死一、二塁、小畠は先制の3点本塁打を放つ。捕手・中川

ミス直後、決勝3ラン
小畠一心投手

「体に向かってきたボールを振ったら入った」。四回2死一、二塁。カウント2—1から、高めのスライダーにとっさに反応した。打球は浜風に乗って左翼席最前列へ。先制3ラン。「レフトフライだと思って最初はダッシュしてたんですけど」。本塁付近で仲間の笑顔が見えると、ようやくほおが緩んだ。

直前に味方がスクイズを失敗。三塁走者がアウトになったが、四球でつないでくれた。仲間のミスは取り返す。普段から全員で意識していることだ。

この日、監督から指示された狙い球は直球。初球で来たがバットに当たらなかった。1年生の頃は参加していた打撃練習も、今は大会直前くらい。しかも大半がバント。そんなわずかな時間で意識しているのが「芯にしっかり当てること」。その感覚を体は覚えていた。

本職へ、すぐに切り替える。マウンドでも浜風を味方につけた。「中堅から右のフライなら風で戻ってくる」と読み、左打者へは高めの直球を大胆に使った。一方で右打者には外角を丁寧に突く。中犠飛で1点は失ったが、打たせて取って今大会2度目の完投。打って、投げて、決勝への切符をもぎとった。（大坂尚子）

京都国際、開いた新章

京都国際の中川は自らの不調を感じていた。「体がしんどくて思うようにいかなかった」

3番で捕手。「グラウンドの監督」と小牧監督から全幅の信頼を寄せられ、攻守に引っ張ってきた身長170センチの体は、さすがに疲れがあった。

準々決勝まで2本塁打を放った打撃では、徹底した外角攻めに苦しむ。四回無死一塁では遊ゴロ併殺打。九回は変化球で空振り三振に倒れた。「直球に（狙いを）張ったけど、スライダー。捕手なので、しっかり考えればよかった」

智弁学園の小坂監督は中川について「今まで見た捕手で一番」と言った。この日も中川は2年生の2投手を巧みにリード。先発した平野が「中川さんの配球通りに投げていたら打たれない」と言えば、エース・森下も「ここまで来られたのは中川さんのおかげです」。

春夏連続の甲子園出場、そして夏は4強。京都国際の歴史を切り開いた大黒柱は「次は決勝にいって優勝してほしい」と、思いを託した。（山口史朗）

五回から継投した京都国際の2年生エース・森下

四回表智弁学園1死一、三塁、植垣のスクイズを外し、三塁走者を挟殺する捕手・中川

小牧監督（京都国際）
「森下は大会前に足を痛め、疲れもあった。ここまで来られるとは思っていなかった。3年生が歴史を切り開いてくれた」

[決勝] 8月29日 第15日

	計
智弁和歌山	4 0 0 0 0 1 1 2 1 = 9
智弁学園	0 2 0 0 0 0 0 0 0 = 2

智弁和歌山が歴代6位タイの夏43勝
広島商、早稲田実（東京）に並ぶ43勝目（うち1勝は宮崎商の試合辞退による不戦勝）。1位は中京大中京（愛知）の78勝。

智弁和歌山

	打	得	安	点	振	球	犠	盗	失
(中) 宮坂	5	1	2	1	0	0	1	0	0
(二) 大仲	4	2	4	0	0	1	0	0	0
(左) 角井	4	0	0	0	3	0	0	0	0
左 須川	1	0	0	0	1	0	0	0	0
(右) 徳丸	4	0	2	3	1	0	1	0	0
(一) 岡西	5	1	1	0	0	0	0	0	0
(捕) 渡部	4	3	3	2	0	1	0	0	0
(三) 高嶋	5	0	2	3	1	0	0	0	0
(投) 伊藤	2	0	0	0	0	0	0	0	0
投 中西	3	1	0	0	0	0	0	0	0
(遊) 大西	4	1	2	0	1	0	1	1	0
残 10	41	9	16	9	8	2	3	1	0

各回得点　4 0 0 0 0 1 1 2 1

投手	回	打	安	振	球	失	責	数
伊藤	3 0/3	13	4	0	2	2	2	48
中西	6	23	5	8	1	0	0	91

智弁学園

	打	得	安	点	振	球	犠	盗	失
(左) 前川	4	0	3	0	0	0	0	0	0
(中) 森田	4	0	0	0	1	0	0	0	0
(遊) 岡島	4	0	2	0	0	0	0	0	0
(三) 山下	2	1	1	0	0	2	0	0	1
(一) 垪和	1	0	0	0	1	1	2	0	1
(捕) 植垣	4	1	1	1	2	0	0	0	0
(二) 中陳	4	0	1	0	2	0	0	0	0
(右) 谷口	4	0	1	1	1	0	0	0	0
(投) 西村	1	0	0	0	0	0	0	0	0
打 三垣	1	0	0	0	1	0	0	0	0
投 小畠	1	0	0	0	1	0	0	0	0
打 足立	1	0	0	0	1	0	1	0	0
残 7	31	2	9	2	8	3	2	0	2

各回得点　0 2 0 0 0 0 0 0 0

投手	回	打	安	振	球	失	責	数
西村	5	24	8	5	1	4	4	102
小畠	4	22	8	3	1	5	4	76

本 渡部（小畠）　三 谷口　二 宮坂 渡部 高嶋 前川 徳丸　盗 大西（九回）　失 垪和（六回）山下（六回）　併 智弁和歌山1
▽審判 （球）田中 （塁）堅田 尾崎 山口 ［試合時間］2時間27分

智弁和歌山、3度目V

☺…試合の流れがどちらに転ぶか分からない中盤で守りの差が明暗を分けた。2点を追う六回、智弁学園は小畠に継投。だが、先頭の高い飛球を三塁手・山下が落球し、無死二塁に。1死後の犠打にも失策が絡み、小畠がリズムに乗れない。ここから4イニング連続で追加点を奪われた。

対して智弁和歌山は五回、先頭の難しい遊ゴロを大西がランニングスローでアウトに。先頭を出した六回も、三ゴロ併殺を奪ってピンチの芽を摘んだ。四回途中から救援の中西は打者の狙いを外す投球術とフォークの精度が光った。　（山口史朗）

校歌を歌い終え、駆け出す智弁和歌山の選手たち

いきなり連打、先制の覇者

試合開始を告げるサイレンが、鳴り始めたところだった。

一回。智弁和歌山の1番・宮坂は初球の浮いたスライダーを引っぱたいた。打球は中堅手の頭を越え、二塁打に。次打者の大仲にバントの構えは一切ない。ファウルで粘り、7球目を強引に引っ張って右前へ。

あっという間に無死一、三塁を築くと1死後、4番・徳丸の中犠飛で先制した。中谷監督は言う。「相手は強打の智弁学園。1点ずつではなく、覚悟を決めた。打ち負けないように、がんがん攻めていった」

試合前のミーティングでも決めていた。「なにがなんでも先制点」と。1点では足りない。3連打でもう3点を加えた。

背景には万全の対策がある。智弁学園のエース、西村の今大会の投球を動画で何度も見て研究した。やや横手から角度のある球を投げる左腕に対し、出した答えは「引っ張る」だった。

宮坂の中越え二塁打をのぞき、一回の4安打は、左打者は右方向、右打者は左方向へ打ってのもの。大仲が説明する。「角度のある球を無理に流すのは難しい。肩を開かずに思いきって引っ張りました」

徹底する力は、ふだんの練習で養ったものだ。打撃練習では、低い打球、右方向、左方向と決めて打ち分ける。失敗すれば、先輩、後輩に関係なく厳しい声が飛ぶ。

今大会、チームが最初に得点を奪ったイニングは三、一、一、そして決勝も一。一気呵成に主導権を奪い、頂点へと駆け上がった。　（山口裕起）

昨年12月に智弁和歌山を指導したイチローさんの話

初めて智弁和歌山高校のグラウンドを訪れたとき、本気で日本一を目指しているチームだと感じました。そのために厳しい練習を重ね、悔しい思いもしてきたと思います。選抜に出場できなかったどん底から頂点まではい上がってきたこと、なんとなくではなく本気で目指していた日本一になったこと、そして野球の面白さを改めて教えてくれたこと、見事でした。おめでとう。

名将の孫、会心3打点

智弁和歌山の高嶋は2安打3打点と大活躍だった。一回、2点を先制してなお2死二、三塁、「高めに浮いた変化球を狙う」と、チェンジアップを左前2点適時打に。七回にも左中間へ適時二塁打を放った。高嶋仁・前監督の孫。「野球を始めたきっかけが甲子園。智弁和歌山に入るのは迷いがなかった。すごくうれしいです」

智弁学園、智弁和歌山で監督をした高嶋仁さんの話

涙をこらえながら決勝を見

一回表智弁和歌山無死二塁、大仲が連打で続いた

一回表智弁和歌山無死、宮坂は二塁打を放つ。投手・西村

救援した智弁和歌山の中西は好投

二回裏智弁学園2死一塁、谷口の適時三塁打で走者・植垣が生還

前川（左から4人目）ら智弁学園の選手たち

二回裏智弁学園2死一塁、谷口は適時三塁打を放ち、一気に本塁を狙うがタッチアウト。捕手・渡部

ました。試合は智弁和歌山の快勝。一回に先行し、四回の投手交代が決まったのが大きかったですね。智弁和歌山の中谷監督も智弁学園の小坂監督もまだ40代。これからもどんどん勝ち続けてほしいと思います。

元プロの優勝監督、蔦氏以来39年ぶり

智弁和歌山の中谷仁監督（42）は同校出身。捕手、主将として第79回（1997年）に全国制覇、その後、阪神に入団し、楽天、巨人を経て2012年に引退。翌13年に始まった学生野球資格回復研修を経て、指導者となった。

過去に甲子園で優勝したプロ野球経験者が、優勝監督となったのは、第45回（1963年）に、明星（大阪）を率いた真田重蔵氏（故人）らがいる。元プロ選手の監督が優勝するのは第64回（82年）優勝の池田（徳島）の蔦文也氏（故人）以来、39年ぶりだった。

中谷監督は2014年に学生野球資格を回復し、17年4月からコーチとして母校に戻り、前監督の高嶋仁さんの勇退に伴い監督となった。

智弁学園、結束は宝物
主軸・二枚看板、高め合い前へ

試合終了の瞬間は次打者席で迎えた。智弁学園の前川は、相手の優勝が決まるとそっと

バットを置いた。戻ってきた最後の打者の肩をたたく。「大丈夫。前を向こう」。その後も泣き崩れる仲間を励まし続けた。

1年夏から甲子園で4番を任されたチームの中心だ。新チームの合言葉は「日本一」。二枚看板の左腕・西村、右腕・小畠も1年夏から甲子園を経験しており、それを実現できるだけの力は十分あった。だが、昨秋の近畿王者として臨んだ今春の選抜大会は8強どまり。その後は3人ともけがや不振に悩まされた。

個々の能力があっても、束にならなければ勝てない――。キャッチボールの前、ノックや打撃練習の前後。練習の合間に選手間でミーティングを重ねた。意見をぶつけ合い、チームは再び前を向いた。

この夏、前川は甲子園初アーチを含む2本塁打、7打点でチームを牽引した。二枚看板も互いを補うように力を発揮し、決勝までたどり着いた。「日本一を掲げてやってきたことは無駄じゃない。全員で最後までやりきれたのは宝物です」と前川。1995年の夏4強を超える準優勝。前を向き、長かった夏を心に刻んだ。

（大坂尚子）

智弁学園・植垣洸捕手

二回1死二塁から二塁内野

小坂監督（智弁学園）
「（智弁和歌山に負けたのは）悔しいの一言。最後日本一になれなかったけど、本当に3年生はよくやったと思う」

西村（智弁学園）
先発し、一回に4失点。「今日は自分の番という思いがあった。最初様子見で入ってしまい、腕が振れなかった」

小畠（智弁学園）
六回から投げて5失点。「マウンドに上がった回に1点取られたことがよくなかった。最後ここまで来られて悔いはない」

安打を放ち、適時打になった。準決勝までは15打数4安打。この日の朝食前、小坂監督に誘われ、素振りを見てもらった。「当たってない中で、恩返ししたいと打席に立ちました」

試合後は涙が止まらなかっ

た。1年前、新チームになった頃。西村、小畠の2投手は下級生時代から経験豊富で「自分が足を引っ張っていて、捕手をやめたいと思った。その時期がつらかった」。必死にくらいつき、今がある。「悔いはない」と胸を張った。

39

猛威振るったコロナ、感染対策に尽力

　2年ぶりに復活した大会も、新型コロナウイルスの影響を受けざるを得なかった。チーム内に感染者が出た宮崎商が試合をすることなく甲子園を去り、東北学院も2回戦を辞退した。不戦勝（不戦敗）は全国選手権で初めてのことだった。残念だが、宮崎商が13年ぶりの出場を果たし、東北学院が初出場で1勝したことは大会史に刻まれる。

　甲子園をめざす地方大会で、涙をのんだ球児たちもいた。今春の選抜大会を制した東海大相模（神奈川）、一昨年夏の準優勝校・星稜（石川）や福井商、板橋（東東京）など全国で9校が、部員らに新型コロナの感染者が出たなどとして出場を辞退した。

甲子園練習はなし

　朝日新聞社と日本高校野球連盟は大会前、新型コロナウイルス感染防止対策を盛り込んだガイドラインを独自に設けた。一般観客向けのチケットは販売しないことを決め、各代表校の生徒、保護者らの入場者数も制限するなどした。

　主な対策として、選手ら代表校関係者、大会役員や審判員ら大会関係者は開催前から期間中に最大3回のPCR検査を実施▷甲子園練習を取りやめ、抽選会（8月3日）をオンライン開催とすることで代表校の甲子園入りを遅らせて合宿期間を短縮▷選手・監督への取材は対面ではなく、オンラインを原則とする──などを盛り込んだ。

　大会本部は、大会が始まってからも、学校関係者の入場を段階的に制限するなど、感染防止対策を強化していった。

8月3日に行われたオンライン抽選会

選手らへの取材はオンラインで行った

新型コロナウイルス 感染対策ガイドラインの骨子

◆ 三つの密（密閉、密集、密接）を徹底的に回避
◆ 大会関係者、代表校関係者、メディア関係者、学校関係者の検温を実施、球場内での消毒、マスク着用の徹底
◆ メディア関係者は事前登録制とし、選手・監督らチームへの取材は対面ではなく、オンラインを原則とする
《代表校関係者に新型コロナウイルスの感染者が確認された場合の対応》
◆ 主催者は緊急対策本部を設置し、保健所の指示を踏まえて対応を決定する
◆ 代表校内での集団感染ではなく個別の事案の場合、チームの初戦までは当該選手の入れ替えなどで対応し、代表校の大会参加は差し止めない
◆ 集団感染と判断しチームとして出場ができなくなった場合でも、代表校の差し替えなどはしない

甲子園、入場制限さらに強化 部員・家族・教職員のみ
（8月21日付）

　大会本部は8月20日、阪神甲子園球場に来場できる代表校の学校関係者を、野球部員とその家族らに制限すると発表した。新型コロナウイルス感染の急拡大や、球場がある兵庫県が緊急事態宣言の対象になったことを受けた措置で、22日から適用する。

　来場者は代表校の校長が健康状態を管理できる野球部員や家族（選手・指導者1人につき3人まで）、教職員のみとする。吹奏楽部員やチアリーダー、一般の生徒らは来場できなくなる。

新型コロナをめぐる動き
（2021年7、8月）

〈7月12日〉沖縄に加え、東京で4度目となる緊急事態宣言の期間が始まる

〈23日〉東京五輪が開幕

〈29日〉全国の新規感染者数が初めて1万人を超える

〈30日〉宣言に首都圏3県と大阪を追加し、5道府県に「まん延防止等重点措置」を適用することを決定。東京と沖縄の宣言期限は延長し、ともに8月31日まで

〈8月2日〉首都圏3県と大阪への緊急事態宣言、5道府県への「まん延防止等重点措置」が始まる。東京と沖縄の宣言は延長され、いずれも31日まで。感染急増地域での「入院制限」方針を決定

〈6日〉コロナの国内感染者が累計100万人超に

〈8日〉まん延防止等重点措置の対象地域に8県追加。東京五輪が閉幕

〈12日〉政府対策分科会が、東京都で人出を7月上旬ごろの5割まで減らす必要があるとする緊急提言を公表

〈13日〉全国の新規感染者が初めて2万人超。東京は5773人で過去最多

〈20日〉7府県を宣言に追加、東京や大阪など6都府県の期限を延長。重点措置は16道県に拡大。いずれも9月12日まで

〈24日〉東京パラリンピックが開幕

大会期間中の感染状況 8月20日 全国で2万5千余人
（8月21日付）

　新型コロナウイルスの国内での感染者は、8月20日午後8時現在で新たに2万5876人が確認され、3日連続で過去最多を更新した。死者は37人だった。

　新たな感染者は、宮城、神奈川、愛知、大阪、広島など15府県で過去最多となった。東京都で確認されたのは5405人。

　また、19日時点の全国の重症者は、前日より51人増えて1816人に上り、8日連続で過去最多を更新した。

● 全国大会投打成績

試合数	打数	得点	安打	二塁打	三塁打	本塁打	塁打数	打点	三振	四死球	犠打飛	盗塁	失策	打率	学校	回数	打者数	被安打	奪三振	死与四球	ボーク	暴投	失点	自責点	防御率	投手*
4	146	28	53	11	0	2	70	26	18	13	18	4	2	.363	智弁和歌山	36	138	23	36	12	0	2	7	4	1.00	中西、塩路、伊藤、高橋、武元
6	189	30	59	6	3	3	80	28	39	38	10	4	8	.312	智弁学園	54	217	45	37	13	0	2	16	14	2.33	西村、小畠、藤本
4	121	11	27	4	1	4	45	7	23	10	7	2	5	.223	京都国際	37	149	21	33	21	0	2	9	9	2.19	森下、平野
5	155	29	42	5	1	4	61	26	35	36	15	4	3	.271	近　江	45	192	43	49	13	0	3	21	21	4.20	山田、岩佐、副島、外義
4	131	18	32	11	1	3	54	18	30	21	8	6	2	.244	神戸国際大付	36 1/3	163	34	30	22	0	2	16	14	3.47	阪上、楠本、武本、岡田、中辻
4	118	15	28	3	2	3	44	12	28	24	14	3	1	.237	明徳義塾	35	131	18	21	16	0	0	7	7	1.80	代木、吉村
3	96	10	21	5	0	1	29	10	27	14	2	4	2	.219	石見智翠館	27	128	35	15	16	0	0	16	16	5.33	山崎琢、山本由、豊岡
3	98	16	32	5	0	0	37	15	13	15	7	0	6	.327	敦賀気比	26 1/3	115	31	9	7	0	3	12	9	3.08	本田、吉崎、竹松
3	104	15	37	3	1	0	51	14	27	6	4	0	5	.356	盛岡大付	27	109	16	11	11	0	0	7	4	1.33	渡辺、大平、井口
3	103	19	36	3	0	0	41	18	18	16	8	3	5	.350	長崎商	27 2/3	131	33	16	20	0	2	12	11	3.58	城戸、田村
2	70	17	20	4	1	1	29	17	11	11	3	1		.286	松商学園	18	78	17	17	7	0	0	6	4	2.00	栗原、渡辺創、今井
3	86	10	20	4	0	0	24	8	14	6	6	4	2	.233	日本航空	27	117	25	22	15	1	1	10	9	3.00	ヴァデルカ、藤、中島、東谷、小沢
3	92	12	29	4	0	0	35	12	19	16	7	2	3	.315	日大山形	26 1/3	123	32	16	16	0	0	9	9	3.08	斎藤、滝口、大類
2	69	5	18	1	1	1	24	5	15	24	1	3	2	.261	三　重	17	72	11	7	4	0	0	5	5	2.65	上山、辻、谷
2	62	13	18	1	1	1	24	10	11	6	5	2	2	.290	高松商	18	82	24	6	6	0	3	12	10	5.00	徳田、坂中、渡辺和、大平
2	64	6	11	2	0	1	16	6	16	7	2	3	2	.172	二松学舎大付	19	78	16	17	6	0	0	6	5	2.37	秋山
2	63	11	15	4	1	4	33	11	16	10	1	0	3	.238	大阪桐蔭	15 1/3	75	17	12	12	0	1	10	7	4.11	竹中、松浦、川原
2	63	8	14	4	1	0	20	7	15	7	2	1	0	.222	沖縄尚学	17	63	16	17	1	0	1	4	4	2.12	當山、美里
2	61	8	19	2	1	0	23	6	8	11	8	3	3	.311	専大松戸	17	73	21	17	2	0	1	6	6	3.18	深沢、岡本
2	63	10	17	3	3	1	29	7	16	9	3	2	3	.270	高川学園	17	74	14	9	6	0	3	10	5	2.65	河野
2	55	6	13	4	0	0	16	6	9	10	3	4	1	.236	明　桜	18	79	15	24	12	0	3	10	8	4.00	風間、栗城、石田一、山本
1	31	5	8	3	0	0	13	5	7	5	2	1	1	.258	東北学院	9	37	8	5	2	0	0	3	3	3.00	伊東
2	66	3	16	0	0	1	19	3	13	5	3	3	3	.242	横　浜	17	75	20	9	4	0	0	7	7	3.71	宮田、杉山、田高、金井
2	65	7	16	2	0	0	18	7	17	13	5	0	2	.246	新　田	17	70	17	5	7	0	0	4	4	2.12	向井、古和田
1	34	3	10	2	2	0	16	3	5	5	1	1	1	.294	浦和学院	8	33	8	8	3	0	0	3	3	3.38	金田、吉田匠、宮城、芳野
1	33	3	10	0	1	1	17	3	5	1	1	0	1	.303	弘前学院聖愛	8	35	7	7	3	0	0	4	4	4.50	葛西
1	38	6	14	0	0	1	17	5	4	3	1	1	0	.368	日本文理	9	46	16	7	5	0	1	8	8	8.00	田中、村越
1	31	0	7	0	0	0	7	0	6	2	2	1	0	.226	樟　南	9	40	9	3	4	0	1	2	2	2.00	西田
1	29	0	4	0	0	0	4	0	4	2	0	2	2	.138	西日本短大付	8	34	4	4	5	0	2	2	0	0.00	大嶋
1	31	2	5	0	2	0	9	2	11	1	1	1	1	.161	日大東北	9	45	9	6	10	0	1	8	7	7.00	堀米涼、馬場、星、吉田
1	37	7	13	0	0	3	16	4	10	5	1	0	4	.351	作新学院	8	41	12	7	6	0	0	10	3	3.38	井上、佐藤、林
1	31	0	4	0	0	0	4	0	7	5	2	0	2	.129	前橋育英	8	29	4	7	3	0	1	1	1	1.13	外丸
1	31	4	9	1	0	0	12	3	12	3	5	3	0	.290	東海大菅生	7	38	10	7	6	0	0	7	9	9.00	本田、桜井
1	32	5	5	0	0	0	5	5	6	6	3	1	0	.156	鹿島学園	8	36	8	8	4	0	0	7	4	4.50	薮野、大川
1	27	2	2	0	0	0	2	2	11	5	1	1	0	.074	阿南光	8	43	13	6	6	0	0	6	6	6.75	森山
1	34	0	6	0	0	0	6	0	11	6	0	1	0	.176	明　豊	8	41	11	3	6	0	1	9	8	9.00	京本、財原、太田、森山
1	37	4	13	2	1	0	17	4	6	5	0	0	2	.351	熊本工	8	42	13	4	6	0	0	8	8	9.00	松波、吉永、原田
1	36	7	11	0	0	2	10	5	4	3	1	0	4	.194	小松大谷	8 1/3	46	11	9	12	0	0	4	4	4.32	北方、吉田佑、岩野
1	33	1	9	2	0	0	11	1	7	1	0	1	0	.273	北　海	9	39	6	9	6	0	0	2	2	2.00	木村
1	28	5	5	0	1	0	7	5	4	5	2	1	1	.179	県岐阜商	8 2/3	39	10	6	6	0	0	3	3	3.12	野崎、小西
1	32	2	7	0	0	0	10	2	10	2	2	1	2	.219	帯広農	8	33	8	6	6	0	0	4	4	4.50	佐藤大、水口
1	34	3	8	2	0	1	13	3	5	2	1	0	3	.235	愛工大名電	8	38	8	7	6	0	0	5	5	5.63	寺嶋、田村
1	38	1	12	0	0	0	14	3	11	4	0	2	2	.263	高岡商	9	55	17	6	10	0	2	17	11	11.00	田中、川渕、堀内、桑名
1	33	2	7	0	0	0	7	2	7	4	0	3	0	.212	広島新庄	8 2/3	37	9	3	7	0	0	3	3	3.12	花田、西井、秋山
1	35	2	10	1	0	0	11	2	3	1	0	0	0	.286	倉敷商	9	45	14	6	6	0	0	10	10	10.00	永野、三宅、柏内
1	29	0	5	1	0	0	6	0	5	3	1	0		.172	東明館	8	33	8	2	1	0	0	4	4	4.50	今村、加藤
1	31	2	8	0	0	0	8	2	5	1	2	1	0	.258	静　岡	9	45	9	8	0	0	1	4	4	4.00	高須、鈴木
1	37	1	12	0	0	0	12	1	7	2	0	1	1	.324	米子東	8	36	11	6	3	0	0	4	4	4.50	舩木佑、薮本
46	2962	367	791	115	28	36	1070	335	589	385	170	69	100	.267	合　計	803 2/3	3518	791	589	385	1	40	367	309	3.46	＊登板投手のみ

新型コロナウイルス陽性者が出たため、宮崎商は初戦の智弁和歌山との2回戦を、東北学院は1回戦に勝った後の松商学園との
2回戦をそれぞれ辞退し、不戦敗となった。表の合計試合数46と智弁和歌山、松商学園の試合数には不戦勝は含まない。

個人打撃10傑

打席数がチーム試合数×3以上 ベスト8進出チームが対象

			打率	試合数	打数	得点	安打	二塁打	三塁打	本塁打	打点	三振	四死球	犠打飛
1	大仲 勝海	智弁和歌山	.588	4	17	4	10	2	0	0	4	0	1	3
2	長尾 朝陽	敦賀気比	.556	3	9	1	5	0	0	0	1	2	2	0
3	上加世田 頼希	敦賀気比	.545	3	11	3	6	1	0	0	3	1	2	0
4	宮坂 厚希	智弁和歌山	.500	4	20	6	10	2	0	0	2	2	0	2
5	大西 拓磨	智弁和歌山	.467	5	15	6	7	0	0	0	1	1	2	1
6	明石 楓大	近江	.462	5	13	5	6	0	1	0	1	0	1	0
7	前川 右京	智弁和歌山	.455	5	22	4	10	0	2	0	5	2	6	0
8	西川 侑志	神戸国際大付	.438	4	16	3	7	2	0	2	4	2	1	
9	松下 恵富	京都国際	.429	4	14	1	6	0	0	0	0	0	1	
10	山下 陽輔	智弁学園	.421	6	19	5	8	1	0	4	8	0		

個人投手10傑

投球回数がチーム試合数×3以上 ベスト8進出チームが対象

			防御率	試合数	回数	被安打	奪三振	与死四球	ボーク	暴投	失点	自責点	投球数	完投
1	中西 聖輝	智弁和歌山	0.38	3	23 2/3	15	22	8	0	1	4	1	360	1
2	代木 大和	明徳義塾	1.00	3	18	8	15	10	0	0	2	2	241	1
3	本田 克	敦賀気比	1.83	3	19 2/3	22	6	4	0	1	6	4	262	1
4	西村 王雅	智弁学園	1.86	4	29	25	19	9	0	1	6	6	429	0
5	森下 瑠大	京都国際	1.93	4	28	15	24	14	0	0	7	6	427	2
6	小畠 一心	智弁学園	2.16	6	25	17	18	9	0	0	7	6	324	2
7	吉村 優聖歩	明徳義塾	2.65	3	17	10	6	6	0	0	5	5	220	1
8	楠本 晴紀	神戸国際大付	3.29	3	13 2/3	13	12	9	0	0	5	5	234	0
9	阪上 翔也	神戸国際大付	3.32	4	19	18	14	9	0	0	7	7	296	1
10	山田 陽翔	近江	4.20	5	30	27	31	9	0	1	14	14	483	0

Victorium 100's Roads

栄冠に輝いた100校の軌跡

米騒動により中止された第4回、太平洋戦争が始まる直前の第27回、コロナ禍による第102回の
3度の中止を挟んで、第103回で100校目の優勝チームが誕生。全優勝チームの戦績を一挙掲載。

第1回

京都二中 (現・鳥羽) 初出場

京津大会2回戦	棄	京都一中
準決勝	8-1	京都一商
京津大会決勝	5-0	同志社中
準々決勝	**15-0**	**高松中**
準決勝(注1)	**1-1**	**和歌山中**
準決勝再試合	**9-5**	**和歌山中**
決勝	**2-1**	**秋田中**
		(延長13回)

決勝の13回裏、京都二中が決勝点
を挙げてサヨナラ

第2回

慶応普通部 (現・慶応) 初出場

関東大会1回戦	23-0	大成中
2回戦	5-1	成城中
準決勝	3-1	青山学院
関東大会決勝	13-9	早稲田実
1回戦	**6-2**	**愛知一中**
準々決勝	**9-3**	**香川商**
準決勝	**7-3**	**和歌山中**
決勝	**6-2**	**市岡中**

第3回

愛知一中 (現・旭丘) 初出場

東海大会第1次リーグ	5-0	愛知四中
第1次リーグ	25-0	四日市商
2勝者戦	13-0	明倫中
東海大会決勝	14-1	岡崎師範
1回戦(注2)	**3-4**	**長野師範**
敗者復活戦	**1-0**	**和歌山中**
敗者復活戦	**2-1**	**明星商**
準決勝	**3-2**	**杵築中**
決勝(注3)	**1-0**	**関西学院**
		(延長14回)

第5回

神戸一中 (現・神戸) 初出場

兵庫大会1回戦	5-3	姫路中
2回戦	7-3	甲陽中
準決勝	7-1	神戸二中
兵庫大会決勝	8-3	神戸商
1回戦	**3-1**	**和歌山中**
準々決勝	**3-0**	**慶応普通部**
準決勝	**8-0**	**盛岡中**
決勝	**7-4**	**長野師範**

優勝のパレードをする神戸一中の応援団

第6回

関西学院 4回出場

兵庫大会1回戦	22-0	御影師範
2回戦	10-0	甲陽中
準決勝	4-1	神戸商
兵庫大会決勝	8-2	神港商
1回戦	**6-0**	**松本商**
準々決勝	**5-3**	**愛知一中**
準決勝	**14-3**	**鳥取中**
決勝	**17-0**	**慶応普通部**

第7回

和歌山中 (現・桐蔭) 7回出場

和歌山予選準決勝	32-0	海草中
和歌山予選決勝	39-0	和歌山工
紀和大会決勝	11-1	郡山中
2回戦	**20-0**	**神戸一中**
準々決勝	**21-1**	**釜山商**
準決勝	**18-2**	**豊国中**
決勝	**16-4**	**京都一商**

第8回

和歌山中 (現・桐蔭) 8回出場

紀和大会2回戦	棄(注4)	和歌山師範
準決勝	16-0	田辺中
紀和大会決勝	5-0	郡山中
1回戦	**8-0**	**早稲田実**
準々決勝	**4-1**	**立命館中**
準決勝	**2-1**	**松本商**
決勝	**8-4**	**神戸商**

第9回

甲陽中 (現・甲陽学院) 初出場

兵庫大会1回戦	5-4	神戸商
2回戦	27-2	三田中
準決勝	13-5	第一神港商
準決勝	9-1	伊丹中
兵庫大会決勝	4-3	姫路中
1回戦	**8-2**	**宇都宮商**
2回戦	**3-2**	**松山商**
準決勝	**6-1**	**早稲田実**
準決勝	**13-5**	**立命館中**
決勝	**5-2**	**和歌山中**

第10回

広島商 5回出場

山陽大会1回戦	11-0	岡山商
2回戦	10-0	柳井中
準決勝	1-0	広陵中
山陽大会決勝	8-1	山口中
2回戦	**4-2**	**和歌山中**
準々決勝	**13-10**	**第一神港商**
		(延長10回)
準決勝	**7-6**	**大連商**
		(延長12回)
決勝	**3-0**	**松本商**

第11回

高松商 3回出場

四国大会2回戦	10-0	大洲中
準々決勝	9-2	松山中
準決勝	8-3	松山商
四国大会決勝	7-1	高松中
2回戦	**14-0**	**東山中**
準々決勝	**4-1**	**静岡中**
準決勝	**9-2**	**大連商**
決勝	**5-3**	**早稲田実**

第12回

静岡中 (現・静岡) 3回出場

静岡予選1回戦	6-0	浜松一中
準決勝	21-0	掛川中
静岡予選決勝	7-0	清見潟商
第2次予選1回戦	12-4	横浜一中
神静大会決勝(注5)	19-1	横浜一中
2回戦	**9-2**	**早稲田実**
準々決勝	**6-5**	**前橋中**
		(延長19回)
準決勝	**5-1**	**高松中**
決勝	**2-1**	**大連商**

第13回

高松商 4回出場

四国大会2回戦	8-1	高知工
準々決勝	7-1	坂出商
準決勝	2-0	高松中
四国大会決勝	2-1	松山商
1回戦	**8-1**	**第一神港商**
2回戦	**8-1**	**北野中**
準々決勝	**1-0**	**福岡中**
		(延長12回)
準決勝	**1-0**	**愛知商**
決勝	**5-1**	**広陵中**

決勝の5回裏、高松商は敵失から3
得点

第14回

松本商 (現・松商学園) 5回出場

甲信越大会1回戦	41-0	高田中
2回戦	12-0	新潟中
準決勝	10-0	長岡中
甲信越大会決勝	18-6	長野商
1回戦	**3-2**	**広陵中**
2回戦	**3-2**	**鹿児島商**
準々決勝	**5-0**	**愛知商**
準決勝(注6)	**3-0**	**高松中**
		(6回降雨コールド)
決勝	**3-1**	**平安中**

第15回

広島商 6回出場

山陽大会2回戦	17-2	下松工
準々決勝	7-0	鴻城中
準決勝	6-1	大正中
山陽大会決勝	10-1	下関商
2回戦	**9-4**	**関西学院**
準々決勝	**4-2**	**静岡中**
		(延長11回)
準決勝	**5-1**	**鳥取一中**
決勝	**3-0**	**海草中**

第16回

広島商 7回出場

山陽大会1回戦	14-1	岡山一商
2回戦	6-4	大正中
準々決勝	8-4	三次中
準決勝	4-2	下関商
山陽大会決勝	15-0	鴻城中
1回戦	**14-4**	**浪華商**
2回戦	**2-1**	**小倉工**
準々決勝	**3-1**	**大連商**
準決勝	**4-1**	**和歌山中**
決勝	**8-2**	**諏訪蚕糸**

第17回

中京商 (現・中京大中京) 初出場

愛知予選1回戦	1-0	愛知商
2回戦	5-0	東邦商
代表決定戦	4-0	愛知一中
第2次予選	24-0	三重師範
1回戦	15-0	岡崎中
準決勝		
東海大会決勝	4-0	岐阜商
1回戦	**4-3**	**早稲田実**
2回戦	**19-1**	**秋田中**
準々決勝	**5-3**	**広陵中**
準決勝	**3-1**	**松山商**
決勝	**4-0**	**嘉義農林**

第18回

中京商 (現・中京大中京) 2回出場

愛知予選2回戦	10-2	東邦商
代表決定戦	8-0	一宮中
第2次予選		
1回戦	20-0	勧学院
準決勝	2-0	愛知商
東海大会決勝	2-0	享栄商
		(降雨により7回コールド)
2回戦	**5-0**	**高崎商**
準々決勝	**7-2**	**長野商**
準決勝	**4-0**	**熊本工**
決勝	**4-3**	**松山商**
		(延長11回)

第19回

中京商（現・中京大中京）3回出場

愛知予選1回戦	7－2	愛知一師範
2回戦	1－0	豊橋中
代表決定戦	6－0	岡崎中
第2次予選1回戦	12－0	松阪商
準決勝	8－1	愛知商
東海大会決勝	8－0	岐阜商
1回戦	11－0	善隣商
2回戦	3－2	浪華商
準々決勝	2－0	大正中
準決勝	1－0	明石中
	（延長25回）	
決勝	2－1	平安中

3連覇を達成し、うれし涙の中京商ナイン

第20回

呉港中（現・呉港）3回出場

広島予選2回戦	10－0	三次中
第2次予選1回戦	7－0	岡山二中
準決勝	6－0	関西中
山陽大会決勝	3－2	広陵中
1回戦	5－1	長野商
2回戦	8－0	桐生中
準々決勝	4－2	海南中
準決勝	9－0	秋田中
決勝	2－0	熊本工

第21回

松山商 10回出場

愛媛予選2回戦	16－0	愛媛師範
準決勝	5－0	宇和島中
愛媛予選決勝	24－1	北予中
第2次予選1回戦	34－1	城東商
準決勝	8－2	高松商
四国大会決勝	4－1	丸亀中
2回戦	3－0	海草中
準々決勝	5－4	嘉義農林
	（延長10回）	
準決勝	4－0	愛知商
決勝	6－1	育英商

第22回

岐阜商（現・県岐阜商）初出場

岐阜予選1回戦	11－1	本巣中
2回戦	39－3	武義中
準決勝	40－0	岐阜農
岐阜予選決勝	29－1	岐阜中
第2次予選1回戦	7－0	山田商
準決勝	9－2	名古屋商
東海大会決勝	2－0	享栄商
1回戦	18－0	盛岡商
2回戦	4－1	鳥取一中
準々決勝	9－1	和歌山商
準決勝	7－1	育英商
決勝	9－1	平安中

第23回

中京商（現・中京大中京）4回出場

愛知予選1回戦	5－2	岡崎中
2回戦	8－2	愛知窯
準々決勝	14－0	半田商
準決勝	2－1	享栄商
愛知予選決勝（注7）	0－2	愛知商
第2次予選1回戦	6－0	東邦商
準決勝	3－2	享栄商
東海大会決勝	2－0	岐阜商
1回戦	12－1	竜山中
2回戦	2－1	慶応商工
	（延長11回）	
準々決勝	9－0	長野商
準決勝	3－1	海草中
決勝	3－1	熊本工

第24回

平安中（現・龍谷大平安）10回出場

京都予選1回戦	12－0	聖峰中
2回戦	20－0	京都三中
準々決勝	13－0	京都一工
準決勝	12－1	京都三商
第2次予選1回戦	7－0	膳所中
京津大会決勝	14－2	京都師範
1回戦	6－5	海草中
2回戦	4－0	大分商
準々決勝	1－0	浅野中
準決勝	7－2	高崎商
決勝	2－1	岐阜商

第25回

海草中（現・向陽）5回出場

和歌山予選1回戦	9－0	和歌山中
準決勝	6－1	和歌山商
和歌山予選決勝	9－1	海南中
紀和大会決勝	6－0	天理中
1回戦	5－0	嘉義中
2回戦	5－0	京都商
準々決勝	3－0	米子中
準決勝	8－0	島田商
決勝	5－0	下関商

第26回

海草中（現・向陽）6回出場

和歌山予選1回戦	3－1	和歌山商
準決勝	9－0	和歌山中
和歌山予選決勝	9－2	海南中
紀和大会決勝	12－2	五条中
2回戦	12－1	平壌一中
準々決勝	4－3	京都商
	（延長12回）	
準決勝	3－1	松本商
決勝	2－1	島田商

連覇を達成した海草中は7回裏2死から決勝点を挙げる

第28回

浪華商（現・大体大浪商）5回出場

大阪大会1回戦	5－0	池田中
2回戦	11－0	上宮中
3回戦	7－0	富田林中
準々決勝	10－0	関西甲商
準決勝	7－0	山水二中
大阪大会決勝	3－2	日新商
2回戦	11－2	和歌山中
準々決勝	6－0	函館中
準決勝	9－1	東京高師付中
決勝	2－0	京都二中

優勝旗を手にする浪華商のエース・平古場昭二

第29回

小倉中（現・小倉）3回出場

福岡予選1回戦	8－0	豊津中
2回戦	21－11	門司商
3回戦	7－0	小倉工
4回戦	15－0	豊国商
第2次予選1回戦	10－0	唐津中
準決勝	7－1	修猷館
北九州大会決勝	5－3	竜谷中
1回戦	9－3	神戸一中
2回戦	3－0	桐生中
準々決勝	6－1	志度商
準決勝	5－1	成田中
	（延長10回）	
決勝	6－3	岐阜商

第30回

小倉 4回出場

北部地区1回戦	9－0	市田川中
2回戦	14－0	山田中
3回戦	6－0	鞍手中
第2次予選1回戦	12－0	三池中
準決勝	5－1	修猷館
福岡大会決勝	1－0	伝習館
	（延長11回）	
1回戦	1－0	丸亀
2回戦	12－0	大分二
準々決勝	2－0	関西
準決勝	4－0	岐阜一
決勝	1－0	桐蔭

第31回

湘南 初出場

第2次予選1回戦	13－4	鶴見
2回戦	5－0	横須賀
準決勝	5－1	逗子開成
神奈川大会決勝	3－1	神奈川商工
2回戦	9－3	城東（徳島）
準々決勝	2－1	松本市立
準決勝	3－2	高松一
	（延長10回）	
決勝	5－3	岐阜

第32回

松山東（現・松山商／松山東）12回出場

愛媛予選2回戦	10－3	松山北
準々決勝	10－0	今治南
準決勝	2－0	八幡浜
愛媛予選決勝	7－2	今治西
第2次予選1回戦	3－2	高松
北四国大会決勝	3－0	高松商
2回戦	4－3	長良
準々決勝	7－0	呉阿賀
準決勝	5－0	宇都宮工
決勝	12－8	鳴門
	（注8）	

第33回

平安（現・龍谷大平安）12回出場

京都予選1回戦	7－0	伏見
2回戦	7－0	河守
準々決勝	8－0	城南
準決勝	12－0	西舞鶴
京都予選決勝	4－0	山城
京津大会決勝	11－0	八日市
1回戦	5－2	希望ケ丘
2回戦	1－0	松商学園
準々決勝	2－1	都島工
	（延長10回）	
準決勝	4－3	高松一
決勝	7－4	熊谷

第34回

芦屋（県芦屋）5回出場

兵庫大会1回戦	1－0	県尼崎
2回戦	12－2	市神戸
3回戦	5－1	鳴尾
4回戦	10－1	市伊丹
準々決勝	10－0	市赤穂
準決勝	7－1	神戸商
兵庫大会決勝	8－1	育英
1回戦	12－1	山形南
2回戦	2－0	新宮
準々決勝	2－0	柳井商工
準決勝	3－0	成田
決勝	4－1	八尾

第35回

松山商 14回出場

愛媛予選1回戦	2－0	今治西
2回戦	8－0	三島
準決勝	1－0	吉田
準決勝	3－0	新田
愛媛予選決勝	4－2	西条北
第2次予選1回戦	4－1	志度商
北四国大会決勝	3－0	高松商
2回戦	2－0	秋田
準々決勝	4－0	御所実
準決勝	2－0	明治
決勝	3－2	土佐
	（延長13回）	

第36回

中京商（現・中京大中京）6回出場

愛知大会2回戦	5－2	豊橋商
3回戦	4－3	豊川
4回戦	3－1	愛知
5回戦	7－0	時習館
準決勝	4－0	岡崎
愛知大会決勝	12－1	瑞陵
1回戦	3－0	水戸一
2回戦	7－6	松商学園
準々決勝	14－1	三原
準決勝	4－2	新宮
決勝	3－0	静岡商

第37回
四日市　初出場
三重予選1回戦	14-2	明野
2回戦	4-1	四日市商
準々決勝	3-0	津工
準決勝	11-6	桑名
三重予選決勝	棄(注9)	津
第2次予選1回戦	1-0	岐阜
三岐大会決勝	11-1	県岐阜商
2回戦	3-1	芦別
準々決勝	1-0	城東(高知)
準決勝	6-1	中京商
決勝	4-1	坂出商

第38回
平安（現・龍谷大平安）　14回出場
京都予選1回戦	7-0	洛東
2回戦	11-0	福知山
3回戦	5-4	洛陽
準々決勝	3-1	同志社
準決勝	7-2	堀川
京都予選決勝	9-2	花園
京滋大会決勝	5-4	膳所
1回戦	4-0	徳島商
2回戦	1-0	滑川(富山)
準々決勝	4-2	浪華商
準決勝	1-0	西条
決勝	3-2	県岐阜商

第39回
広島商　9回出場
広島予選2回戦	10-0	基町
3回戦	6-1	府中
準々決勝	5-1	広島工
第2次予選1回戦	4-3	萩
準決勝	3-0	阿賀
西中国大会決勝	3-2	広陵
2回戦	5-4	育英
		(延長10回)
準々決勝	5-0	上田松尾
準決勝	6-3	戸畑
決勝	3-1	法政二

第40回
柳井　5回出場
周防地区2回戦	4-1	防府
3回戦	7-0	松商
第2次予選1回戦	6-0	下関商
準決勝	3-1	岩国
山口大会決勝	4-0	岩国工
1回戦	2-0	札幌商
2回戦	1-0	鳥取西
3回戦	4-3	大淀
準々決勝	4-3	海南
準決勝	1-0	高知商
決勝	7-0	徳島商

第41回
西条　2回出場
愛媛予選2回戦	19-1	新居浜東
3回戦	2-1	新居浜工
準々決勝	11-1	三瓶
準決勝	5-0	今治南
愛媛予選決勝	6-1	宇和
北四国大会決勝	2-0	高松商
1回戦	6-0	法政二
2回戦	5-3	松商学園
		(延長10回)
準々決勝	2-1	平安
準決勝	5-1	八尾
決勝	8-2	宇都宮工
		(延長15回)

第42回
法政二　6回出場
神奈川大会2回戦	7-2	横浜緑ケ丘
3回戦	4-3	多摩
準々決勝	9-0	相洋
準決勝	6-0	横浜
神奈川大会決勝	6-2	慶応
		(延長11回)
1回戦	14-3	御所工
2回戦	4-0	浪商
準々決勝	8-0	早稲田実
準決勝	6-0	鹿島商
決勝	3-0	静岡

第43回
浪商（現・大体大浪商）　12回出場
大阪大会1回戦	16-0	泉南
2回戦	9-0	関西経済
3回戦	3-0	今宮工
4回戦	10-0	泉尾工
準々決勝	4-0	市岡
準決勝	7-0	PL学園
大阪大会決勝	9-0	明星
1回戦	1-0	浜松商
2回戦	2-1	銚子商
準々決勝	14-0	中京商
準決勝	4-2	法政二
		(延長11回)
決勝	1-0	桐蔭

第44回
作新学院　2回出場
栃木予選2回戦	1-0	石橋
3回戦	1-0	足利
準々決勝	5-1	鹿沼
準決勝	15-1	宇都宮学園
第2次予選1回戦	1-0	前橋
北関東大会決勝	10-1	鹿沼農商
1回戦	2-1	気仙沼
		(延長11回)
2回戦	7-0	慶応
準々決勝	9-2	県岐阜商
準決勝	2-0	中京商
決勝	1-0	久留米商

春夏連覇を果たした作新学院の宇都宮での優勝パレード

第45回
明星　4回出場
大阪大会1回戦	13-2	北陽
2回戦	7-0	清水谷
3回戦	10-0	賀易
4回戦	5-2	近大付
準々決勝	9-2	大阪
準決勝	3-0	浪速
大阪大会決勝	4-1	PL学園
2回戦	6-0	大垣
3回戦	11-0	甲府商
準々決勝	4-3	九州学院
準決勝	5-0	横浜
決勝	2-1	下関商

第46回
高知　4回出場
高知予選1回戦	7-2	丸の内
2回戦	6-0	追手前
準決勝	6-2	土佐
第2次予選1回戦	9-7	海南
南四国大会決勝	1-0	徳島商
1回戦	4-1	秋田工
2回戦	3-2	花巻商
準々決勝	5-2	平安
準決勝	1-0	宮崎商
決勝	2-0	早鞆

第47回
三池工　初出場
南部地区1回戦	7-0	黒木
2回戦	6-1	大牟田
3回戦	7-1	香椎
4回戦	3-2	福岡工
県大会1回戦	3-2	東筑
準決勝	7-0	小倉
福岡大会決勝	6-4	飯塚商
1回戦	2-1	高松商
		(延長13回)
2回戦	11-1	東海大一
準々決勝	3-2	報徳学園
		(延長10回)
準決勝	4-3	秋田
決勝	2-0	銚子商

優勝して歓喜する初出場初優勝の三池工ナイン

第48回
中京商（現・中京大中京）　14回出場
愛知大会1回戦	10-0	時習館
2回戦	6-2	豊橋商
3回戦	3-2	愛知工
4回戦	10-0	木曽川
準々決勝	7-0	滝
準決勝	5-0	名古屋電工
愛知大会決勝	4-3	東邦
1回戦	2-0	秋田
2回戦	5-4	岡山東商
準々決勝	4-2	桐生
準決勝	2-1	報徳学園
決勝	3-1	松山商

第49回
習志野　2回出場
千葉予選1回戦	17-0	館山
2回戦	14-0	市千葉
3回戦	1-0	市船橋
準々決勝	9-2	長生
準決勝	8-1	市銚子
第2次予選1回戦	3-0	取手二
東関東大会決勝	8-0	竜ケ崎一
1回戦	3-1	堀越
2回戦	6-3	仙台商
準々決勝	16-2	富山商
準決勝	3-2	中京(愛知)
決勝	7-1	広陵

第50回
興国　初出場
大阪大会1回戦	10-0	大商大付
2回戦	9-0	泉尾工
3回戦	5-0	泉大津
4回戦	10-0	福島商
準々決勝	3-0	桃山学院
準決勝	2-0	明星
大阪大会決勝	10-2	岸和田
1回戦	5-0	金沢桜丘
2回戦	1-0	飯塚商
3回戦	2-0	星林
準々決勝	5-1	三重
準決勝	14-0	興南
決勝	1-0	静岡商

第51回
松山商　18回出場
愛媛予選2回戦	5-0	吉田
3回戦	8-3	宇治工
準々決勝	2-0	南宇和
準決勝	8-0	八幡浜
第2次予選1回戦	5-0	丸亀商
北四国大会決勝	4-0	高松商
1回戦	10-0	高知商
2回戦	1-0	鹿児島商
準々決勝	4-1	静岡商
準決勝	5-0	若狭
決勝	0-0	三沢
		(延長18回)
決勝再試合	4-2	三沢

第52回
東海大相模　2回出場
神奈川大会2回戦	13-5	横須賀
3回戦	11-0	追浜
4回戦	16-1	秦野
準々決勝	3-0	武相
準決勝	4-3	法政二
神奈川大会決勝	12-5	横浜一商
2回戦	5-4	唐津商
準々決勝	7-6	滝川
		(延長10回)
準決勝	3-2	岐阜短大付
決勝	10-6	PL学園

第53回
桐蔭学園　初出場
神奈川大会2回戦	4-1	秦野
3回戦	9-1	小田原城東
4回戦	15-0	日大藤沢
準々決勝	4-0	東海大相模
準決勝	5-4	藤沢商
神奈川大会決勝	8-1	武相
1回戦	2-0	東邦
2回戦	6-0	海星(長崎)
準々決勝	1-0	鹿児島玉龍
準決勝	5-2	岡山東商
決勝	1-0	磐城

第54回
津久見　7回出場
大分予選1回戦	10-0	日田三隈商
2回戦	4-1	緒方工
準々決勝	3-2	日田林工
準決勝	12-0	佐伯豊南
第2次予選1回戦	4-0	八代一
中九州大会決勝	3-2	大分商
		(延長10回)
1回戦	3-2	鹿児島商
2回戦	13-1	苫小牧工
準々決勝	1-0	明星
準決勝	5-3	天理
決勝	3-1	柳井

第55回
広島商 12回出場

広島大会1回戦	7-0	海 田
2回戦	13-0	松 永
3回戦	4-3	庄 原 実
準々決勝	5-0	府 中
準決勝	5-4	尾 道 商
広島大会決勝	4-2	崇 徳
1回戦	12-0	双 葉
2回戦	3-0	鳴 門 工
3回戦	3-2	日 田 林 工
準々決勝	7-2	高 知 商
準決勝	7-0	川 越 工
決勝	3-2	静 岡

第56回
銚子商 8回出場

千葉大会2回戦	10-1	千 葉 市 立
3回戦	7-2	市 原
4回戦	2-0	習 志 野
準々決勝	9-0	安 房 水 産
準決勝	2-1	成 東
千葉大会決勝	2-0	市 銚 子
2回戦	5-1	P L 学 園
3回戦	5-0	中京商(岐阜)
準々決勝	6-0	平 安
準決勝	6-0	前 橋 工
決勝	7-0	防 府 商

第57回
習志野 4回出場

千葉大会2回戦	10-0	君 津 農 林
3回戦	8-0	千 葉 日 大 一
4回戦	11-5	千 葉 商
準々決勝	3-1	天 羽
準決勝	2-1	銚 子 商
千葉大会決勝	5-2	君 津
2回戦	8-5	旭 川 竜 谷
3回戦	2-0	足 利 学 園
準々決勝	16-0	磐 城
準決勝	4-0	広 島 商
決勝	5-4	新 居 浜 商

第58回
桜美林 初出場

西東京大会3回戦	4-1	日 大 桜 丘
4回戦	10-1	世 田 谷 工
準々決勝	8-0	東 大 和
準決勝	5-0	駒 大
西東京大会決勝	4-3	日 大 二
2回戦	4-0	日 大 山 形
3回戦	3-2	市 神 港
準々決勝	4-2	銚 子 商
準決勝	4-1	星 稜
決勝	4-3	P L 学 園
	(延長11回)	

第59回
東洋大姫路 5回出場

兵庫大会2回戦	7-2	須 磨
3回戦	10-0	姫 路 工
4回戦	10-0	竜 野
5回戦	3-1	尼 崎 工
準々決勝	8-4	村 野 工
準決勝	3-0	洲 本 実
兵庫大会決勝	3-0	市 尼 崎
2回戦	4-0	千 葉 商
3回戦	5-0	浜 田
準々決勝	8-3	豊 見 城
準決勝	1-0	今 治 西
	(延長10回)	
決勝	4-1	東 邦
	(延長10回)	

第60回
PL学園 6回出場

大阪大会1回戦	9-0	富 田 林
2回戦	17-1	豊 中
3回戦	1-0	上 宮
4回戦	7-5	関 大 一
5回戦	7-0	守 口
準々決勝	4-0	明 星
準決勝	4-1	初 芝
大阪大会決勝	9-3	近 大 付
2回戦	5-2	日 川
3回戦	2-0	熊 本 工 大
準々決勝	1-0	県 岐 阜 商
準決勝	5-4	中京(愛知)
	(延長12回)	
決勝	3-2	高 知 商

決勝の9回に3得点。逆転サヨナラのホームを踏んだPL学園の4番・西田真次

第61回
箕島 4回出場

和歌山大会1回戦	1-0	市 和 歌 山 商
2回戦	12-0	和 歌 山 高 専
準々決勝	7-0	海 南
準決勝	4-0	桐 蔭
和歌山大会決勝	5-1	辺 商
2回戦	7-3	札 幌 商
3回戦	4-3	星 稜
	(延長18回)	
準々決勝	4-1	城 西
準決勝	3-2	横 浜 商
決勝	4-3	池 田

第62回
横浜 3回出場

神奈川大会2回戦	3-0	舞 岡
3回戦	12-0	桐 光 学 園
4回戦	11-2	川 和
5回戦	11-3	秦 野
準々決勝	3-0	向 上
準決勝	13-0	武 相
神奈川大会決勝	2-0	桐 蔭 学 園
1回戦	8-1	高 松 商
2回戦	9-0	江 戸 川 学 園
3回戦	1-0	鳴 門
準々決勝	3-2	箕 島
準決勝	3-1	天 理
決勝	6-4	早 稲 田 実

第63回
報徳学園 7回出場

兵庫大会2回戦	4-0	東 播 工
3回戦	6-0	出 石
4回戦	1-0	宝 塚 西
5回戦	5-0	琴 丘
準々決勝	5-4	滝 川
準決勝	3-0	市 川
兵庫大会決勝	5-1	東 洋 大 姫 路
1回戦	9-0	盛 岡 工
2回戦	4-1	横 浜
3回戦	5-4	早 稲 田 実
	(延長10回)	
準々決勝	3-1	今 治 西
準決勝	3-1	名 古 屋 電 気
決勝	2-0	京 都 商

優勝を喜んでジャンプする報徳学園のエース・金村義明

第64回
池田 3回出場

徳島大会1回戦	6-0	日 和 佐
2回戦	7-0	脇 町
準々決勝	11-0	徳 島 市 立
準決勝	11-2	川 島
徳島大会決勝	6-3	徳 島 商
1回戦	5-2	静 岡
2回戦	4-3	日 大 二
3回戦	5-3	都 城
準々決勝	14-2	早 稲 田 実
準決勝	4-3	東 洋 大 姫 路
決勝	12-2	広 島 商

第65回
PL学園 7回出場

大阪大会2回戦	8-1	大 阪 学 院
3回戦	5-2	守 口
4回戦	6-0	吹 田
5回戦	6-4	泉 州
準々決勝	5-0	大 産 大
準決勝	2-1	茨 木 東
大阪大会決勝	5-3	桜 宮
1回戦	6-2	所 沢 商
2回戦	7-0	中 津 工
3回戦	6-2	東 海 大 一
準々決勝	10-9	高 知 商
準決勝	7-0	池 田
決勝	3-0	横 浜 商

第66回
取手二 4回出場

茨城大会2回戦	6-0	大 宮
3回戦	9-1	磯 原
4回戦	9-2	水 戸 一
準々決勝	3-1	日 立 一
準決勝	10-7	水 戸 東 大 付
茨城大会決勝	13-3	竜 ヶ 崎 一
2回戦	5-3	箕 島
3回戦	8-1	福 岡 大 大 濠
準々決勝	7-5	鹿 児 島 商 工
準決勝	18-6	鎮 西
決勝	8-4	P L 学 園
	(延長10回)	

前年優勝のPL学園を破って喜ぶ取手二ナイン

第67回
PL学園 9回出場

大阪大会2回戦	9-0	泉 南
3回戦	16-0	渋 谷
4回戦	7-0	門 真 西
5回戦	10-5	浪 速
準々決勝	5-1	此 花 学 院
準決勝	3-0	泉 尾
大阪大会決勝	17-0	東 海 大 仰 星
2回戦	29-7	東 海 大 山 形
3回戦	3-0	津 久 見
準々決勝	6-3	高 知 商
準決勝	15-2	甲 西
決勝	4-3	宇 部 商

第68回
天理 12回出場

奈良大会2回戦	10-0	奈 良 女 大 付
3回戦	9-1	御 所 工
準々決勝	9-2	帝 塚 山
準決勝	2-1	奈 良 商
奈良大会決勝	6-3	広 陵
2回戦	8-4	新 湊
3回戦	7-2	米 子 東
準々決勝	4-2	佐 伯 鶴 城
準決勝	8-6	鹿 児 島 商
決勝	3-2	松 山 商

第69回
PL学園 10回出場

大阪大会2回戦	26-0	貿 易 学 院
3回戦	7-0	牧 野
4回戦	8-5	上 宮
5回戦	12-2	大 商 大 付
準々決勝	10-0	布 施
準決勝	3-0	桜 宮
大阪大会決勝	1-0	近 大 付
1回戦	7-2	中 央
2回戦	7-2	九 州 学 院
3回戦	4-0	高 岡 商
準々決勝	4-1	習 志 野
準決勝	12-5	帝 京
決勝	5-2	常 総 学 院

第70回
広島商 21回出場

広島大会2回戦	5-2	広 島 工
3回戦	4-0	広 島 市 工
4回戦	7-0	呉 工
準々決勝	2-1	西 条 農
準決勝	7-0	三 原
広島大会決勝	9-3	広 島 電 大 付
2回戦	4-3	上 田 東
	(延長10回)	
3回戦	12-1	日 大 一
準々決勝	5-0	津 久 見
準決勝	4-2	浦 和 市 立
決勝	1-0	福 岡 第 一

優勝を決めて抱き合う広島商の投手・上野貴大と捕手・尾崎健司。左は一塁手・坂本克弘

第71回　帝京　3回出場
東東京大会3回戦	10-0	足立西
4回戦	14-5	日大豊山
準々決勝	5-1	東京実
準決勝	9-2	日大一
東東京大会決勝	9-6	岩倉
2回戦	3-0	米子東
3回戦	10-1	桜ケ丘
準々決勝	11-0	海星(三重)
準決勝	4-0	秋田経法大付
決勝	2-0	仙台育英
		(延長10回)

第72回　天理　15回出場
奈良大会2回戦	7-0	高田商
3回戦	8-2	上牧
準々決勝	6-1	奈良
準決勝	4-3	智弁学園
奈良大会決勝	5-0	香芝
1回戦	6-1	愛工大名電
2回戦	3-2	成田
3回戦	6-0	仙台育英
準々決勝	7-0	丸亀
準決勝	5-4	西日本短大付
決勝	1-0	沖縄水産

第73回　大阪桐蔭　初出場
大阪大会1回戦	8-1	磯島
2回戦	7-1	門真西
3回戦	9-6	北陽
4回戦	12-2	羽曳野
5回戦	2-0	三国丘
準々決勝	8-1	大商学園
準決勝	6-1	渋谷
大阪大会決勝	8-4	近大付
2回戦	11-3	樹徳
3回戦	4-3	秋田
		(延長11回)
準々決勝	11-2	帝京
準決勝	7-1	星稜
決勝	13-8	沖縄水産

第74回　西日本短大付　3回出場
福岡大会2回戦	5-1	小郡
3回戦	13-1	福岡
4回戦	1-0	福岡工
		(延長10回)
5回戦	6-0	小倉商
準々決勝	1-0	八幡西
		(延長13回)
準決勝	3-0	柳川
福岡大会決勝	4-1	福岡工大付
2回戦	2-0	高岡商
3回戦	3-0	三重
準々決勝	6-1	北陸
準決勝	4-0	東邦
決勝	1-0	拓大紅陵

大会を通して1失点だった西日本短大付の森尾和貴

第75回　育英　5回出場
兵庫大会2回戦	11-1	佐用
3回戦	5-1	豊岡実
4回戦	6-2	西宮今津
5回戦	12-0	神戸国際
準々決勝	5-3	伊丹北
準決勝	11-3	滝川二
兵庫大会決勝	1-0	姫路工
1回戦	14-4	秋田経法大付
2回戦	11-3	旭川大
3回戦	5-4	横浜商大
準々決勝	8-1	修徳
準決勝	6-1	市船橋
決勝	3-2	春日部共栄

第76回　佐賀商　11回出場
佐賀大会1回戦	8-4	厳木
2回戦	11-1	伊万里
3回戦	8-1	佐賀東
準々決勝	5-2	致遠館
準決勝	5-0	龍谷
佐賀大会決勝	5-4	鳥栖商
1回戦	6-2	浜松工
2回戦	6-1	関西
3回戦	2-1	那覇商
準々決勝	6-3	北海
準決勝	3-2	佐久
		(延長10回)
決勝	8-4	樟南

第77回　帝京　6回出場
東東京大会2回戦	10-3	葛飾野
3回戦	13-2	昭和鉄道
4回戦	10-1	八丈
準々決勝	6-3	城西
準決勝	11-1	雪谷
東東京大会決勝	15-13	早稲田実
2回戦	2-1	日南学園
		(延長11回)
3回戦	8-6	東海大山形
準々決勝	8-3	創価
準決勝	2-0	敦賀気比
決勝	3-1	星稜

第78回　松山商　25回出場
愛媛大会2回戦	6-2	津島
3回戦	6-0	今治工
準々決勝	8-0	松山中央
準決勝	13-6	宇和島東
愛媛大会決勝	4-2	帝京五
1回戦	8-0	東海大三
2回戦	6-5	東海大菅生
3回戦	8-2	新野
準々決勝	5-2	鹿児島実
準決勝	5-2	福井商
決勝	6-3	熊本工
		(延長11回)

第79回　智弁和歌山　7回出場
和歌山大会2回戦	15-0	和歌山高専
3回戦	9-0	御坊商工
準々決勝	6-4	初芝橋本
準決勝	4-3	日高
和歌山大会決勝	3-2	日高中津
2回戦	19-6	日本文理
3回戦	10-4	福岡工大付
準々決勝	6-4	佐野日大
準決勝	1-0	浦添商
		(延長10回)
決勝	6-3	平安

投げられなかった智弁和歌山のエース・高塚信幸と優勝の喜びをわかちあう捕手・中谷仁

第80回　横浜　8回出場
東神奈川大会2回戦	6-0	神奈川工
3回戦	10-0	浅野
4回戦	10-0	武相
準々決勝	12-0	鶴見工
準決勝	25-0	横浜商大
東神奈川大会決勝	14-3	桐光学園
1回戦	6-1	柳ケ浦
2回戦	6-0	鹿児島実
3回戦	5-0	星稜
準々決勝	9-7	PL学園
		(延長17回)
準決勝	7-6	明徳義塾
決勝	3-0	京都成章

決勝でノーヒットノーランを達成した横浜のエース・松坂大輔

第81回　桐生第一　4回出場
群馬大会1回戦	10-3	常磐
2回戦	9-0	玉村
3回戦	7-0	桐生工
準々決勝	2-0	高崎工
準決勝	4-1	高崎商
群馬大会決勝	10-1	沼田
1回戦	2-0	比叡山
2回戦	11-2	仙台育英
3回戦	4-3	静岡
準々決勝	4-0	桐蔭学園
準決勝	2-0	樟南
決勝	14-1	岡山理大付

第82回　智弁和歌山　10回出場
和歌山大会2回戦	15-0	粉河
3回戦	8-1	日高
準々決勝	6-2	伊都
準決勝	14-1	日高中津
和歌山大会決勝	5-2	南部
1回戦	14-4	新発田農
2回戦	7-6	中京大中京
3回戦	11-7	PL学園
準々決勝	7-6	柳川
		(延長11回)
準決勝	7-5	光星学院
決勝	11-6	東海大浦安

第83回　日大三　9回出場
西東京大会3回戦	11-0	府中東
4回戦	7-0	田無工
5回戦	10-0	昭和
準々決勝	15-0	日大鶴ケ丘
準決勝	9-6	創価
西東京大会決勝	9-6	東亜学園
1回戦	11-7	樟南
2回戦	11-4	花咲徳栄
3回戦	7-1	日本航空
準々決勝	9-2	明豊
準決勝	7-6	横浜
決勝	5-2	近江

第84回　明徳義塾　9回出場
高知大会2回戦	11-0	高知東工
準々決勝	6-4	岡豊
		(延長12回)
準決勝	9-0	室戸
高知大会決勝	7-4	高知
1回戦	5-0	酒田南
2回戦	9-3	青森山田
3回戦	7-6	常総学院
準々決勝	7-2	広陵
準決勝	10-1	川之江
決勝	7-2	智弁和歌山

第85回　常総学院　9回出場
茨城大会2回戦	5-3	水戸桜ノ牧
3回戦	10-0	江戸崎西
4回戦	12-0	岩井
準々決勝	10-0	東洋大牛久
準決勝	6-0	水戸短大付
茨城大会決勝	7-1	藤代
1回戦	2-1	柳ケ浦
2回戦	6-3	智弁和歌山
3回戦	7-0	静岡
準々決勝	5-1	鳥栖商
準決勝	6-2	桐生第一
決勝	4-2	東北

注1　9回の京都二中の攻撃中、降雨のため打ち切り
注2　愛知一中は1回戦敗退も敗者復活戦で勝ち上がり準決勝進出
注3　決勝初戦は6回表に関西学院が1点を挙げるも、その裏、降雨により
　　　ドロン(ノー)ゲームとなる
注4　和歌山師範が棄権
注5　神静代表は2勝することで決定された
注6　2日間の雨天順延で行われた試合は6回、高松中が無死一、二塁の場面で
　　　降雨、コールドゲームとなった
注7　愛知予選決勝で敗れるも、第2次予選に出場
注8　松山東は戦後の学制改革、GHQの「商業高校の廃止」方針などにより、
　　　この時期松山商と統合していたため、松山商の成績としてもカウントされる
注9　三重決勝進出両校は、ともに第2次予選に出場
注10　前日の降雨によるノーゲーム後の試合だった
● 第70回まで地方大会は決勝以外の延長の記述は入っていません

第86回

駒大苫小牧　4回出場

室蘭地区2回戦	8-1 静　内
3回戦	8-0 苫小牧西
地区代表決定戦	7-0 鵡　川
南北海道大会1回戦	8-1 森
準々決勝	9-2 立命館慶祥
準決勝	3-2 東海大四
南北海道大会決勝	6-3 北海道栄

2回戦	7-3 佐世保実
3回戦	7-6 日大三
準々決勝	6-1 横　浜
準決勝	10-8 東海大甲府
決勝	13-10 済　美

第87回

駒大苫小牧　5回出場

室蘭地区2回戦	11-1 苫小牧南
3回戦	9-0 えりも
地区代表決定戦	10-0 伊　達
南北海道大会1回戦	6-4 札幌第一
準々決勝	5-0 国際情報
準決勝	9-0 駒大岩見沢
南北海道大会決勝	5-4 北　照

2回戦	5-0 聖心ウルスラ
3回戦	13-1 日本航空
準々決勝	7-6 鳴門工
準決勝	6-5 大阪桐蔭
	（延長10回）
決勝	5-3 京都外大西

第88回

早稲田実　27回出場

西東京大会2回戦	3-2 昭　和
3回戦	11-2 小　川
4回戦	11-2 府中西
準々決勝	7-3 東海大菅生
準決勝	5-4 日大鶴ケ丘
西東京大会決勝	5-4 日大三
	（延長11回）

1回戦	13-1 鶴崎工
2回戦	11-2 大阪桐蔭
3回戦	7-1 福井商
準々決勝	5-2 日大山形
準決勝	5-0 鹿児島工
決勝	1-1 駒大苫小牧
	（延長15回）
決勝再試合	4-3 駒大苫小牧

3連覇を目指した駒大苫小牧の田中将大から早稲田実の斎藤佑樹が三振を奪ってゲームセット

第89回

佐賀北　2回出場

佐賀大会2回戦	8-1 厳　木
3回戦	7-2 鳥栖工
準々決勝	5-3 佐賀西
準決勝	8-3 佐賀商
佐賀大会決勝	11-0 鹿　島

1回戦	2-0 福井商
2回戦	4-4 宇治山田商
	（延長15回）
2回戦再試合	9-1 宇治山田商
3回戦	5-2 前橋商
準々決勝	4-3 帝　京
	（延長13回）
準決勝	3-0 長崎日大
決勝	5-4 広　陵

第90回

大阪桐蔭　5回出場

北大阪大会1回戦	12-0 箕面自由
2回戦	9-0 関西大倉
3回戦	10-0 豊　島
4回戦	6-0 槻の木
準々決勝	7-1 大阪産大付
準決勝	2-1 箕面東
北大阪大会決勝	2-0 履正社

1回戦 （注10）	16-2 日田林工
2回戦	6-5 金　沢
	（延長10回）
3回戦	7-5 東　邦
準々決勝	7-4 報徳学園
準決勝	9-4 横　浜
決勝	17-0 常葉菊川

第91回

中京大中京　25回出場

愛知大会3回戦	11-1 愛　知
4回戦	10-0 昭　和
5回戦	13-3 桜　丘
準々決勝	15-0 愛工大名電
準決勝	10-2 愛知啓成
愛知大会決勝	5-0 刈　谷

1回戦	5-1 龍谷大平安
2回戦	5-4 関西学院
3回戦	15-5 長野日大
準々決勝	6-2 都城商
準決勝	11-1 花巻東
決勝	10-9 日本文理

第92回

興南　9回出場

沖縄大会1回戦	10-0 宮古総合実
2回戦	5-0 浦　添
3回戦	7-2 与　勝
準々決勝	8-0 宜野座
準決勝	8-0 八重山
沖縄大会決勝	9-1 糸　満

1回戦	9-0 鳴　門
2回戦	8-2 明徳義塾
3回戦	4-1 仙台育英
準々決勝	10-3 聖光学院
準決勝	6-5 報徳学園
決勝	13-1 東海大相模

第93回

日大三　14回出場

西東京大会1回戦	7-0 清　瀬
2回戦	11-0 富　士
3回戦	12-2 東亜学園
4回戦	15-6 日　野
準々決勝	13-0 堀　越
準決勝	9-3 日大鶴ケ丘
西東京大会決勝	2-1 早稲田実

1回戦	14-3 日本文理
2回戦	11-8 開　星
3回戦	6-4 智弁和歌山
準々決勝	5-0 習志野
準決勝	14-4 関　西
決勝	11-0 光星学院

第94回

大阪桐蔭　6回出場

大阪大会1回戦	6-0 千　里
2回戦	14-0 牧　野
3回戦	6-2 門真西
4回戦	2-0 箕面東
5回戦	10-0 生野工
準々決勝	7-2 東大阪大柏原
準決勝	10-0 近大付
大阪大会決勝	10-8 履正社

2回戦	8-2 木更津総合
3回戦	6-2 済々黌
準々決勝	8-1 天　理
準決勝	4-0 明徳義塾
決勝	3-0 光星学院

第95回

前橋育英　初出場

群馬大会2回戦	7-0 太田工
3回戦	8-0 高崎工
4回戦	9-2 伊勢崎清明
準々決勝	9-3 前　橋
準決勝	5-1 樹　徳
群馬大会決勝	3-0 東農大二

1回戦	1-0 岩国商
2回戦	1-0 樟　南
3回戦	7-1 横　浜
準々決勝	3-2 常総学院
	（延長10回）
準決勝	4-1 日大山形
決勝	4-3 延岡学園

初出場で初優勝を決め、マウンドに集まる前橋育英の選手たち

第96回

大阪桐蔭　8回出場

大阪大会1回戦	9-0 千里青雲
2回戦	7-3 豊　中
3回戦	9-4 大　冠
4回戦	8-0 阪南大
5回戦	14-0 箕　東
準々決勝	5-1 上　宮
準決勝	6-2 履正社
大阪大会決勝	9-1 PL学園

1回戦	7-6 開　星
2回戦	5-3 明徳義塾
3回戦	10-0 八　頭
準々決勝	5-2 健大高崎
準決勝	15-9 敦賀気比
決勝	4-3 三　重

第97回

東海大相模　10回出場

神奈川大会2回戦	11-0 足　柄
3回戦	8-3 住　吉
4回戦	7-0 藤嶺藤沢
5回戦	4-0 相　洋
準々決勝	8-1 平塚学園
準決勝	11-1 日大藤沢
神奈川大会決勝	9-0 横　浜

2回戦	6-1 聖光学院
3回戦	11-2 遊学館
準々決勝	4-3 花咲徳栄
準決勝	10-3 関東一
決勝	10-6 仙台育英

第98回

作新学院　12回出場

栃木大会1回戦	12-0 宇都宮
2回戦	15-0 大田原
3回戦	10-2 宇都宮清陵
準々決勝	6-4 文星芸大付
栃木大会決勝	15-6 国学院栃木

2回戦	3-0 尽誠学園
3回戦	6-2 花咲徳栄
準々決勝	3-1 木更津総合
準決勝	10-2 明徳義塾
決勝	7-1 北　海

第99回

花咲徳栄　5回出場

埼玉大会2回戦	11-1 越谷総合
3回戦	20-1 大宮南
4回戦	8-2 武蔵越生
5回戦	5-1 浦和実
準々決勝	9-1 ふじみ野
準決勝	11-1 山村学園
埼玉大会決勝	5-2 浦和学院

1回戦	9-0 開　星
2回戦	9-3 日本航空石川
3回戦	10-4 前橋育英
準々決勝	10-1 盛岡大付
準決勝	9-6 東海大菅生
	（延長11回）
決勝	14-4 広　陵

第100回

大阪桐蔭　10回出場

北大阪大会2回戦	9-0 四條畷
3回戦	18-0 常翔啓光学園
4回戦	12-2 常翔学園
準々決勝	2-1 金光大阪
準決勝	6-4 履正社
北大阪大会決勝	23-2 大阪学院大

1回戦	3-1 作新学院
2回戦	10-4 沖学園
3回戦	3-1 高岡商
準々決勝	11-2 浦和学院
準決勝	5-2 済　美
決勝	13-2 金足農

第101回

履正社　4回出場

大阪大会2回戦	23-3 池　田
3回戦	8-0 箕面学園
4回戦	2-1 大阪電通大
5回戦	7-0 岸和田
準々決勝	2-0 桜　宮
準決勝	7-2 近大付
大阪大会決勝	7-2 金光大阪

1回戦	11-6 霞ケ浦
2回戦	7-3 津田学園
3回戦	9-4 高岡商
準々決勝	7-3 関東一
準決勝	7-1 明石商
決勝	5-3 星　稜

第103回

智弁和歌山　25回出場

和歌山大会2回戦	8-2 箕　島
3回戦	11-0 星　林
準々決勝	3-2 初芝橋本
	（延長13回）
準決勝	7-1 和歌山東
和歌山大会決勝	4-1 市和歌山

2回戦	不戦勝 宮崎商
3回戦	5-3 高松商
準々決勝	9-1 石見智翠館
準決勝	5-1 近　江
決勝	9-2 智弁学園

● 全国高校軟式野球選手権大会

作新学院、守り抜き頂点

　第66回大会（日本高校野球連盟主催、朝日新聞社、毎日新聞社など後援）は8月30日、兵庫県明石市の明石トーカロ球場で決勝があり、作新学院（北関東・栃木）が中京（東海・岐阜）を1—0で破り、6年ぶりの優勝を果たした。優勝回数は中京に並ぶ最多の10度目。1回戦からの4試合を通じて無失点で頂点に立った。中止になった前回大会を挟み、史上初となる中京の4連覇はならなかった。

［決勝］（明石トーカロ）

	1	2	3	4	5	6	7	8	9	10	11	
作新学院（北関東・栃木）	1	0	0	0	0	0	0	0	0	0	1	1
中京（東海・岐阜）	0	0	0	0	0	0	0	0	0	0	0	0

◎…息詰まる投手戦を作新学院が制した。小林は精度の高いスライダーを軸に散発4安打完封。低めを突いて長打を許さない。中京は内野慎が直球で押し、八回まで被安打2と好投。球がばらついた一回の四球が、明暗を分ける唯一の失点につながった。

【作新学院】
		打	安	点
中	福島	3	0	0
三	平川	3	0	0
遊	朴	3	1	1
左	坂寄	2	0	0
右	保坂	3	0	0
一	水沼	3	0	0
投	小林	3	0	0
捕	大沼	3	1	0
二	黒川	3	0	0

振球犠併残打安点
6 2 1 1 26 2 1

投手	回	安	責	打
小林	9	4	0	112

【中京】
		打	安	点
遊	安藤一	3	0	0
二	伊佐次	4	0	0
捕	内野光	3	0	0
一	森岡	4	1	0
左	荒井	3	1	0
走	松井	0	0	0
二	上田	0	0	0
中	柳瀬	3	0	0
三	加藤	3	1	0
投	内野慎	1	0	0
打	井上	1	1	0
走	伊藤	0	0	0
投	谷本	0	0	0
右	佐伯	3	0	0

振球犠併残打安点
7 2 3 1 6 28 4 0

投手	回	安	責	打
内野慎	8	2	1	109
谷本	1	0	0	15

暴作1 中1　失作2

二回表、作新学院・大沼が二盗を試みるが阻止される。中京・遊撃手安藤一

第66回 全国高校軟式野球選手権大会成績

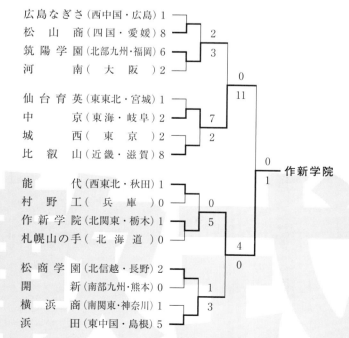

広島なぎさ（西中国・広島）1					
松山商（四国・愛媛）8	2				
筑陽学園（北部九州・福岡）6	3				
河南（大阪）2		0			
			11		
仙台育英（東東北・宮城）1					
中京（東海・岐阜）2	7				
城西（東京）2	2				
比叡山（近畿・滋賀）8			0		作新学院
				1	
能代（西東北・秋田）1					
村野工（兵庫）0	0				
作新学院（北関東・栃木）1	5				
札幌山の手（北海道）0		4			
			0		
松商学園（北信越・長野）2					
開新（南部九州・熊本）0	1				
横浜商（南関東・神奈川）1	3				
浜田（東中国・島根）5					

中京を4安打完封した作新学院の小林

無安打で先制／
エース、最後も無失点

　作新学院のエース小林は、最後の打者を直球で空振り三振に仕留めると、ひざから崩れ落ちた。「喜びで足の力が抜けた。初めての感覚だった」

　低めに球を集め、許した安打はわずか4本。九回は同点の走者を二塁に背負っていた。一回に奪った1点を守り切る重圧から解放された瞬間だった。

　その1点には、チームの真骨頂が凝縮されていた。先頭の福島が四球で出塁。犠打と暴投で三塁へ進むと、3番朴が三塁手の前に勢いを殺した打球を弾ませた。その間に、スタートを切っていた福島が本塁を陥れる無安打での先制点だった。

　かつては優勝回数9度で最多だった強豪も、最後に優勝したのは6年前。中京（当時・中京学院大中京）に2018年に優勝回数で並ばれ、19年には更新された。就任23年を数える黒川監督は「おごりがあった」と振り返る。「一方的な指導では萎縮させてしまう」と、互いの距離感を縮めるため、選手に練習メニューを考えさせた。試合でミスを叱責するのもやめた。

　伸び伸びと野球に向き合えた選手は日本一を決める舞台にのまれなかった。九回にゴロを捕り損ない、同点のピンチを招いた福島も「気持ちを切り替えられた。ずっとチームの雰囲気が良かった」という。大会を通じて34回無失点とチームを牽引した小林は「バックが信頼できた。1人じゃここに来られていない」。新調されたばかりの優勝旗を持ち帰った。（高橋健人）

中京、向き合った4連覇の重圧

　中京の平中監督は言った。「この1、2年は勝つこと以外は許されない感じだった」と。

　堅守を土台に、近年の「軟式」をリードしてきた。2014年の第59回大会準決勝、崇徳（西中国・広島）との「延長50回」が象徴的だ。激戦を制し、7度目の頂点へと駆け上がった。その姿に憧れた選手たちが17年から3連覇を成し遂げた。

　強さを維持するのは簡単なことではない。勝てば勝つほど負けられない重圧は増す。その怖さはミスも誘発する。立ち向かうように、選手たちは守備を鍛えた。昨年はコロナ禍で大会中止に見舞われたが、くじけなかった。

　主将の内野光は試合後、仲間に語りかけた。「自分たちの野球はできた。胸を張ろう」。今大会は4試合で1失策。平中監督は「重圧の中で前を向き続けた彼らはすごい」とたたえる。4大会連続で決勝に臨んだのは、66回の歴史で中京1校だけ。連覇は途絶えても、強さは色あせない。

（小俣勇貴）

三回裏中京1死一、三塁、打者安藤一のとき、三塁走者加藤は本塁を狙うが挟殺される。遊撃手朴（右）、投手小林（手前）

黒川監督（作新学院）
一回の先制点が決勝点に。「1点を争う厳しい試合が予想された。相手が浮足立っているところで得点ができた」

平中監督（中京）
「得点をやらずに少ない好機をものにする。『ザ・作新』でした。大味な高校軟式野球になりつつあるなか、改めて学ばせてもらった」

[準決勝]（明石トーカロ）

中　京（東海・岐阜）	1 0 1 1 3 0 0 0 5	11
筑陽学園（北部九州・福岡）	0 0 0 0 0 0 0 0 0	0

【中】内野慎―内野光
【筑】松尾、久保山―宮崎
三内野慎、内野光（中）　二内野光、安藤一（中）　平田（筑）

◎…中京の内野慎が6安打完封。力強い直球が光った。筑陽学園の先発松尾は制球良く投げたが、6回6失点。5失策が響いた。

たたけの合図で先制

一回1死二、三塁。右打席に入った中京の4番森岡に「たたけ」のサインが出された。2ボールからの内角高めの直球。その上っ面にバットの根元を当て、勢いを殺した打球を右方向へ。自分が二ゴロに倒れる間に、スタートを切っていた三塁走者安藤一が先制のホームを踏んだ。

平中監督は「不細工で泥臭い野球でいい」と、実戦練習で必ず〝たたき〟を取り入れる。1死三塁の想定でヒットエンドラン。打者が食らいついてゴロを打てなければ、容赦ない檄が飛ぶ。

森岡は三回1死満塁でも、二ゴロでチームに追加点をもたらした。練習の成果をここぞで発揮し4連覇への挑戦権を手に入れた。

[準決勝]（明石トーカロ）

浜　田（東中国・島根）	0 0 0 0 0 0 0 0 0	0
作新学院（北関東・栃木）	0 0 1 1 1 0 0 1 X	4

【浜】藤田、斎藤一郷原
【作】小林、福島―大沼
二小林（作）

◎…作新学院の投打がかみ合った。適時打3本などで着実に加点し、小林が7回無失点と好投。浜田は2安打と打線を振るわず。

2死からの一打

作新学院は勝負強かった。

三回2死二塁。好機で右打席に立つ2番平川は基本に立ち返っていた。「中堅から逆方向へ」。コンパクトな振りで変化球をとらえ、中前へ。先制適時打となった。四回には7番小林、五回には再び平川の適時打で加点。いずれも2死からの一打だった。

「いい形で得点できたので、理想の形で試合を進められた」と黒川監督。日頃の打撃練習で求めてきたのは、長打ではなく確率。その成果が表れた。

決勝の相手は、本格派投手が2枚そろう中京。「うちのテーマは『打点にならず、打線になる』。自分たちの打撃を貫きたい」と平川。好投手攻略に挑む。

九回表中京1死満塁、安藤一が内野ゴロに倒れる間に、二塁走者加藤が一気に生還。捕手宮崎

五回裏作新学院2死三塁、平川は左前に適時打を放つ

[2021年度高野連軟式加盟校（5月末現在）全国399校]
北海道13／青森5／岩手6／秋田6／山形1／宮城12／福島1／茨城15／栃木5／群馬14／埼玉12／千葉8／東京72／神奈川25／新潟4／長野9／山梨―／静岡7／愛知15／岐阜10／三重6／石川―／滋賀3／京都6／大阪34／兵庫14／奈良6／和歌山4／岡山19／広島13／鳥取8／島根3／山口―／香川3／徳島2／愛媛3／高知―／福岡10／佐賀―／長崎3／熊本4／大分5／宮崎―／鹿児島7／沖縄―

全国高校軟式野球選手権大会決勝成績

回	年	優勝校	決勝成績	準優勝校
1	1956（昭和31）年	土　佐（高知）	1－0	中　京　商（愛知）
2	1957（昭和32）年	早稲田実（東京）	8－5	岐　阜　商（岐阜）
3	1958（昭和33）年	中　京　商（愛知）	7－0	新　宮（和歌山）
4	1959（昭和34）年	平　安（京都）	8－1	早稲田実（東京）
5	1960（昭和35）年	平　安（京都）	3－1	市　川（千葉）
6	1961（昭和36）年	平　安（京都）	1－0	広　陵（広島）
7	1962（昭和37）年	徳　島　工（徳島）	0－0／1－0	広島市商（広島）
8	1963（昭和38）年	平　安（京都）	2－0	兵　庫　工（兵庫）
9	1964（昭和39）年	慶　応（神奈川）	3－0	静　岡　商（静岡）
10	1965（昭和40）年	中　京　商（愛知）	4－2	千　葉　商（千葉）
11	1966（昭和41）年	北　海（北海道）	1－0	中　京　商（愛知）
12	1967（昭和42）年	黒沢尻工（岩手）	1－0	静　岡　商（静岡）
13	1968（昭和43）年	静　岡　商（静岡）	0－0（優勝預かり）	下　関　商（山口）
14	1969（昭和44）年	平　安（京都）	2－1	萩　商（山口）
15	1970（昭和45）年	岩　瀬　農（福島）	7－0	小野田工（山口）
16	1971（昭和46）年	口　加（長崎）	5－2	浜　田（島根）
17	1972（昭和47）年	飾　磨　工（兵庫）	5－2	渋　川　工（群馬）
18	1973（昭和48）年	九　州　工（福岡）	10－0	宇都宮学園（栃木）
19	1974（昭和49）年	県岐阜商（岐阜）	5－1	宇　久（長崎）
20	1975（昭和50）年	三　重　農（大分）	4－1	大　津（山口）
21	1976（昭和51）年	平　安（京都）	4－3	静　岡　商（静岡）
22	1977（昭和52）年	広（広島）	4－1	蒲　江（大分）
23	1978（昭和53）年	飾　磨　工（兵庫）	3－1	法　政　二（神奈川）
24	1979（昭和54）年	静　岡　商（静岡）	4－1	能　代（秋田）
25	1980（昭和55）年	静　岡　商（静岡）	4－3	千　葉　商（千葉）
26	1981（昭和56）年	大　津（山口）	2－0	松　山　商（愛媛）
27	1982（昭和57）年	能　代（秋田）	4－3	玉　野（岡山）
28	1983（昭和58）年	河　浦（熊本）	2－1	平　工（福島）
29	1984（昭和59）年	新　宮（和歌山）	2－1	広　陵（広島）
30	1985（昭和60）年	県岐阜商（岐阜）	0－0／2－1	河　浦（熊本）
31	1986（昭和61）年	作新学院（栃木）	2－0	平　安（京都）
32	1987（昭和62）年	松　山　商（愛媛）	4－0	横　浜　商（神奈川）
33	1988（昭和63）年	広　陵（広島）	3－0	新　宮（和歌山）
34	1989（平成元）年	作新学院（栃木）	3－2	ＰＬ学園（大阪）
35	1990（平成2）年	作新学院（栃木）	2－0	兵　庫　工（兵庫）
36	1991（平成3）年	中　京　商（岐阜）	8－3	松商学園（長野）
37	1992（平成4）年	四　日　市（大分）	5－4	松商学園（長野）
38	1993（平成5）年	富　山　商（富山）	8－2	神戸弘陵（兵庫）
39	1994（平成6）年	作新学院（栃木）	2－1	平　安（京都）
40	1995（平成7）年	作新学院（栃木）	2－0	能　代（秋田）
41	1996（平成8）年	中　京　商（岐阜）	4－0	松　山　商（愛媛）
42	1997（平成9）年	育　英（兵庫）	4－0	仙　台　育　英（宮城）
43	1998（平成10）年	中　京　商（岐阜）	4－3	平　安（京都）
44	1999（平成11）年	中　京　商（岐阜）	7－0	浜　田（島根）
45	2000（平成12）年	広　陵（広島）	4－0	四　日　市（大分）
46	2001（平成13）年	ＰＬ学園（大阪）	4－0	仙台育英（宮城）
47	2002（平成14）年	仙台育英（宮城）	3－1	日出学園（千葉）
48	2003（平成15）年	大　津（山口）	2－1	作新学院（栃木）
49	2004（平成16）年	四　日　市（大分）	2－0	文星芸大付（栃木）
50	2005（平成17）年	神港学園（兵庫）	3－0	朝　倉　東（福岡）
51	2006（平成18）年	作新学院（栃木）	1－0	中　京（岐阜）
52	2007（平成19）年	新　見（岡山）	2－0	富　山　商（富山）
53	2008（平成20）年	作新学院（栃木）	1－1／5－1	中　京（岐阜）
54	2009（平成21）年	作新学院（栃木）	3－1	名城大付（愛知）
55	2010（平成22）年	能　代（秋田）	2－1	新　田（愛媛）
56	2011（平成23）年	中　京（岐阜）	2－1	作新学院（栃木）
57	2012（平成24）年	中　京（岐阜）	2－1	文　徳（熊本）
58	2013（平成25）年	横浜修悠館（神奈川）	3－2	新　田（愛媛）
59	2014（平成26）年	中　京（岐阜）	2－0	三浦学苑（神奈川）
60	2015（平成27）年	作新学院（栃木）	2－0	能　代（秋田）
61	2016（平成28）年	天　理（奈良）	5－0	早大学院（東京）
62	2017（平成29）年	中京学院大中京（岐阜）	5－0	茗溪学園（茨城）
63	2018（平成30）年	中京学院大中京（岐阜）	3－0	河　南（大阪）
64	2019（令和元）年	中京学院大中京（岐阜）	5－2	崇　徳（広島）
65	2020（令和2）年	中止		
66	2021（令和3）年	作新学院（栃木）	1－0	中　京（岐阜）

● 全国高校女子硬式野球選手権大会

３回戦までの戦績

［第１日］７月24日
つかさグループいちじま球場

1回戦
蒼　　開（兵庫）5 － 3 折尾愛真（福岡）

1回戦
日本ウェルネス（東京）7 － 4 山　　陽（広島）

1回戦
京都両洋（京都）5 － 4 新　　田（愛媛）

ブルーベリースタジアム丹波〔春日スタジアム〕

1回戦
花咲徳栄（埼玉）1 － 0 岡山学芸館（岡山）
（延長８回タイブレーク）

1回戦
駒大苫小牧（北海道）5 － 1 京都明徳（京都）

1回戦
埼玉栄（埼玉）1 － 0 札幌新陽（北海道）

［第２日］７月25日
つかさグループいちじま球場

1回戦
京都外大西（京都）1 － 0 岐阜第一（岐阜）

1回戦
東海大静岡翔洋（静岡）7 － 1 岩瀬日大（茨城）

2回戦
至学館（愛知）11 － 0 クラーク記念国際仙台（宮城）
（5回コールド）

2回戦
神戸弘陵（兵庫）29 － 0 佐　伯（広島）
（5回コールド）

ブルーベリースタジアム丹波〔春日スタジアム〕

2回戦
作新学院（栃木）3 － 0 日南学園（宮崎）
（延長８回タイブレーク）

2回戦
秀岳館（熊本）6 － 1 島根中央（島根）

2回戦
埼玉栄（埼玉）8 － 1 松本国際（長野）
（5回コールド）

［第３日］７月26日
つかさグループいちじま球場

2回戦
蒼　　開 14 － 0 啓明学館（愛知）
（5回コールド）

2回戦
福井工大福井（福井）7 － 0 日本ウェルネス
（5回コールド）

2回戦
京都両洋（京都）7 － 0 全国高校連合丹波（兵庫）
（6回コールド）

2回戦
福知山成美（京都）3 － 0 京都外大西

ブルーベリースタジアム丹波〔春日スタジアム〕

2回戦
高知中央（高知）5 － 0 東海大静岡翔洋

2回戦
履正社（大阪）7 － 0 花咲徳栄
（5回コールド）

2回戦
神村学園（鹿児島）3 － 2 駒大苫小牧

［第４日］７月27日
つかさグループいちじま球場
※大会第４日からは１会場で開催

準々決勝以降の戦績

```
蒼　　開 1 ┐
           ├ 2 ┐
神戸弘陵 9 ┘     │
               ├ 4 ┐
京都両洋 4 ┐     │     │
           ├ 1 ┘     │
福知山成美 2 ┘           ├ 神戸弘陵
                       │
高知中央 5 ┐           │
           ├ 2 ┐     │
横浜隼人 4 ┘     │     │ 4
               ├ 0 ┘ 0
神村学園 3 ┐     │
           ├ 1 ┘
秀岳館 4 ┘
```
※神戸弘陵―蒼開は６回コールド

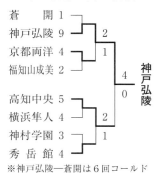

優勝を決め、抱き合って喜ぶ島野（右）と安藤

2回戦
花巻東（岩手）4 － 0 叡　明（埼玉）

2回戦
開志学園（新潟）4 － 3 秀明八千代（千葉）

2回戦
大体大浪商（大阪）4 － 3 蒲田女子・広尾学園小石川（東京）

2回戦
横浜隼人（神奈川）14 － 0 駒沢学園女子（東京）

［第５日］７月28日
つかさグループいちじま球場

3回戦
蒼　　開 4 － 2 至学館

3回戦
神戸弘陵 4 － 1 福井工大福井

3回戦
神村学園 5 － 2 作新学院

3回戦
秀岳館 4 － 3 埼玉栄

［第６日］７月29日
つかさグループいちじま球場

3回戦
京都両洋 8 － 0 花巻東
（5回コールド）

3回戦
福知山成美 7 － 0 開志学園
（5回コールド）

3回戦
高知中央 5 － 4 大体大浪商

3回戦
横浜隼人 4 － 2 履正社

女子高校野球、甲子園で決勝

　全国高校女子硬式野球選手権大会（全国高校女子硬式野球連盟、兵庫県丹波市主催、朝日新聞社後援）の決勝が阪神甲子園球場で初めて開催された。ヒットを打ったり、アウトをとったりするたびに、高く、元気な声が甲子園に響いた。8月23日の決勝は神戸弘陵（兵庫）が高知中央を下し、5年ぶり2度目の優勝を飾った。創部3年目の高知中央の初優勝はならなかった。

　試合は7回制で指名打者制が採用される。ベンチ入り枠も25人と男子より多い。

神戸弘陵、攻守に隙なし

高知中央（高知）	0	0	0	0	0	0	0	0
神戸弘陵（兵庫）	0	4	0	0	0	0	×	4

　◎…神戸弘陵は攻守に隙がなかった。二回に1死一、三塁とし、安藤のスクイズ（記録は犠打失策）で先制。続く好機で師子鹿のスクイズ、信貫の中前2点適時打で、この回一挙4点を奪った。投げては左腕・日高が決定打を許さない。五回無死一、三塁のピンチでは捕手の安藤の二盗阻止などで流れを断ち切った。

　高知中央は内野陣が二つの併殺を完成させるなど光るプレーもあったが、打線がとらえきれなかった。

高知中央の先発・和田

神戸弘陵の先発・日高

先発2年生、流れ呼ぶ

　4点リードの五回。神戸弘陵の日高は先頭に二塁打、次打者に単打を許し、無死一、三塁を背負った。

　同じ2年生の捕手、安藤が駆け寄ってくる。「自分の投球をしたらいいから」。直後に仕掛けられた二盗を安藤が阻止してくれた。「すごく気持ちが楽になった」。左腕はよみがえった。次打者のタイミングを92キロの変化球でずらして一ゴロに、後続は外角への110キロの直球で空振り三振に仕留めた。

「打線は水物。リズムをつくるために大事なのは守り」。神戸弘陵の男子部を約30年間指導し、監督として2度、選抜を経験している石原監督の信念だ。

　守り勝つ野球を支えた一人が、日高だ。今大会、準決勝までの4試合すべての先発を任された。計19回を投げ、失点はわずかに3、与四死球もわずかに5。

　決勝でも、その繊細な投球術は確かだった。危なげなく立ち上がり、五回のピンチを乗り越え、六回までゼロを並

六回裏神戸弘陵無死、正代の飛球を右翼手・中野が好捕

べた。「二回の4点で楽に投げられた。自分の力を出し切れた」

その後ろには、遊撃手として先発していたエース・島野が控える。最速123キロを誇る全国屈指の右腕。七回、満を持してマウンドに上がると、相手の攻撃を3人で断った。「（これまでは）自分が一人で投げ抜くしかないと思っていた。日高の成長に感謝している」と島野。日高は「3年生を優勝させられてとてもうれしかった」。

鉄壁のリレーで、甲子園で王者となった。　（高橋健人）

高知中央、また大舞台誓う

与えたくない点だった。

二回1死一、三塁。高知中央の2年生エースの和田は、スクイズで先制点を許した。失点は1点にとどまらず、スクイズ、2点適時打でさらに3失点。「いいボールを投げきったと思ったけど、相手が上だった」と肩を落とした。

創部3年目。初戦の2回戦で大会初勝利を挙げると、一気に勝ち上がった。準決勝までの4試合は全て序盤に先取点を取って逃げ切り。だが、この日は一、二回の攻撃で盗塁や犠打が失敗して波に乗れず、シナリオが崩れた。

失点は二回のみ。その後はテンポよく守備でリズムをつくった。指名打者も含めて先発には、7人の1、2年生がいる若いチームでもある。西内監督は「思った以上に戦えた。もう一回こういう舞台に立って（今度）勝ってほしいし、もっとこういう場を踏ませてあげたい」。

甲子園という光、島野の思いは届いた

「女子の野球にも光を」

神戸弘陵の右腕、島野の切なる思いをコラムにして、2019年4月19日の新聞に書いた。

中3のとき、硬式のチームで男子にまざり、エースを勝ち取った。中学最高峰といわれる「ジャイアンツカップ」で優勝投手となった。「男子に勝った女子」。取材が殺到した。授業の合間を縫ってのテレビ出演。ただ、彼女は有名になりたいわけではなかった。

兄ふたりは同じチームから大阪桐蔭、履正社に進み、甲子園の土を踏んだ。同じ道を歩んでいるはずなのに、自分には「甲子園」がない。「女子野球の知名度を高めたい」「甲子園のような大会がほしい」

それが島野の訴えだった。日本高校野球連盟の当時の事務局長、竹中雅彦さんが記事を読んだ。

競技人口の減少など、野球界の未来に強い危機感を持っていた。記事を読んだすぐ後にあった日本高野連と甲子園球場などとの会議で発言した。「男子の休養日を利用して、女子の決勝を開催できないか」

他者の意見を柔軟に採り入れながら運営にあたってきた竹中さんらしい素早い反応だった。竹中さんは19年

10月、間質性肺炎で急逝した。64歳だった。

竹中さんが受け止めた選手の思いは、たしかに引き継がれた。「女子の甲子園」が実現したそのマウンドに、島野がいた。　　（山口史朗）

甲子園に立った、私たちの夏　神戸弘陵V

女子野球の歴史に新たな一ページが刻まれた。8月23日に甲子園で初めてあった全国高校女子硬式野球選手権大会の決勝。神戸弘陵と高知中央の選手らは黒い土のグラウンドを笑顔で駆けまわり、高校野球の「聖地」でプレーする喜びを全身で表した。

この日の朝まで連日空を覆った雨雲は去り、まだ明るかった。僕が夢見たこの甲子園——。午後5時からの試合前、神戸弘陵の選手と内野席の控え部員らが一体になって歌った。夏の大会前にみんなで歌詞を作ったという。

始球式を務めたのは、1997年の第1回大会から開催に力を尽くした元社会人野球選手の高橋町子さん（84）。力強く捕手のミットに向けて投げ込んだ。

神戸弘陵の日高結衣投手が投じた初球は「ストライク」。球審の和田佳奈さんがコールした。

場内アナウンスは選手を「君」ではなく「さん」付けで紹介。スタンドへの入場は新型コロナ対策で控え部員や保護者らに限られたが、録音された応援曲に乗ってメガホンをたたいて試合を盛り上げた。「高校球児がめざしても（誰もが）来られない所で野球ができて、めちゃくちゃ楽しかったです」。試合後のオンライン記者会見で神戸弘陵の小林芽生主将は笑顔で話した。高知中央の氏原まなか主将は「見ている方に、女子野球って素晴らしいということが伝わればうれしいと思います」と語った。

つながったバトン、これからも
片岡安祐美さん

社会人クラブチーム「茨城ゴールデンゴールズ」で選手兼監督を務める片岡安祐美さん（34）が8月23日、阪神甲子園球場を訪れ、女子選手たちのプレーぶりを解説した。甲子園に立つことが夢で、熊本商時代は男子部員とともに野球部で白球を追った片岡さん。この試合を見て感じたことを聞いた。

＊

夢を見ているようでした。今まで野球をやってきてよかったと思いました。胸がいっぱいになって、試合前に泣いてしまいました。

シートノックをしているのを見て、「この子たち、これから甲子園で試合するんだ」とこみ上げてきて。女子は甲子園を目指せない時代が続いた中で、彼女たちはこの舞台に立ちました。

もちろん、私もここでプレーしたくて野球を始めたので、ここに立ちたかった、とは思いましたね。でも、一生かなわない、難しいんだろうなと思っていたことが形になって本当によかった。

神戸弘陵は5試合無失策で優勝。本当に強かったです。負けた高知中央は悔しいでしょうが、創部3年目でここまで来た経験は必ずプラスになります。

たくさんの先輩方がバトンをつなぎ、すべての女子野球選手の思いが形になった日です。そして始まりの一日でもあります。今年きりではなく、これが来年も再来年も続いてもらえればうれしいです。女子選手も胸を張って堂々と「私は甲子園に行きたいんだ！」と言えるように。

（聞き手・伊藤雅哉）

全国高等学校野球選手権大会

地方大会の記録

2021

校名変更〈硬式・都道府県高校野球連盟加盟校〉

都道府県	新校名	旧校名	都道府県	新校名	旧校名
秋　田	能代科学技術	能代西、能代工	愛　知	碧南工科	碧南工業
群　馬	桐生清桜	桐生南、桐生西		半田工科	半田工業
埼　玉	(私)東野	盈進学園東野		一宮工科	一宮工業
石　川	(私)金沢学院大学附属	金沢学院		一宮起工科	起工業
愛　知	春日井工科	春日井工業		小牧工科	小牧工業
	名古屋工科	名南工業		愛西工科	佐織工業
	瀬戸工科	瀬戸窯業	奈　良	奈良朱雀・奈良商工	奈良朱雀
	新城有教館	新城、新城東		高円・高円芸術	高円
	新城有教館作手	新城東作手		奈良情報商業・商業	奈良情報商業
	豊川工科	豊川工業		大淀・奈良南	大淀
	豊橋工科	豊橋工業	京　都	(私)京都先端科学大学附属	京都学園
	岡崎工科	岡崎工業	愛　媛	(私)松山学院	松山城南
	刈谷工科	刈谷工業		北宇和・三間	三間
	豊田工科	豊田工業			

新規加盟校〈硬式・都道府県高校野球連盟〉

都道府県	校名	所在地
北海道	大空	網走郡大空町
	標茶	川上郡標茶町
	(私)北海道文教大学附属	恵庭市
	伊達開来	伊達市
青　森	黒石(新)	黒石市
	五所川原工科	五所川原市
	三本木農業恵拓	十和田市
福　島	小名浜海星	いわき市
	喜多方(新)	喜多方市
茨　城	(私)ルネサンス	久慈郡大子町
千　葉	(私)光英VERITAS	松戸市
東　京	葛飾総合	葛飾区
高　知	高知国際	高知市
福　岡	(私)八女学院	八女市

※いずれも都道府県高野連の報告による。(私)は私立。新規加盟は再加盟を含む。(新)は、統合した新設校名が統合前の旧校名と同じ場合に付した。校名表記が朝日新聞紙面と異なる場合がある。

北北海道大会

[参加] 94校75チーム
[加盟] 211校　[部員] 5,658人
加盟・部員は北海道

[代表校] **帯広農**
（39年ぶり2回目）
選手権通算 0勝2敗

釧根地区 （12チーム）
6月29日～7月4日　ウインドヒル

[1回戦]

釧 路 北 陽 9 － 0 厚 岸 翔 洋
武 修 館 10 － 1 釧 路 湖 陵
別 海 10 － 0 釧路商・白糠・標茶・弟子屈・阿寒
釧 路 江 南 7 － 5 釧 路 明 輝
釧 路 工 10 － 0 羅 臼
中 標 津 19 － 0 霧多布・根室

[地区代表決定戦]

釧 路 北 陽 3 － 2 武 修 館
別 海 6 － 4 釧 路 江 南
中 標 津 6 － 5 釧 路 工

名寄地区 （6チーム）
7月2～4日　士別ふどう

[1回戦]

枝 幸 4 － 3 稚 内
稚 内 大 谷 6 － 0 天塩・豊富・浜頓別

[2回戦]

名 寄 7 － 6 枝 幸
稚 内 大 谷 7 － 6 士 別 翔 雲
（延長11回）

[地区代表決定戦]

稚 内 大 谷 18 － 4 名 寄

空知地区 （13チーム）
6月29日～7月4日　滝川市営

[1回戦]

滝 川 西 13 － 1 美 唄 尚 栄
クラーク国際 17 － 0 月形・砂川・夕張
岩 見 沢 緑 陵 10 － 2 滝 川 工
滝 川 13 － 1 栗 山
深 川 西 10 － 3 芦 別
岩 見 沢 東 8 － 0 岩 見 沢 西
滝 川 西 4 － 1 岩 見 沢 農

[地区代表決定戦]

クラーク国際 9 － 2 岩 見 沢 緑 陵
滝 川 5 － 4 深 川 西
（延長14回）
滝 川 西 6 － 3 岩 見 沢 東

十勝地区 （15チーム）
6月29日～7月4日　帯広の森

[1回戦]

足 寄 8 － 1 更別農・清水・広尾・芽室
鹿追・士幌・大樹・本別 7 － 0 幕 別 清 陵
帯 広 大 谷 10 － 0 池 田

[2回戦]

帯 広 柏 葉 3 － 1 白 樺 学 園
帯 広 北 8 － 0 足 寄
帯 広 三 条 5 － 4 帯 広 南 商
帯 広 農 12 － 0 鹿追・士幌・大樹・本別
帯 広 工 27 － 0 音 更
帯 広 大 谷 13 － 3 帯 広 緑 陽

[地区代表決定戦]

帯 広 北 5 － 3 帯 広 柏 葉
帯 広 農 7 － 2 帯 広 三 条
帯 広 大 谷 5 － 4 帯 広 工
（延長11回）

旭川地区 （19チーム）
6月28日～7月3日　旭川スタルヒン

[1回戦]

旭 川 龍 谷 7 － 0 旭 川 南
旭 川 永 嶺 17 － 0 上 富 良 野
旭 川 明 成 4 － 3 旭 川 北

[2回戦]

旭 川 大 11 － 1 富 良 野 緑 峰
羽 幌 9 － 6 旭 川 商
旭 川 龍 谷 3 － 2 富 良 野
旭 川 工 16 － 0 東 川
旭 川 永 嶺 8 － 4 旭 川 西
旭 川 東 22 － 0 旭 川 高 専
旭 川 実 2 － 0 旭 川 明 成
留 萌 10 － 5 旭 川 農
（延長11回）

[地区代表決定戦]

旭 川 大 10 － 0 羽 幌
旭 川 工 10 － 0 旭 川 龍 谷
旭 川 東 4 － 3 旭 川 永 嶺
旭 川 実 12 － 0 留 萌

北見地区 （10チーム）
6月29日～7月4日　北見東陵公園

[1回戦]

北 見 柏 陽 7 － 3 北 見 商
北 見 北 斗 8 － 1 美幌・斜里・清里・津別・大空

[2回戦]

網 走 南 ケ 丘 6 － 4 遠 軽
北 見 柏 陽 4 － 3 北 見 緑 陵
（延長10回）
紋 別 7 － 6 北 見 工
（延長10回）
網 走 桂 陽 7 － 5 北 見 北 斗

[地区代表決定戦]

北 見 柏 陽 7 － 6 網 走 南 ケ 丘
網 走 桂 陽 6 － 2 紋 別

北北海道大会
7月15～25日　旭川スタルヒン

[1回戦]

釧 路 北 陽 12 － 5 旭 川 東
帯 広 農 4 － 3 帯 広 北
旭 川 工 7 － 6 北 見 柏 陽
旭 川 西 8 － 4 クラーク国際
稚 内 大 谷 10 － 3 別 海
帯 広 大 谷 12 － 10 旭 川 実
（延長13回）
滝 川 9 － 8 中 標 津
旭 川 大 10 － 1 網 走 桂 陽

[準々決勝]

| 帯 広 農 | 4 | 0 | 1 | 0 | 0 | 0 | 0 | 1 | 0 | 6 |
| 釧 路 北 陽 | 0 | 2 | 0 | 0 | 1 | 0 | 0 | 0 | 0 | 3 |

| 滝 川 西 | 1 | 0 | 1 | 1 | 1 | 0 | 1 | 0 | 0 | 5 |
| 旭 川 工 | 0 | 1 | 0 | 0 | 0 | 0 | 1 | 0 | 0 | 2 |

| 帯 広 大 谷 | 3 | 8 | 1 | 2 | 0 | 14 |
| 稚 内 大 谷 | 0 | 0 | 0 | 0 | 1 | 1 |

| 滝 川 | 1 | 0 | 0 | 0 | 0 | 0 | 0 | 1 |
| 旭 川 大 | 1 | 3 | 1 | 0 | 2 | 2 | X | 9 |

[準決勝]

| 帯 広 農 | 9 | 0 | 0 | 2 | 0 | 2 | 1 | 14 |
| 滝 川 西 | 2 | 1 | 0 | 1 | 0 | 0 | 0 | 4 |

| 帯 広 大 谷 | 2 | 1 | 0 | 0 | 0 | 0 | 8 | 1 | 0 | 12 |
| 旭 川 大 | 1 | 0 | 4 | 0 | 1 | 0 | 1 | 3 | 0 | 10 |

[決勝]

| 帯 広 大 谷 | 0 | 0 | 0 | 1 | 0 | 1 | 0 | 0 | 0 | 2 |
| 帯 広 農 | 0 | 0 | 3 | 3 | 1 | 8 | 0 | 4 | X | 19 |

【帯広大谷】

	打	安	点
(二) 石 川	5	3	0
(遊) 斉 藤	4	0	0
(中左) 臼 井	4	1	0
(中投) 高 橋	4	1	0
(右) 村 上	4	2	0
(三) 嶋	2	2	1
(捕) 糸 瀬	4	0	1
(左) 投二 大 友	3	1	0
打 杉 山	1	0	0
(一投) 田 中	1	0	0
投 飯 島	0	0	0
二左二 火 ノ 川	2	0	0
二 山 上	0	0	0
打 矢 作	0	0	0

振	球	犠	併	残	打	安	点
2	3	2	0	10	34	10	2

投 手	回	安	責	数
田 中	2 2/3	2	3	45
飯 島	0 2/3	2	1	11
大 友	1 2/3	7	6	45
高 橋	0 1/3	4	2	24
大 友	2 2/3	7	4	30

【帯広農】

	打	安	点
(三) 西 村	5	1	1
(中) 清 水	6	5	3
(遊) 佐 伯	6	2	1
(捕) 渋 谷	4	3	3
(右) 佐 藤 大	5	4	2
(一) 干 場	3	1	4
(左) 佐 藤 敦	5	2	1
(二) 谷 口	4	2	1

振	球	犠	併	残	打	安	点
2	6	4	3	10	43	22	18

投 手	回	安	責	数
佐 藤 大	9	10	1	141

二 渋谷 西川 石川 2 谷口 清水 佐伯
干場 佐藤大 盗大 1 農 3 暴佐藤大
遊渋谷 失大 3 農 2 ▽審判 (球) 高橋
健 (塁) 中村 大矢 笹森　2時間 35分

南北海道大会

[参加] 108校102チーム
[加盟] 211校　[部員] 5,658人
加盟・部員は北海道

[代表校] **北海**
（4年ぶり39回目）
選手権通算 21勝39敗

札幌地区 （55チーム）
6月26日～7月4日　札幌円山、札幌麻生

[1回戦]

札 幌 工 15 － 1 北 広 島 西
札 幌 東 9 － 1 札 幌 東 陵
大 24 － 0 野 幌
札 幌 平 岡 9 － 2 札 幌 東 豊
札 幌 南 12 － 0 札 幌 真 栄
札 幌 開 成 4 － 3 札 幌 琴 似 工
札 幌 北 陵 12 － 2 札 幌 厚 別
札 幌 啓 成 11 － 2 石 狩 翔 陽
札 幌 手 稲 5 － 4 札 幌 旭 丘
（延長10回）
恵 庭 南 6 － 5 石 狩 南
（延長13回）
札 幌 白 石 7 － 0 札 幌 英 藍
札 幌 龍 谷 11 － 4 札 幌 北
北 星 大 付 20 － 0 札幌あすかぜ
札 幌 啓 成 10 － 0 千 歳
札 幌 創 成 13 － 1 北海道科学大
北 広 島 14 － 5 札 幌 啓 北 商
とわの森三愛 11 － 10 北海学園札幌
（延長12回）
札 幌 西 15 － 0 札 幌 西 陵
恵 庭 北 4 － 2 札 幌 清 田

[2回戦]

札 幌 日 大 9 － 1 札 幌 工
大 麻 2 － 1 札 幌 東
（延長10回）
北 海 10 － 0 札 幌 平 岡
札 幌 丘 珠 4 － 3 札 幌 南
東 海 大 札 幌 6 － 0 札 幌 開 成
札 幌 北 陵 7 － 2 札 幌 稲 雲
札 幌 藻 岩 17 － 0 札 幌 啓 成
立 命 館 慶 祥 7 － 0 札 幌 手 稲
国 際 情 報 7 － 1 恵 庭 南
札 幌 新 川 4 － 3 札 幌 白 石
札 幌 静 修 5 － 3 札 幌 龍 谷
北 星 大 付 8 － 1 札 幌 新 陽
札 幌 大 谷 2 － 0 札 幌 光 星
札 幌 月 寒 4 － 1 札 幌 創 成
札 幌 第 一 14 － 10 北 広 島
札 幌 山 の 手 5 － 3 とわの森三愛
札 幌 平 岸 5 － 1 札 幌 西
恵 庭 北 9 － 6 江 別

[地区代表決定戦]

札 幌 日 大 6 － 0 大 麻
北 海 18 － 0 札 幌 丘 珠
東 海 大 札 幌 11 － 1 札 幌 北 陵
立 命 館 慶 祥 5 － 1 札 幌 藻 岩
国 際 情 報 12 － 5 札 幌 新 川
札 幌 静 修 12 － 7 北 星 大 付
札 幌 大 谷 12 － 2 札 幌 月 寒
札 幌 第 一 4 － 0 札 幌 山 の 手
恵 庭 北 2 － 1 札 幌 平 岸

室蘭地区 （19チーム）
6月26日～7月3日　とましん

[1回戦]

苫 小 牧 工 8 － 0 室 蘭 東 翔
鵡 川 10 － 1 苫 小 牧 南
伊 達 緑 丘 4 － 0 登 別 青 嶺
浦 河 6 － 5 伊 達 開 来
（延長10回）
室 蘭 清 水 丘 11 － 5 苫 小 牧 高 専
静 内 12 － 0 室 蘭 工
室 蘭 栄 10 － 0 苫小牧東・白老・東・えりも・富川

[2回戦]

駒 大 苫 小 牧 6 － 4 苫 小 牧 工
大 谷 室 蘭 3 － 2 鵡 川
北 海 道 栄 3 － 2 伊 達 緑 丘
浦 河 5 － 4 室 蘭 清 水 丘
（延長11回）
苫 小 牧 東 7 － 3 静 内
苫 小 牧 中 央 7 － 0 室 蘭 栄

[地区代表決定戦]

駒 大 苫 小 牧 3 － 1 大 谷 室 蘭
北 海 道 栄 6 － 0 浦 河
苫 小 牧 中 央 1 － 0 苫 小 牧 東
（延長13回）

小樽地区 （11チーム）
6月30日～7月4日　小樽桜ケ丘

[1回戦]

小 樽 潮 陵 12 － 1 寿 都
小 樽 水 産 7 － 4 倶 知 安
小 樽 桜 陽 6 － 1 岩 内

[2回戦]

北 照 30 － 1 倶知安農・蘭越
小 樽 潮 陵 9 － 0 小 樽 未 来 創 造
小 樽 双 葉 7 － 0 小 樽 水 産
小 樽 桜 陽 25 － 3 小 樽 明 峰

[地区代表決定戦]

北 照 10 － 1 小 樽 潮 陵
小 樽 双 葉 9 － 2 小 樽 桜 陽

函館地区 （17チーム）
6月28日～7月4日　函館オーシャン

[1回戦]

江 差 4 － 3 函 館 西
（延長11回）

[2回戦]

函 館 工 33 － 0 南茅部・大野農・奥尻

北北海道大会　帯広大会―帯広農　六回裏帯広農無死満塁、干場が走者一掃の二塁打を放つ＝旭川スタルヒン

[北海道高野連所在地] 〒006－0026　札幌市手稲区手稲本町6条4－1－1
北海道札幌稲雲高等学校内　☎011 (887) 7850／℻011 (684) 0034
[会長] 遠藤直樹　[理事長] 横山泰之（注：二つ目の電話は学校代表番号です）

南北海道大会　優勝を決め、応援スタンドへ駆け出す北海の選手たち＝札幌円山

北海道（函館地区ほか）

函館大有斗 24－0 七　　飯
檜　山　北 8－0 ラ・サール
函館大谷 15－0 八　　雲
函館中部 6－5 函館大柏稜
市　函　館 4－2 函館高専
知　　　内 13－4 函館水産
函　　　館 12－2 江　　差

[3回戦]
函館大有斗 11－4 函　館　工
函館大谷 9－1 檜　山　北
函館中部 7－5 市　函　館
　（延長11回）
知　　　内 12－3 函　館　商

[地区代表決定戦]
函館大有斗 3－1 函館大谷
知　　　内 6－2 函館中部
　（延長13回）

南北海道大会
7月17～27日　札幌円山

[1回戦]
立命館慶祥 11－4 駒大苫小牧
札幌日大 5－4 北　　照
函館大有斗 11－4 恵　庭　北
国際情報 9－0 札幌静修
北海道栄 4－1 知　　内
札幌第一 7－1 札幌大谷
北　　　海 4－2 苫小牧中央
東海大札幌 7－0 小樽双葉

[準々決勝]

| 立命館慶祥 | 0 | 1 | 0 | 0 | 0 | 1 | 2 |
| 札幌日大 | 4 | 0 | 4 | 0 | 2 | 2 | 12 |

| 函館大有斗 | 0 | 0 | 2 | 0 | 0 | 0 | 1 | 1 | 1 | 5 |
| 国際情報 | 0 | 0 | 1 | 1 | 0 | 0 | 3 | 1 | X | 6 |

| 北海道栄 | 0 | 0 | 3 | 0 | 0 | 0 | 0 | 0 | 0 | 3 |
| 札幌第一 | 0 | 1 | 0 | 0 | 0 | 1 | 0 | 0 | 0 | 3 |

| 北　　海 | 1 | 0 | 0 | 1 | 4 | 2 | 0 | 2 | 10 |
| 東海大札幌 | 0 | 1 | 2 | 0 | 0 | 0 | 0 | 3 |

[準決勝]

| 札幌日大 | 6 | 1 | 1 | 0 | 0 | 0 | 0 | 1 | 2 | 11 |
| 国際情報 | 0 | 0 | 0 | 2 | 0 | 5 | 0 | 7 |

| 北　　海 | 0 | 0 | 3 | 1 | 0 | 0 | 1 | 0 | 1 | 6 |
| 北海道栄 | 0 | 1 | 2 | 1 | 0 | 0 | 1 | 0 | 0 | 5 |

[決勝]

| 札幌日大 | 0 | 0 | 1 | 0 | 1 | 4 | 0 | 0 | 0 | 6 |
| 北　　海 | 1 | 0 | 0 | 1 | 3 | 0 | 0 | 3 | X | 8 |

| 【札幌日大】 | 振 | 球 | 犠 | 併 | 残 | 打 | 安 | 点 |
| 14 | 3 | 3 | 2 | 7 | 34 | 10 | 5 |

| 【北海】 | 振 | 球 | 犠 | 併 | 残 | 打 | 安 | 点 |
| 5 | 5 | 1 | 0 | 9 | 33 | 6 | 3 |

【札幌日大】		
㧝	田中銀	4	0	1
㧝	祝　田	5	2	0
遊	久保田	4	0	0
一	森	5	2	1
㧝	大　柳	3	1	0
㧝	石　川	4	1	1
㧝	中　島	3	1	2
㧝	前川佳	3	1	0
㧝	本　多	3	2	0

【北海】		
中	山　田	5	3	0
三	尾　崎	5	2	1
㧝	大　津	3	1	0
遊	宮　下	4	2	1
一	杉　林	4	2	2
投	吉　野	1	0	0
左	関	3	1	0
㧝	木　村	4	2	1
小	小　原	3	0	0

| 投手 | 回 | 安 | 責 | 数 |
| 前川佳 8 | 13 | 6 | 1 | 71 |

投手	回	安	責	数
木　村	8	6	1	25
吉　野	3	2	0	47

三 本多　二 森 石川 中島 村木　暴 木村
3　失 札1▽審判（球）花田（塁）前多 山田 石橋　2時間46分

青森大会（右上段）

弘前学院聖愛 9－2 八　戸　工
十和田工 16－5 五所川原
八　戸　西 5－2 聖ウルスラ

[準々決勝]

| 弘前学院聖愛 | 0 | 0 | 3 | 0 | 2 | 0 | 1 | 1 | 0 | 7 |
| 八戸学院光星 | 3 | 2 | 0 | 0 | 1 | 0 | 0 | 0 | 6 |

| 八　戸　西 | 0 | 2 | 2 | 0 | 1 | 0 | 2 | 0 | 0 | 7 |
| 八戸工大一 | 0 | 0 | 2 | 0 | 0 | 0 | 0 | 4 | 2 | 8 |

| 東奥義塾 | 0 | 0 | 0 | 0 | 0 | 0 | 0 | 0 | 0 | 0 |
| 青森山田 | 1 | 2 | 0 | 0 | 0 | 1 | 1 | 1 | X | 6 |

| 十和田工 | 0 | 0 | 1 | 1 | 0 | 0 | 0 | 0 | 0 | 2 |
| 弘　前　工 | 2 | 0 | 0 | 0 | 3 | 0 | 3 | 0 | X | 8 |

[準決勝]

| 弘　前　工 | 0 | 0 | 0 | 0 | 0 | 1 | 0 | 0 | 0 | 1 |
| 弘前学院聖愛 | 1 | 1 | 0 | 0 | 0 | 1 | 3 | 2 | 8 |

| 青森山田 | 0 | 1 | 1 | 0 | 0 | 0 | 4 | 0 | 0 | 6 |
| 八戸工大一 | 2 | 0 | 1 | 0 | 0 | 0 | 0 | 0 | 3 |

[決勝]

| 青森山田 | 3 | 0 | 0 | 0 | 0 | 2 | 0 | 0 | 0 | 5 |
| 弘前学院聖愛 | 0 | 0 | 0 | 2 | 0 | 3 | 0 | 1 | X | 6 |

【青森山田】		
中	阪田	2	1	0
打	出口力	0	0	0
二	近藤	1	0	1
遊	江口	3	1	0
打	木村	1	0	0
右	森川	3	0	0
一	馬場	4	1	1
左	高野	3	1	1
捕	酒井	4	2	1
三	久永	4	1	1
投	堀内	1	0	0
投	藤森	1	0	0

【弘前学院聖愛】		
二	木村	3	0	0
中	町田	4	1	0
中	丸岡	1	0	0
打	佐藤雄	1	0	0
右	佐々木	1	0	0
左	佐藤海	4	0	1
三	長利	3	2	1
遊	高木	4	2	1
捕	松坂	4	2	1
一	工藤遼	2	1	0
投	斎藤禅	1	0	0
投	葛西	3	2	2

| 振 | 球 | 犠 | 併 | 残 | 打 | 安 | 点 |
| 7 | 6 | 8 | 0 | 9 | 27 | 7 | 5 |

| 振 | 球 | 犠 | 併 | 残 | 打 | 安 | 点 |
| 7 | 2 | 3 | 0 | 5 | 30 | 10 | 6 |

投手	回	安	責	数
堀　内	4	4	2	54
藤　森	4	4	6	66

投手	回	安	責	数
斎藤禅	0 2/3	3	3	20
葛　西	8 1/3	4	2	135

本 長利（藤森）　三 酒井　二 町田 長利
失 聖1▽審判（球）梅田（塁）立花 小松
小西　2時間13分

青森大会　青森山田―弘前学院聖愛　八回に決勝ソロ本塁打を放った弘前学院聖愛の長利（右）は雄たけびを上げ、生還＝ダイシン

青森大会

[参加]62校53チーム
[加盟]62校　[部員]1,837人

[代表校]弘前学院聖愛
（8年ぶり2回目）
選手権通算 2勝2敗

7月13～26日　ダイシン、はるか夢、八戸長根、メイプル

[1回戦]
八　戸　工 9－8 青　森　西
む　つ　工 15－3 八戸水産
五所川原農林 7－0 六戸・六ケ所・野辺地
東奥学園 12－2 青　森　東
八　戸　東 23－7 名久井農・五戸
五所川原工・五所川原工科 10－4 青　森　工
黒石・黒石商 13－2 八戸高専
青　　　森 5－0 三本木農・三本木農恵拓
十和田工 9－0 三　本　木
弘　前　東 13－8 大　　間
聖ウルスラ 5－4 田　名　部
弘　前　工 9－1 弘　前　南
青　森　南 7－0 八　戸　商
弘　前　実 4－2 三　　沢

大　　　湊 8－6 青森明の星
木　　　造 9－8 八　　戸
三　沢　商 7－1 七　　戸
野辺地西 14－3 弘　　前
青森山田 8－1 柏　木　農
青森中央 9－6 八　戸　北
五所川原商 13－2 百　　石

[2回戦]
八戸学院光星 10－0 東奥学園
青　森　商 9－2 青森中央
東奥義塾 7－2 青　森　南
弘　前　東 8－1 八戸工大一
八戸工大一 7－5 大　　湊
五所川原 15－12 む　つ　工
八　戸　西 11－2 木　　造
弘前学院聖愛 11－3 青　　森
弘　前　工 10－1 八　戸　東
黒石・黒石商 13－8 五所川原農林
十和田工 7－4 弘前中央
八　戸　工 8－7 五所川原工・五所川原工科
聖ウルスラ 15－0 浪岡・松風塾・板柳
野辺地西 11－0 五所川原商
青森山田 7－0 青　森　北
三　沢　商 10－5 弘　前　実

[3回戦]
八戸学院光星 11－0 黒石・黒石商
青森山田 7－3 青　森　商
弘　前　工 7－2 弘　前　東
東奥義塾 10－3 三　沢　商
八戸工大一 6－1 野辺地西

岩手大会

[参加]68校61チーム
[加盟]68校　[部員]2,032人

[代表校]盛岡大付
（4年ぶり11回目）
選手権通算 8勝11敗

7月7～24日　県営、花巻、森山総合公園

[1回戦]
高　　　田 7－0 盛岡誠桜
宮古商工 4－3 不来方
盛　　　岡 4 11－0 一　　関
水沢商工 8－1 盛岡南
盛岡中央 5－0 平　　舘
伊保内 2－1 一関高専
大　　　東 7－1 一　関　二
盛　　　岡 三 6－5 専大北上
水　　　沢 1－0 住　　田
一関学院 9－2 大船渡
一関修紅 8－0 久慈工
花北青雲 5－4 岩泉・山田・大槌
盛　　　岡 9－7 花巻北
花　巻　南 11－0 盛岡北
花　巻　農 8－1 宮　　古
黒沢尻北 3－2 盛岡商
福　　　岡 11－1 江南義塾盛岡
一　　　関 17－12 福岡工
黒沢尻北 12－2 水沢第一
盛岡市立 5－2 岩　　手
一　関　工 7－5 葛　　巻
盛　　　岡 3－0 釜　　石
大野・種市・紫波総合 5－3 花　　泉
盛岡商 11－1 西和賀
遠野緑峰 3－2 岩谷堂・水沢農・前沢・北上翔南
釜石商工 15－5 軽　　米
久　慈　東 3－0 大船渡東
遠　　　野 6－5 千　　厩
　（延長10回）
水　　　沢 7－0 金ケ崎

[2回戦]
花　巻　東 11－4 高　　田
盛岡中央 6－2 水沢商工
花北青雲 8－1 大　　東
黒沢尻北 3－2 盛岡市立
　（延長10回）
盛岡大付 11－4 盛　岡　工
福　　　岡 1－0 黒沢尻北
盛　　　岡 四 3－1 宮古商工
一　　　関 8－3 一　関　工
久　　　慈 15－2 伊保内
盛　岡　商 5－0 大野・種市・紫波総合
盛　　　岡 9－1 大野・種市・紫波総合
水　沢　工 4－0 盛　岡　三
花　巻　農 7－0 花　巻　南
釜石商工 3－2 遠野緑峰
一関学院 10－1 一関修紅
久　慈　東 3－1 水　　沢

[3回戦]
花　巻　東 15－4 花北青雲
盛　　　岡 四 14－4 一　関　一
盛岡大付 11－1 黒沢尻北
盛岡中央 8－3 福　　岡
一関学院 5－0 久　慈　東
盛　　　岡 6－5 久　　慈
　（延長11回）
花　巻　農 2－0 盛　岡　商
水　沢　工 10－3 釜石商工

[準々決勝]

| 盛　　岡 | 0 | 0 | 0 | 0 | 0 | 1 | 0 | 0 | 0 | 1 |
| 花　　巻 | 東 2 | 1 | 0 | 0 | 0 | 0 | 0 | 0 | X | 3 |

| 一関学院 | 0 | 5 | 0 | 2 | 0 | 0 | 0 | 6 | 1 | 3 |
| 盛　　岡 | 一 1 | 0 | 0 | 0 | 2 | 0 | 0 | 3 | 6 |

| 花　　巻 | 農 0 | 2 | 1 | 0 | 0 | 1 | 0 | 0 | 0 |
| 水　沢 | 工 0 | 0 | 0 | 0 | 0 | 0 | 2 | 2 |

| | 0 | 1 | 5 |
| | 0 | 2 | 6 |
　（延長11回）

| 盛岡中央 | 1 | 0 | 3 | 0 | 0 | 0 | 0 | 0 | 0 | 4 |
| 盛岡大付 | 0 | 1 | 2 | 1 | 0 | 0 | 0 | 3 | X | 7 |

[青森県高野連所在地]〒039-3507　青森市馬屋尻字清水流204-1
県立青森工業高等学校内　☎017（737）0789／☎017（737）3600
[会長]赤井茂樹　[理事長]玉熊康成

[岩手県高野連所在地]〒020-0841　盛岡市羽場18-11-1
県立盛岡工業高等学校内　☎019（638）7507／☎019（638）3141
[会長]佐々木光男　[理事長]大原茂樹

岩手大会（つづき）

[準決勝]

	1	2	3	4	5	6	7	8	9	計
花巻東	1	0	0	1	0	0	0	0	0	2
水沢工	0	0	0	0	0	0	0	0	0	0

	1	2	3	4	5	6	7	計
盛岡大付	4	0	2	0	3	0	3	12
一関学院	1	0	0	0	0	1	2	4

[決勝]

	1	2	3	4	5	6	7	8	9	計
盛岡大付	2	1	0	0	0	1	0	5	0	9
花巻東	0	1	0	2	0	1	0	0	0	4

【盛岡大付】
(三)松本 5 3 2／(中)大貫 4 0 0／(一)金子 4 1 2／(右)小針 1 0 0／走 赤堀 0 0 0／右 駒 0 0 0／(二)南 5 2 1／(捕)新井 5 3 0／(遊)佐々木 5 3 1／(左)渡辺 4 2 1／(捕)田屋 3 0 0
振球犠併残打安点 5 7 3 2 10 36 14 7

【花巻東】
(中)相野 4 0 0／(遊)宮沢 5 2 0／(左)佐々木 4 0 0／(投三)菱川 3 1 0／(捕)田代 4 2 2／(投左)平井 4 2 1／(右)黒沢 3 1 0／(一)萬谷 0 0 0／三左 菊池開 1 0 1／左 渡辺 1 0 0／投 中居 0 0 0／(二)熊谷 4 1 0
振球犠併残打安点 2 5 1 1 8 33 9 4

投手 回 安 責 数
渡辺 9 9 4 148

投手 回 安 責 数
萬谷 2 4 3 38／菱川 5 1/3 9 2 111／平井 1 1/3 1 0 26／中居 0 1/3 0 0 3

本 金子（萬谷）田代（渡辺）三 熊谷 二 南 宮沢 平井 新井 松本 盗 盛1 暴 渡辺 逸 田代 失 花1 ▽審判（球）三浦大（塁）三浦寿 小野寺 高橋 3時間6分

秋田大会 優勝を決め、ガッツポーズをする明桜の風間＝こまち

秋田中央 4-2 能代科学技術
明 桜 4-0 能 代
大館桂桜 2-0 大曲農
湯沢翔北 10-0 花 輪
由 利 8-1 五 城 目
秋田北鷹 4-3 平 成（延長11回）

秋田 南 22-0 仁賀保
横 手 7-1 大曲農太田・六郷
大曲 工 7-0 横手清陵
十和田 4-2 大 曲
秋田 商 5-3 秋田修英
秋田 工 5-1 本 荘
西 目 3-2 秋田西
秋 田 11-0 秋田高専
金足 農 4-2 大館国際

[3回戦]
明 桜 9-1 秋田工
秋田中央 8-0 十和田
秋田 商 7-0 大館桂桜
横 手 1-0 大館鳳鳴

岩手大会 優勝を決め、渡辺（左から2人目）を中心に抱き合って喜ぶ盛岡大付の選手たち＝県営

秋田大会

[参加] 43校41チーム
[加盟] 44校 [部員] 1,601人
[代表校] 明桜
（4年ぶり10回目）
選手権通算 7勝10敗

7月9〜23日 こまち、能代、大曲、さきがけ八橋

[1回戦]
十和田 11-3 横手城南
秋田 工 6-5 能代松陽
大曲 工 4-2 男鹿工
金足 農 3-0 由 利
秋田修英 6-1 西仙北・羽後
本 荘 3-2 角 館
横 手 3-0 増 田
西 目 6-3 新 屋
秋田高専 10-9 雄物川（延長13回）

[2回戦]
大館鳳鳴 9-2 湯 沢

秋田 南 6-0 西 目
秋 田 2-1 湯沢翔北
大曲 工 11-7 秋田北鷹
由 利 8-5 金足農

[準々決勝]

	1	2	3	4	5	6	7	8	9	10	計
明 桜	0	0	2	0	0	1	0	0	0	1	4
秋 田	0	0	0	0	1	1	0	1	0	0	3

（延長10回）

	1	2	3	4	5	6	7	8	9	計
秋田中央	1	0	0	0	0	0	0	1	0	2
秋田 南	0	0	0	1	2	0	0	0	X	3

	1	2	3	4	5	6	7	8	9	計
由 利	2	1	0	0	0	0	3	0	0	6
秋田 商	0	0	0	3	0	3	0	0	1	7

	1	2	3	4	5	6	7	8	9	計
横 手	1	0	0	0	0	2	0	1	1	5
大曲 工	0	0	0	0	0	0	0	0	0	0

[準決勝]

	1	2	3	4	5	6	7	8	9	計
明 桜	1	0	0	4	0	0	1	0	5	11
横 手	0	0	0	0	0	0	0	0	0	0

	1	2	3	4	5	6	7	8	9	計
秋田 南	0	1	0	0	2	2	0	0	0	5
秋田 商	0	0	1	0	2	0	0	0	0	3

[決勝]

	1	2	3	4	5	6	7	8	9	計
明 桜	0	0	3	0	0	0	2	0	1	6
秋田 南	0	0	0	0	0	0	0	0	0	0

【明桜】
(捕)中井 2 0 1／(右)土居 5 3 2／(二)石田一 5 1 1／(一)真柴 5 1 1／(中)福溜 5 1 0／(遊)畠間 3 1 0／(三)石田恋 4 2 0／(左)渡辺勇 2 0 0／走 佐藤 0 0 0／三 冨岡 1 1 0／(投)上山 4 1 0
振球犠併残打安点 3 4 1 3 8 36 11 5

【秋田南】
(三)梶原 4 1 0／(遊)佐藤海 4 0 0／(二)小松 3 0 0／(中)高橋 3 1 0／右 下間 3 1 0／(中)中井 3 0 0／(捕)武藤 3 0 0／左 岡本 2 0 0／(一)古畑 0 0 0／(投)塚田 3 0 0
振球犠併残打安点 8 3 0 1 3 27 3 0

投手 回 安 責 数
風間 9 3 0 112

投手 回 安 責 数
下間 2 1/3 3 2 48／塚田 6 2/3 8 3 100

三 土居 二 下間 盗 明4 暴 下間2 失 秋1 ▽審判（球）武藤（塁）大沢 一ノ関 高橋 2時間9分

山形大会

[参加] 47校44チーム
[加盟] 47校 [部員] 1,498人
[代表校] 日大山形
（4年ぶり18回目）
選手権通算 14勝18敗

7月8〜24日 県野球場（荘銀・日新）、山形市総合（きらやか）、新庄市民、鶴岡ドリーム、天童市

[1回戦]
山形学院 7-0 村山産
山形中央 16-1 寒河江
長 井 4-2 鶴岡高専
米沢興譲館 14-1 置賜農
鶴岡 南 8-0 米沢商
寒河江工 8-1 鶴岡中央・庄内総合
新庄 北 2-1 山形工
酒田 西 5-2 天童・谷地
酒田 南 6-2 山形東
山形明正 15-4 北村山・畑
山形 南 9-0 高 畠
新庄 東 5-3 鶴岡工（延長10回）

[2回戦]
東海大山形 6-5 山形商
米沢中央 4-2 九里学園
創学館 9-2 南 陽
山形城北 6-4 酒田東
米沢 工 8-1 米沢興譲館
山形学院 7-0 鶴岡南
鶴岡 東 17-0 新庄南・東桜学館

山形中央 17-0 長井工
酒田光陵 13-3 左 沢
山本学園 6-2 寒河江工
日大山形 12-2 新庄神室産
山形 南 7-0 新庄東
長 井 12-2 酒田西
山形明正 7-3 酒田東
羽 黒 11-4 米沢東

[3回戦]
鶴岡 東 15-0 長 井
山形城北 11-0 米沢工
東海大山形 10-0 山形学院
山形中央 6-2 創学館
酒田光陵 5-3 山形南
日大山形 11-1 新庄北
米沢中央 12-0 山形明正
羽 黒 4-1 山本学園

[準々決勝]

	1	2	3	4	5	6	7	8	計
山形城北	0	0	0	0	0	1	0	1	1
東海大山形	0	2	0	3	2	1	X		8

	1	2	3	4	5	6	7	8	9	計
鶴岡 東	0	1	4	0	0	1	0	1	0	7
山形中央	1	1	0	0	0	0	0	0	0	2

	1	2	3	4	5	6	7	8	9	計
米沢中央	0	0	0	0	1	0	0	0	0	1
日大山形	0	0	0	0	2	0	1	1	X	4

	1	2	3	4	5	6	7	8	9	計
羽 黒	0	0	3	0	1	0	1	0	1	6
酒田光陵	2	0	0	0	0	4	1	0	X	7

[準決勝]

	1	2	3	4	5	計
鶴岡 東	0	0	0	2	0	2
東海大山形	3	2	1	4	2	12

	1	2	3	4	5	6	7	計
酒田光陵	0	0	1	1	0	0	0	2
日大山形	5	5	0	0	0	0	X	10

山形大会 優勝を決め、ジャンプして喜ぶ日大山形の滝口（右）と秋葉＝荘銀・日新

[決勝]

	1	2	3	4	5	6	7	8	9	計
東海大山形	1	0	1	0	0	4	0	1	0	7
日大山形	2	2	0	0	3	1	1	0	X	9

【東海大山形】
(遊)津本 5 2 0／(中)田辺 5 2 1／(三)的場 5 2 1／(一)水尾 3 1 1／一 佐藤 0 0 0／(左)大河原 3 1 0／(二)池口 3 0 0／(捕)田端 4 1 0／(右)松本 2 0 0／捕 赤嶺 1 1 1／(遊)菊地 0 0 0／投 難波 0 0 0／投 白田 1 0 0／打 酒寄 1 0 0／投 益子 0 0 0
振球犠併残打安点 4 4 1 0 5 34 10 7

【日大山形】
(中)秋葉 4 1 0／(二)新田 3 2 1／(三)佐藤 5 3 1／(左)伊藤 5 4 2／(一)榎本 5 0 0／(捕)梅津 3 2 2／(右)塩野 4 0 0／(遊)斎藤 3 2 2／投 豊川 0 0 0／投 滝口 1 0 0／(遊)大場 2 0 0
振球犠併残打安点 3 7 1 2 10 35 14 8

投手 回 安 責 数
菊地 1 2/3 7 4 37／難波 3 0/3 1 3 34／白田 2 1/3 6 2 48／益子 1 0 0 13

投手 回 安 責 数
斎藤 5 5 2 65／豊川 1 0/3 3 34／滝口 3 2/3 2 1 48

本 的場（豊川）田端（豊川）三 津本2 盗 白田3 暴 白田 滝口2 ▽審判（球）富樫（塁）黒羽 佐藤 長谷川 2時間42分

[秋田県高野連所在地] 〒011-0943 秋田市土崎港南3-2-78
県立秋田中央高等学校内 ☎018（846）5589／☎018（845）0921
[会長] 尾形徳昭 [理事長] 久米信彦

[山形県高野連所在地] 〒990-2412 山形市松山2-11-30
山形県スポーツ会館内 ☎023（625）3725
[会長] ＊高橋良治 [理事長] ＊菅谷明浩（注：＊印の会長、理事長は、連盟所在地以外に勤務しています）

宮城大会

[参加]71校66チーム
[加盟] 73校　[部員] 2,293人

[代表校] **東北学院**
（初出場）
選手権通算 1勝1敗

7月8～23日　石巻市民、楽天生命パーク宮城、仙台市民、平成の森しおかぜ、鹿島台中央

[1回戦]

石巻好文館 6－0 仙台向山
角　　田 7－0 白　　石

[2回戦]

仙台育英 11－0 古川黎明
仙台商 9－0 小牛田農林
富　　谷 12－2 宮城水産
東北学院 6－1 泉松陵
古川学園 36－0 石巻北
仙台城南 9－1 黒　　川
塩　　釜 8－1 岩ケ崎・岩出山・迫桜
東　　北 7－0 仙台一
仙台東 19－0 涌　　谷
名取北 7－5 登　　米
名　　取 11－3 亘理・伊具
仙台高専名取 4－0 宮城農
仙台三 6－5 気仙沼向洋（延長11回）
東　　陵 7－0 気仙沼
中新田 10－3 加美農
泉　　館 6－4 石巻好文館
大崎中央 9－0 多賀城
東北学院榴ケ岡 1－0 日本ウェルネス宮城
聖和学園 9－4 石巻工
石　　巻 3－1 仙　　台
築　　館 2－1 仙台二
利　　府 10－5 角　　田
東北生文大 9－1 古　　川
村　　田 4－2 志津川・本吉響
仙台南 7－2 石巻西
柴　　田 14－0 泉
仙台西 3－2 佐　　沼
古川工 3－0 登米総産
仙台工 23－0 鹿島台商
松　　島 6－3 宮城広瀬
石　　巻 4－2 宮城広瀬
石巻商 3－2 柴田農林・大河原商

[3回戦]

聖和学園 1－0 東北生文大（延長11回）
泉　　館 4－1 大崎中央
仙台商 14－1 築　　館
仙台育英 16－0 名　　取
東　　北 9－4 名取北
仙台城南 12－2 仙台高専名取
仙台三 7－5 東　　陵
富　　谷 8－0 中新田
仙　　台 6－1 塩　　釜
東北学院 6－3 石　　巻
古川学園 7－0 村　　田
利　　府 5－4 仙台南（延長10回）
仙台西 3－0 松　　島
柴　　田 9－2 古川工
石巻商 2－1 石　　巻
東北学院榴ケ岡 10－0 仙台工

[4回戦]

聖和学園 6－0 泉館山
仙台商 3－2 仙台育英
古川学園 3－1 利　　府
東　　北 5－3 仙台城南（延長11回）
仙台三 2－1 富　　谷（延長10回）
仙台西 2－1 柴　　田
東北学院 9－3 仙台東
東北学院榴ケ岡 11－0 石巻商

[準々決勝]

仙台商	0 0 1 0 0 1 0 1 0	0 0 0	3
聖和学園	2 0 0 0 0 0 0 0 1	0 0 1	4

（延長12回）

東　　北	0 0 0 0 0 0 1 2 0 3	2
古川学園	1 0 0 0 0 0 0 1 2 4	4

仙台西	0 0 0 4 0 0 0 0 0	4
仙台三	0 4 0 0 2 3 1 1	11

東北学院榴ケ岡	1 1 0 0 0	2
東北学院	3 2 9 1 X	15

[準決勝]

仙台三	0 0 2 0 0 0 1 0 0	3
聖和学	0 0 0 0 0 0 0 0 0	0

東北学院	0 0 0 3 0 0 0 1 1	5
古川学園	1 2 0 1 0 0 0 0 0	4

[決勝]

東北学院	0 0 0 0 8 0 0 0 4	12
仙台三	0 0 2 0 0 3 0 0 0	5

【東北学院】				
[中]	今野孝	6	2	3
[遊]	武田	4	0	0
[右]	及川	3	1	1
[左]	伊東	4	1	3
[三]	大洞	5	2	0
[一]	木村	3	1	0
[捕]	山田	4	2	2
走右	塩沼	0	0	0
[二]	加藤剛	4	2	2
[投]	今野隼	3	1	0

【仙台三】				
[左]	尾形	4	1	0
打	江波戸	1	0	0
[二]	菅原唯	5	3	0
[中]	千葉陽	5	0	1
[遊]	佐藤千	4	0	0
[右投]	郡山	4	2	0
[一]	三新出	3	1	0
[捕]	菅原啓	4	1	1
[三]	藤原	4	1	1
[投]	小野	1	0	0
打	菅田	1	0	0
一	加藤光	2	1	1

振球犠併残打安点	振球犠併残打安点
5 9 5 1 11 36 12 11	9 0 1 0 7 38 10 4

投手	回	安	責	数	投手	回	安	責	数
伊　東	9	10	3	131	小　野	4 2/3	8	6	97
					郡　山	4 1/3	4	3	74

三加藤翔　二及川　伊東　盗東1　仙2
暴伊東2　失東3　仙3 ▽審判（球）佐藤
拓（塁）西山　三浦　佐藤圭　2時間59分

宮城大会　初優勝を決め、マウンドに集まり喜びあう東北学院の選手たち＝石巻市民

[宮城県高野連所在地]〒983－8543　仙台市宮城野区東宮城野3－1
市立仙台工業高等学校内　☎022（236）6744 ☎022（237）5341
[会長]丹野高雄　[理事長]松本嘉次

福島大会　サヨナラ勝ちで18年ぶり8回目の甲子園出場を決め、応援席へのあいさつに向かう日大東北の選手たち＝いわきグリーン

福島大会

[参加]73校68チーム
[加盟] 74校　[部員] 2,278人

[代表校] **日大東北**
（18年ぶり8回目）
選手権通算 1勝8敗

7月7～25日　いわきグリーン、白河グリーン、ヨーク開成山、あいづ、信夫ケ丘

[1回戦]

いわき総合 7－2 石　　川
会　　津 6－1 福島明成
郡　　山 15－1 あさか開成
白　　河 7－3 安積黎明

[2回戦]

喜　　多　方 10－9 保　　原
相　　馬 8－4 岩瀬農
小高産業技術 4－2 福島高専
白河実 5－1 若松商
福島東 16－0 平　　商
会津北嶺 10－2 葵
郡山東 14－1 小野・四倉・相馬農
福島北 2－1 原　　町
光　　南 13－0 清陵情報
平　　工 5－2 南会津
福　　島 10－2 会津農林
田　　村 5－2 喜多方桐桜
猪苗代・田島・会津ザベリオ・長沼 3－2 橘
須賀川 8－1 会津学鳳
学法福島 9－3 白河旭
学法石川 7－0 磐城桜が丘
福島成蹊 14－2 相馬東
湯　　本 6－5 会津工
東日大昌平 9－0 ふたば未来学園
日大東北 3－2 修　　明（延長10回）
小名浜海星 8－6 白　　河
安　　積 12－1 磐城農
郡山北工 7－0 二本松工
郡山商 6－1 会　　津
尚　　志 5－4 磐　　城
福島工 8－0 須賀川桐陽
只　　見 5－4 福島西（延長12回）
いわき総合 5－2 船　　引
帝京安積 10－0 本　　宮
聖光学院 8－1 いわき光洋
郡　　山 11－1 勿来工
福島商 5－0 安　　達

[3回戦]

学法石川 11－1 安　　積
東日大昌平 10－0 喜多方
聖光学院 5－2 帝京安積
光　　南 7－0 猪苗代・田島・会津ザベリオ・長沼
福島商 7－0 学法福島
相　　馬 4－1 いわき総合
郡山北工 4－3 湯　　本（延長14回）
日大東北 8－0 須賀川
小高産業技術 5－4 白河実
福島東 6－3 田　　村
郡　　山 4－3 会津北嶺
平　　工 2－1 福　　島
小名浜海星 6－2 福島北
福島成蹊 4－2 福島工
郡山商 5－0 只　　見
尚　　志 14－3 郡山東

[4回戦]

聖光学院 10－0 郡山北工
光　　南 2－1 郡山商
東日大昌平 11－1 小高産業技術
学法石川 3－2 福島東
日大東北 3－0 郡　　山
福島商 8－1 平　　工
相　　馬 7－2 尚　　志
福島成蹊 2－0 小名浜海星

[準々決勝]

日大東北	0 0 0 0 0 4 1 0 0	5
東日大昌平	0 0 0 0 3 0 0 0 0	3

聖光学院	0 0 0 0 0 0 0 1 0	1
光　　南	1 0 0 0 0 0 4 X	5

福島成蹊	1 0 1 4 4 3	13
学法石川	0 0 0 2 0 1	3

相　　馬	0 0 0 1 1 0 0 5 0	7
福　　島	0 1 0 0 3 0 1 0 3	8

[準決勝]

日大東北	0 1 0 2 5 0 0 0 0	8
福島商	2 0 0 0 0 0 0 0 0	2

福島成蹊	0 0 0 0 0 0 0 0 0	0
光　　南	0 0 0 1 0 1 0 1 X	3

[決勝]

光　　南	2 1 0 0 0 0 0 0 1	4
日大東北	0 0 0 2 0 1 1 0 1	5

【光南】				
[中]	浅野	4	0	0
[右]	関矢	4	2	1
[二]	七海	4	1	0
[遊]	小林	4	1	1
[投]	星	4	2	2
[一]	金沢	4	0	0
[左]	酒井綾	3	0	0
左	鈴木進	1	1	0
[捕]	佐藤	4	0	0
[三]	馬場	2	0	0
打三	橋本	0	0	0

【日大東北】				
[遊]	大塚	5	1	1
[捕]	馬場央	4	2	1
[二]	松川	3	0	0
[投]	吉田	3	0	0
[右]	奈須	3	1	0
[一]	柳沼	3	1	0
[遊]	山下	2	1	2
[左]	久納	3	1	0
[三]	相沢	2	2	1

振球犠併残打安点	振球犠併残打安点
9 0 1 0 4 34 7 4	2 3 6 0 6 28 9 5

投手	回	安	責	数	投手	回	安	責	数
星	8 2/3	9	5	112	吉田	9	7	3	123

本星（吉田）三山下　馬場央　二七海
関矢　大塚　盗光1　暴吉田　失光1　日
2 ▽審判（球）小泉忠（塁）渡部貴　大滝
板橋　　　　　　　　　　　2時間15分

[福島県高野連所在地]〒960－0111　福島市丸子字辰之尾1
県立福島商業高等学校内　☎024（553）6663 ☎024（553）3451
[会長]松浦冬樹　[理事長]木村 保

茨城大会

[参加]98校90チーム
[加盟]105校 [部員]3,192人

[代表校]**鹿島学園**
（初出場）
選手権通算 0勝1敗

7月9〜26日 ノーブルスタ水戸、Jスタ土浦、笠間市民、ひたちなか市民、日立市民

[1回戦]
下妻二11-2つくば国際大東風
緑岡8-3太田一
土浦一14-7八千代
茨城7-0茨城東・神栖
つくば工科6-5岩瀬
高萩清松3-2古河三（延長10回）
古河一13-0海洋
勝田9-1土浦二
取手松陽15-2総和工
下妻一16-0岩井・坂東清風
麻生31-1石下紫峰・筑波・真壁・明野
牛久栄進6-5守谷
牛久4-3茨城高専
那珂湊4-2水戸桜ノ牧
科学学園日立13-12大子清流（延長10回）
竜ケ崎一5-4鉾田一
日立工8-2伊奈
波崎柳川19-1鬼怒商
下館一10-9水戸農
那珂6-3土浦工
土浦三14-1玉造工
多賀14-1小瀬
水戸工2-0日立商
取手一15-0古河二
佐和5-4東洋大牛久
勝田工6-1清真学園

[2回戦]
茨城8-2水海道二
下妻一5-4土浦湖北（延長10回）
常総学院11-0つくば工科
水城8-1取手松陽
つくば秀英7-0緑岡
鹿島学園2-1下妻二
水戸商16-0高萩清松
茨城キリスト9-6勝田
常磐大8-1土浦一
取手二5-4古河一（延長10回）
藤代紫水10-0下館一
明秀日立7-0那珂湊
下館工15-0太田西山
霞ケ浦3-2牛久（延長10回）
日立工7-4江戸崎総合
江戸川学園10-0三和
岩瀬日大9-1牛久栄進
水海道一6-4磯原郷英
日立北5-1波崎柳川
鹿島4-3鉾田二
水戸葵陵23-0石岡商・潮来・竜ケ崎南・鹿島灘
土浦日大9-5多賀
石岡一7-0勝田工生
水戸一11-7麻生
中央29-1笠間
藤代8-0科技学園日立
日立一13-3那珂
水戸工6-5つくば国際大
取手一7-0波崎
竜ケ崎一10-0東海
水戸啓明2-0佐和
土浦三7-5境

[3回戦]
常総学院1-0つくば秀英
常磐大8-0茨城
茨城キリスト7-0鹿島
岩瀬日大8-3下館工
鹿島学園3-0下妻
水戸商5-2水海道一
江戸川学園8-6日立北
水城5-3取手一
土浦日大8-0水戸葵陵
霞ケ浦8-0藤代紫水
石岡一12-0中央
明秀日立5-2日立工
水戸4-2日立一
土浦三2-1取手一
水戸啓明7-0水戸工
藤代6-4竜ケ崎一

[4回戦]
土浦日大2-1霞ケ浦
水戸商5-1常磐大
水戸一5-3土浦三
水城9-2江戸川学園
石岡一2-1明秀日立
藤代8-6水戸啓明
鹿島学園7-3岩瀬日大
常総学院6-5茨城キリスト

[準々決勝]
```
土浦日大 0 0 0 2 0 0 3 0 0 ｜5
常総学院 3 1 0 0 0 2 0 0 X ｜6

水戸商   0 0 0 0 0 0 0 0 0 ｜0
石岡一   0 1 0 0 1 0 0 0 X ｜2

藤代     0 0 0 0 0 1 0 0 0 ｜1
水城     0 0 0 0 0 1 0 1 X ｜2

水戸一   0 0 0 0 0 0 0 2 ｜2
鹿島学園 0 0 0 0 0 2 0 2 X ｜4
```

[準決勝]
```
水城     0 1 0 0 0 0 0 0 0 ｜1
常総学院 0 0 0 0 2 0 0 0 X ｜2

鹿島学園 0 0 2 0 2 2 0 1 0 ｜7
石岡一   0 0 0 0 0 1 0 0 1 ｜1
```

[決勝]
```
鹿島学園 3 0 0 0 0 0 0 0 0 ｜3
常総学院 0 0 0 0 0 0 0 0 2 ｜2
```

【鹿島学園】				【常総学院】			
(二)	船田	3 0 0		(中)(左)	鹿田	4 0 0
(右)	羽鳥	4 0 0		(右)	伊藤	3 1 0
(捕)	畑高	4 0 0		(捕)	三輪	4 0 0
(三)	大塚	3 1 0		(三)	田辺	3 1 0
(左)	平塚	3 1 2		(一)	秋本	4 2 2
(遊)	稲垣	4 2 0		(一)(左)	栄田	1 0 0
(一)	甲斐	3 0 1		走(中)	田中	0 0 0
(中)	畑本	4 2 0		打	青木	1 0 0
(投)	薮野	2 1 0		(二)	太田和	2 0 0
				打(二)	加藤	1 0 0
				(遊)	宮原	3 0 0
				(投)	鳥山	1 0 0
				(投)	大川	2 0 0

```
        振 球 犠 併 残 打 安 点
鹿島学園 5  5  5  1  9 29  7  3
常総学院 6  3  1  0  4 29  4  2

投手  回      安 責 数
薮野  9       4  2 112
秋本  4 0/3   4  2  71
大川  5       3  0  60
```

二秋本 失鹿1 常1 ▽審判(球)米川史 (塁)神保 武藤 坪井 2時間1分

栃木大会 作新学院―佐野日大 三回、代打で2点本塁打を放った作新学院の戎＝県営

栃木大会

[参加]61校60チーム
[加盟]61校 [部員]2,063人

[代表校]**作新学院**
（10大会連続16回目）
選手権通算 27勝14敗

7月9〜25日 県営、宇都宮清原、栃木市営

[1回戦]
宇都宮北4-0鹿沼南
栃木工22-0益子芳星・那須
佐野日大10-0高根沢
文星芸大付10-0鹿沼東
栃木商7-0真岡北陵
真岡工6-2黒羽
真岡1-0栃木翔南
小山南5-1今市
茂木8-1矢板東
鹿沼商工12-2壬生
足利南8-7佐野松桜（延長13回）
国学院栃木9-1足利工
宇都宮工3-1今市工
宇都宮11-4小山高専
鹿沼7-0矢板
那須清峰5-4さくら清修
幸福の科学学園9-3佐野東
栃木農4-3黒磯（延長10回）
小山13-0宇都宮東
栃木7-0上三川
足利17-0足利清風
烏山7-5矢板中央
石橋15-1宇都宮清陵
足利大付11-1黒磯南
那須拓陽8-3佐野
宇都宮白楊7-3大田原
小山西9-7小山北桜
宇都宮短大付3-2宇都宮商

[2回戦]
文星芸大付3-2真岡工
白鷗大足利5-0栃木商
宇都宮北4-3栃木工（延長11回）
佐野日大9-1茂木
鹿沼4-1足利南
幸福の科学学園6-5青藍泰斗（延長10回）
国学院栃木10-0鹿沼商工
真岡6-1小山南
那須清峰4-1宇都宮
小山7-0栃木農
作新学院8-2栃木
宇都宮短大付4-1宇都宮南
足利6-3宇都宮工
小山西3-1宇都宮白楊
那須拓陽7-2足利大付
石橋12-0烏山

[3回戦]
白鷗大足利9-0宇都宮北
文星芸大付12-5真岡
鹿沼13-6幸福の科学学園
佐野日大11-6国学院栃木
那須拓陽5-2那須清峰（延長13回）
作新学院3-2小山
石橋5-1足利
宇都宮短大付6-2小山西

[準々決勝]
```
佐野日大 0 0 0 0 0 0 2 0 0 ｜2
鹿沼     0 0 0 0 0 0 1 0 0 ｜1

文星芸大付 0 0 0 0 0 0 0 0 0
           5 5
白鷗大足利 0 0 0 0 0 0 0 0 0
           0 0
（延長10回）

宇都宮短大付 0 0 0 0 0 3 2 0 0 ｜5
石橋         0 0 0 0 0 0 0 0 0 ｜0

那須拓陽 0 0 0 0 0 0 ｜0
作新学院 0 1 3 0 3 3 ｜10
```

[準決勝]
```
佐野日大   2 0 0 0 0 0 0 0 2 ｜4
文星芸大付 0 0 0 2 0 1 0 0 0 ｜3

作新学院     3 0 0 1 2 0 0 0 0 ｜6
宇都宮短大付 1 0 0 0 0 0 0 0 1 ｜1
```

[決勝]
```
作新学院 0 0 2 0 0 0 1 0 0 ｜3
佐野日大 1 0 0 0 1 0 0 0 0 ｜2
```

【作新学院】				【佐野日大】			
(中)	田代	4 1 0		(中)	川崎	2 1 0
(二)	高久	4 2 0		(遊)	増山	2 1 1
(一)	大房	3 0 0		(二)	大関	3 0 0
(左)	池沢	3 0 0		(三)	岡佐	4 1 0
(左)	平塚	2 0 0		(一)	青木	3 1 1
(右)	鈴木	1 0 0		(右)	腰塚	1 0 0
(捕)	相原	4 1 0		(左)	丸山	1 0 0
(三)	相場	4 2 0		(捕)	狩野	2 0 0
(遊)	渡辺	3 1 0		(二)	古河	2 1 0
(投)	井上	0 0 0		打	残間	1 0 0
打	戎	1 1 2		投	佐久間	1 0 0
投	林	1 0 0		打	早乙女	0 0 0
打	小口	0 0 0		投	斎藤	1 0 0
走	柳	1 0 0				
投	佐藤	1 0 0				

```
        振 球 犠 併 残 打 安 点
作新学院 5  3  1  2  6 32  8  2
佐野日大 4  5  2  2  6 28  6  2

投手   回      安 責 数
井上   1 2/3   2  1  27
林     4       1  1  51
佐藤   3       0  4  43
鈴木   2       4  2  30
佐久間 4       2  1  60
斎藤   2       2  0  15
```

本戎(鈴木) 盗佐2 暴佐久間 ▽審判(球)印南 (塁)松本 小沢 阿見 1時間54分

茨城大会 常総学院を破って甲子園出場を決め、笑顔を見せる鹿島学園のエース・薮野＝ノーブルスタ水戸

[茨城県高野連所在地]〒310-0062 水戸市大町3-1-22 5階
☎029(353)8727
[会長]塚本敏雄 [理事長]榎戸 努

[栃木県高野連所在地]〒321-0198 宇都宮市雀宮町52 県立宇都宮工業等学校内 ☎028(680)5289／☎028(678)6500
[会長]菅野光広 [理事長]神部知重

群馬大会

[参加]66校61チーム
[加盟]68校 [部員]2,438人

[代表校]**前橋育英**
（5大会連続6回目）
選手権通算 9勝5敗

7月10～27日 上毛新聞敷島、高崎城南、小倉クラッチ、グレースイン前橋市民

[1回戦]

市前橋 6-2 伊勢崎
安中総合 9-0 四ツ葉学園・榛名・下仁田・板倉
太田 9-0 明和県央
渋川 4-2 桐生清桜
吉井 10-8 勢多農林
伊勢崎清明 8-4 前橋東
健大高崎 11-2 中央中等
高崎商 8-1 藤岡工
樹徳 3-2 太田
新田暁 13-0 玉村
桐生 9-0 藤岡中央
大間々 7-0 前橋西・尾瀬・嬬恋
桐生第一 9-4 桐生工
高崎 15-2 高崎東
富岡実 2-0 前橋南
（延長11回）
沼田 9-6 西邑楽
渋川工 6-4 吾妻中央
富岡 11-1 伊勢崎商
高崎商大付 4-2 高崎北
太田工 4-2 高崎工
（延長11回）
伊勢崎工 13-0 前橋商
高崎経済大付 4-1 前橋工
大泉 11-0 藤岡北
利根実 9-2 松井田
利根商 10-0 伊勢崎興陽
前橋育英 10-0 桐生商
前橋 6-4 渋川青翠
常磐 9-1 群馬高専
館林商工 11-6 太田東

[2回戦]

関東学園大付 9-1 安中総合
東農大二 23-0 市前橋
高崎経済大付 6-2 太田工
伊勢崎工 4-0 大泉
太田 10-0 吉井
樹徳 7-4 富岡実
渋川 4-3 館林
富岡 10-0 利根実
大間々 4-3 渋川工
桐生 10-9 沼田
高崎商 12-3 新田暁
健大高崎 12-2 高崎
桐生第一 5-3 伊勢崎清明
利根商 7-3 高崎商大付
前橋育英 10-0 館林商工
常磐 12-6 前橋

[3回戦]

東農大二 8-1 伊勢崎工
関東学園大付 10-2 高崎経済大付
太田 8-1 大間々
渋川 8-1 桐生
健大高崎 11-4 常磐
前橋育英 5-2 桐生第一
樹徳 3-0 富岡
利根商 7-6 高崎商

[準々決勝]

関東学園大付 0 1 0 0 0 0 2 0 0 ｜3
前橋育英 1 0 1 0 1 0 0 0 1 ｜4

東農大二 0 0 0 0 0 0 0 0 0 ｜0
健大高 0 0 0 1 0 0 1 4 X ｜6

渋川 0 0 0 0 0 0 0 0 0 ｜0
利根商 0 0 2 1 0 0 3 1 ｜7

樹徳 0 0 0 0 0 0 0 0 0
太田 0 0 0 0 0 0 0 0 0
　　 0 0 0 1 ｜1
　　 0 0 2 2 ｜2
（延長13回）

利根商 0 0 0 0 0 1 0 ｜1
健大高崎 3 0 0 0 0 6 X ｜9

[決勝]

前橋育英 0 0 0 0 0 0 0 1 0
健大高崎 0 0 0 0 1 0 0 0 0
　　　 0 0 5 ｜6
　　　 0 0 0 ｜1
（延長12回）

【前橋育英】	打	安	点
(遊)横倉	7	2	2
(二)佐藤	5	1	0
(三)岡田	5	3	2
(中)皆川	4	2	1
(右)下村	5	0	0
(左)西沢	5	1	0
打 安藤	1	1	0
走遠 町田	0	0	0
右 矢島	0	0	0
(一)外丸	5	1	1
(捕)阿部	1	0	0
打 野中	1	0	0
捕 飯島	1	0	0
(一)井上	6	3	0
振球犠併残打安点			
3 7 1 3 14 46 14 6			

【健大高崎】	打	安	点
(二)桜井	5	0	0
(三)伊藤	5	1	0
(一)小沢	4	0	0
(中)森川	5	0	0
(右)高村	4	0	0
(遊)堀江	3	1	0
(左)吉里	3	1	1
(捕)今綱	3	1	0
(投)今仲	3	0	0
打投 野中	1	0	0
投 高松	0	0	0
振球犠併残打安点			
5 4 3 0 6 34 4 1			

投手	回	安	責	数
外丸	12	4	1	166
今仲	10	8	1	132
野中	1	3	2	14
高松	1	3	0	

本 岡田（野中）二 岡田2 井上 佐藤
失 健2▽審判（球）井汲（塁）星野 木暮 江積利
3時間0分

群馬大会 前橋育英一健大高崎 延長十二回に勝ち越し2ランを放った前橋育英の岡田＝上毛新聞敷島

埼玉大会

[参加]160校149チーム
[加盟]163校 [部員]5,931人

[代表校]**浦和学院**
（3年ぶり14回目）
選手権通算 12勝14敗

7月9～28日 県営大宮、レジスタ大宮、上尾市民、越谷市民、所沢航空、市営浦和、朝霞市営、川口市営、熊谷公園

[1回戦]

東農大三 6-2 川越南
八潮南 3-1 川越
栄北 18-1 秀明
浦和麗明 8-0 浦和西
寄居城北 17-12 妻沼・児玉白楊・児玉
朝霞西 3-2 白岡
鴻巣 6-2 開智
宮代 11-3 開智未来
正智深谷 5-3 浦和北
栄東 17-1 岩槻
豊岡 8-1 越谷北
志木 6-1 久喜工
熊谷 5-3 浦和
所沢中央 12-4 羽生実・羽生一
飯能 6-1 熊谷西
小鹿野 10-3 大宮南
坂戸 13-1 八潮
浦和東 11-3 小川
ふじみ野 7-4 秩父
不動岡 11-3 新座
深谷商 10-1 富士見

[2回戦]

北本 9-5 進修館
川口 5-0 川越初雁
山村学園 4-1 入間向陽
西武台 20-0 上尾光明
独協埼玉 4-1 上尾南
川越西 8-0 伊奈学園
細田学園 5-2 狭山ケ丘
叡明 8-1 杉戸
浦和学院 11-4 聖望学園
盈進学園東野 7-1 狭山工
狭山経済 15-1 越生・日高
熊谷商 10-0 大宮光陵
春日部東 11-6 大宮開成
庄和 12-0 蓮田松韻
越谷南 6-3 川越総合
大宮東 10-0 本庄
立教新座 12-0 栗橋北彩
三郷工技 5-4 越谷総合
春日部共栄 13-3 所沢
大宮北 8-1 桶川西
本庄第一 13-6 深谷一
慶応志木 8-0 草加東
上尾 4-3 川越工
星野 8-3 越谷東
武蔵越生 7-1 坂戸西
早大本庄 14-0 草加南
越谷西 8-7 所沢北
（延長10回）
秀明英光 10-0 大宮
久喜北陽 14-2 いずみ・大宮武蔵野・新座総合
川口市立 10-0 三郷
山村国際 10-0 岩槻商
川越東 9-5 越ケ谷
武南 20-0 上尾鷹の台・上尾橘・熊谷農・深谷
所沢商 6-2 国際学院
草加西 10-0 春日部工
松山 11-10 草加
昌平 8-1 飯能
滑川総合 7-6 桶川
埼玉栄 11-1 秩父農工科
浦和実 9-2 城北埼玉
新座柳瀬 7-1 所沢西
宮代 13-4 鶴ケ島清風
不動岡 3-2 市立川越
鴻巣 5-4 城西大川越
狭山清陵 10-4 志木
八潮南 17-0 杉戸農
西武文理 6-0 飯能南
浦和麗明 8-4 熊谷工
川口青陵 3-2 川越
（延長10回）
大宮工 6-5 栄東
東農大三 11-0 岩槻北陵・幸手桜・松伏
朝霞西 7-1 蕨
正智深谷 12-2 浦和商
埼玉平成 7-0 深谷
浦和工 4-3 所沢中央
ふじみ野 22-0 吉川美南
栄北 10-0 鷲宮
坂戸 10-1 三郷北
豊岡 3-2 市川越
（延長11回）
春日部 9-6 浦和東
与野 9-6 本庄東
花咲徳栄 8-1 朝霞
小鹿野 11-10 南稜
川口工 17-1 寄居城北

[3回戦]

浦和学院 11-1 越谷南
細田学園 15-2 盈進学園東野
立教新座 14-0 狭山経済
草加西 12-3 川口青陵
与野 13-5 大宮工
東農大三 7-5 川越西
坂戸 8-0 独協埼玉
川口 5-2 川越工
熊谷商 9-2 豊岡
西武台 8-0 八潮南
浦和実 8-0 庄和
叡明 8-1 北本
花咲徳栄 9-0 春日部東
大宮東 8-1 朝霞西
滑川総合 26-4 浦和工
山村学園 8-0 巣北
不動岡 15-13 大宮北
狭山清陵 4-3 山村国際
（延長10回）
松山 9-2 小鹿野
秀明英光 5-0 宮代
川越東 7-4 浦和麗明
越谷西 10-9 埼玉平成
（延長11回）
上尾 7-2 久喜北陽
正智深谷 3-2 新座柳瀬
（延長10回）
慶応志木 8-4 川口市立
春日部共栄 12-0 本庄第一
早大本庄 8-1 春日部
西武文理 10-1 所沢商
星野 4-3 ふじみ野
武南 8-7 栄北
埼玉栄 11-1 三郷工技
昌平 8-6 武蔵越生

[4回戦]

春日部共栄 7-0 越谷西
熊谷商 4-1 細田学園
浦和学院 6-0 東農大三
上尾 8-4 川越東
星野 9-7 慶応志木
坂戸 9-2 与野

埼玉大会 投打にわたる活躍で3年ぶりの甲子園出場に貢献した浦和学院の吉田匠＝県営大宮

[群馬県高野連所在地]〒371-0006 前橋市石関町137-1 県立前橋工業高等学校内 ☎027(264)1234／☎027(264)7100 [会長]中西信之 [理事長]城田雅人

[埼玉県高野連所在地]〒330-0843 さいたま市大宮区吉敷町2-108-4 吉敷スカイハイツ510 ☎048(644)3213 [会長]坂上 節 [理事長]神谷 進

秀明英光 1－0 狭山清陵
松　　山 11－8 不動岡
川　　口 10－5 浦和実
滑川総合 7－1 叡明
立教新座 8－1 草加西
昌　　平 11－2 正智深谷
武　　南 3－1 早大本庄
山村学園 7－0 大宮東
西武文理 7－2 越谷栄
花咲徳栄 3－1 西武台

[5回戦]
浦和学院 10－0 坂戸
立教新座 4－3 熊谷商
春日部共栄 4－2 秀明英光
松　　山 2－0 上尾
星　　野 4－3 西武文理
昌　　平 7－4 武南
川　　口 9－8 滑川総合
山村学園 6－5 花咲徳栄

[準々決勝]

立教新座	0 0 0 0 0 0 0 0 0	0
浦和学院	0 0 0 2 0 0 0 0 X	2

春日部共栄	1 3 2 0 0 1	2	9
松　　山	0 0 0 0 0 0	2	2

昌　　平	1 1 0 0 0 1 0 0	2	5
星　　野	3 0 0 0 0 0 0 0	0	3

川　　口	0 3 0 2 0 0 0 0 0	0
山村学園	0 1 1 0 2 0 1 0 0	5

0 5 10
0 0 5
（延長11回）

[準決勝]

浦和学院	0 0 0 0 1 0 4 0 1	6
春日部共栄	1 0 0 0 0 0 0 0 0	1

昌　　平	0 0 1 0 1 1 3 0 1	7
川　　口	0 0 0 1 2 0 0 0 1	4

[決勝]

浦和学院	1 4 1 0 1 0 1 1 1	10
昌　　平	0 0 1 0 0 2 1 0 0	4

【浦和学院】

	選手	打	安	点
(二)遊二投	吉田匠	5	3	4
(遊)投遊	金田	4	2	0
(右)左	松嶋	4	1	0
(捕)左	吉田瑞	4	2	3
(中)右中	藤井	2	0	0
(三)一	高松	4	2	1
(右)中投	三奈木	5	2	0
(投)中	宮城	2	1	0
投	芳野	0	0	1
二	内	1	0	0
(三)二	八谷	4	0	0

振球犠併残打安点　2 6 4 2 8 37 15 9

【昌平】

	選手	打	安	点
(三)	寺山	5	2	2
(遊)投	福地	4	0	0
(中)右	吉古	3	0	0
(左)	古賀	2	0	0
(一)投	後藤	2	1	0
(捕)	田村	4	2	2
(右)左	小林	4	0	0
(中)右	小山田	2	0	0
(捕)	岸	1	0	0
打	吉川	1	0	0
投	川久保	0	0	0
打	冨田	1	0	0
打	大園	1	0	0

振球犠併残打安点　6 2 0 6 2 29 5 4

投手	回	安	責	数
宮城	3	1	0	49
金田	2 2/3	3	2	45
芳野	0 1/3	0	1	12
吉田匠	3	1	0	35
田村	3	8	2	73
吉川	3 0/3	2	1	54
川久保	2	0		10
渋谷	2	3	2	22

本 吉田匠（田村） 高松（渋谷）　**三** 吉田匠
二 吉田匠　**盗** 昌1　**逸** 吉田瑞　**失** 浦2
昌2▽審判（球）長谷川（塁）川上　須藤　長島
2時間38分

千葉大会　木更津総合―専大松戸　延長十三回裏、満塁本塁打を打った吉岡を本塁で迎える専大松戸の選手たち＝ZOZOマリン

千葉大会

[参加]170校157チーム
[加盟]171校　[部員]5,946人

[代表校]**専大松戸**
（6年ぶり2回目）
選手権通算1勝2敗

7月4日～21日　ZOZOマリン、青葉の森、第一カッター、船橋市民、柏の葉、成田大谷津、ゼットエー、袖ケ浦、長生の森、浦安、県総合

[1回戦]
東海大浦安 12－0 姉崎
光英VERITAS 9－4 国府台
　　　　　（延長12回）
市原中央 7－4 成田国際
　　　　　（延長12回）
日大習志野 3－1 翔凜
千葉敬愛 1－0 袖ケ浦
船橋啓明 5－4 大多喜
千葉東 3－0 長狭
成田西陵 9－5 土気
千葉南 22－3 八千代西
我孫子 8－2 東葉
佐原 8－3 若松
暁星国際 13－3 東邦大付
浦安 7－0 市川昂
安房 4－2 千葉商大付
市川工 7－6 鴨川令徳
千葉日大一 22－0 関宿・流山
千葉明徳 5－1 富里
一宮商 10－2 松戸国際
船橋 4－1 小見川
茂原 11－3 佐原白楊
匝瑳 19－0 泉
昭和秀英 11－8 旭農・下総・県銚子・八街・わせがく
昭和学院 9－1 千葉北
西武台千葉 9－2 市銚子
印旛明誠 10－9 稲毛
松戸馬橋 8－1 鎌ケ谷西
横芝敬愛 9－2 佐倉西
柏の葉 8－5 市原八幡
八千代 11－2 流山おおたかの森

[2回戦]
柏井 4－3 八千代東
市松戸 9－4 京葉工
県千葉 6－3 千葉工
船橋北 23－0 茂原樟陽
佐倉 3－1 船橋古和釜
拓大紅陵 8－0 船橋二和
桜林 2－1 東金
秀明八千代 10－0 清水
我孫子二階堂 7－6 野田中央
　　　　　（延長10回）
渋谷幕張 5－4 多古
佐倉南・四街道北 9－7 長生
犢橋 14－2 君津青葉
東京学館 11－5 志学館
沼南 7－6 柏陵
磯辺 8－1 実籾
千葉敬愛 11－2 船橋法典
市柏 7－0 薬園台
市川南 4－3 麗沢
国分 5－4 安房拓心
　　　　　（延長10回）
木更津高専 10－9 県柏
銚子商 10－0 生浜
津田沼 10－0 館山総合
芝浦工大柏 6－4 市川東
木更津 10－0 成東
匝瑳 9－2 大網・大原・九十九里・東金商
東京学館浦安 11－2 浦安
千葉商 9－8 船橋芝山
千葉経大付 5－2 船橋東
成田 17－0 成田西陵
習志野 10－0 佐原
柏中央 3－2 茂原
柏南 11－5 鎌ケ谷
県船橋 24－5 印旛明誠
検見川 11－1 柏の葉
八千代松陰 5－2 松戸馬橋
日大習志野 6－4 東総工
二松学舎柏 6－0 横芝敬愛
千葉学芸 18－0 市川工
明聖 8－0 千葉日大一
市原中央 6－5 幕張総合
　　　　　（延長11回）
千葉南 11－4 白井
専大松戸 14－0 西武台千葉
木更津総合 3－0 暁星国際
市船橋 7－0 千葉英和
東海大市原望洋 13－1 昭和秀英
君津商 7－4 成田北
流山南 2－1 東葛飾
昭和学院 3－1 行徳
千葉西 17－0 京葉
茂原北陵 8－0 松戸六実
我孫子 9－1 沼南高柳
佐倉東 9－1 市原・市原緑
四街道 5－1 八千代
浦安南・松戸・松戸向陽・流山北 7－6 天羽
日体大柏 8－1 千葉東
市川 6－3 敬愛学園
君津 4－3 小金
千葉明徳 8－5 流通経大柏
千葉黎明 6－1 安房
千城台 19－3 あずさ第一
我孫子 9－2 光英VERITAS
中央学院 10－1 一宮商
東京学館船橋 3－1 船橋啓明

[3回戦]
千葉経大付 3－2 東京学館
専大松戸 10－0 木更津
東京学館浦安 9－5 柏井
柏南 7－6 我孫子
八千代松陰 11－1 桜林
銚子商 9－2 千葉南
明聖 3－1 我孫子二階堂
日大習志野 13－8 木更津高専
市柏 4－2 市原中央
県船橋 11－1 芝浦工大柏
千葉明徳 8－1 津田沼
千葉商 5－3 秀明八千代
県千葉 5－3 沼南
拓大紅陵 8－2 検見川
市船橋 7－1 市松戸
佐倉 11－1 匝瑳
習志野 7－1 市川南
昭和学院 5－4 磯辺
　　　　　（延長11回）
千葉学芸 10－0 君津商
日体大柏 12－1 浦安南・松戸・松戸向陽・流山北
木更津総合 11－0 船橋北
千葉敬愛 4－3 我孫子東
　　　　　（延長13回）
東海大浦安 8－1 流山南
市川 11－8 君津
成田 12－2 千葉西
千葉黎明 11－1 千城台
四街道 9－3 茂原北陵
柏中央 9－3 渋谷幕張
国分 1－0 東京学館船橋
佐倉東 8－7 二松学舎柏
東海大市原望洋 7－0 犢橋
中央学院 15－1 佐倉南・四街道北

[4回戦]
日大習志野 4－3 市船橋
県船橋 13－6 銚子商
千葉明徳 3－2 県千葉
千葉敬愛 6－5 東海大浦安
専大松戸 8－1 千葉経大付
千葉黎明 8－6 千葉学芸
国分 5－2 柏中央
東京学館浦安 1－0 明聖
東海大市原望洋 13－3 柏南
習志野 9－2 昭和学院
千葉商 11－2 市柏
成田 17－7 四街道
日体大柏 8－5 市川
木更津総合 18－0 佐倉東
八千代松陰 7－3 拓大紅陵
中央学院 8－1 佐倉

[5回戦]
習志野 13－3 日体大柏
千葉黎明 3－0 国分
木更津総合 9－2 成田
八千代松陰 9－2 県船橋
中央学院 9－2 千葉敬愛
専大松戸 1－0 東海大市原望洋
日大習志野 2－1 千葉商
千葉明徳 6－5 東京学館浦安

[地方大会の区割り変遷]

東京
【東東京／西東京】
初参加 第1回東京
第2回関東／第4回京浜／第9回東京／第56回東東京、西東京

関東
【茨城】初参加 第2回関東
第12回南関東／第22回北関東／第41回東関東／第56回茨城
【栃木】初参加 第4回関東
第12回北関東／第57回栃木
【群馬】初参加 第6回関東
第12回北関東／第60回群馬
【埼玉】初参加 第7回関東
第12回北関東／第22回南関東／第41回西関東／第57回埼玉／第80回は東西、第90、100回は南北の2代表
【千葉】初参加 第4回関東
第12回南関東／第41回東関東／第56回千葉／第80、90、100回は東西の2代表
【神奈川】初参加 第2回関東
第4回京浜／第9回神静／第17回甲神静／第22回南関東／第30回神奈川／第80回は東西、第90、100回は南北の2代表
【山梨】初参加 第4回甲信
第9回甲信越／第17回甲神静／第22回山神／第41回西関東／第57回北関東／第60回山梨
※第40、45、50、55回は記念大会のため、1県1代表。

[千葉県高野連所在地]〒263－0051　千葉市稲毛区園生町406－15
☎043（207）8889
[会長]＊酒匂一揮　[理事長]＊鈴木博史

地方大会 試合結果一覧

千葉大会

[準々決勝]
木更津総合 1 0 0 1 2 0 0 2 0 | 6
習 志 野 0 0 0 0 0 0 0 0 2 | 2

千 葉 黎 明 0 0 0 0 0 0 0 0 0 | 0
中 央 学 院 0 0 0 3 0 2 1 0 X | 6

日大習志野 0 0 0 1 0 0 | 1
八千代松陰 4 0 0 4 1 2 | 11

専 大 松 戸 0 0 1 0 0 0 0 0 0
千 葉 明 徳 0 0 0 0 0 0 0 0 1
　　　　　　　　　　　　　　0 1 | 2
　　　　　　　　　　　　　　0 0 | 1
(延長11回)

[準決勝]
八千代松陰 0 0 0 0 2 0 0 0 | 2
専 大 松 戸 1 0 0 0 2 0 2 2 X | 7

中 央 学 院 0 2 1 0 0 0 0 | 3
木更津総合 2 3 0 0 6 1 X | 12

[決勝]
木更津総合 0 1 2 0 0 0 0 3 0
専 大 松 戸 0 0 0 1 5 0 0 0 0
　　　　　　　　　　　　　　0 0 | 6
　　　　　　　　　　　　　　0 0 4 | 10
(延長13回)

【木更津総合】
	打	安	点
(中)秋元	4	1	0
(三)菊地	5	2	0
(遊)大西	5	3	3
(一)山中	6	1	0
(右)山田	5	1	1
(左)大曽根	3	1	1
走左 大曽根	0	0	0
投 神子	2	0	0
(捕)中西	6	1	0
(二)細野	5	2	1
(左)島田	2	0	0
打 村岡	1	0	0
投 越井	0	0	0
左 空	2	0	0

振球犠併残打安点
9 4 2 1 9 46 12 6

投手	回	安責数
島田	6	5 1 109
越井	1 2/3	2 0 20
神子	4 1/3	6 2 69

【専大松戸】
	打	安	点
(右)吉岡	4	2	5
(中)刈部	5	3	2
(遊)石井	6	2	1
三奥田	6	1	0
(一)山口	5	1	1
(二)大西	5	0	0
(捕)加藤	6	2	0
走 石神	0	0	0
(三)横山	1	0	0
投 本	4	1	0
投右 深沢	4	1	0

振球犠併残打安点
3 5 4 2 11 46 13 9

投手	回	安責数
深沢	6	3 5 9
岡本	10	6 3 143

本 大西(深沢) 吉岡(神子=満塁) 三 細野 二 刈部 石井 大西 盗木2 失木3
▽審判 (球)森川 (塁)高橋道 東城 上平
3時間56分

東東京大会

[参加]139校130チーム
[加盟]272校 [部員]9,348人
加盟・部員は東京都

[代表校]二松学舎大付
(3年ぶり4回目)
選手権通算 4勝4敗

7月3日〜8月2日 東京ドーム、神宮、都営駒沢、江戸川区、大田、府中市民、ネッツ多摩昭島、市営立川

[1回戦]
攻 玉 社 11-1 葛飾総合
板 橋 7-0 日工大駒場
深 川 12-0 六郷工科
成立学園 15-2 日 本 橋
大 島 11-2 葛西南・聖学院・つばさ総合
東京成徳大 6-1 大 島
足立学園 5-4 駒込学園

[2回戦]
足 立 西 15-5 田園調布
共栄学園 8-1 武蔵丘
多摩大目黒 11-0 大山・蒲田・橘
新 宿 12-2 富 士
実践学園 19-5 江戸川 (延長10回)
駒 場 14-0 中野工
東 5-2 東京農産
東海大高輪台 9-4 王子総合
篠 崎 10-0 両 国
岩 倉 13-0 北豊島工
広 尾 4-0 鷺 宮
高 島 9-0 開 成
筑波大付 4-1 荒 川 工
攻 玉 10-0 渋谷教育渋谷
明大中野 3-0 正則学園
青 山 13-3 大島海洋国際
目黒日大 9-8 駿台学園
東 京 実 3-2 目白研心
小 岩 9-0 目黒学院
葛 飾 野 8-1 東 洋
九 段 12-0 千 早
上野学園 11-1 三 田
城 北 9-8 海 城
東京成徳大 3-2 錦城学園
昭和第一 8-0 青 稜
日 大 8-0 本
帝 京 10-0 淑徳巣鴨
淑 徳 13-0 麻 布
順 天 8-1 独 協
高 輪 17-16 桜 丘
朋優学院 11-0 文教大付
京 華 13-0 青井・足立東・三商
大 島 8-6 足立工
芝 2-1 墨田工
立正大立正 9-1 浅草・かえつ有明・東京科学技術・桐ケ丘
立教池袋 4-1 日本ウェルネス
国 際 12-11 産業技術高専
紅 葉 川 4-0 京華商
東亜学園 13-2 学習院
郁 文 館 10-0 深 川
足立新田 10-3 豊 南
大 崎 13-0 南葛飾
安田学園 15-0 桜修館
昭和鉄道 12-6 日比谷
修 徳 2-0 雪 谷
城 西 9-0 足立学園
文 京 2-1 日体大荏原
芝浦工大付 14-4 巣 鴨
大 森 2-0 東 舎
青山学院 2-0 立志舎
堀 越 3-2 目 黒
葛 飾 商 11-3 広尾学園
城 東 9-0 八 丈
早 稲 田 13-3 国 学 院
成立学園 13-3 戸 山
小 松 川 6-5 大東大一
板 橋 12-1 葛 西 工
正 則 8-3 自由ケ丘学園
淵 江 10-3 豊島学院

[3回戦]
関東第一 12-0 攻玉社
足 立 西 14-0 東
実 践 学 園 8-1 多摩大目黒
岩 倉 16-0 九 段
日 大 3-2 東海大高輪台 (延長12回)
共栄学園 7-1 上野学園
目黒日大 4-3 篠 崎
芝 7-0 早 稲 田
二松学舎大付 3-0 東京成徳大
高 島 11-1 順 天 (延長11回)
駒 場 3-2 京 華
淑 徳 3-0 高 輪
広 尾 7-1 筑波大付
東 京 実 11-10 青 山 (延長15回)
城 北 13-10 葛 飾 野
小 岩 7-6 朋優学院
明大中野 16-0 昭和鉄道
郁 文 館 2-0 足立新田
立教池袋 10-3 大 崎
帝 京 17-0 昭和第一
紅 葉 川 12-0 国 際
大森学園 5-0 新
立正大立正 13-2 新

東東京大会 二松学舎大付—関東第一 二回表、二松学舎大付・秋山は先制適時打を放つ。投手・市川、捕手・石見＝東京ドーム

東亜学園 3-2 安田学園
青山学院 4-3 芝浦工大付
日大豊山 5-2 城 西
修 徳 10-0 大 森
城 西 8-1 淵 江
堀 越 10-0 小 松 川
小 山 台 10-2 成立学園
文 京 20-0 葛 飾 商
正 則 不戦勝 板 橋

[4回戦]
岩 倉 8-2 実践学園
日 大 4-1 共栄学園
関東第一 10-0 足 立 西
芝 11-10 目黒日大 (延長12回)
広 尾 7-0 駒 場
淑 徳 4-3 東京実 (延長10回)
小 岩 7-3 城 北
二松学舎大付 7-0 高 島
大森学園 7-6 立正大立正
東亜学園 6-2 紅 葉 川
帝 京 3-2 明大中野
郁 文 館 4-3 立教池袋
修 徳 7-1 青山学院
日大豊山 8-4 城 西
小 山 台 8-5 東 京
堀 越 12-5 正 則

[5回戦]
関東第一 11-2 岩 倉
二松学舎大付 7-0 広 尾
芝 7-3 日 大 一
淑 徳 6-5 小 岩
東亜学園 10-0 大森学園
修 徳 10-4 日大豊山
小 山 台 9-4 堀 越
帝 京 7-4 郁 文 館

[準々決勝]
芝 0 0 0 0 0 0 0 | 0
関東第一 0 0 0 8 0 X | 8

淑 徳 0 1 0 0 0 0 1 | 1
二松学舎大付 0 0 0 7 2 1 X | 10

東亜学園 0 0 0 0 0 1 0 2 0 0 | 3
帝 京 0 1 0 4 0 0 0 X | 5

小 山 台 0 0 0 0 0 0 0 0 0 0 | 0
修 徳 0 0 0 0 0 0 0 0 0 0
　　　　　　　　　　　　　　0 | 0
　　　　　　　　　　　　　　4 | 4
(延長10回)

[準決勝]
修 徳 0 0 0 1 0 0 0 0 1 | 1
関東第一 0 0 4 0 0 0 0 X | 4

二松学舎大付 0 0 0 0 4 0 0 0 0 | 4
帝 京 1 0 0 0 0 0 0 1 2 | 2

[決勝]
二松学舎大付 0 1 0 0 0 0 3 1 0 | 5
関東第一 0 0 0 0 0 0 0 1 0 | 1

【二松学舎大付】
	打	安	点
(左)永見	5	1	1
(二)親富祖	5	3	0
(中)瀬谷	4	0	0
(一)関	3	2	1
(三)浅野	2	0	0
(右)秋山	3	3	1
(遊)丸山	4	1	1
(捕)鎌田	3	0	1
(投)桜井	4	1	1

振球犠併残打安点
6 3 3 0 7 33 10 5

投手	回	安責数
秋山	9	3 0 137

【関東第一】
	打	安	点
(右)染谷	4	0	0
(中)五十嵐	1	0	0
打中 鎌倉	2	1	0
(遊)初	2	0	0
(二)津原	4	0	0
(左)楠原	3	0	0
(捕)石見	3	1	0
(一)滝川	2	0	0
(三)桜井	4	1	1
打 秋葉	1	0	0
投 鈴木	0	0	0
投右 市川	3	1	0
(二)立花	3	0	0

振球犠併残打安点
8 1 0 0 3 30 3 1

投手	回	安責数
市 川	8	9 5 107
鈴 木	1	1 0 8

二 秋山 桜井 永見 市川 親富祖 盗二1 暴市川 秋山 失二1 関1 ▽審判 (球)熊倉 (塁)鈴木孝 伊藤大 滝沢
2時間2分

[東京都高野連所在地]〒150-0002 渋谷区渋谷2-22-8
名取ビル9階 ☎03(3409)5614
[会長]堀内 正 [理事長]＊武井克時

西東京大会

[参加]132校127チーム
[加盟]272校 [部員]9,348人
加盟・部員は東京都

[代表校]東海大菅生
(4年ぶり4回目)
選手権通算 4勝4敗

7月3日〜8月2日 東京ドーム、スリーボンド八王子、府中市民、ネッツ多摩昭島、多摩市一本杉、市営立川、スリーボンド上柚木、町田市小野路

[1回戦]
西 9-2 保 谷
小 平 西 6-0 ICU
国 分 寺 8-0 多摩大聖ケ丘
杉 並 18-0 深 沢
武蔵野北 13-1 和 光
日 野 台 1-0 松 が 谷
大 成 2-1 田 無 工
聖パウロ学園 4-0 聖徳学園
田 無 11-6 玉川学園
国 士 舘 18-0 調 布 北

[2回戦]
明学東村山 13-2 大東学園
久留米西 6-5 学芸大付
府 中 西 13-3 山 崎

成城学園 11－0 井草・大泉・田柄
東村山 5－3 翔　陽
明星学園 4－2 国　立
永　山 10－0 東京高専
町田工 8－1 瑞穂農芸
拓大一 11－1 西
府中工 10－3 練　馬
法　政 9－7 成　瀬
都市大等々力 5－3 都武蔵
東大和南 19－0 帝　京
明　治 18－0 五日市・東京農・八王子桑志・南多摩
立　川 14－0 松　蔭
工学院大付 3－0 八王子実践
片　倉 5－1 千歳丘
東村山西 15－0 立川国際
駒　大 7－0 青梅総合
国分寺 6－4 成　蹊
武蔵村山 2－0 四　商
府中東 8－5 小平西
小　平 9－2 中大杉並
早大学院 9－2 富士森
明　星 12－0 杉並工
錦　城 19－4 東京電機大
狛　江 8－7 八王子北
（延長10回）
拝　島 12－4 羽　村
聖パウロ学園 8－1 町　田
東大和 10－3 桐　朋
東京都市大付 10－0 多摩工
杉　並 11－2 三　鷹
上　水 8－4 穎明館
昭和第一学園 7－0 秋留台
武蔵野北 16－2 多　摩
調　布 6－1 学芸大付国際
清　瀬 6－3 府　商
中大付 18－8 五　商
日大二 16－1 松　原
世田谷学園 4－3 総合工科
田　無 5－1 明　代
小　川 15－5 神　代
昭　和 10－0 駒場学園
桜美林 10－0 練馬工
小平南 10－0 光　丘
日大桜丘 5－2 日野台
南　平 8－4 筑波大駒場
福　生 4－2 啓明学園
国士舘 24－0 芦　花
桜　町 6－3 石神井
早稲田実 9－2 大　成
豊多摩 5－3 東農大一
（延長12回）
私武蔵 8－3 帝京八王子
［3回戦］
府中東 2－0 永　山
都市大等々力 16－2 久留米西
明　星 24－0 東村山
東海大菅生 4－2 国士舘
工学院大付 4－3 早大学院
創　価 3－2 拓大一
（延長12回）

東大和南 1－0 片　倉
法　政 7－0 成城学園
明　治 10－0 錦　城
東村山西 9－2 明星学園
日大三 4－0 明学東村山
府中西 13－3 町田工
東京都市大付 7－4 清　瀬
小　平 11－2 武蔵村山
日本学園 11－1 府中東
八王子 13－3 国分寺
東大和 4－3 調布南
駒　大 10－0 立　川
田　無 3－2 専大付
狛　江 11－0 拝　島
明大中野八王子 11－0 武蔵野北
国学院久我山 15－0 日大桜丘
昭和第一学園 11－1 上　水
日　野 6－2 杉　並
桜美林 8－6 日大二
桜　町 2－0 小　川
聖パウロ学園 7－0 日大鶴ケ丘
世田谷学園 7－0 中大付
早稲田実 6－0 佼成学園
小平南 1－0 昭　和
福　生 3－2 私武蔵
（延長10回）
豊多摩 9－2 南　平
［4回戦］
創　価 10－2 法　政
明　星 10－1 東村山西
小　平 7－2 日本学園
日大三 12－0 都市大等々力
府中西 11－1 府中東
東海大菅生 13－0 東大和南
明　治 4－3 工学院大付
駒　大 12－0 田　無
八王子 7－0 東京都市大付
早稲田実 15－0 福　生
狛　江 12－5 東大和
国学院久我山 10－0 桜　町
明大中野八王子 3－2 桜美林
世田谷学園 1－0 日　野
昭和第一学園 4－3 聖パウロ学園
小平南 7－4 豊多摩
［5回戦］
創　価 9－1 府中西
日大三 9－4 明　星
東海大菅生 5－0 明　治
駒　大 2－0 小　平
世田谷学園 6－5 昭和第一学園
（延長10回）
国学院久我山 10－4 早稲田実
明大中野八王子 6－5 小平南
（延長11回）
狛　江 3－2 八王子
［準々決勝］
創　価 000000000 0
日大三 00000012X 3

東海大菅生 100100030 5
駒　大 000001000 1

世田谷学園 001000000
狛　江 100000000
　　　　0002 3
　　　　0001 2
（延長13回）
国学院久我山 1010011111 6
明大中野八王子 0030000200 5
［準決勝］
日大三 011000010 3
国学院久我山 020101000X 4

世田谷学園 000000000 0
東海大菅生 004004X 8
［決勝］
国学院久我山 201000000 3
東海大菅生 10231001X 8

【国学院久我山】			
投	内　山	4	2 0
中	斎藤	2	0 0
左	田村優	3	0 0
一	原田	3	1 0
遊	高橋	4	2 2
捕	下川辺	2	0 0
三	上田	2	0 0
打	饗庭	1	0 0
右	藤原	3	0 0
打	榎本	1	0 0
二	黒崎	4	0 0

振	球	犠	併	打	安	点
7	4	2	1	6 30	5	2

投手	回	安	責	数
高橋	5	10	6	72
内山	3	1	4	6

【東海大菅生】			
投	千田	5	1 3
捕	福原	5	2 0
左	堀町	5	4 4
中	小池	2	0 0
一	岩井	4	2 0
右	栄	2	0 0
二	小山	3	1 1
遊	金谷	4	1 0
打	鈴本悠	1	1 0
投	桜井	0	0 0
打	本橋	1	0 0
中	橋本	0	0 0

振	球	犠	併	打	安	点
3	2	0	7	34	13	8

投手	回	安	責	数
本田	6	4	2	98
桜井	1	0	3	1
千田	1	0	0	11

本塁打 堀町（高橋）千田（高橋）　二塁打 原田 岩井
盗塁 東3　暴投 本田　失策 東1　▽審判
（球）秋山　（塁）村松 鈴木研 田中康
1時間56分

神奈川大会

[参加] 189校176チーム
[加盟] 191校　[部員] 6,480人

[代表校] 横浜
（3年ぶり19回目）
選手権通算 36勝17敗

7月10～28日　保土ケ谷、平塚、大和、相模原、横須賀、藤沢・八部、秦野、小田原、伊勢原、俣野公園、等々力

［1回戦］
神奈川商工 8－7 横浜立野
鎌倉学園 14－0 大　和
川崎北 8－1 新　羽
座　間 4－2 鶴見大付
綾　瀬 12－1 港　北
綾瀬西 7－1 サレジオ学院
足　柄 8－4 新城・麻生総合・市川崎・幸
相模田名 3－1 横須賀工
麻　生 7－4 秦　野
厚木北 16－0 大和東
横須賀大津 20－0 海洋科学
湘南工大付 10－1 希望ケ丘
小田原城工 1－0 平塚工科
関東六浦 12－5 上矢部
アレセイア 11－1 横浜緑園・横浜明朋
城　山 10－3 相　模
藤沢翔陵 1－0 法政二
武　相 9－4 座間総合
横浜南陵 9－8 元石川
（延長11回）
柏木学園 8－1 伊勢原
高　浜 19－1 県川崎
市ケ尾 5－4 湘南台
茅ケ崎北陵 19－18 湘南学園
横浜桜陽 13－8 大井・吉田島
厚木西 9－2 新　栄
西　湘 13－1 保土ケ谷

湘　南 7－3 平塚江南
金　沢 12－0 大和南
慶　応 5－4 桐蔭学園
伊志田 4－1 瀬谷根
菅　14－1 岸
鎌　倉 3－0 横浜翠嵐
小田原 19－0 森村学園
麻溝台 9－0 秀　英
東　11－0 横浜平沼
光　陵 9－4 秦野総合
（延長10回）
大　船 7－3 有　馬
横浜翠陵 9－4 松　陽
荏　田 9－0 向の岡工
山手学院 3－0 柏
瀬谷西 5－4 舞　岡
平塚湘風 7－4 逗　葉
横浜栄 5－2 厚木東
横浜氷取沢 12－0 横須賀南
磯子工 6－4 大和西
追　浜 8－3 深　沢
横須賀総合 7－6 生　田
川崎総合科学 5－1 寒　川
［2回戦］
厚木清南・愛川・中央農 7－0 厚木西
藤沢清流 3－0 百合丘
東海大相模 11－0 関東六浦
向　上 11－0 座　間
横　浜 31－0 足　柄
住　吉 2－1 茅ケ崎北陵
橘学苑 5－4 アレセイア
川　和 7－4 西　湘
（延長10回）
三浦学苑 11－1 綾瀬西
綾　瀬 11－10 慶応藤沢
（延長13回）
川崎工科 1－0 大　磯
横須賀大津 10－0 藤沢総合・平塚農商
逗　子 2－1 相模田名
城　郷 6－5 中大横浜
（延長10回）
鎌倉学園 8－3 大　師
神奈川工 13－0 上　鶴間
厚木北 6－3 横須賀学院
神奈川商工 9－2 津久井浜
川崎北 11－4 生　田
慶　応 9－2 光明相模原
相　洋 24－1 横浜桜陽
鶴　嶺 1－0 厚　木
上　溝 4－0 市ケ尾
桐光学園 9－1 横浜南陵
横浜商 7－0 伊志田
藤嶺藤沢 10－1 柏木学園
城　山 7－6 七里ガ浜
湘南工大付 8－7 戸　塚
湘南学院 12－0 麻　生
橘　0－0 光　陵
麻布大付 9－8 逗子開成
横浜隼人 10－0 小田原城北工
東　9－2 上　溝
武　相 5－0 茅ケ崎
旭　丘 7－2 菅
桜　丘 5－2 神奈川大付
藤　沢 10－0 田奈・鶴見総合・釜利谷・永谷
藤沢西 10－0
藤沢工科 5－1 高　浜
藤沢翔陵 6－0 横浜緑ケ丘
浅　野 4－3 相模原総合
横浜栄 5－4 横須賀
相模原中等教育 4－3 鶴　見
日大藤沢 10－0 鎌　倉
星槎国際湘南 18－1 山手学院
南　9－2 津久井・橋本
湘　南 12－2 二宮
横浜清陵 1－0 茅ケ崎西浜
日　大 6－2 横浜翠陵
金沢総合 6－3 大　船
相模原弥栄 5－4 追　浜
（延長10回）
横浜創学館 12－0 瀬谷西
白　山 10－1 相　原

西東京大会　国学院久我山－東海大菅生　四回裏1死一、三塁、東海大菅生・千田は左越え3点本塁打を放つ。捕手・黒崎＝東京ドーム

[神奈川県高野連所在地]〒241－0022　横浜市旭区鶴ケ峰2－45－35
☎045（744）7788
[会長]＊熊野宏之　[理事長]＊榊原秀樹

神奈川大会　横浜創学館―横浜　一回裏2死一塁、横浜の4番・立花が右前安打を放ち、右翼手の失策が絡んで一塁走者が生還した＝保土ケ谷

立花学園 4－1 金沢
金井 8－1 横須賀総合
麻溝台 3－1 山北
小田原 10－0 多摩
旭 13－5 関東学院
横浜商大 9－0 霧が丘
川崎総合科学 7－0 秦野曽屋
横浜サイエンスフロンティア 19－4 相模向陽館
横浜学園 10－8 磯子工
荏田 5－2 高津
平塚学園 9－2 横浜氷取沢
海老名 6－4 平塚湘風

[3回戦]
三浦学苑 8－1 厚木清南・愛川・中央農
藤沢翔陵 2－0 湘南学院
厚木北 10－0 橘学苑
横浜 12－0 神奈川商工
向上 13－0 綾瀬
鎌倉学園 不戦勝 城郷
東海大相模 12－1 横須賀大津
相洋 6－5 城山
湘南工大付 4－1 藤沢西
住吉 5－1 神奈川工
藤沢清流 12－5 逗子
上溝南 14－4 浅野
藤嶺藤沢 13－11 横浜隼人 （延長11回）
鶴嶺 不戦勝 藤沢工科
川崎工科 3－1 川崎北
川和 9－2 麻布大付
麻溝台 6－3 横浜商大
横浜創学館 8－1 湘南
立花学園 13－0 横浜サイエンスフロンティア
横浜商 11－2 横浜栄
星槎国際湘南 11－0 小田原
慶応 3－2 橘
桐光学園 10－0 武相
日大藤沢 10－6 平塚学園
海老名 16－4 旭
南 11－1 横浜学園
日大 14－7 荏田
相模原中等教育 17－0 東
横浜清陵 4－2 金沢総合
桜丘 6－3 旭丘
相模原弥栄 9－2 金井
白山 8－3 川崎総合科学

[4回戦]
相洋 10－5 鶴嶺
三浦学苑 8－6 藤沢清流
横浜 3－0 鎌倉学園
藤嶺藤沢 5－1 湘南工大付
横浜創学館 14－0 南
厚木北 12－5 住吉
日大藤沢 11－4 海老名
東海大相模 7－1 川和
慶応 9－2 桜丘
立花学園 8－2 星槎国際湘南

麻溝台 4－1 日大
横浜清陵 5－4 横浜商
向上 1－0 川崎工科
相模原弥栄 10－9 白山 （延長13回）
桐光学園 5－0 相模原中等教育
藤沢翔陵 10－1 上溝南

[5回戦]
慶応 8－3 桐光学園
藤沢翔陵 9－5 相洋
横浜 11－1 厚木北
東海大相模 6－0 藤嶺藤沢
横浜創学館 7－3 相模原弥栄
向上 10－3 三浦学苑
日大藤沢 5－4 立花学園 （延長12回）
横浜清陵 6－2 麻溝台

[準々決勝]
東海大相模 ― 藤沢翔陵
（東海大相模野球部員にコロナ感染者が出たため出場辞退。藤沢翔陵が不戦勝）

| 横浜清陵 | 0 0 3 0 0 0 | 3 |
| 慶応 | 3 3 6 3 X | 15 |

| 日大藤沢 | 0 2 0 1 0 0 | 3 |
| 横浜創学館 | 1 1 0 2 0 9 | 13 |

| 横浜 | 5 0 0 0 4 1 1 | 11 |
| 向上 | 0 0 0 0 2 1 | 3 |

[準決勝]
| 慶応 | 0 0 0 0 0 1 1 0 0 | 2 |
| 横浜創学館 | 0 0 1 0 4 0 0 0 X | 5 |

| 藤沢翔陵 | 0 0 0 1 0 0 0 | 1 |
| 横浜 | 5 3 0 0 0 1 X | 9 |

[決勝]
| 横浜創学館 | 0 0 0 0 0 0 1 2 0 | 3 |
| 横浜 | 1 2 1 7 4 0 0 2 X | 17 |

【横浜創学館】
中 倉谷 400
二 光岡 200
打 佐藤陽 100
二 福田 000
岡本 411
長井 312
仲田 400
山岸 200
投 遠藤 210
斎藤 310
井上 400
森 100
打 高野 100
走遊 佐藤汰 000
振球犠併残打安点
7 2 2 0 5 31 5 3

【横浜】
緒方 533
安達 520
投金井 422
立花 652
宮田 322
岸本 544
玉城 644
増田 321
左杉山 300
振球犠併残打安点
5 6 6 1 11 40 24 15

投手　回　安責数
山岸 4 16 10 101
遠藤 4 8 5 73

杉山 8 2/3 5 2 113
金井 0 1/3 0 0 1

本 長井(杉山)　**三** 立花　**二** 立花3 金井 緒方 宮田 岸本 高野　**盗** 浜2　**暴** 山 岸 清水　**選** 井1 浜2　▽審判 (球)清水 (塁)江崎 奥津 松本新
2時間44分

新潟大会

[参加] 84校74チーム
[加盟] 85校　[部員] 2,505人

[代表校] **日本文理**
（2大会連続11回目）
選手権通算 9勝11敗

7月10～27日　ハードオフ、悠久山、鳥屋野、五十公野、佐藤池

[1回戦]
小出 10－1 正徳館・栃尾
新潟東 12－8 豊栄・加茂農林
新潟工 12－2 新潟北
新発田南 17－1 新潟第一
村上桜ケ丘 7－3 新潟南
新潟青陵 3－1 新発田商
見附 8－7 長岡農 （延長10回）
長岡 12－0 糸魚川白嶺
長岡向陵 9－6 柏崎常盤・柏崎総合・久比岐
長岡大手 14－3 加茂・分水・阿賀野・白根・吉田

[2回戦]
新津 4－3 新津南
佐渡 3－1 佐渡総合
村上 7－0 新潟向陽
北越 8－1 新潟西
万代 10－7 中条
巻 6－4 新発田農
新潟明訓 23－0 新潟東
上越総合技術 2－1 高田
帝京長岡 12－0 小千谷西
羽茂 17－8 新発田
長岡商 14－4 高田農
新潟商 15－2 新潟江南
加茂暁星 8－1 村上桜ケ丘
六日町 5－1 長岡高専
開志学園 21－1 巻総合
小千谷 2－1 高田商
新津 15－2 敬和学園
新井 6－5 三条東
新潟 9－1 新潟青陵
新発田南 6－0 五泉
新発田商 6－0 小出
長岡大手 4－3 新潟県央工
関根学園 11－3 見附
三条 17－1 塩沢商工
日本文理 6－0 新発田中央
東京学館新潟 9－2 新潟工
長岡向陵 11－1 十日町総合・海洋・松代
高田北城 4－3 柏崎
長岡 不戦勝 中越
上越 6－1 長岡工
柏崎工 8－5 十日町
糸魚川 8－3 三条商

[3回戦]
新潟明訓 13－0 高田北城
新潟産大付 8－0 新潟商
関根学園 10－0 羽茂
加茂暁星 11－1 三条
巻 3－2 新井 （延長11回）
上越総合技術 15－4 万代
佐渡 4－3 長岡商
北越 6－2 六日町
柏崎 5－3 新潟
日本文理 5－3 長岡
東京学館新潟 9－2 糸魚川
上越 7－6 新発田南
開志学園 19－0 長岡向陵
新津 9－8 小千谷
帝京長岡 10－3 村上
新津工 10－7 長岡大手 （延長11回）

[4回戦]
関根学園 7－1 巻
新潟産大付 4－1 佐渡
北越 4－3 加茂暁星
新潟明訓 9－0 上越総合技術
日本文理 8－3 帝京長岡
開志学園 10－0 上越
新津工 6－5 柏崎工 （延長12回）
東京学館新潟 8－1 新津

[準々決勝]
| 新津工 | 0 1 1 0 0 | 2 |
| 新潟産大付 | 0 8 0 4 X | 12 |

| 開志学園 | 0 0 0 3 1 1 2 0 2 | 9 |
| 北越 | 1 0 1 0 0 0 0 2 0 | 4 |

| 日本文理 | 0 1 0 0 0 1 0 0 0 0 | 3 5 |
| 関根学園 | 0 0 1 1 0 0 0 0 0 0 | 0 2 |

（延長10回）

| 東京学館新潟 | 0 0 0 0 3 0 1 0 0 | 4 |
| 新潟明訓 | 0 0 0 0 0 1 4 X | 5 |

[準決勝]
| 開志学園 | 0 0 0 0 0 0 0 0 0 | 0 |
| 新潟産大付 | 3 0 3 0 0 0 0 1 7 | 7 |

| 日本文理 | 0 2 0 0 7 0 0 1 | 10 |
| 新潟明訓 | 0 0 0 0 0 2 1 0 3 | 3 |

[決勝]
| 日本文理 | 4 0 1 0 0 2 0 0 0 | 7 |
| 新潟産大付 | 1 0 0 0 0 0 0 2 0 | 3 |

【日本文理】
土野 420
塚野 210
田中 412
渡辺 514
岩田 530
玉木 400
大平 000
打 高橋悠 100
右 松本 000
高橋瑛 411
竹野 410
米山 420
振球犠併残打安点
7 2 3 0 8 37 12 7

【新潟産大付】
小林 420
関山 200
五十嵐 421
鈴木 312
中村 410
田村 420
山田 410
西村 300
打 佐藤 100
梶山 200
打 村上 100
中信田 000
打田 100
振球犠併残打安点
9 2 1 0 6 33 8 3

投手　回　安責数
田中 9 8 3 119
西村 9 12 6 148

本 渡辺(西村＝満塁) 鈴木(田中)　**二** 岩田 田中(日)田村　**盗** 日3　**求** 田中 新1　**失** 渡辺 樋口 池田　▽審判 (球)佐藤 (塁)榎本 樋口 池田
2時間4分

新潟大会　日本文理―新潟産大付　一回表、無死満塁で本塁打を放った日本文理の渡辺。笑顔でダイヤモンドを一周した＝ハードオフ

[新潟県高野連所在地]〒950－8639　新潟市東区小金町2－6－1　県立新潟東高等学校内　☎025(290)7817／☎025(271)7055
[会長]笠井兵彦　[理事長]中原丈二

長野大会

[参加]86校77チーム
[加盟]86校　[部員]2,625人

[代表校]**松商学園**
（4年ぶり37回目）
選手権通算 28勝36敗

7月4〜23日　松本市、長野オリンピック、県営上田、しんきん諏訪湖

[1回戦]

上　　　　田	2	—	1	更　級　農
屋　　　　代	4	—	3	地球環境
伊　那　北	4	—	2	塩尻志学館
飯　　　　山	3	—	0	上　田　東
小　　　諸	14	—	5	長野高専
伊那弥生ケ丘	7	—	0	松本県ケ丘
野　沢　北	3	—	2	長野俊英
松本美須々ケ丘	1	—	0	東海大諏訪
辰野・阿南	13	—	8	大町岳陽
中野立志館	6	—	5	上伊那農
阿　　　　智	12	—	0	池　田　工
梓　　　川	10	—	0	富　士　見
飯田OIDE長姫	25	—	1	下高井農林

[2回戦]

岡　谷　南	4	—	0	辰野・阿南
松商学園	10	—	1	伊　那　北
上田染谷丘	2	—	1	小　　　諸
長野日大	7	—	2	屋　　　代
佐久長聖	10	—	0	飯　　　山
東京都市大塩尻	6	—	0	伊那弥生ケ丘
上　田　西	5	—	1	小　　　諸
高　　　遠	11	—	4	阿　　　智
小　諸　商	5	—	4	中野立志館
野　沢　北	5	—	3	篠　ノ　井
松本深志	8	—	1	梓　　　川
諏訪清陵	9	—	2	松本美須々ケ丘
飯田OIDE長姫	8	—	6	飯　　　田
長　野　工	33	—	0	野　沢　南
長　野　東	11	—	2	小　　　海
ウェルネス長野	8	—	3	長　　　野
岡　谷　工	11	—	4	長　野　南
木曽青峰	9	—	0	松　　　代
明科・穂高商・豊科	2	—	0	下諏訪向陽
岩　村　田	8	—	1	長　野　東
上田千曲	10	—	0	須坂東・北部・坂城
中　野　西	5	—	4	駒ケ根工
（延長13回）				
松本第一	8	—	0	松　　　川
松本国際	12	—	2	茅野・諏訪実・岡谷東
佐久平総合技術	11	—	6	長　野　商
須　　　坂	7	—	3	蘇科・軽井沢・蘇南
田　　　川	15	—	3	箕輪進修
飯田風越	5	—	2	南安曇農
長野吉田	4	—	2	赤　　　穂
須坂創成	6	—	1	丸子修学館
松本蟻ケ崎	11	—	8	諏訪二葉
松　本　工	8	—	0	下伊那農

[3回戦]

上田染谷丘	3	—	0	岩　村　田
松商学園	7	—	0	木曽青峰
岡　谷　南	13	—	3	明科・穂高商・豊科
長野日大	7	—	4	岡　谷　工
高　　　遠	8	—	1	田　　　川
佐久長聖	12	—	0	中　野　西
上　田　西	9	—	2	上田千曲
東京都市大塩尻	7	—	0	飯田風越
小　諸　商	9	—	0	須　　　坂
松本国際	7	—	6	松本深志
佐久平総合技術	6	—	2	野　沢　北
松本第一	6	—	0	諏訪清陵
ウェルネス長野	10	—	3	松　本　工
飯田OIDE長姫	5	—	2	松本蟻ケ崎
長　野　工	10	—	4	須坂創成
長　野　西	5	—	4	長野吉田

[4回戦]

松商学園	7	—	0	松本第一
長野日大	9	—	1	佐久平総合技術
岡　谷　南	4	—	3	松本国際
上田染谷丘	7	—	1	小　諸　商
東京都市大塩尻	5	—	1	ウェルネス長野
高　　　遠	10	—	4	飯田OIDE長姫
佐久長聖	7	—	0	長　野　工
上　田　西	3	—	1	長　野　西

[準々決勝]

上　田　西	0	0	0	0	0	0	0	0	0	0
松商学園	2	2	1	0	3	0	X			8

岡　谷　南	0	0	0	0	0	0	0	0	1	1
佐久長聖	0	0	0	0	0	0	0	0	0	0

東京都市大塩尻	0	0	0	0	0	0	0	0	0	0
長野日大	0	0	0	0	0	0	3	0	X	3

高　　　遠	5	0	1	0	2	0	0	0	2	10
上田染谷丘	0	0	0	3	0	0	0	0	0	3

準決勝

高　　　遠	0	0	0	0	2	0	0	4	0	6
松商学園	3	0	1	3	0	0	1	0	X	8

岡　谷　南	1	0	0	0	0	0	2	0	1	4
長野日大	0	0	0	0	0	5	0	0	X	5

[決勝]

長野日大	0	0	1	0	1	0	0	0	0	2
松商学園	0	0	0	2	0	3	2	0	X	7

【長野日大】				
[遊]	平林	3	1	1
[中]	青木悠	3	0	0
打	二本松	0	0	0
走中	丸山	0	0	0
[三]	松永	3	0	0
[捕]	青木翔	4	1	0
[一]	西沢	4	0	0
[右]	中島	2	0	0
打	三ツ井	1	1	0
[捕]	東海林	4	2	0
[二]	塚田	1	1	0
[投左]	白根	2	0	1

振	球	犠	併	残	打	安	点
4	4	3	0	5	27	6	2

投手	回	安	責	数
白根	6 1/3	10	7	121
中島	1 2/3	0	0	34

三宮下　熊谷　二栗原　塚田　金井　野田
失長2 ▽審判（球）高野（塁）堀川　坂口　山田　　2時間9分

【松商学園】				
[遊]	宮下	5	1	1
[中]	間中	4	2	1
[一]	織茂	4	1	0
[右]	斎藤	4	0	0
[三]	熊谷	3	1	0
[捕]	金井	3	1	1
[捕]	野田	3	1	1
[左]	栗原	2	1	1
[二]	今井	1	1	1
[投]	吉水	3	1	1

振	球	犠	併	残	打	安	点
5	8	2	2	11	32	10	7

投手	回	安	責	数
栗原	5	4	2	70
今井	4	2	0	49

長野大会　長野日大—松商学園　優勝を決めて喜ぶ今井（中央）ら松商学園の選手たち＝松本市

[長野県高野連所在地]〒390−8602　松本市美須々2−1　県立松本美須々ケ丘高等学校内　☎0263（33）3720／📠0263（33）3690
[会長]＊加藤尚也　[理事長]滝澤裕紀

山梨大会　富士学苑—日本航空　13年ぶり6回目の優勝を決めて喜ぶ日本航空の選手たち＝山日YBS

山梨大会

[参加]35校33チーム
[加盟]36校　[部員]1,342人

[代表校]**日本航空**
（13年ぶり6回目）
選手権通算 5勝6敗

7月10〜23日　山日YBS、北麓

[1回戦]

身　　　延	15	—	0	日　　　川

[2回戦]

富士学苑	29	—	5	山梨農林
駿台甲府	9	—	2	吉　　　田
甲府商	5	—	2	韮　崎　工
山　　　梨	13	—	6	甲府昭和
甲　府　工	18	—	0	北　　　杜
山梨学院	7	—	1	巨　　　摩
甲府東	23	—	0	笛　　　陵
日本航空	3	—	2	甲府一
都　　　留	9	—	2	富士河口湖
帝京三	4	—	3	笛　　　吹
（延長11回）				
甲府西	9	—	3	塩　　　山
東海大甲府	5	—	1	日大明誠
甲府城西	4	—	1	富士北稜
身　　　延	15	—	14	甲府南
都留興譲館	12	—	0	上　野　原
市川・青洲・増穂商	5	—	3	韮　　　崎

[3回戦]

駿台甲府	13	—	0	山　　　梨
甲　府　工	10	—	0	甲　府　東
富士学苑	5	—	3	甲　府　商
日本航空	11	—	0	甲　府　西
山梨学院	15	—	4	帝　京　三
都　　　留	6	—	5	市川・青洲・増穂商
東海大甲府	9	—	1	都留興譲館
甲府城西	8	—	1	身　　　延

[準々決勝]

富士学苑	0	1	0	1	0	0	3	4	0	9
駿台甲府	2	1	1	0	1	0	0	0	0	5

山梨学院	2	3	3	0	0	1	0	0	0	9
甲　府　工	1	0	2	0	0	0	2	0	0	5

日本航空	0	1	1	0	1	2	8			13
都　　　留	0	0	0	0	0	0	0	0		0

東海大甲府	1	0	1	3	0	2	0	0	0	7
甲府城西	0	0	2	0	0	0	0	0	0	2

[準決勝]

富士学苑	0	0	0	2	0	0	0	0	2	4
山梨学院	1	0	0	0	1	0	0	0	0	2

日本航空	4	0	1	0	1	0	1	2	0	9
東海大甲府	0	0	0	1	3	1	0	0	1	6

[決勝]

富士学苑	0	0	0	0	0	0	1	0	0	1
日本航空	0	0	1	1	0	0	0	0	X	2

【富士学苑】				
[遊]	池田	4	1	0
[三]	白須颯	2	0	0
[二]	五味	4	0	0
[中]	橳原	4	2	0
[一]	池谷	2	0	0
[捕]	鈴木慶	3	1	0
[左]	宮下	4	2	1
[右]	天野	3	0	0
打	鈴木皐	1	0	0
[投]	河村	3	2	0

振	球	犠	併	残	打	安	点
6	3	2	0	7	30	8	1

投手	回	安	責	数
河村	8	6	2	150

【日本航空】				
[遊]	久々米	5	1	0
[三]	森	2	0	0
[中]	エドポロ	4	0	0
[捕]	和泉	3	2	1
投	小沢	1	0	0
[一]	塚田	2	0	0
[右]	土橋	2	1	1
右	藤	0	0	0
[二]	山本竜	3	1	0
[左]	ヴァデルナ	2	0	0
投	東谷	0	0	0
打左	成沢	1	0	0

振	球	犠	併	残	打	安	点
5	9	3	1	14	28	6	2

投手	回	安	責	数
ヴァデルナ	7	7	1	101
東谷	1	1	0	20
小沢	1	0	0	14

二池田　土橋　宮下　失宮1　日1 ▽審判（球）小野（塁）内藤広　鈴木　舟久保　　2時間24分

[山梨県高野連所在地]〒407−0031　韮崎市龍岡町若尾新田50−1　県立韮崎工業高等学校内　☎0551（23）5689／📠0551（22）1531
[会長]＊武藤秀樹　[理事長]庄司和彦

[地方大会の区割り変遷]

北信越

【新潟】 初参加 第2回北陸
第9回甲信越／第17回信越／
第41回北陸／第56回新潟

【長野】 初参加 第2回北陸
第4回甲信／第9回甲信越／
第17回信越／第41回長野

【富山】 初参加 第2回北陸
第41回北陸／第56回北陸／
第60回富山

【石川】 初参加 第2回北陸
第60回石川

【福井】 初参加 第4回北陸
第56回福滋／第60回福井

※第40、45、50、55回は記念大会のため、1県1代表。

静岡大会

[参加]109校108チーム
[加盟]109校　[部員]4,021人

[代表校]**静岡**
（2大会連続26回目）
選手権通算 22勝25敗

7月10〜28日　草薙、愛鷹、富士、清水庵原、焼津、島田、浜岡、掛川、磐田、浜松

[1回戦]

科学技術	8－1	相　　良
常葉大橘	5－0	浜松湖南
池 新 田	12－5	沼 津 工
島　　田	11－3	磐 田 北
湖　　西	7－0	星　　陵
知　　徳	8－3	吉 原 工
掛 川 工	8－7	市 沼 津
富士市立	7－0	焼津水産
浜松学院	11－3	浜松大平台
浜 松 南	6－4	誠　　恵
静 岡 東	4－2	富士宮西
静 岡 商	9－2	天　　竜
浜 松 西	5－1	川　　根
浜　　名	7－0	藤 枝 北
袋　　井	9－3	下　　田
日 大 三 島	16－6	オイスカ
横 須 賀	10－0	富士宮東
藤 枝 西	6－5	小　　山
（延長13回）		
伊豆中央	5－3	磐 田 農
浜 北 西	11－0	御 殿 場
静 岡 北	6－3	伊　　東
浜松市立	9－0	沼津高専
清 流 館	16－2	藤 枝 東
駿河総合	7－1	静 岡 西
島田樟誠	12－9	浜松日体
富　　士	7－0	清 水 東
榛　　原	8－1	浜松江之島
韮　　山	10－8	焼津中央
（延長15回）		
常葉大菊川	8－2	浜松湖東
磐 田 南	3－1	浜松修学舎
聖　　隷	5－1	浜 松 商
御 殿 場	4－1	島 田 工
東海大静岡翔洋	3－0	裾　　野
静 岡 大 成	3－0	御殿場西
浜 松 東	4－1	新 居
島 田 商	3－2	沼 津 商
富 岳 館	8－7	田 方 農
（延長10回）		
浜 松 湖 北	6－5	飛　　龍
（延長13回）		
静　　清	8－1	磐 田 西
伊 東 商	6－5	小　　笠
（延長10回）		
城 南 静 岡	5－0	伊豆総合
掛 川 東	4－0	浜松開誠館
静岡市立	1－0	沼 津 東
静 岡 学 園	3－1	袋 井 商

[2回戦]

島　　田	12－5	袋　　井
藤枝明誠	9－0	静 岡 北
知　　徳	11－4	三　　島
静　　岡	7－0	浜　　名
三 島 南	10－4	掛 川 工
静 岡 東	3－2	浜 北 西
（延長11回）		
静 岡 商	6－5	常葉大橘
（延長11回）		
磐 田 東	3－1	浜松学院
清水桜が丘	8－5	浜 松 西
浜松市立	3－1	伊豆中央
日 大 三 島	10－2	遠江総合
富 士 市 立	8－0	浜 松 南
横 須 賀	4－3	湖　　西
浜 松 北	7－5	科学技術
藤 枝 西	11－4	沼津城北
池 新 田	13－1	熱海・佐久間
清 流 館	5－2	韮　　山
島 田 商	4－0	駿河総合
加藤学園	9－4	掛 川 東
浜 松 工	7－4	静　　清
東海大静岡翔洋	5－3	富　　士
掛 川 西	8－0	島田樟誠
静 岡 大 成	4－1	浜松城北工
浜 松 湖 北	8－2	富士宮北
磐 田 南	12－2	吉　　原
常葉大菊川	11－0	静 岡 農
御 殿 場	8－2	城南静岡
富 士 東	7－6	静岡学園
聖　　隷	8－0	伊 東 商
静岡市立	12－2	富 岳 館
桐　　陽	9－6	浜 松 東
榛　　原	10－1	清 水 西

[3回戦]

磐 田 南	8－7	静岡市立
島　　田	3－1	加藤学園
浜 松 工	7－4	浜松湖北
静　　岡	7－0	清水桜が丘
藤枝明誠	19－0	池 新 田
桐　　陽	6－5	御殿場西
聖　　隷	5－1	静岡大成
掛 川 西	9－4	榛　　原
清 流 館	11－2	富 士 東
三 島 南	1－1	静 岡 商
富 士 市 立	7－1	浜 松 北
浜松市立	9－2	藤 枝 西
磐 田 東	3－2	島　　田
東海大静岡翔洋	5－2	常葉大菊川
日 大 三 島	8－1	横 須 賀
知　　徳	2－0	静 岡 東

[4回戦]

掛 川 西	1－0	清 流 館
東海大静岡翔洋	5－3	浜 松 工
島 田 商	4－3	聖　　隷
藤枝明誠	9－2	知　　徳
富 士 市 立	9－6	三 島 南
磐 田 東	7－0	日 大 三 島
静　　岡	5－1	浜松市立
桐　　陽	5－2	磐 田 南

[準々決勝]

藤枝明誠	0 1 0 0 0 0 0 1 0 2	
磐 田 東	0 0 2 0 0 1 0 2 X 5	

掛 川 西	0 4 0 1 2 0 0 7	
島 田 商	0 0 0 0 0 0 0 0	

桐　　陽	0 0 0 0 2 2 0 0 0 4	
東海大静岡翔洋	1 5 0 2 0 0 0 X 8	

静　　岡	2 1 3 0 0 1 0 7	
富 士 市 立	0 0 0 0 0 0 0 0	

静岡大会　東海大静岡翔洋－静岡　被安打2で完封した
静岡のエース・高須＝草薙

[準決勝]

磐 田 東	0 0 0 0 0 0 0 0	
静　　岡	2 1 0 0 2 2 X 7	

東海大静岡翔洋	1 0 1 0 0 0 0 0 0 2	
掛 川 西	0 0 0 0 0 0 0 0 0 0	

[決勝]

東海大静岡翔洋	0 0 0 0 0 0 0 0 0 0	
静　　岡	1 1 0 0 2 0 0 0 X 4	

【東海大静岡翔洋】				【静岡】			
(中)	森	3 0 0	【右】	渋 谷	3 0 1
打左	小茂田	1 0 0	【遊】	金 子	3 1 0
(遊)	小 中	4 1 0	【三】	座 田	3 1 1
(捕)	落 合	3 0 0	【捕】	池 田	4 4 2
(一)	石 上	4 0 0	【二】	高 須	3 1 0
(三)	牛久保	3 0 0	【捕】	相 田	4 0 0
中佐	佐 野	2 0 0	【遊】	山 本	4 1 0
(二)	長 村	3 0 0	【三】	山 岸	3 0 0
(左)	升 水	2 0 0			
打	河	1 0 0			
二	古 屋	0 0 0			
(投)	鈴 木	3 1 0			

振球犠併残打安点	振球犠併残打安点
8 2 0 0 4 29 2 0	4 3 2 0 8 31 8 4

投手	回	安 責 数	投手	回	安 責 数
鈴 木	8	8 3 134	高 須	9	2 0 117

本池田（鈴木）**二**池田2 山本 鈴木
失東1 ▽審判（球）林（塁）栗田 和田 鈴木　　1時間59分

愛知大会

[参加]186校179チーム
[加盟]187校　[部員]7,158人

[代表校]**愛工大名電**
（3年ぶり13回目）
選手権通算 5勝13敗

7月3〜31日　岡崎市民、熱田愛知時計、パロマ瑞穂、小牧市民、一宮市営、刈谷、豊田、豊橋市民、春日井市民

[1回戦]

愛産大三河	10－0	半 田 農
岡 崎 学 園	8－2	半 田 工
豊橋中央	9－1	愛 西 工
横 須 賀	2－0	岡 崎 西
愛 産 大 工	14－3	安 城 南
岩 倉 総 合	11－9	美 和
鶴 城 丘 南	1－1	菊 里 野
名 古 屋 南	10－5	旭 野
高 蔵 寺	3－2	春 日 井
豊　　野	7－0	小 牧 工
名古屋国際	6－5	南　　山

名古屋工科	5－3	豊 橋 商
（延長10回）		
瀬　　戸	20－2	緑　　丘
半　　田	6－4	安 城 東
大　　府	11－1	豊　　明
名経大高蔵	22－0	一 宮 北
南　　陽	16－7	東海学園
中部大春日丘	9－5	知多翔洋
誠　　信	7－3	知　　立
安 城 学 園	7－4	丹　　羽
刈　　谷	10－0	瑞　　陵
松　　蔭	8－1	瀬戸北総合
長　　久　　手	3－2	愛 知 商
国　　府	4－0	松　　平
名経大市邨	11－0	豊　　丘
刈 谷 工 科	6－3	尾　　北
小　　牧　　南	8－1	春日井商・日進・守山・山田
内　　海	9－6	武　　豊
誉	13－0	愛知総合工科
一　　宮　　南	13－0	豊田高専
三　　好	11－2	豊 橋 東
向　　陽	7－4	一　　宮
吉　　良	8－6	同　　朋
津　　島	11－0	高　　浜
豊 川 工 科	12－5	碧 南 工
豊 田 大 谷	10－0	名古屋大谷
大同大大同	4－2	科技学園豊田
名古屋市工	13－2	春日井工科
名 古 屋	6－1	海陽学園
小 坂 井	11－1	三谷水産
西 尾 東	10－2	新　　川
千　　種	10－2	一宮興道
瀬 戸 工 科	7－2	稲 沢 東
岩　　津	8－1	杏　　和
時 習 館	8－4	渥 美 農
桜　　台	7－1	名 古 屋 工
蒲 郡 東	6－3	春 日 井 東
至 学 館	5－1	中 部 大 一
一 宮 工 科	11－2	稲沢・大山海・海翔
清 林 館	6－4	東　　海
安　　城	10－0	猿 投 農 林
新城有教館	10－0	半 田 商
犬　　山	5－3	幸　　田
岡 崎 工 科	13－3	安城農林
碧　　南	6－5	昭　　和
豊 田 西	11－10	豊 橋 西
（延長10回）		
岡　　崎　　商	8－0	一 宮 西
明　　和	12－2	五　　条
富　　田	5－3	天　　白

[2回戦]

豊 田 工 科	7－6	鶴 城 丘
岡 崎 城 西	3－2	名城大付
岡　　崎　　北	8－1	中　　村
愛　　知	17－1	阿 久 比
旭　　丘	2－0	大 成
滝	10－0	津 島 北
半 田 東	11－1	江　　南
刈 谷 北	12－1	木 曽 川
東　　海　　南	5－1	豊橋工科
豊　　川	18－0	一 宮 商
小　　牧	8－6	一　　色
杜　　若	10－1	名　　東
愛 知 啓 成	5－2	東　　海
豊 田 南	7－6	岡 崎 東
福　　江	6－2	東　　郷
豊 田 北	6－0	加茂丘・衣台
成　　章	9－2	鳴　　海
愛産大三河	10－0	岩 倉 総 合
日本福祉大付	10－0	安 城 学 園
愛 知 黎 明	11－0	御津・新城有教館作手
名古屋市工芸	8－1	常　　滑
岡 崎 学 園	5－1	豊　　野
日 進 西	12－2	名古屋大付
豊　　田	5－4	西　　春
愛 産 大 工	13－0	名経大高蔵
西　　尾	9－0	惟　　信
大　　府	10－2	南　　陽
名 古 屋 南	12－3	名古屋工科

[静岡県高野連所在地]〒420－0853　静岡市葵区追手町7－2　朝日新聞静岡ビル4階　☎054（653）1818
[会長]＊高橋和秀　[理事長]＊渡邉才也

[愛知県高野連所在地]〒460－0008　名古屋市中区栄1－3－3　朝日会館2階　☎052（212）1625
[会長]＊須名文清　[理事長]＊神田　清

岡　　崎 10－0 大　府　東
誠　　信 7－2 横　須　賀
蒲　　郡 8－7 知　立　東
（延長11回）
津　島　東 4－1 一宮起工科
三　　好 5－4 高　蔵　寺
瀬　　戸 6－5 国　　府
（延長12回）
刈　　谷 7－0 千　　種
岩　　津 12－2 一　宮　工
豊橋中央 4－1 豊　川　工科
碧　　南 2－1 岡　崎　工科
津　　島 12－1 内　　海
松　　蔭 11－10 清　林　館
名経大市邸 10－0 豊　橋　南
名古屋市工 5－1 一　　向
至　学　館 12－2 岡　崎　商
安　　城 5－4 犬　　山
（延長10回）
名　古　屋 4－1 刈　谷　工科
大同大大同 8－0 長　久　手
誉　　　　 10－1 一　　宮
明　　和 0－0 桜　台
吉　　良 11－1 瀬　戸　工科
中部大春日丘 5－3 小　坂　井
時　習　館 3－1 新城有教館
富　　田 12－7 蒲　郡　東
西　尾　東 5－4 小　　牧
豊田大谷 9－0 豊　田　西
名古屋国際 3－1 半　　田

［3回戦］
至　学　館 9－5 安　　城
中京大中京 11－0 豊　田　南
東　　浦 3－1 豊　田
桜　　丘 8－6 成　章
愛知啓成 6－5 星　城
栄　　徳 8－1 岡　崎学園
大　　東 13－0 小　牧
邦 瀬　　戸 4－2 豊　田北
誠　　信 10－1 菊　　華
三　　好 2－1 津　島
愛産大三河 12－0 名古屋津郡
明　　和 10－0 蒲郡
享　　栄 10－0 蒲　郡
愛産大工 10－0 津　島東
愛工大名電 8－0 杜　若
西　　尾 5－2 松　蔭
豊橋中央 4－3 日　西南
岡崎城西 4－1 碧　南
（延長10回）
半　田　東 4－3 名　古　屋
愛　　知 8－3 西　尾東
名古屋市工 3－0 東　海南
誉　　　　 6－0 刈　谷北
豊田大谷 10－3 岡　崎北
旭　　丘 5－2 名古屋国際
大同大大同 2－1 滝

刈　　谷 3－1 豊　川
時　習　館 8－7 名古屋市工芸
（延長12回）
福　　江 6－5 名経大市邸
（延長11回）
愛知黎明 4－2 吉　良
日本福祉大付 12－1 富　田
中部大春日丘 8－0 豊田工科

［4回戦］
愛工大名電 4－2 誉
東　　邦 9－2 豊橋中央
愛知啓成 7－5 誠　信
愛産大工 5－2 栄　徳
愛　　知 7－3 桜　丘
半　田　東 2－1 東　浦
（延長10回）
名古屋市工 7－1 名古屋市工
享　　栄 10－4 岡崎城西
愛産大三河 9－1 瀬　戸
中部大春日丘 5－1 刈　谷
大　　府 5－0 福　江
日本福祉大付 19－1 時　習　館
西　　尾 9－5 愛知黎明
明　　和 7－0 旭
至　学　館 4－2 豊田大谷
大同大大同 7－4 三　好
（延長13回）

［5回戦］
日本福祉大付 7－4 愛　知
大　　府 6－5 愛産大工
（延長11回）
大同大大同 8－2 半　田東
愛知啓成 9－2 愛産大三河
中京大中京 6－4 中部大春日丘
東　　邦 6－1 西　尾
享　　栄 7－3 明　和
愛工大名電 10－3 至　学　館

［準々決勝］
愛知啓成 0 0 0 0 1 0 0 0 0 ｜ 1
中京大中京 0 0 0 0 0 0 1 0 ｜
　　　　　 0 0 ｜ 1
　　　　　 0 1 ｜ 2
（延長11回）

大同大大同 1 0 0 0 0 0 0 ｜ 1
享　　栄 7 1 0 0 0 0 X ｜ 8

日本福祉大付 1 0 0 0 0 4 0 0 ｜
大　　府 0 0 0 0 0 0 5 0 ｜
　　　　　 2 ｜ 7
　　　　　 3 ｜ 8
（延長10回）

愛工大名電 1 0 0 0 4 2 0 0 0 ｜ 7
東　　邦 0 0 1 0 0 0 0 0 0 ｜ 1

［準決勝］
大　　府 2 1 0 0 0 0 0 1 ｜ 4
享　　栄 0 0 0 2 0 2 0 3 2 X ｜ 7

中京大中京 1 0 0 0 0 0 0 0 1 ｜ 1
愛工大名電 0 0 1 0 0 0 0 0 2 X ｜ 3

［決勝］

| | 享栄 | 2 0 0 0 0 0 1 0 2 | 5 |
| | 愛工大名電 | 0 0 0 1 6 1 0 0 X | 8 |

【享栄】			【愛工大名電】		
[中]田村	5 1 0		[遊]利光	4 3 1
[遊]白井	4 2 0		[投]伊藤	3 1 0
[三]真鍋	3 1 0		[中]投一 田村	4 1 0
[捕]瀬尾坂	5 1 2		[右]宮崎	3 3 2
[二]吉田	5 2 3		[三]加藤	2 0 2
[左]佐久間	1 0 0		[右]有馬	0 0 0
[一]大石	4 2 0		[二]藤山	4 1 0
[投]竹山	2 1 0		[左]房野	4 2 1
[投]肥田	0 0 0		[捕]野	0 0 0
[投]浜田	1 1 0		[一]三村	2 1 1
[投]菊田	1 0 0		[投]寺嶋	1 0 0
			[二]大森	4 0 0

振球犠併残打安点		振球犠併残打安点
4 4 1 1 3 8 12 5		4 4 1 3 1 31 12 7

投手	回	安責数	投手	回	安責数
竹山	4 1/3	3 6 9	野崎	1	2 2 2
肥田	0 1/3	1 0 19	田村	4	5 0 69
浜田	1	6 1 24	寺嶋	4	5 2 71
菊田	2 1/3	1 0 30			

三宮崎　吉田　二田村（享）宮崎　利光　浜田　田村（愛）暴竹山　寺嶋2　逸藤山　失市1　愛1▽審判（球）中尾（塁）本多　酒井　石川　　4時間23分

岐阜大会

［参加］67校67チーム
［加盟］68校　［部員］2,676人

［代表校］**県岐阜商**
（9年ぶり29回目）
選手権通算 39勝28敗

7月10〜29日　長良川、大垣市北公園、プリニー、大野レインボー、KYB、土岐

［1回戦］
大　　垣 13－0 恵　那　南
可　　児 8－1 各務原西
岐　　阜 2－1 長　良

［2回戦］
岐　阜　第一 7－1 加　茂
多　治　見工 9－8 中　京
大　垣　商 7－0 高　山西
市　岐　阜商 15－0 羽　島
郡　　上 9－5 多　治見
羽　島　北 7－2 岐　南工
武　　義 10－9 土　岐商
岐阜各務野 8－1 関
大　垣　北 5－3 各務原
益田清風 7－2 斐　太
海津明誠 8－1 美濃加茂
飛騨神岡 7－0 岐南
大　垣　西 4－3 麗沢瑞浪
岐　阜　工 5－1 加　納
揖　　斐 13－1 岐　阜東
大垣養老 3－2 中津川工
（延長10回）
県　岐　阜商 11－1 中　津
帝京大可児 5－1 大　垣西
東　濃　実 7－4 高　山工
池　　田 6－5 岐阜総合学園
加茂農林 3－2 岐　阜北
可　児　工 7－3 岐阜農林
関　有　知 9－6 瑞　浪
関　商　工 6－2 可　児
岐阜聖徳学園 6－0 飛騨高山
大　垣日大 12－0 大　垣工
中　津　商 27－1 土岐紅陵
岐阜高専 2－1 大　垣東
（延長11回）
岐阜城北 24－0 山　県
富　　田 11－3 八　百津
不　　破 15－2 本巣松陽
本　巣　松陽 13－6 東　濃

［3回戦］
岐　阜　工 8－1 大　垣西

岐阜大会　市岐阜商—県岐阜商　八回裏県岐阜商2死二、三塁、中西の左前安打で、二塁走者・広部（中央）が生還し逆転＝長良川

県岐阜商 3－1 帝京大可児
岐阜第一 10－0 郡　上
岐阜各務野 9－2 多治見工
益田清風 6－2 羽島北
飛騨神岡 5－2 武　義
海津明誠 12－0 大　垣北
大垣養老 3－0 揖　斐
岐阜城北 10－0 東　濃実
大　垣日大 11－10 岐阜聖徳学園
池　　田 5－4 大　垣商
（延長14回）
市岐阜商 10－2 可　児工
関　商　工 7－0 関　有知
加茂農林 6－1 富　田
岐　　阜 8－1 不　破
中　津　商 10－1 岐阜高専

［4回戦］
加茂農林 3－0 池　田
海津明誠 2－1 岐阜第一
市岐阜商 11－4 関　商工
岐阜各務野 7－1 飛騨神岡
県岐阜商 10－0 大垣養老
岐阜城北 10－0 中　津商
岐　阜　工 7－2 益田清風
大　垣日大 13－1 岐　阜

［準々決勝］
岐　阜　工 0 0 0 0 0 0 0 ｜ 0
岐阜各務野 0 1 0 0 0 0 1 X ｜ 2

海津明誠 0 0 0 0 0 0 0 1 ｜ 1
県岐阜商 0 0 1 2 1 0 0 X ｜ 4

岐阜城北 0 0 0 0 0 0 0 0 ｜ 0
市岐阜商 0 0 2 0 0 0 1 1 X ｜ 4

大垣日大 1 6 2 0 1 0 0 ｜ 10
加茂農林 1 0 0 0 0 0 1 ｜ 1

［準決勝］
岐阜各務野 0 0 0 0 2 0 0 ｜ 2
県岐阜商 1 2 3 0 0 1 3 ｜ 10

大垣日大 0 0 0 0 1 0 0 0 0 ｜ 1
市岐阜商 2 0 0 0 0 0 0 X ｜ 2

［決勝］
市岐阜商 0 0 0 0 1 1 0 1 0 ｜ 3
県岐阜商 0 1 0 0 0 0 1 2 X ｜ 4

【市岐阜商】			【県岐阜商】		
[中]佐藤	5 2 1		[三]行方	3 0 0
[二]田中	5 1 0		[一]梅村	1 1 0
[右]田近	5 1 0		[二]石原	2 0 0
[三]平塚	3 2 0		[捕]広部	4 1 1
[左]野田	1 0 0		[中]中西	4 1 2
[投]高橋	3 0 0		[左]松野	4 2 2
[左]両輪	4 2 0		[右]内藤	3 0 0
[捕]林	4 1 0		[遊]湊	2 2 1
[遊]柳	3 0 0		[投]小西	0 0 0
[一]荒深	4 1 0		[投]野崎	0 0 0

振球犠併残打安点		振球犠併残打安点
7 2 0 2 9 37 10 1		1 4 2 1 5 27 7 4

投手	回	安責数	投手	回	安責数
田近	1 2/3	1 2 40	小西	4 1/3	4 1 65
高橋	6 1/3	5 3 186	野崎	4 1/3	2 0 75

本高木（田近）二両輪　盗市1　暴野崎　逸柳　失市1　県2▽審判（球）大矢（塁）平野　三柳　小野木　　2時間20分

愛知大会　享栄—愛工大名電　四回裏愛工大名電1死二、三塁、加藤の犠飛で伊藤が生還。捕手・大石＝岡崎市民

［岐阜県高野連所在地］〒509-0141　各務原市鵜沼各務原町8-7-2
県立岐阜各務野高等学校内　☎058（384）2021／🖷058（370）4001
［会長］＊鈴木　健　［理事長］鍵谷英一郎

三重大会

[参加]64校64チーム

[加盟]65校　[部員]2,244人

[代表校]**三重**
（7年ぶり13回目）
選手権通算 13勝13敗

7月10〜26日　四日市市営霞ケ浦、津市営、ドリームオーシャン、伊勢

[1回戦]

宇治山田商	9－0	津　　　東
津田学園	6－5	四日市南
松阪商	9－2	伊　　　勢
津　商	10－0	飯　　　南
木　本	11－3	四日市商
上　野	11－6	亀　　　山
四日市農芸	9－2	鳥　　　羽
海　星	5－1	津
四日市中央工	3－2	名張青峰
鈴　鹿	4－1	桑名北
三重水産	13－0	名　　　張
久　居	7－2	尾　　　鷲
白　山	4－3	朝　　　明
四日市工	4－1	川　　　越
久居農林	23－0	志　　　摩
三　　　重	65－0	徳　　　風

桑名西	4－3	津　西
高　田	6－3	松　阪
桑名工	11－0	四日市西
桑名	6－2	紀　南
明　野	13－2	四日市四郷
近大高専	13－0	桜　丘
松阪工	4－3	神　戸
暁	3－2	相　可
白　子	5－5	四日市

（延長10回表降雨コールド引き分け再試合）

四日市	6－5	白　子
皇学館	4－3	津　工
菰　野	23－0	英　心
南伊勢	10－2	昂　学　園
伊勢工	11－8	神村学園伊賀
いなべ総合	28－0	青　山
伊賀白鳳	9－1	稲　生
宇治山田	16－0	石薬師

[2回戦]

海　星	2－1	鈴　鹿
久居農林	8－0	明　野
津　商	5－0	久　居
津田学園	8－1	上　野
三重水産	1－0	四日市中央工

（延長11回）

宇治山田商	9－0	四日市農芸
皇学館	10－5	伊賀白鳳
高　田	7－0	松阪工
三　重	10－0	桑名西
暁	10－3	四日市工
宇治山田	15－3	四日市

白　山	4－0	桑名工
菰　野	7－0	南伊勢
いなべ総合	10－3	伊勢工
桑　名	10－3	近大高専
松阪商	4－1	木　本

[3回戦]

津　商	15－0	久居農林
津田学園	10－0	桑　名
松阪商	4－2	三重水産
皇学館	13－6	宇治山田
三　重	8－5	白　山
菰　野	3－0	いなべ総合
高　田	10－9	暁

（延長10回）

宇治山田商	3－2	海　星

[準々決勝]

松阪商	0	0	0	0	0	2	0	0	0	2
三　重	2	2	0	0	0	0	1	0	X	5

宇治山田商	3	1	5	2	3					14
高　田	0	0	0	1	0					1

津田学園	1	0	1	0	0	2	0	1	0	5
皇学館	0	0	0	0	0	2	0	0	2	4

菰　野	0	0	0	0	0	1	0	0	0	1
津　商	0	0	0	0	0	6	0	0	X	6

[準決勝]

宇治山田商	1	0	0	0	0	0	1	0	0	2
津田学園	1	1	0	0	0	0	1	0	X	3

三　重	0	1	3	0	0	0	2	0	6
津　商	0	0	0	0	0	0	0	0	0

[決勝]

津田学園	2	0	1	0	0	0	1	0	1	5
三　重	2	0	4	0	0	0	0	0	X	6

【津田学園】				【三重】			
中	出　口	6	1	0	右	永　井	1	1	1
二	犬　飼	5	2	0	打	渡　辺	1	0	0
三	神　田	4	2	1	投	辻	0	0	0
左	岩　瀬	2	1	0	投	谷	0	0	0
右	岩本瞬	3	2	0	右	野	4	1	0
一	石　川	5	1	1	二	佐　脇	4	1	0
走	中　尾	0	0	0	三	木　本	2	1	0
遊	永　井	2	0	0	中	池	3	0	0
捕	岩本遥	1	0	0	捕	森	3	2	1
打	坂　本	1	1	1	打中	宇佐美	1	1	0
遊	岡　本	4	0	0	遊	品　川	3	2	1
捕	加　藤	1	0	0	一	宝	4	0	1
打	三　林	1	0	0	左	上　山	2	1	0
投	伊　藤	0	0	0	打左	原　田	2	1	0
打	村　松	1	1	0	捕	服　部	5	2	2
投	上　野	2	0	0					

振	球	犠	併	残	打	安	点
5	7	1	2	14	38	11	3

振	球	犠	併	残	打	安	点
5	11	3	1	15	31	12	6

投手	回	安	責	数
川　瀬	3	7	6	68
伊　藤	2	0	0	43
上　野	3	5	0	57

投手	回	安	責	数
上　山	5	4	2	83
辻	3	7	2	69
谷	1	0	0	14

三服部　神田　二出口　犬飼　岩本瞬　坂本　盗津2　三1　暴川瀬　辻　失津2　三1▽審判（球）加藤剛（塁）後藤　角田　窪田　　　　　　　　　　2時間55分

三重大会　7年ぶりに優勝を決めて喜ぶ三重の谷（中央）や服部（手前）ら＝四日市市営霞ケ浦

富山大会　優勝を決め、喜ぶ高岡商の投手・堀内（左）と捕手・近藤＝富山市民

富山大会

[参加]49校43チーム

[加盟]49校　[部員]1,400人

[代表校]**高岡商**
（4大会連続21回目）
選手権通算 11勝21敗

7月7〜30日　富山市民、県営富山、高岡西部、宮野、砺波

[1回戦]

呉　羽	11－0	魚津工
不二越工	7－0	富山南
桜　井	10－0	雄　山
南砺福野	7－0	八尾・片山学園
入　善	8－0	上　市
富山北部・水橋	3－2	高岡向陵

富山東	8－3	滑　川
高岡龍谷	5－4	大　門
砺波工	9－1	富山高専
氷　見	10－4	富　山
富山国際大付	10－7	富山中部

[2回戦]

富山第一	9－0	高　朋
高岡商	11－0	富山いずみ
高岡第一	17－0	富山西
新　湊	7－1	高岡工芸
砺　波	4－3	高　岡
富山商	19－0	中央農
石　動	7－6	未来富山
富山工	13－0	伏　木
富山北部・水橋	11－2	呉　羽
新　川	7－0	高岡南
入　善	3－2	高岡龍谷
不二越工	6－3	南砺福野
福　岡	11－8	魚　津
富山東	8－5	桜　井

砺波工	7－2	富山国際大付
氷　見	9－0	小　杉

[3回戦]

高岡商	2－1	不二越工
高岡第一	13－0	入　善
富山第一	7－6	富山東
砺波工	4－3	新　湊
氷　見	8－5	砺　波
石　動	12－2	福　岡
富山商	10－8	新　川
富山北部・水橋	10－2	富山工

[準々決勝]

氷　見	0	2	2	0	0	0	0	0	0	4
高岡第一	3	0	0	0	0	0	6	0	X	9

富山北部・水橋	0	0	0	0	0	0
高岡商	1	5	4	3	X	13

富山第一	3	0	0	0	0	0	0	1	2	6
富山商	0	0	1	0	1	3	0	5	X	10

砺波工	1	0	0	0	0	0	0	3	4
石　動	1	0	0	0	0	1	0	0	2

[準決勝]

高岡商	1	0	0	0	0	0	0	0	1	2
富　山	0	0	0	0	0	0	0	0	0	0

高岡第一	1	0	0	2	3	0	3	9
砺波工	1	0	0	0	0	0	0	1

[決勝]

高岡第一	0	0	0	0	0	0	4	0	0	4
高岡商	3	2	1	0	0	0	4	1	X	11

【高岡第一】				【高岡商】			
三	辻　口	5	0	0	二	石　黒	4	2	0
中	結　城	4	2	0	右	本　田	5	2	2
遊	鏡　内	4	0	0	一	投堀　内	2	1	2
捕	吉　江	2	2	0	捕	近　藤	4	2	3
右	赤　尾	4	1	0	遊	田　嶋	3	1	1
左	木　藤	3	3	0	一	川　渕	2	1	2
一	竹　内	4	0	0	左	小　森	3	0	1
二	杉　木	2	0	0	三	早　上	2	1	1
打一	長　田	2	1	3	三	宮　内	1	0	0
遊	沖　田	0	0	0					
打	津　田	1	0	0					
投	小久保	1	1	0					
打	高　畑	0	0	0					
走	麻　生	0	0	0					
投	中村来	0	0	0					
打	中村紘	1	0	0					

振	球	犠	併	残	打	安	点
9	4	0	1	6	33	10	3

振	球	犠	併	残	打	安	点
3	7	7	4	5	26	10	10

投手	回	安	責	数
沖　田	2	5	5	53
小久保	4	2	0	45
中村来	2			

投手	回	安	責	数
川　渕	6 2/3	9	4	124
堀　内	2 1/3	1	0	30

三本田　二本田　川渕　長田　吉江　石黒　盗商1　失ー2▽審判（球）林（塁）野村　栄垣　水上　　　2時間30分

［三重県高野連所在地］〒514－0032　津市中央9－2　朝日新聞津総局3階　☎059（271）7689
［会長］＊岩出　卓　［理事長］＊鵜飼　治

［富山県高野連所在地］〒930－0887　富山市五福2238　県立富山工業高等学校内　☎076（431）5513／📠076（441）1971
［会長］＊田中宏育　［理事長］高橋英司

[地方大会の区割り変遷]

東海

【静岡】初参加 第2回東海
第9回神静／第17回甲神静／第22回三岐／第41回静岡

【愛知】初参加 第1回東海
第30回愛知／第80、90、100回は東西の2代表

【岐阜】初参加 第1回東海
第30回三岐／第57回岐阜

【三重】初参加 第1回東海
第30回三岐／第57回三重

※第40、45、50、55回は記念大会のため、1県1代表。

石川大会

[参加]46校45チーム
[加盟]50校　[部員]1,682人

[代表校]**小松大谷**
（36年ぶり2回目）
選手権通算 0勝2敗

7月10〜26日　県立、金沢市民、弁慶

[1回戦]

鹿　　西	6−1	小松市立
小松明峰	11−0	大聖寺実
能　　登	5−2	松　　任
金　沢　西	9−0	野々市明倫
石川県工	10−0	金沢北陵
津　　幡	14−0	七尾東雄
金沢学院大付	4−0	北陸学院
金　沢　商	3−2	金沢二水
輪　　島	3−2	石川高専
金沢錦丘	4−1	大　聖　寺
金沢泉丘	14−0	穴　　水
寺　　井	9−4	飯　　田
羽　　咋	4−0	門　　前

[2回戦]

金沢龍谷	3−1	七　　尾
小松大谷	14−2	羽　咋　工
小　松　商	10−0	金沢伏見
金沢桜丘	9−3	金沢市工
日本航空石川	5−2	小　　松
金　　沢	11−1	翠　　星
星　　稜	1−0	鶴　　来
鵬　学　園	4−1	小　　松
遊　学　館	19−0	金沢大付
能　　登	10−0	加賀・宝達
津　　幡	3−1	輪　　島
金沢泉丘	7−0	鹿　　西
金沢学院大付	8−1	金　沢　西
石川県工	6−4	小松明峰
羽　　咋	3−0	寺　　井
金　沢　商	14−12	金沢錦丘

[3回戦]

小松大谷	6−0	金沢桜丘
小　松　商	7−5	金沢泉丘
日本航空石川	20−0	能　　登
津　　幡	1−0	金沢龍谷
遊　学　館	9−2	金沢学院大付
金　　沢	4−1	石川県工
星　　稜	5−4	羽　　咋
鵬　学　園	7−6	金　沢　商

（延長10回）

[準々決勝]

津　　幡	0010000000 1	
小松大谷	20010011X 5	

石川大会　優勝が決まり、ベンチから飛び出す
小松大谷の選手たち＝県立

| 小　松　商 | 0002000 2 |
| 日本航空石川 | 111132X 9 |

| 鵬　学　園 | 000000000 0 |
| 金　　沢 | 00010020X 3 |

| 遊　学　館 | ー |
| 星　　稜 | ー |

（星稜野球部員にコロナ感染者が出たため
出場辞退。遊学館が不戦勝）

[準決勝]

| 遊　学　館 | 110000001 3 |
| 小松大谷 | 00400000X 4 |

| 日本航空石川 | 030000006 9 |
| 金　　沢 | 30005000 2 10 |

[決勝]

| 金　　沢 | 0100011000 3 |
| 小松大谷 | 20301041X 11 |

【金沢】				
遊	ショックリー	5	1	1
三	中　川	3	1	0
中	北　戸	4	1	1
右	吉　田	5	0	0
捕	布　目	4	1	0
中	山田道	3	1	0
二	中　田	3	1	0
左	能　美	4	3	1
投	米　沢	1	0	0
投	山　崎	2	0	0
打	久　岡	1	0	0

振球犠併残打安点
5 4 1 0 10 35 9 3

投手	回	安	責	数
米　沢	2 1/3	3	2	45
山　崎	4 2/3	9	5	91
石　田	1	2	1	20

【小松大谷】				
中	僧　野	5	3	2
二	中　谷	5	1	0
捕	東　出	4	1	0
一	奥　野	4	3	3
三	吉田創	4	2	3
右	北　村	3	1	1
左	北　方	3	2	1
投	岩　野	0	0	0
遊	木　下	4	0	0
投	吉田佑	3	0	1

振球犠併残打安点
2 3 6 0 9 35 14 9

投手	回	安	責	数
北	6 2/3	7	3	91
岩　野	2 1/3	2	0	35

本 北戸（北方）奥野（山崎）　三 僧野　二
僧野　奥野　吉田創　ショックリー　盗 金
1　暴 山崎　失 金4　小1　▽審判（球）北
川　（塁）国富　新酒　中野　　2時間26分

福井大会

[参加]33校30チーム
[加盟]32校　[部員]1,265人

[代表校]**敦賀気比**
（3大会連続10回目）
選手権通算 16勝10敗

7月8〜21日　県営、敦賀市総合運動
公園

[1回戦]

美　　方	3−1	丸　　岡
武生工・武生商工工	4−3	奥越明成
武　　生	8−0	勝　　山
坂　　井	4−0	武商・武商工高
若　　狭	6−1	大　　野
北　　陸	15−0	丹　　南
丹　　生	11−8	福井高専
啓　　新	12−0	福井農林
敦　賀　工	5−4	科学技術
武　生　東	3−0	三　　国
金　　津	8−1	鯖　　江
敦　　賀	4−3	高　志　水羽
福井工大福井	10−0	羽　　水
藤　　島	13−1	足　　羽

[2回戦]

| 武生工・武生商工工 | 不戦勝 | 福　井　商 |

滋賀大会

[参加]53校50チーム
[加盟]53校　[部員]1,932人

[代表校]**近江**
（3大会連続15回目）
選手権通算 16勝15敗

7月10〜29日　皇子山、オセアン彦根

[1回戦]

彦　根　東	4−1	八　日　市
守　山　北	6−2	米　　原
長　　浜	4−1	長浜北星
栗　　東	4−1	彦根総合
近江兄弟社	4−3	東　大　津
草　津　東	6−1	守　　山
野　　洲	13−1	湖南農・信楽・甲南
光泉カトリック	7−5	八日市南
伊　　香	8−7	野　　島
玉　　川	6−5	高　　島
瀬　田　工	14−7	安　曇　川
大　津　商	10−0	愛知・長浜農
比　叡　山	4−1	滋賀短大付
近　　江	10−0	虎　　姫
伊　　吹	16−0	河　　瀬

敦賀気比	10−0	美　　方
坂　　井	3−1	武　　生
金　　津	6−0	敦　賀　工
啓　　新	6−0	若　　狭
北　　陸	4−3	武　生　東
敦　　賀	4−1	藤　　島
福井工大福井	9−0	丹　　生

[準々決勝]

| 坂　　井 | 200101010 5 |
| 敦賀気比 | 00010160X 8 |

| 金　　津 | 2004013 10 |
| 武生工・武生商工工 | 0000000 0 |

| 敦　　賀 | 000000000 0 |
| 啓　　新 | 10000202X 5 |

| 北　　陸 | 004001000 5 |
| 福井工大福井 | 00222101X 8 |

[準決勝]

| 福井工大福井 | 0000000 0 |
| 敦賀気比 | 430101X 9 |

| 金　　津 | 020100200 5 |
| 啓　　新 | 000000010 1 |

[決勝]

| 金　　津 | 000000000 0 |
| 敦賀気比 | 01002013X 7 |

【金津】				
右	浜　出	4	0	0
中	左中 堀　田	4	1	0
投中 藤　田	4	0	0
捕	森　岡	3	1	0
三	今　井	3	0	0
左	斉　藤	3	0	0
投	浅　野	0	0	0
投	橋　本	0	0	0
打	西　畑	0	0	0
左	松　永	0	0	0
一	牧　田	2	1	0
打	高　橋	1	1	0
遊	足　立	1	0	0
投一 前　田	1	0	0

振球犠併残打安点
7 1 1 1 3 28 4 0

投手	回	安	責	数
藤　田	5 2/3	10	6	97
浅　野	2	2	1	38
橋　本	0 1/3	0	0	10

【敦賀気比】				
三	東	5	2	1
中	沼　田	3	0	0
中	大　島	3	1	0
三	上加世田	3	1	0
右	前　川	4	1	1
一	小　西	4	1	1
走	大　細　谷	0	0	0
二	今　井	5	1	3
遊	森　長　尾	5	1	0
捕	本　田	3	1	0

振球犠併残打安点
2 8 0 0 13 36 12 7

投手	回	安	責	数
本　田	9	4	0	126

二 東　盗 敦4　失 金1　▽審判（球）田中進
（塁）玉村　出雲　宮下　　2時間11分

福井大会　優勝を決
め、抱き合って喜ぶ
敦賀気比の本田（奥）
と長尾のバッテリー
＝県営

北　大　津	5−0	甲　　西
彦根翔西館	11−5	彦　根　工
八　幡　商	10−0	石　　部

[2回戦]

綾　　羽	3−2	国際情報
立命館守山	11−1	石　　山
守　山　北	2−1	彦　根　東
近江兄弟社	8−1	長　浜　北
草　津　東	4−3	栗　　東

（延長13回）

伊　　香	5−2	光泉カトリック
草　　津	2−1	野　　洲
膳　　所	5−4	能　登　川
滋賀学園	4−3	水　　口
水　口　東	1−0	八　　幡

（延長10回）

瀬　田　工	6−1	玉　　川
比　叡　山	16−3	大　津　商
彦根翔西館	9−8	伊　　吹

（延長10回）

近　　江	6−0	北　大　津
大　　津	9−2	堅　　田
八　幡　商	11−0	八　幡　工

[3回戦]

綾　　羽	8−1	守　山　北
立命館守山	12−2	近江兄弟社
伊　　香	14−7	膳　　所
草　　津	2−1	草　津　東

[石川県高野連所在地]〒920−0964　金沢市本多町2−3−6
県立工業高等学校内　☎076（222）3419・🅵076（261）7156
[会長]村戸　徹　[理事長]佐々木渉

[福井県高野連所在地]〒918−8155　福井市杉谷町44
県立足羽高等学校内　☎0776（97）8995・🅵0776（38）2225
[会長]山本　寛　[理事長]中川秀樹

[滋賀県高野連所在地]〒520−0043　大津市中央1−6−15
垣見ビル401号　☎077（510）7080
[会長]青山吉伸　[理事]大久保雅生

滋賀大会　立命館守山—近江　優勝を決め、マウンドに集まって喜ぶ近江の選手たち＝皇子山

水口東 3－2 瀬田工
滋賀学園 7－3 比叡山
近江 6－4 八幡商
彦根翔西館 13－4 大津

[準々決勝]
草津 0000011 00｜2
綾羽 4031000 1｜9

立命館守山 1020410 11｜10
伊香 1020000 00｜3

近江 0000501 01｜7
水口東 0010000 00｜1

滋賀学園 0011000 10｜3
彦根翔西館 0310000 0X｜4

[準決勝]
近江 06328｜19
綾羽 00000｜0

立命館守山 3024000｜9
彦根翔西館 1000100｜2

[決勝]
立命館守山 000000000｜0
近江 00031200X｜6

【立命館守山】
(左)大西 410
(二)吉田 400
(中)北信 300
投 次 000
打 梅村 100
(三)杉森 200
打 西 100
(右)寺阪 200
(中)花園 300
(一)川崎 310
(捕)白樫 300
(遊)宮本 100
打 小川 100
遊 小山 000
振球犠残打安点 9 2 1 2 4 5 8 0
投手 回 安責数
北村 5 1/3 7 5 108
信次 2 2/3 1 0 35

【近江】
(二)井口 400
(一)西山 400
(中)春山 311
(右)山田 200
(三)新野 221
(三)津田 321
(捕)星野 200
打 森川 101
投 岩佐 100
(遊)島滝 200
(遊)山口 430
振球犠残打安点 6 7 2 0 7 28 8 4
投手 回 安責数
山田 6 1 0 80
岩佐 1 0 23

二 新野2 津田 川崎 春山 盗 近2 失 立1 ▽審判 (球) 久保 (塁) 太田 押谷 上原　1時間58分

京都大会

[参加]79校73チーム
[加盟]79校 [部員]3,123人
[代表校]京都国際
(初出場)
選手権通算 3勝1敗
7月10～28日 わかさ京都、太陽が丘、あやべ

[1回戦]
京都精華 8－2 洛西
北稜 7－4 京都明徳
南陽 6－3 城陽
京都外大西 13－0 向陽
京都府工 9－5 花園
綾部 7－1 京都廣学館
山城 4－3 亀岡
東稜 9－6 桂
京都翔英 11－6 田辺

[2回戦]
鳥羽 9－0 園部
莵道 11－10 京都すばる
福知山成美 3－1 立命館
龍谷大平安 11－0 西舞鶴
同志社 11－1 北桑田
日星 9－2 京都精華
峰山 6－0 京都産大付
洛北 12－7 城南菱創
立命館宇治 6－5 京都両洋
京都成章 3－2 京都文教
(延長10回)
京都外大西 10－0 紫野
綾部 12－0 舞鶴高専
乙訓 2－1 北稜
大谷 6－3 東舞鶴
南丹 14－2 朱雀・京都八幡・京都教大付・大江
木津 7－3 西京
塔南 10－0 桃山
京都海洋 9－8 同志社国際
鴨沂 10－5 南陽
京都共栄 4－2 須知
嵯峨野 10－5 京都農芸
京都国際 3－0 京都翔英
宮津・加悦谷・宮津天橋 5－3 京都府工
洛東 5－1 福知山
洛水 11－10 日吉ケ丘
洛星 11－6 網野・丹後緑風
東宇治 7－0 西乙訓
北嵯峨 11－1 洛南
東稜 4－1 京都工学院
京都先端科学大付 11－1 鴨川
東山 4－2 山城
西城陽 6－3 久御山

[3回戦]
鳥羽 13－1 莵道
福知山成美 6－1 日星
同志社 7－6 峰山
乙訓 9－4 龍谷大平安
(延長10回)
京都成章 3－0 綾部
立命館宇治 9－4 宮津・加悦谷・宮津天橋
京都外大西 4－1 洛北
京都海洋 9－6 鴨沂
(延長10回)

大谷 20－1 南丹
大塔南 11－2 木津
京都共栄 6－5 東宇治
京都国際 8－1 洛水
洛東 6－2 嵯峨野
北嵯峨 9－2 京都先端科学大付
西城陽 13－5 東稜
東山 11－1 洛星

[4回戦]
鳥羽 3－1 福知山成美
乙訓 9－3 同志社
京都外大西 2－0 立命館宇治
京都成章 9－3 大谷
塔南 8－1 京都海洋
京都国際 9－2 洛東
西城陽 8－7 京都共栄
東山 5－2 北嵯峨

[準々決勝]
乙訓 000400100｜5
鳥羽 010001020｜4

京都外大西 100001000｜2
京都成章 100000001｜1

塔南 000000000｜0
京都国際 100030000X｜4

東山 0230401 0｜10
西城陽 0010001 2｜

[準決勝]
京都外大西 102000001｜4
乙訓 100000001｜1

京都国際 021102023｜11
東山 210030002｜8

[決勝]
京都外大西 040000000｜4
京都国際 111210 00X｜6

【京都外大西】
(中)中村 401
(投左)西村 301
(遊)星野一 420
(三)的場 300
(二右)吉田 310
(右)谷口 410
走 定本 000
(左)大兼政 310
(捕)花井 311
投 星野烈 000
投 ワトリー 101
三 北川颯 100
打 山川 100
振球犠併残打安点 7 4 3 1 6 30 6 4
投手 回 安責数
星野烈 0 2/3 0 1 30
ワトリー 2 1/3 2 2 52
西村 5 6 3 72

【京都国際】
(遊)武田 322
(投)金田 100
(一)植西 411
(捕)中川 312
(二)辻井 410
(右)平野 211
(左)岩内 300
(中)松下 400
投 後藤 000
投 森下 320
振球犠併残打安点 1 11 4 1 12 27 8 6
投手 回 安責数
平野 1 1/3 2 2 45
森下 7 2/3 3 0 110

本 中川(西村) 武田(西村) 二 谷口 森下 盗 外2 失 国1 ▽審判 (球) 池浪 (塁) 大屋 木村 前田　2時間25分

京都大会　京都外大西—京都国際　最後の打者を打ち取り、笑顔を見せる京都国際の森下＝わかさ京都

大阪大会

[参加]175校167チーム
[加盟]185校 [部員]6,197人
[代表校]大阪桐蔭
(3年ぶり11回目)
選手権通算 38勝6敗
7月16日～8月1日 シティ信金、万博、豊中、南港中央、住之江、久宝寺、花園、くら寿司

[1回戦]
精華 11－2 布施
信太 9－1 高津
関西創価 6－5 旭
大阪電通大 5－2 豊島
大阪学院大 19－0 摂津
春日丘 7－2 高槻
三国丘 14－4 大阪偕星
布施工科 6－4 伯太
山田 3－2 大商学園
(延長10回)
明星 10－0 東住吉総合
福井 8－2 常翔啓光学園
汎愛 7－3 阿武野
(延長11回)
花園 14－2 阪南
初芝立命館 30－0 大正白稜
大阪学芸 8－0 布施北
履正社 19－0 市岡
登美丘 12－6 貝塚南
鳳 20－0 住吉商
寝屋川 13－0 淀商
咲くやこの花・東淀工・大阪ビジネスフロンティア・生野工 12－2 茨木工科
堺西 12－10 松原
堺東 10－1 羽衣学園
泉陽 11－9 夕陽丘
星翔 11－6 緑風冠
泉大津 21－1 貝塚
池田 8－1 西野田工科
枚方津田 15－0 大阪府大高専
吹田 16－0 開明
美原 9－8 清水谷・茨田
金光八尾 7－5 懐風館
久米田 4－1 佐野
追手門学院 12－5 箕面自由
大手前 13－3 大教大池田
大阪国際大和田 14－1 大阪園芸
大阪産大付 3－0 東淀川
かわち野 11－10 八尾北
堺工科 13－1 長吉
泉尾工 7－0 堺上・長野・福泉
今宮工科 11－0 金剛

[2回戦]
浪速 14－4 今宮
渋谷 5－4 桜塚
(延長12回)
金光大阪 12－2 汎愛
北野 3－0 同志社香里
堺東 11－3 大阪市立
三国丘 19－12 高石
上宮太子 10－0 藤井寺
大冠 10－1 守口東
阪南大 11－9 信太
(延長12回)
春日丘 9－4 交野
高槻北 8－4 刀根山
堺 9－3 精華
大阪桐蔭 9－1 大阪学院大
星光学院 11－7 大阪教育センター付
岸和田 7－4 布施工科
天王寺 22－1 佐野工科
大阪電通大 10－0 牧野
千里 14－0 門真西
阿倍野 12－1 西成
関西創価 5－3 箕面学園

[京都府高野連所在地]〒604-8437　京都市中京区西ノ京東中合町48
京一商西京同窓会館内 ☎075(384)5080
[会長]＊砂田浩彰 [理事長]＊米川 勲

花園 8-3 大教大天王寺
桜宮 7-4 福井
初芝立命館 5-0 大商大
大塚 9-2 大阪学芸
桃山学院 10-3 みどり清朋
生野 13-3 山本
狭山 6-5 明星
北摂つばさ 3-2 都島工
大商大堺 15-1 住吉
鳳 10-0 泉鳥取・りんくう翔南
常翔学園 6-5 茨木
槻の木 10-0 野崎
堺西 14-13 河南
（延長11回）
富田林 10-5 泉大津
大阪 3-2 山田
興国 10-0 登美丘
岸和田産 13-2 八尾翠翔
太成学院大 11-1 咲くやこの花・東淀工・大阪ビジネスフロンティア・生野工
関大北陽 11-1 寝屋川
清教学園 4-2 堺東
（延長11回）
追手門学院 3-1 早稲田摂陵
関大一 10-3 星翔
千里青雲 10-5 三島
池田 11-2 柴島
八尾 7-0 泉陽
四條畷 12-10 淀川工科
近大付 9-0 堺工科
近大泉州 4-0 久米田
和泉 11-10 藤井寺工科・大阪農芸
（延長10回）
関西大倉 6-1 箕面東
豊中 7-0 枚方なぎさ
美原 7-6 和泉総合
城東工科 9-6 日新
履正社 24-1 門真なみはや
上宮 10-1 泉尾工
港 11-1 大阪国際大和田
吹田 15-11 英真学園
大阪青凌 10-3 大手前
東海大大阪仰星 4-3 大阪産大付
（延長11回）
大体大浪商 9-0 今宮工科
東住吉 7-0 金光八尾
東大阪大柏原 10-0 かわち野
枚方津田 10-2 北かわち皐が丘
香里丘 36-0 成城
［3回戦］
大塚 14-6 阿倍野
堺 6-5 上宮太子
大阪桐蔭 10-0 大冠
阪南大 9-4 浪速
春日丘 10-2 東
大阪 10-7 北摂つばさ
初芝立命館 1-0 天王寺
関西創価 7-1 北野
生野 2-0 富田林
岸和田 6-5 星光学院
金光大阪 4-2 高槻北
興国 6-2 大商大
大阪電通大 11-5 渋谷
桜宮 7-2 千里丘
三国丘 4-3 花園
（延長10回）
太成学院大 4-3 常翔学園
（延長10回）
八尾 6-0 和泉
追手門学院 4-3 関大一
近大付 9-2 近大泉州
池田 14-8 千里青雲
関大北陽 16-1 槻の木
鳳 12-5 桃山学院

大阪青凌 10-6 関西大倉
吹田 4-2 豊中
城東工科 7-0 東住吉
履正社 10-3 四條畷
堺 5-3 狭山
香里丘 3-1 枚方津田
［4回戦］
近大付 4-3 関西創価
（延長13回）
興国 3-2 鳳
堺 8-0 吹田
関大北陽 2-0 岸和田
大阪桐蔭 22-0 城東工科
大体大浪商 7-1 生野
東海大大阪仰星 2-0 大阪
大阪電通大 9-2 春日丘
金光大阪 6-4 池田
履正社 2-1 香里丘
清教学園 3-1 東大阪大柏原
（延長12回）
八尾 4-3 大塚
追手門学院 13-11 堺西
初芝立命館 7-4 太成学院大
阪南大 3-2 桜宮
三国丘 8-1 大阪青凌
［5回戦］
大阪電通大 4-3 堺
関大北陽 3-1 大体大浪商
大阪桐蔭 8-1 近大付
興国 1-0 東海大大阪仰星
八尾 5-0 初芝立命館
清教学園 11-7 追手門学院
履正社 4-1 阪南大
金光大阪 6-3 三国丘
［準々決勝］

金光大阪	3 0 0 0 0 0 0 0 0	3
大阪桐蔭	0 0 0 1 1 0 0 3 X	5

大阪大会 興国―大阪桐蔭 サヨナラで優勝を決め、本塁に集まる大阪桐蔭の選手たち＝シティ信金

八尾	0 0 0 0 0 0 0 0 0	0
興国	0 0 0 0 0 3 0 0 X	3

清教学	0 1 0 0 0 1 0 0 0	2
履正社	0 0 1 1 1 0 0 1 0 X	3

関大北陽	0 0 1 3 0 2 0 0 1	7
大阪電通大	0 0 0 0 0 0 0 0 1	1

［準決勝］

履正社	000000300 00010 4
興国	100020000 00011 5

（延長14回）

大阪桐蔭	210210001 00005 12
関大北陽	300001210 00003 10

（延長14回）

［決勝］

興国	0 0 0 0 0 1 0 0 2 3	3
大阪桐蔭	0 0 3 0 0 0 0 0 1 4	4

【興国】
小園 400
中村 400
山田 421
宮内 300
大森 411
渡部 411
王下 400
山田 100
投 田坂 100
投 入西 000
投 大江 000
振球犠併残打安点
9 1 1 1 5 33 6 3

【大阪桐蔭】
繁永 420
藤原 510
池田 311
花田 432
前田 311
宮下 300
野間 200
松尾 420
松浦 300
振球犠併残打安点
5 4 4 0 9 31 10 4

投手 回 安責数
田坂 3 5 3 67
入西 4 3 0 61
大江 1 2/3 2 1 29

投手 回 安責数
松浦 9 6 2 126

三花田 二繁永 失興国1 大1 ▽審判（球）斎藤（塁）尾崎 谷垣 安達 2時間10分

三木 7-1 神戸北
西脇 10-0 多可・吉川
明石 5-4 川西明峰
相生 8-1 高砂
西宮東 8-4 東播工
伊丹西 9-7 姫路別所
仁川学院 6-1 姫路商
姫路飾西 11-1 生野
宝塚 9-0 篠山鳳鳴
育英 6-0 尼崎北
［2回戦］
加古川西 7-4 兵庫農
尼崎双星 10-2 篠山産
宝塚東 9-0 播磨南
須磨学園 11-1 須磨東
関西学院 2-0 龍野北
神戸国際大付 8-1 鳴尾
姫路東 9-0 宝塚北
神港橘 11-1 香住
市西宮 5-0 高砂南
神戸商 7-3 県西宮
（延長12回）
姫路西 2-1 夢野台
兵庫工 3-3 姫路
武庫荘総合 10-0 明石高専
三田松聖 4-3 西脇工
洲本実 11-1 甲陽学院
松陽 6-3 三田学園
尼崎稲園 5-0 猪名川
須磨翔風 9-1 千種
和田山 3-2 浜坂
舞子 7-6 神戸高専
（延長11回）
明石 4-3 尼崎工
市川 2-0 西脇
相生 8-2 洲本
滝川二 7-0 雲雀丘
科学技術 3-0 尼崎商
滝川 4-1 飾磨工
伊川谷北 1-0 伊川谷
豊岡総合 6-5 三田祥雲館
西宮東 3-2 西宮南
北須磨 7-0 氷上
伊丹北 9-2 神崎
赤穂 4-3 三田西陵
明石商 8-0 加古川東
市尼崎 11-1 伊丹西
東播磨 7-3 県伊丹
琴丘 9-7 兵庫県大付
神戸弘陵 7-1 六甲アイランド
東灘 5-2 神戸
東洋大姫路 2-1 御影
柏原 3-1 明石南
龍野 6-4 八鹿
飾磨 7-0 三木東
上郡 11-7 明石西
（延長10回）

小野工 7-0 村岡
報徳学園 25-0 仁川学院
神戸高塚 11-0 淳心学院
明石城西 6-5 県尼崎
神戸第一 6-3 育英
小野 4-1 北条
社 8-1 西宮甲山
県芦屋 10-3 三葺
神戸学院大付 7-0 神戸北
須磨友が丘 6-2 西宮北
村野工 2-0 香寺
網干 11-0 氷上西
姫路南 6-1 豊岡
尼崎小田 10-3 宝塚
淡路三原 5-3 津名
（延長10回）
明石清水 7-5 宝塚西
（延長10回）
甲南 5-1 神戸鈴蘭台
神港学園 9-0 姫路飾西
山崎 14-5 太子
明石北 9-1 福崎
長田 10-2 川西北陵

兵庫大会

[参加]158校157チーム
[加盟]159校 [部員]6,103人
[代表校]**神戸国際大付**
（4年ぶり3回目）
選手権通算 4勝3敗

7月3～29日 ほっともっと神戸、明石トーカロ、ウインク、高砂、G7神戸、アメニスキッピー、豊岡こうのとり、淡路、ベイコム

［1回戦］
兵庫農 7-5 星陵
三木東 4-2 市伊丹

姫路南 8-1 淡路
明石高専 11-3 北摂三田
西脇工 5-0 灘
鳴尾 7-5 兵庫
龍野北 1-0 加古川北
御影 11-4 白陵
兵庫 10-0 出石
琴丘 11-4 加古川南
明石南 2-0 三木北
小野 1-0 姫路
伊川谷 2-1 有馬
氷上 1-0 相生産
葺合 3-2 佐用
県伊丹 1-0 川西緑台
（延長13回）
西宮甲山 10-2 夢前
六甲アイランド 4-2 西宮今津
雲雀丘 3-2 神戸甲北

[大阪府高野連所在地]〒542-0081 大阪市中央区南船場3-5-8 オーク心斎橋ビル7階 ☎06(6244)1389
[会長]＊吉岡 宏 [理事長]伊原 登

[兵庫県高野連所在地]〒650-0026 神戸市中央区古湊通2-2-2 ☎078(371)5589
[会長]＊西 茂樹 [理事長]＊高橋 滋

兵庫大会

[3回戦]
三田松聖 4-0 神戸商
武庫荘総合 4-3 尼崎双星（延長11回）
須磨学園 7-1 加古川西
兵庫工 8-1 宝塚東
神港橘 7-4 姫路東
神戸国際大付 11-0 姫路西
関西学院 10-5 市西宮
飾野 6-4 飾磨
滝川二 11-1 赤穂
尼崎稲園 3-1 琴丘
相生 3-1 科学技術
姫路南 5-2 須磨翔風
西宮東 10-0 上
明石 4-3 滝川
神戸弘陵 2-0 和歌山
明石商 11-1 小野
東洋大姫路 5-1 洲本実
北須磨 7-1 伊丹北
神戸第一 9-1 東灘
東播磨 3-2 神戸高塚
豊岡総合 7-6 柏原（延長12回）
舞子 4-2 伊川谷北
市川 5-0 松陽
市尼崎 4-3 須磨友が丘
報徳学園 8-0 村野工
明石北 5-3 山崎
社 2-1 小野工
神港学園 2-1 明石清水
神戸学院大付 11-5 網干
長田 9-6 甲南
県芦屋 3-1 明石城西
淡路三原 5-1 尼崎小田

[4回戦]
東洋大姫路 5-2 豊岡総合
須磨学園 4-1 神港橘
関西学院 11-0 尼崎稲園
神戸国際大付 7-0 武庫荘総合
兵庫工 7-6 三田松聖
明石商 6-2 神戸弘陵
舞子 4-2 明石
姫路南 16-0 龍野
市尼崎 6-2 神戸第一
東播磨 5-3 相生
滝川二 9-1 北須磨
市川 6-2 西宮東
淡路三原 3-2 長田
報徳学園 7-1 県芦屋
神港学園 8-5 明石北
社 5-1 神戸学院大付

[5回戦]
関西学院 6-2 須磨学園
神戸国際大付 6-4 明石商
兵庫工 2-1 姫路南
東洋大姫路 6-5 舞子
滝川二 7-1 淡路三原
報徳学園 5-1 市尼崎
東播磨 3-0 神港学園
社 5-1 市川

[準々決勝]
```
関西学院   2 0 0 5 1 0 1 0 1 | 10
兵庫工     0 0 2 1 0 0 0 1 1 |  5

神戸国際大付 3 0 3 0 1 0 2 | 9
東洋大姫路   0 0 0 0 0 0 0 | 0

東播磨   0 0 0 1 0 0 0 0 0 | 1
報徳学園 1 0 0 0 1 0 0 0 X | 2

滝川二 0 0 0 0 0 0 0 0 0 | 0
社     0 0 0 0 1 4 0 X | 5
```

[準決勝]
```
報徳学園     0 0 2 0 0 0 0 0 2 | 2
神戸国際大付 0 0 6 0 0 0 X | 6

関西学院 0 0 0 0 3 0 1 0 | 4
社       1 0 0 1 1 0 0 0 3 | 3
```

[決勝]
```
関西学院     0 1 1 0 1 0 0 0 0 | 3
神戸国際大付 0 1 3 0 3 0 0 X | 7
```

【関西学院】	打	安	点
(二) 真鍋	3	1	0
(三) 岡部	2	1	0
(遊) 天野	2	1	0
(捕) 山口	2	0	1
(一) 堀之内	3	1	0
(中) 北田	2	0	0
打 本	1	0	0
(右) 車力	2	1	0
打 塚本	1	0	0
打 榎田	1	0	0
打 森沢	1	0	0
(左) 佐渡	2	0	1
打 黒田	1	0	0
投 山岡	1	0	0
投右 森津	1	0	0

振球犠併残打安点　4 4 5 0 5 26 5 2

【神戸国際大付】	打	安	点
(中) 能登原	4	1	0
投右 中辻	0	0	0
(遊) 畑山里	2	1	0
投 阪上	4	2	1
(捕) 西川	4	1	2
(一) 武本	4	2	3
打 松尾	3	0	0
(三) 栗原	4	1	0
(二) 川西	2	2	0
(左) 坂本	2	0	1
投 楠本	2	0	1
投 岡田	0	0	0
打中 関	1	0	0

振球犠併残打安点　1 1 5 1 4 29 9 7

投手	回	安	責	数
山岡	1 2/3	1	1	24
森津	3 1/3	6	5	51
榎田	3	2	0	36

投手	回	安	責	数
楠本	4 2/3	5	3	77
岡田	1 1/3	0	0	12
中辻	2	0	0	
阪上	1	0	0	13

本 武本（森津）西川（森津）二 武本 真鍋 阪上 川西 盗 神1 暴 楠本 失 関1
▽審判（球）亀井（塁）川西 竹田 山下　1時間51分

兵庫大会　関西学院─神戸国際大付　三回裏神戸国際大付2死二、三塁、武本は決勝の逆転3ランを右越えに放つ。捕手・堀之内＝ほっともっと神戸

奈良大会

[参加]46校37チーム
[加盟]46校 [部員]1,425人
[代表校]智弁学園
（2大会連続20回目）
選手権通算26勝20敗

7月10～29日 佐藤薬品

奈良大会　決勝で3安打をマークした智弁学園の前川＝佐藤薬品

[1回戦]
奈良朱雀・奈良商工 6-5 奈良女大付
高取国際 5-4 添上
西大和学園 7-2 大淀・奈良南
西和清陵 13-4 高円・高円芸術・二階堂・山辺・青翔・榛生昇陽
橿原 12-8 奈良高専

[2回戦]
登美ケ丘・国際 8-1 奈良情報商・商業
高田商 9-2 高田
郡山 6-4 奈良北
大和広陵 12-1 帝塚山
平城 7-6 奈良
法隆寺国際 5-3 生駒
五條 4-0 十津川
天理 7-0 奈良朱雀・奈良商工
畝傍 7-1 高取国際
磯城野 9-3 桜井
智弁学園 11-1 西和清陵
香芝 4-2 王寺工
橿原学園 10-1 西の京
奈良大付 19-1 西大和学園
関西中央 1-0 御所実
一条 8-7 橿原

[3回戦]
高田商 7-1 登美ケ丘・国際
郡山 10-0 畝傍
天理 15-3 大和広陵
法隆寺国際 16-4 平城
五條 3-1 磯城野
奈良大付 5-2 橿原学園
智弁学園 10-0 香芝
一条 5-4 関西中央

[準々決勝]
```
高田商 0 0 0 0 1 0 2 0 0 | 3
郡山   0 0 1 0 0 1 0 0 0 | 2

法隆寺国際 0 0 0 0 0 0 0 0 0 | 0
天理       0 0 0 0 1 1 3 0 X | 5

五條     0 0 0 0 0 0 |  0
奈良大付 1 5 5 0 X | 11

一条     0 0 0 0 0 0 |  0
智弁学園 2 6 1 1 X | 10
```

[準決勝]
```
天理   0 0 0 1 3 0 0 0 2 | 6
高田商 0 1 2 1 1 0 0 0 2 | 7

奈良大付 1 0 0 0 0 1 1 0 |  3
智弁学園 0 0 0 0 4 0 5 1 | 10
```

[決勝]
```
高田商   1 0 0 0 0 1 1 0 1 | 4
智弁学園 6 0 0 0 0 0 0 0 X | 6
```

【高田商】	打	安	点
(中) 東口	4	1	0
(二) 津田	4	1	0
(三) 西田	2	0	0
打 横山	1	0	0
三 沢村	1	0	0
(右) 米田	4	2	0
(一) 山中	3	1	2
走 森下	0	0	0
投 合木	3	1	0
(左)投 安井	4	1	0
(捕) 田中	3	0	1
打 野	1	0	0
(遊) 広瀬	3	0	0
打 杉山	1	0	0

振球犠併残打安点　9 1 1 1 5 34 7 3

【智弁学園】	打	安	点
(左) 前川	5	3	1
(二) 谷口	5	4	0
(捕) 岡島	4	0	0
(三) 山下	4	1	1
(一) 植垣	4	2	2
三 竹村	3	0	0
(中) 森田	4	1	1
(遊) 小足	2	1	0
投 西村	0	0	0

振球犠併残打安点　1 1 1 0 8 36 13 6

投手	回	安	責	数
安井	0 2/3	7	5	30
合木	7 1/3	6	0	82

投手	回	安	責	数
小畠	8	4	2	93
西村	1	3	1	18

二 三垣 小畠 東口 津田 合木 山中
失 高2 智3 ▽審判（球）萩原（塁）近藤 加来 和田　2時間9分

和歌山大会

[参加]39校39チーム
[加盟]39校 [部員]1,270人
[代表校]智弁和歌山
（4大会連続25回目）
選手権通算43勝22敗

7月9～27日 紀三井寺公園

[1回戦]
笠田 10-6 紀北農芸
和歌山商 3-0 熊野
粉河 2-0 南部
星林 8-1 和歌山南陵
初芝橋本 9-2 紀北工
耐久 7-0 新翔
田辺工 9-2 有田中央

[2回戦]
日高 3-2 近大新宮
日高中津 10-4 慶風
和歌山東 8-0 新宮
高野山 3-0 那賀
和歌山北 14-9 貴志川
智弁和歌山 8-2 箕島
和歌山工 3-1 田辺
桐蔭 9-1 和歌山高専
市和歌山 11-1 県和歌山
笠田 11-0 海南
和歌山商 4-1 向陽
粉河 8-0 南部龍神
星林 11-3 橋本
初芝橋本 6-3 神島
耐久 11-3 紀央館
田辺工 10-0 串本古座

[3回戦]
日高 5-2 日高中津
高野山 10-1 笠田

[奈良県高野連所在地]〒634-0063 橿原市久米町652-2
橿原市商工経済会館6階 ☎0744（27）2239
[会長]＊穴田敏之 [理事長]＊河井泰晴

[和歌山県高野連所在地]〒640-8272 和歌山市砂山南3-3-94
県立和歌山商業高等学校内 ☎073（426）3580 ☎073（424）2446
[会長]中村憲司 [理事長]高津亮

和歌山大会　市和歌山―智弁和歌山　七回裏智弁和歌山1死二塁、大仲が勝ち越しの右前適時打を放つ＝紀三井寺公園

和 歌 山 東 ５ － ３ 和 歌 山 商
粉 　 　 河 ６ － ５ 和 歌 山 北
智弁和歌山 11 － ０ 星 　 　 林
初芝橋本 ８ － ７ 和 歌 山 工
耐 　 　 久 ８ － ２ 桐 　 蔭
市 和 歌 山 ７ － ０ 田 　 辺 工

[準々決勝]
高 　 野 　 山 ００６０００００００｜６
日 　 　 高 ２０００００１０１｜４

粉 　 　 河 ００００００１０００｜１
和 歌 山 東 １１０００１００X｜３

初 芝 橋 本 ０１００００００１
智弁和歌山 ００００１１０００
　　　　　 ０００２｜２
　　　　　 ０００１｜３
（延長13回）

耐 　 　 久 ０００００００
市 和 歌 山 １６４０X｜11

[準決勝]
高 　 野 　 山 ０００００｜０
市 和 歌 山 ２２０２４｜10

智弁和歌山 ００３０００１０３｜７
和 歌 山 東 ０１０００００００｜１

[決勝]
市 和 歌 山 ０００００１０１１｜１
智弁和歌山 ００００１２１X｜４

【市和歌山】				【智弁和歌山】			
遊 河淵	４	２	０	中 宮坂	４	１	０
二 杉本	４	０	０	二 大仲	４	１	２
中 平林	４	２	０	右 大角	３	０	０
捕 松川	４	１	０	左 須川	０	０	０
三 田中	４	２	１	左 丸	２	１	０
一 亀井	３	１	０	一 岡西	４	１	１
右 川島	３	０	０	捕 渡部	３	０	０
投 小園	３	０	０	三 高嶋	３	１	１
左 吉見	３	０	０	遊 伊藤	３	１	０
				投 中西	１	０	０
				投 大西	３	１	０

振	球	犠	併	残	打	安	点
７	０	０	０	４	32	８	１

振	球	犠	併	残	打	安	点
５	３	３	１	30	30	７	４

投手	回	安	責	数
小 園	８	７	２	117

投手	回	安	責	数
伊 藤	６	５	１	72
中 西	３	０	３	39

二松川　田中　岡西　暴小園　中西　失市２▽審判（球）広瀬（塁）井戸本　前坂　橘　　　　　　　　　　　 1時間50分

岡山大会

[参加]58校58チーム
[加盟]58校　[部員]2,402人

[代表校] **倉敷商**
（9年ぶり11回目）
選手権通算 ８勝11敗

7月10～25日 マスカット、倉敷市営、エイコン

[１回戦]
瀬 　 　 戸 ７ － ２ 岡 山 御 津
倉 敷 翠 松 13 － ３ 岡 　 　 山
岡 山 城 東 ８ － ０ 津 山 商
倉 敷 天 城 ４ － ２ 岡 　 山 工
岡 山 大 付 ４ － １ 水 　 　 島
玉 野 光 南 10 － ３ 高 　 　 梁
岡 山 学 芸 館 ３ － ０ 作 　 　 陽
岡 山 東 商 ９ － １ 西 　 大 寺
明 誠 学 院 10 － ０ 岡 山 白 陵
就 　 　 実 10 － ０ 東 岡 山 工
岡 山 操 山 ５ － ０ 玉 　 　 野
倉 　 　 敷 ４ － ３ 勝 　 　 山
岡 山 南 ７ － ６ 美 　 　 作
倉 敷 古 城 池 ２ － １ 興 　 　 陽
津 山 東 10 － ８ 倉 敷 青 陵
津 山 工 ５ － ４ 高 梁 日 新
岡 山 芳 泉 ４ － ３ 岡 山 大 安 寺

岡 山 理 大 付 10 － ０ 笠 岡 商
金 光 学 園 ４ － ２ 倉 敷 鷲 羽
玉 島 商 ８ － １ 笠 岡 工
関 　 　 西 11 － ０ 岡 山 朝 日
岡 山 一 宮 11 － １ 津 山 高 専
玉 野 商 工 15 － １ 吉 備 高 原
和 気 閑 谷 18 － ３ 邑 　 　 久
倉 敷 南 ３ － １ 林 　 　 野
津 　 　 山 ７ － ５ 備 前 緑 陽

[２回戦]
倉 敷 工 10 － ０ 瀬 　 　 戸
総 社 南 10 － ３ 倉 敷 翠 松
岡 山 商 大 付 ５ － ４ 岡 　 山 南
おかやま山陽 ７ － ０ 玉 野 光 南
岡 山 城 東 ２ － ０ 倉 敷 天 城
創 志 学 園 ４ － ３ 倉 　 　 敷
就 　 　 実 10 － ０ 岡 山 操 山
津 山 東 ３ － ２ 倉 敷 古 城 池
岡 山 学 芸 館 ３ － ０ 明 誠 学 院
倉 敷 商 16 － ０ 津 山 工
関 　 　 西 ９ － ２ 興 譲 館
岡 山 理 大 付 19 － ０ 岡 山 芳 泉
岡 山 東 商 ９ － ４ 金 光 学 園
玉 島 商 ８ － ４ 岡 山 一 宮
玉 野 商 工 ７ － ０ 倉 敷 南
和 気 閑 谷 ７ － ５ 津 　 　 山

[３回戦]
岡 山 城 東 ４ － ３ 倉 敷 工
おかやま山陽 10 － ０ 岡 山 学 芸 館
総 社 南 ４ － ０ 津 山 東
就 　 　 実 11 － ８ 岡 山 商 大 付

玉 島 商 10 － １ 岡 山 東 商
創 志 学 園 ７ － ３ 岡 山 理 大 付
倉 敷 商 12 － ５ 和 気 閑 谷
関 　 　 西 ４ － ３ 玉 野 商 工

[準々決勝]
岡 山 城 東 ００００１４０５｜5
おかやま山陽 ４２０３０３X｜12

総 社 南 １０００１００００｜2
就 　 　 実 ０１２３０１１０X｜8

創 志 学 園 ０１１０００２００｜4
玉 島 商 ００００１０１０２｜2

倉 敷 商 １０１０００２４
関 　 　 西 １００００１０１０｜3

[準決勝]
おかやま山陽 １００２３０２８
就 　 　 実 ０００００００｜0

創 志 学 園 ２０００００００１
倉 敷 商 ００１０００００２０
　　　　　 ００３
　　　　　 ０１｜4
（延長11回）

[決勝]
おかやま山陽 ２００１０２１００６
倉 敷 商 ３０１０１０１０１｜7

【おかやま山陽】				【倉敷商】			
中 飯田	４	３	３	二 雄龍	５	２	０
二 三宅	５	０	０	遊 池上	４	１	０
遊 上本	４	２	１	三 山藤	４	４	２
右 岩田	４	２	０	右 森	２	０	１
一 徳永	４	０	１	左 弓取	４	１	０
左 田内	３	０	０	一 西川	２	１	２
打左 小坂	１	１	１	中 藤	３	０	３
捕 浅沼	３	１	０	捕 永野	４	０	０
投 大槻	３	１	０	投 小田	４	２	０
投 倉	３	１	０				

振	球	犠	併	残	打	安	点
６	３	１	７	34	11	６	

振	球	犠	併	残	打	安	点
７	４	３	１	８	32	11	５

投手	回	安	責	数
大 槻	８ 0/3	11	３	143

投手	回	安	責	数
永 野	９	11	６	141

二飯田３　上本　盗倉１　失お３　倉１▽審判（球）藤原（塁）川口　井戸　竹内雅 2時間34分

岡山大会　おかやま山陽―倉敷商　サヨナラで優勝を決め、ベンチを飛び出す倉敷商の選手たち＝マスカット

広島大会

[参加]90校86チーム
[加盟]92校　[部員]3,496人

[代表校] **広島新庄**
（5年ぶり3回目）
選手権通算 ３勝３敗

7月10日～8月1日 しまなみ、鶴岡一人記念、やまき三原市民、エブリイ福山市民、東広島アクア、県総合、三次きんさい

[１回戦]
日 彰 館 ８ － ０ 戸 　 手
尾 道 商 ６ － ５ 廿 日 市 西
誠 之 館 ６ － ４ 熊 　 野
近 大 福 山 13 － ７ 神 辺 旭
呉 　 　 商 ９ － ８ 加 計 芸 北
美 鈴 が 丘 ８ － １ 因 　 島 海
井 　 口 ７ － ０ 呉 　 宮 原
盈 　 　 進 ８ － １ 呉 　 　 宮
三 　 　 原 ７ － １ 広 島 市 工
高 陽 東 ７ － ０ 庄 　 原 実
安 　 　 西 11 － ０ 尾 道 東
呉 三 津 田 11 － ０ 吉 　 　 田
尾 道 北 ５ － ３ 庄 原 格 致
祇 園 北 10 － １ 並 木 学 院
崇 　 　 徳 12 － ２ 福 山 葦 陽
府 　 　 中 10 － ３ 加計・向原・賀茂北・河内・呉昭和
広 島 国 際 学 院 ７ － ０ 広 島 中 等 教 育
大 　 　 竹 ９ － ２ 三 次 青 陵
宮 島 工 ５ － ４ 世 　 　 羅
安 芸 府 中 ８ － ０ 海 　 田
舟 　 入 ５ － ４ 神 　 辺
広 島 工 ８ － １ 油 　 　 木

[２回戦]
祇 園 北 13 － 11 山 　 陽
（延長11回）
国 泰 寺 49 － ０ 上 　 下
武 　 田 11 － ０ 福 　 山 工
呉 　 港 15 － ２ 安 芸 府 中
尾 道 商 10 － ７ 英 数 学 館
瀬 戸 内 ４ － ２ 府 中 東 専
総 合 技 術 ７ － ２ 呉 　 高
観 　 音 ６ － ５ 竹 　 原
安 芸 南 13 － ４ 千 代 田
近 大 福 山 22 － １ 黒 　 瀬
尾 道 北 ７ － ４ 賀 　 茂
如 水 館 ５ － ４ 府 　 中

[地方大会の区割り変遷]

近畿
【滋賀】初参加 第１回京津
第38回京滋／第56回福滋／
第60回滋賀
【京都】初参加 第１回京津
第38回京滋／第56回京都
【大阪】初参加 第１回関西
第２回大阪／第80、90、100回
は南北の２代表
【兵庫】初参加 第１回兵庫
第80、90、100回は東西の
２代表
【奈良】初参加 第２回紀和
第60回奈良
【和歌山】初参加 第１回関西
第２回紀和／第60回和歌山
※第40、45、50、55回は記念大会のため、
1府県1代表。

[岡山県高野連所在地]〒700－0013　岡山市北区伊福町４－３－92　県立岡山工業高等学校内☎086（252）1090／📠086（252）5231　[会長]＊多田一也　[理事長]＊野間貴之

[広島県高野連所在地]〒730－0847　広島市中区舟入南６－７－11　県立広島商業高等学校内☎082（295）6696／📠082（231）9315　[会長]＊山田剛司　[理事長]板森匡祐

広 島 商 8－0 呉 商
広島国際学院 10－0 呉 工 台
盈 進 14－4 明 王
広 陵 10－0 美鈴が丘
尾 道 8－0 呉 三 津 田
呉 7－0 基 町
安 西 4－3 広
広 島 工 大 5－3 誠 之 館
崇 徳 10－2 修 道
高 陽 東 6－3 三 次
広 島 城 北 2－1 三 原
西 条 農 1－0 大 竹
宮 島 工 10－0 可 部
広 島 工 28－0 福 山 商
広 島 新 庄 16－4 舟 入
日 彰 館 10－4 福 山
広島商船高専 4－3 五 日 市
井 口 12－4 大 門
廿 日 市 5－4 松 永
沼 田 12－0 大 柿

[3回戦]
安 芸 南 6－5 尾 道 商
呉 港 7－3 広 島 城 北
祇 園 北 8－5 武
近 大 福 山 9－3 広島商船高専
如 水 館 5－4 安 西
高 陽 東 8－0 総 合 技 術
広 島 新 庄 3－0 宮 島 工
崇 徳 7－6 広 島 商
広 陵 3－1 広 島 工
広 島 工 大 10－0 観 音
西 条 農 13－0 廿 日 市
呉 2－0 広島国際学院
瀬 戸 内 11－1 尾 道 北
盈 進 2－1 尾 道 商
沼 田 4－1 日 彰 館
国 泰 寺 8－0 井 口

[4回戦]
広 島 工 大 3－2 盈 進
呉 2－0 呉 港
高 陽 東 6－5 広 陵
(延長10回)
広 島 新 庄 7－0 安 芸 南
祇 園 北 7－4 国 泰 寺
崇 徳 11－4 近 大 福 山
西 条 農 1－0 沼 田
瀬 戸 内 6－3 如 水 館

[準々決勝]
崇 徳 0 1 0 0 0 1 0 0 | 2
呉 0 0 0 1 0 5 0 3 | 9

祇 園 北 0 0 2 1 0 0 0 | 3
広 島 工 大 2 0 0 0 0 0 0 | 2

瀬 戸 内 0 0 0 0 1 0 0 1 0 | 2
広 島 新 庄 0 1 5 0 0 0 0 X | 6

高 陽 東 0 0 0 0 1 0 1 0 0 | 2
西 条 農 1 1 0 1 0 0 0 1 X | 4

広島大会 祇園北—広島新庄 7回無失点と好投した広島新庄の西井＝しまなみ

[準決勝]
呉 0 0 0 2 0 0 0 0 0 | 2
祇 園 北 0 0 2 0 0 2 0 0 X | 4

西 条 農 0 0 5 1 0 0 0 1 0
広 島 新 庄 0 0 1 0 1 0 2 3 0
0 0 0 | 7
0 0 1 | 8
(延長12回)

[決勝]
祇 園 北 0 0 0 0 0 0 0 0 0 | 0
広 島 新 庄 5 1 0 2 1 0 2 1 X | 12

【祇園北】				【広島新庄】		
(中)大谷	4 0 0			(二)大可	0 0 3
(二)貞吉	4 2 0			(三)繁光	5 3 2
(右)臼井	4 0 0			(右)平田	3 1 0
(捕)森	4 0 0			(一)花田	4 1 2
(一)黒瀬	3 0 0			(中)藤川	5 0 1
(一)東浦	2 0 0			(捕)中嶋田	0 0 0
(遊)岡森	0 0 0			(遊)瀬尾	4 2 1
打 坂野	1 0 0			投 佐野	2 2 2
投 青木	0 0 0			投 秋山	1 1 0
打 山田	1 0 0			(捕)北田	3 1 1
投 山本	1 0 0			(左)西井	5 3 0
(三)島	3 0 0				
旦	3 0 0				

振球犠併残打安点
祇園北 14 1 0 1 5 24 12
広島新庄 1 7 6 0 9 32 14 12

投手 回 安責数
岡森 1 3 5 38
青木 3 5 2 38
山本 4 6 3 71
西井 7 2 0 87
秋山 2 1 0 25

二 花田 盗 広3 塁 西井 失 祇2 審判(球)梶原(塁)野間 佐伯 上戸田
1時間59分

鳥取大会

[参加]24校22チーム
[加盟]24校 [部員]733人
[代表校]米子東
(2大会連続15回目)
選手権通算 8勝15敗
7月13〜28日 どらドラパーク米子市民

[1回戦]
境 10－0 米子高専
米子・日野・境港総合 4－3 倉 吉 北
(延長10回)
米 子 工 12－2 倉 吉 西
鳥 取 東 7－4 岩 美
鳥 取 西 7－6 米 子 北
鳥 取 工 15－2 鳥取湖陵

[2回戦]
米 子 東 14－3 米子・日野・境港総合
八 頭 14－2 倉 吉 農
倉吉総合産 7－4 倉 吉 東
鳥 取 西 7－5 鳥 取 城 北
鳥 取 商 10－0 鳥 取 工
鳥 取 育 英 4－3 米 子 工
鳥 取 東 6－3 米 子 西
米子松蔭 3－2 境

[準々決勝]
八 頭 3 1 0 0 0 0 4 0 3 | 11
米子松蔭 0 0 4 1 1 0 3 1 0 | 10

倉吉総合産 0 0 0 0 0 0 0 0 0 | 0
米 子 東 0 0 2 2 0 0 0 0 X | 4

鳥 取 西 2 0 0 0 0 0 0 0 | 2
鳥 取 東 1 0 0 0 0 1 1 2 X | 5

鳥 取 育 英 0 0 1 0 0 | 1
鳥 取 商 6 0 1 4 X | 11

[準決勝]
鳥 取 商 0 0 1 0 0 1 0 2 0 | 4
八 頭 0 1 0 1 0 0 0 0 0 | 2

鳥 取 東 2 0 3 1 0 0 0 | 6
米 子 東 5 3 0 0 0 4 4 | 16

鳥取大会 鳥取商—米子東 逆転サヨナラ勝ちし、喜ぶ米子東の選手たち＝どらドラパーク米子市民

[決勝]
鳥 取 商 2 1 0 0 0 2 0 1 1
米 子 東 3 1 0 0 0 0 0 0 3
1 | 8
2 | 9
(延長10回)

【鳥取商】				【米子東】		
(三)田中	5 1 0			(中)松田	6 2 0
(遊)鈴木	5 1 2			(遊)藪本	6 3 1
(捕)前田	5 2 0			(投)舩木佑	5 3 2
(一)山本	4 2 0			(右)太田	4 2 3
(左)中村	4 1 1			(一)瀬川	5 3 2
(二)岡田	5 3 2			(二)徳丸	4 1 1
(投)浦田	4 1 0			(三)岡本	5 0 0
(中)木村	5 3 3			(右)中尾	5 3 0
(三)奥田	4 1 0			打 松本	1 0 0
				二 岩崎	1 1 0

振球犠併残打安点
鳥取商 3 4 3 1 4 41 15 8
米子東 7 3 1 2 11 44 18 9

投手 回 安責数
浦田 9 1/3 18 9 169
舩木佑 10 15 8 165

本 木村(舩木佑) 太田(浦田) 三 木村
二 瀬川2 鈴木 中本 松田 藪本2 舩木佑 盗 鳥1 審判(球)門原(塁)岡本 小倉啓 吉田
3時間1分

島根大会

[参加]39校39チーム
[加盟]39校 [部員]1,435人
[代表校]石見智翠館
(2大会連続11回目)
選手権通算 7勝11敗
7月15〜29日 県立浜山、松江市営

[1回戦]
隠 岐 5－2 松 江 東
益 田 東 8－1 益 田
出 雲 西 11－3 松 江 工
津 和 野 3－2 出 雲 工
情 報 科 学 9－5 邇 摩
松 江 商 1－0 飯 南
大 東 8－0 江 津 工

[2回戦]
浜 田 6－1 島 根 中 央
立正大淞南 5－4 大 田
開 星 7－0 出 雲
平 田 3－2 益田翔陽
(延長11回)
石見智翠館 3－1 松 江 北
矢 上 8－2 出 雲 商
出雲北陵 5－2 浜 田 商
安 来 8－1 松 江 高 専
松 江 南 9－0 浜 田 水 産
松 江 農 林 12－5 江 津
大 社 11－0 出 雲 農 林
三 刀 屋 2－1 明 誠
益 田 東 6－5 松 江 西

出 雲 西 3－1 隠 岐
松 江 商 11－2 情 報 科 学
大 東 4－0 津 和 野

[3回戦]
浜 田 12－2 出 雲 北 陵
安 来 9－7 立正大淞南
(延長13回)
矢 上 8－0 平 田
石見智翠館 1－0 開 星
益 田 東 11－0 松 江 農 林
出 雲 西 4－3 松 江 南
大 社 8－2 大 東
三 刀 屋 8－1 松 江 商

[準々決勝]
出 雲 西 0 0 0 0 0 1 0 0 0 | 1
浜 田 0 0 4 0 0 0 0 0 X | 4

益 田 東 0 0 0 0 0 2 0 1 0 | 3
安 来 1 0 0 0 0 0 0 0 1 | 2

大 社 1 0 2 1 1 1 0 0 | 6
矢 上 0 0 0 0 0 0 1 0 | 1

石見智翠館 3 2 3 1 0 0 0 | 9
三 刀 屋 0 0 0 0 0 1 1 | 2

[準決勝]
大 社 1 1 0 0 0 3 0 3 2 | 10
益 田 東 1 0 0 0 0 2 0 1 0 | 4

石見智翠館 0 0 5 1 2 1 0 | 9
浜 田 0 0 0 0 0 0 0 | 0

島根大会 大社—石見智翠館 無安打無得点試合を達成した石見智翠館の山崎琢＝県立浜山

[鳥取県高野連所在地]〒682—0812 倉吉市下田中町801 県立倉吉東高等学校内 ☎—☎0858(22)5205 [会長]＊田辺洋範 [理事長]田村嘉庸

[島根県高野連所在地]〒693—0011 出雲市大津町2525 県立出雲商業高等学校内 ☎0853(22)2086／☎0853(21)0016 [会長]水津則義 [理事長]＊萬治 正

[決勝]

大　　社	0000000000	0
石見智翠館	11002022X	8

【大社】					【石見智翠館】			
(右)	清　重	4 0 0		(中)	関　山	5 2 0
(二)	岩谷悠	4 0 0		(遊)	山崎凌	4 1 0
(遊)	立　花	3 0 0		(中)	岡　田	4 1 1
(投)	岡　本	3 0 0		(捕)	上	4 1 0
(中)	大　畑	3 0 0		(左)	山崎琢	4 2 2
(一)	山　崎	2 0 0		(右)	伊　藤	1 1 2
打	岩谷翔	1 0 0		(二)	今　泉	3 0 0
二	斎　藤	0 0 0		(一)	岩　村	4 1 0
(捕)	小　村	2 0 0		(投)	山本寛	3 1 0
(三)	山　根	3 0 0				
(左)	北　野	1 0 0				
打	三ケ尻	1 0 0				

振	球	犠	併	残	打	安	点		振	球	犠	併	残	打	安	点
15	2	0	1	2	27	0	0		6	4	4	0	8	32	10	5

投手	回	安	責	数		投手	回	安	責	数
北　野	8	10	5	161		山崎琢	9	0	0	121

本 伊藤(北野)　二 関山　盗 石1　ボ 北野
失 大4 ▽審判 (球) 城市 (塁) 藤原周
吉岡　下谷　　　　　　　　2時間14分

山口大会　高川学園－宇部鴻城　完投した
高川学園の河野＝山口マツダ西京きずな

[地方大会の区割り変遷]

中国
【岡山】初参加 第1回山陽
第30回東中国／第57回岡山
【広島】初参加 第1回山陽
第30回西中国／第41回広島
【鳥取】初参加 第1回山陰
第30回東中国／第57回山陰／
第60回鳥取
【島根】初参加 第1回山陰
第30回東中国／第41回西中国／
第57回山陰／第60回島根
【山口】初参加 第2回西中国
第30回西中国／第57回山口
※第40、45、50、55回は記念大会のため、
1県1代表。

山口大会

[参加]58校54チーム
[加盟]58校　[部員]1,861人

[代表校] 高川学園
（5年ぶり2回目）
選手権通算 1勝2敗

7月16～29日　山口マツダ西京きずな、
オーヴィジョン下関、津田メモリアル、
ビジコム柳井、ユーピーアール

[1回戦]

宇部鴻城	11－3	下関北
岩　国	7－3	柳井商工
下　松	10－3	大島商船高専
小野田	8－7	厚　狭
（延長11回）		
下関西	6－5	大津緑洋
南陽工	10－0	華　陵
柳井学園	9－7	光
宇　部	8－6	萩
宇部工	12－1	宇部高専
萩商工	14－4	下関工
周防大島	11－8	高　水
（延長10回）		
徳山商工	2－0	防府商工
熊　毛	5－4	防府西
豊　浦	11－9	慶　進
柳　井	8－1	下松工
小野田工	6－5	美祢青嶺
下関商	13－0	山口農西市
誠　英	8－6	徳山高専
山　口	7－2	香　川
岩　国工	20－2	新南陽
山口県鴻城	10－7	長　門
聖　光	4－3	防　府
（延長11回）		

[2回戦]

宇部鴻城	11－6	下関国際
西　京	1－0	小野田
宇　部	3－2	萩商工
宇部工	16－1	下関西
岩国商	10－1	岩国
高川学園	10－0	下　松
宇部商	7－0	小野田工
早　鞆	9－5	豊　浦
山　口	5－4	宇　部
山口県鴻城	4－2	下関商
柳井学園	2－0	周防大島
徳山商工	2－1	南陽工
熊　毛	7－1	桜ケ丘
柳　井	4－2	山　口
岩国総合・高森・山口徳佐・下関中等教育		
岩国工	9－4	下関中等教育

誠　英	8－4	聖　光

[3回戦]

宇部鴻城	9－5	宇部工
西　京	16－2	宇　部
宇部商	5－2	山　口
山口県鴻城	9－0	早　鞆
岩国商	12－3	柳井学園
高川学園	5－1	徳山商工
熊　毛南	4－2	誠　英
柳　井	4－3	岩国工

[準々決勝]

熊　毛南	0000100000	1
宇部鴻城	10012010X	5

宇部商	1000030	4
岩国商	502103X	11

山口県鴻城	0000000	0
高川学園	101161	10

西　京	11210400 5	14
柳　井	00102501 0	9

[準決勝]

岩国商	000100030	4
宇部鴻城	201000002	5

高川学園	102202010	8
西　京	000100200	3

[決勝]

高川学園	120020300	8
宇部鴻城	001000001	1

【高川学園】					【宇部鴻城】			
(遊)	山	4 2 1		(三)	内　山	3 0 0
(捕)	山　崎	2 1 0		(右)	平田健	4 2 0
(右)	源	5 2 0		(中)	寺　内	3 1 0
(左)	立　石	4 2 3		(左)	大　野	1 0 0
(一)	田　口	5 1 0		(左)	脇	3 0 1
(二)	隅　田	3 1 0		(捕)	池　田	3 1 0
(投)	河　野	4 2 2		(二)	天　野	3 0 0
(三)	山　見	4 1 0		(投)	浦　部	1 0 0
(中)	中　村	4 1 0		打	西　村	1 0 0
				投	山　本	0 0 0
				打	深　津	1 0 0
				(一)	田　中	4 0 0
				(遊)	北　山	2 0 0
				打	清　綱	1 0 0

振	球	犠	併	残	打	安	点		振	球	犠	併	残	打	安	点
7	5	5	1	10	35	13	6		4	5	3	0	7	27	4	1

投手	回	安	責	数		投手	回	安	責	数
河　野	9	4	1	138		天　野	2/3	4	3	33
						浦　部	4 1/3	7	2	67
						山　本	3	6	3	66

本 立石(浦部)　二 河野　盗 高4 宇1
暴 浦部　山本　失 宇1 ▽審判 (球) 戸田 (塁)
中村　横山　藤田　　　　　　2時間31分

香川大会

[参加]38校38チーム
[加盟]38校　[部員]1,309人

[代表校] 高松商
（2大会連続21回目）
選手権通算 23勝19敗

7月9～25日　レクザム、レクザムBP丸亀

[1回戦]

志　度	9－2	三　木
香川高専高松	3－2	琴　平
（延長13回）		
観音寺総合	10－1	観音寺一
三　本　松	7－2	高松北
小豆島中央	9－2	高　瀬
大手前高松	11－2	高　松

[2回戦]

英　明	12－0	坂　出
高松中央	6－3	丸亀城西
藤　井	13－2	石　田
坂　出	4－0	丸　亀
高　松	14－0	笠　田
寒　川	13－0	多　度津

香川中央	5－1	善通寺一
高松東	14－3	津
尽誠学園	10－0	香川高専詫間
志　度	4－0	高松桜井
香川高専高松	6－1	坂出工
小豆島中央	2－1	四国学院大香川西
大手前高松	14－3	高松工芸
高松南	10－3	飯　山
高松西	4－3	観音寺総合
三　本　松	14－4	高松一

[3回戦]

英　明	2－1	坂出商
寒　川	7－2	藤　井
高松商	10－4	香川中央
高松中央	5－0	高松東
尽誠学園	2－1	小豆島中央
（延長11回）		
大手前高松	9－2	高松南
三　本　松	7－0	香川高専高松
高松西	2－1	志　度

[準々決勝]

英　明	020003000	5
尽誠学園	001000001	1

寒　川	000120101	5
大手前高松	110001020	4

高松中央	210000003	3
高松商	111011320 X	9

高松西	00000000	0
高松商	200005X	7

[準決勝]

英　明	111124400	14
三　本　松	131020300	10

高松商	04000007	11
大手前高松	15011000	8

[決勝]

英　明	020200010	5
高松商	000001320 X	6

【英明】					【高松商】			
(遊)	細　川	5 0 0		(中)	野　崎	5 1 0
(二)	安　徳	3 0 1		(遊)	浅　野	5 3 1
(左)	永　池	5 0 0		(左)	安　本	2 1 0
(中)	吉　峰	4 0 0		(三)	藤　山	5 1 1
(捕)	仁　木	3 2 0		(右)	山　崎	3 0 0
(右)	逢　寒	4 2 0		(一)	末　浪	3 3 2
(三)	川	1 0 1		(投)	渡辺和	0 0 0
(投)	石　河	1 1 1		(二)	横　井	3 1 1
(一)	倉　谷	3 1 1		打	山　川	1 0 0
				(遊)	向　井	0 0 0

振	球	犠	併	残	打	安	点		振	球	犠	併	残	打	安	点
6	4	4	1	8	37	8	4		4	6	4	0	11	31	10	5

投手	回	安	責	数		投手	回	安	責	数
寒　川	6 1/3	7	4	125		徳　田	3	3	2	52
石　河	1 2/3	3	0	32		渡辺和	5	4	0	93
						坂　中	1	0	0	11

本 浅野(寒川)　石河(渡辺和)　二 浅野
逢沢　末浪　盗 高1　暴 寒川　渡辺和　石
河　失 英2　高2 ▽審判 (球) 大平 (塁)
浜岡　伊勢谷　片桐　　　　　　2時間40分

香川大会　英明－高松商　七回裏高
松商無死、左越えに勝ち越しの本塁
打を放ち生還した浅野＝レクザム

[山口県高野連所在地] 〒747－0802 防府市中央町3－1
県立防府商工高等学校内 ☎0835 (38) 2829／☎0835 (22) 3790
[会長] 藤村慎一郎　[理事長] 東堂昌治

[香川県高野連所在地] 〒761－0322 高松市前田東町690－1
県立高松東高等学校内　☎087 (814) 5827／☎087 (847) 6221
[会長] ＊細川典宏　[理事長] 福井博三

徳島大会

[参加]29校29チーム
[加盟]30校 [部員]965人

[代表校]**阿南光**
（25年ぶり2回目）
選手権通算 2勝2敗

7月10〜26日 オロナミンC

[1回戦]
池田	2-0	阿南高専
那賀	7-1	城ノ内
池田辻	4-2	つるぎ
徳島北	5-3	川島
城東	6-2	城北
鳴門渦潮	10-0	吉野川
城西	8-3	板野
富岡西	13-5	徳島市立
脇町	1-0	徳島科技
小松島	不戦勝	海部
阿波	10-0	穴吹
名西	9-6	城南
生光学園	10-2	小松島西

[2回戦]
池田	6-4	鳴門
那賀	8-6	池田辻
阿南光	7-0	徳島北
鳴門渦潮	6-0	城東
徳島商	9-8	城西
富岡西	2-1	脇町（延長11回）
阿波	2-0	小松島
生光学園	4-3	名西

[準々決勝]
那賀	000001 200	3	
池田	000020 24X	8	

阿南光	000000 110	2
鳴門渦潮	000000 000	0

富岡西	200000 000	2
徳島商	001000 002	3

阿波	000000 001	1
生光学園	003000 0X	3

[準決勝]
生光学園	040020 002	8
池田	000310 000	4

阿南光	000000 101	2
徳島商	000000 101	1

[決勝]
生光学園	200000000	2
阿南光	101000001	3

【生光学園】

	打	安	点
(中)吉田	3	2	0
(右)杢保	3	0	0
(左)安芸	2	0	0
打 中瀬	1	0	0
一 石田	1	0	0
(中)井上	3	1	0
(三)木村	4	2	1
(二)大久保	4	1	0
(捕)空処	4	1	1
(遊)奥浜	2	0	0
(投)実山	1	0	0
投 春藤	0	0	0

振球犠併残打安点
4 6 1 0 9 31 7 2

投手	回	安	責	数
奥浜	8	5	2	129
春藤	0 1/3	2	0	19

【阿南光】

	打	安	点
(中)萩野	4	1	0
(右)島崎	3	1	0
(左)矢野	4	2	1
(捕)高木	0	0	0
(三)岡川	3	2	2
岩田宏	3	0	0
三 佐々木	1	0	0
(二)森山	4	0	0
(遊)井上陸	4	0	0
打 岩田真	1	1	0
打 木村	1	1	0
走 津路	0	0	0

振球犠併残打安点
5 6 3 1 11 30 7 3

投手	回	安	責	数
森山	9	7	2	131

三吉田 二萩野 盗生1 失生1 阿1▽
審判 （球）東田 （塁）栗栖 桝田 森下
2時間13分

徳島大会 生光学園―阿南光 9回2失点で完投した阿南光の森山＝オロナミンC

愛媛大会

[参加]57校56チーム
[加盟]58校 [部員]1,792人

[代表校]**新田**
（初出場）
選手権通算 1勝1敗

7月10〜28日 坊っちゃん、西条市ひうち、今治市営、丸山公園

[1回戦]
今治西	4-0	松山学院
丹原	2-1	伊予
今治工	13-3	今治北大三島
吉田	9-5	東予
新居浜東	10-0	北宇和三間
西条	8-1	今治明徳
西条農	4-3	内子（延長10回）
宇和島東	2-1	松山南
伊予農	4-0	愛媛大付
松山聖陵	7-0	新居浜商
北条	10-0	上浮穴
大洲	17-2	内子小田・済美平成
新居浜南	13-3	松山北
松山東	6-5	今治北
三島	8-7	松山西
松山工	2-1	南宇和
北宇和	7-1	土居
川之江	6-1	今治南
今治東	3-2	野村
東温	5-4	八幡浜（延長10回）
帝京五	8-1	新居浜西
松山中央	13-2	弓削商船高専
済美	9-0	八幡浜工

[2回戦]
聖カタリナ	10-0	新居浜東
新田	5-3	今治西
松山商	9-0	吉田
丹原	8-1	新居浜高専
西条	11-1	宇和
松山聖陵	10-0	新居浜南
北宇和	2-0	三島
川之江	不戦勝	松山工
宇和島東	8-4	川之石農
今治工	10-0	大洲農
東温	3-0	済美
北条	7-0	松山中央
大洲	6-3	伊予農
帝京五	6-0	新居浜工
小松	11-1	西条農

[3回戦]
西条	14-4	松山東
聖カタリナ	3-1	松山聖陵
丹原	9-1	北宇和
川之江	3-2	小松（延長13回）
宇和島東	4-3	帝京五
新田	4-2	北条
松山商	9-0	大洲
東温	8-5	今治工（延長10回）

[準々決勝]
西条	1011000	3
聖カタリナ	2005012	10

川之江	0000000 31	4
丹原	1001000 00	2

新田	2000000 305	5
宇和島東	0001000 001	1

松山商	0001110 00 1	3
東温	0001110 00 0	2

（延長10回）

[準決勝]
松山商	010001000 0	2
聖カタリナ	000000002 1	3

（延長10回）

新田	1204101	9
川之江	0020000	2

[決勝]
新田	430000302 0	12
聖カタリナ	000020000 0	2

【新田】

	打	安	点
(中)長谷川	4	1	0
(三)入山	2	0	0
(二)近平	4	3	2
(捕)古和田	4	1	4
(一)乗松	3	1	1
(右)中村凌	3	1	3
(左)向井	3	0	0
(遊)山内	3	0	0

振球犠併残打安点
2 11 7 1 9 30 10 11

投手	回	安	責	数
向井	9	11	2	112

【聖カタリナ】

	打	安	点
(一)尾田	5	4	0
(右)代	4	1	0
(捕)高岡	4	1	0
(遊)川口	4	1	1
(二)足達	3	1	1
(三)小沢	4	0	0
(左)上田	4	0	0
(中)桜井	2	1	0
(投)仲田	2	1	0
打 信高	1	0	0
投 堀越	0	0	0
投 桃原	1	0	0
石川	4	2	0

振球犠併残打安点
4 2 1 0 10 36 11 2

投手	回	安	責	数
桜井	3	4	3	45
仲田	5	6	5	73
堀越	1 2/3	2	2	36
桃	1/3	0	0	23

本古和田（仲田） 三近平 二中村凌 近平 乗松 逸石川 失新1 聖1▽審判
（球）小林 （塁）高木康 高橋 米原
2時間21分

愛媛大会 初優勝を決め、喜ぶ新田の選手たち＝坊っちゃん

高知大会

[参加]29校24チーム
[加盟]31校 [部員]869人

[代表校]**明徳義塾**
（2大会連続21回目）
選手権通算 37勝20敗

7月17〜28日 県立春野、高知市営

[1回戦]
高知東工	8-0	高知東
土佐	7-3	高知南
伊野商	7-4	室戸・高知丸の内・幡多農・宿毛・清水
梼原	15-0	高知海洋
高知農	10-2	安芸
宿毛工	7-0	高知高専
中村	2-1	高知西・高知国際
岡豊	3-2	土佐塾

[2回戦]
高知商	7-3	伊野商
明徳義塾	8-1	土佐
梼原	5-3	高知工
高知東工	2-1	小津
高知	8-1	宿毛工
高知中央	7-0	高知農
追手前	5-1	中村
岡豊	12-5	須崎総合

[準々決勝]
明徳義塾	2002001 5	10
梼原	0010000 0	1

高知東工	1000000 00	1
高知商	1010000 1 0X	3

追手前	1020000	3
高知	1022041	10

岡豊	00000	0
高知中央	41131	10

[準決勝]
高知商	3212000 0	8
明徳義塾	4030300 0X	10

高知	0004150	10
高知中央	0210000	3

[徳島県高野連所在地]〒770-0003 徳島市北田宮4-13-6
県立城北高等学校内 ☎088(624)5008/📠088(631)8105
[会長]藤川卓司 [理事長]＊須崎一幸

[愛媛県高野連所在地]〒790-8530 松山市旭町71
県立松山商業高等学校内 ☎089(941)8189/📠089(941)3751
[会長]忽那浩 [理事長]松浦彰浩

[高知県高野連所在地]〒780-8010 高知市桜馬場2-11-6
県立高知工業高等学校内 ☎088(831)1123/📠088(831)9171
[会長]橋本浩 [理事長]＊山崎正明

[決勝]

	1	2	3	4	5	6	7	8	9	計
明 徳 義 塾	0	1	0	0	0	0	0	1	3	5
高　　知	0	0	0	0	0	0	2	1	3	3

【明徳義塾】			
[中]	米 崎	4	1	0
[二]	池 辺	4	1	1
[右]	森 松	3	1	0
[捕]	加 藤	4	1	0
[投]	代 木	3	0	1
[右]	山 藤	3	2	1
[中]	井 上	4	1	0
[三]	梅 原	1	0	0
[一]	岩 城	3	0	0

【高知】			
[右]	有 田	4	0	0
[中]	山 下	4	1	0
[捕]	吉 岡	3	0	0
[中]	高 橋 友	3	0	0
[三]	城 田	4	2	1
[二]	田 野 岡	3	0	0
[投左]	森 木	3	0	0
[一]	小 西	2	0	0
打	川 竹	1	1	1
走左	工 藤	0	0	0
投	高 橋 克	0	0	0
[右]	川 田	2	1	1

【明徳義塾】	振	球	犠	併	残	打	安	点
	10	7	7	2	11	29	7	3

【高知】	振	球	犠	併	残	打	安	点
	7	3	0	1	3	30	5	3

投手	回	安	責	数
代 木	9	5	3	126

投手	回	安	責	数
森 木	8 0/3	4	1	124
高橋克	1	3	2	17

二 川竹　暴 森木4　失 明1　高3▽審判
（球）中川（塁）浅津　山崎寿　扇谷浩
2時間47分

高知大会　明徳義塾―高知　試合後のあいさつを終え、互いに涙を流しながら抱き合う明徳義塾の代木（右）と高知の森木＝県立春野

福岡大会

[参加] 136校135チーム
[加盟] 138校　[部員] 5,780人

[代表校] **西日本短大付**
（11年ぶり6回目）
選手権通算9勝5敗

7月6〜27日　久留米市、北九州市民、大谷、光陵グリーン、筑豊緑地、春日公園、小郡市、大牟田延命

[1回戦]

福岡大若葉	10	3	福岡講倫館
久 留 米	14	4	朝倉光陽
柏　　陵	5	4	福 翔

（延長12回）

筑　　紫	5	0	三　池
福岡中央	10	3	久留米高専
香 椎 工	13	0	久留米学園
筑　　前	7	0	大川樟風

[2回戦]

小 倉 工	5	2	八　幡
希望が丘	11	1	若　松
新　　宮	10	0	宇美商
古賀竟成館	12	5	近大福岡
八幡中央	10	0	筑　豊
小 倉 東	5	3	鞍手竜徳
自由ケ丘	14	0	福岡魁誠
北　　筑	5	4	常　磐

（延長10回）

福岡大大濠	9	0	玄　洋
北九州市立	3	2	東海大福岡
博　　多	10	0	久留米筑水
光　　陵	5	4	須　恵

（延長10回）

真 颯 館	8	1	北九州高専
春　　日	11	1	朝　倉
三 池 工	7	3	城　南
田　　川	4	1	福岡水産
九産大九産	10	0	八女学院
高　　稜	4	3	嘉　穂
筑 紫 丘	4	2	福　岡
筑陽学園	14	0	福　農
星　　琳	8	1	小倉南
大和青藍	7	2	嘉穂総合
北　　九	4	2	田川科学技術
南　　筑	4	2	福岡舞鶴
中　　間	7	5	小倉西

（延長10回）

東　　筑	7	0	門司大翔館
九州国際大付	7	2	八幡南
小　　倉	19	3	筑上西
玄　　界	12	2	若松商・遠賀

飯　　塚	7	2	戸畑工
東　　福	7	0	伝習館
修 猷 館	5	4	博多工
嘉 穂 東	3	2	青　豊
西日本短大付	10	0	八女農
鞍　　手	5	4	八　幡
京　　都	4	0	稲築志耕館
大 牟 田	6	0	三　井
祐　　誠	23	1	ありあけ新世
香　　椎	11	1	有明高専
沖 学 園	8	1	西南学院
育 徳 館	10	2	東　鷹
柳　　川	7	0	柏　陵
折尾愛真	6	4	東筑紫学園
豊国学園	5	4	小倉商
糸　　島	11	0	大牟田北
福岡大若葉	9	2	山　門
久留米商	9	1	小　郡
福岡工大城東	9	1	筑紫中央
門司学園	10	0	行　橋
直　　方	11	3	折　尾
福 岡 工	10	0	早良良
久 留 米	7	0	明善善
福　　島	11	3	太宰府
福岡西陵	8	5	中村学園三陽
苅　　田	7	1	宗　像
戸　　畑	11	0	慶　成
八 女 工	6	0	純　真
筑　　前	7	0	香住丘
福岡中央	6	1	浮羽究真館
八　　女	7	3	三　潴
九産大九州	9	0	筑　紫
筑 紫 丘	6	5	福岡常葉
香 椎 工	2	1	武蔵台
福岡第一	8	0	浮羽工

[3回戦]

小 倉 工	10	3	古賀竟成館
福岡大大濠	6	0	博　多
新　　宮	4	1	希望が丘
春　　日	4	3	三 池 工
北　　筑	3	2	北九州市立
小 倉 東	7	6	八幡中央
九産大九産	10	2	筑紫台
筑陽学園	11	5	南　筑
真 颯 館	9	0	田　川
自由ケ丘	10	4	光　陵
福 岡 工	4	1	久留米
星　　琳	24	0	大和青藍
柳　　川	5	4	福　島

（延長12回）

香　　椎	4	3	東　福
九州国際大付	13	3	小倉
西日本短大付	9	2	糸　島
東　　筑	8	1	中　間
高　　稜	9	1	北　九
沖 学 園	3	1	大牟田

福岡大若葉	7	6	福岡西陵

（延長10回）

飯　　塚	11	1	嘉穂東
玄　　界	6	4	鞍　手
八 女 工	8	0	筑　前
育 徳 館	10	0	京　都
福岡工大城東	8	1	修猷館
戸　　畑	6	2	苅田工
八　　女	10	9	福岡中央

（延長10回）

折尾愛真	13	3	豊国学園
祐　　誠	7	5	久留米商
門 司 学 園	3	1	直　方
九産大九州	6	2	福岡第一
香 椎 工	3	2	筑 紫 丘

[4回戦]

福岡大大濠	8	1	新　宮
筑陽学園	9	1	小倉東
春　　日	3	2	小倉工
北　　筑	9	4	福岡大若葉
九産大九産	8	6	自由ケ丘
香　　椎	4	0	星　琳
真 颯 館	4	0	福岡工
柳　　川	6	2	高　稜
九州国際大付	5	1	九産大九州
沖 学 園	8	3	東　筑
福岡工大城東	10	2	玄　界
飯　　塚	9	1	八　女
折尾愛真	5	2	香椎工
西日本短大付	10	7	育徳館
祐　　誠	13	0	門司学園
戸　　畑	4	3	八女工

（延長11回）

[5回戦]

福岡大大濠	4	1	春　日
筑陽学園	6	5	北　筑
真 颯 館	5	1	九産大九産
柳　　川	1	0	香　椎

（延長10回）

飯　　塚	5	1	福岡工大城東

九州国際大付	6	2	沖 学 園
西日本短大付	12	2	折尾愛真
戸　　畑	7	6	祐　誠

[準々決勝]

	1	2	3	4	5	6	7	8	9	計
福岡大大濠	0	0	0	0	0	0	0	0	0	0
筑陽学園	0	0	0	1	0	1	0	1	X	3

	1	2	3	4	5	6	7	8	9	計
柳　川	0	0	0	0	0	0	0	0	0	0
真 颯 館	0	1	0	5	1	0	X			7

	1	2	3	4	5	6	7	8	9	計
飯　塚	2	0	1	0	2	1	3	0	1	10
九州国際大付	2	0	0	0	1	0	0	0	0	3

	1	2	3	4	5	6	7	8	9	計
西日本短大付	0	0	0	0	0	0	1	0	0	1
戸　畑	0	0	0	0	0	0	0	0	0	0

[準決勝]

	1	2	3	4	5	6	7	8	9	計
真 颯 館	0	0	0	2	0	2	0	0	0	4
筑陽学園	0	0	0	2	0	0	0	0	0	2

	1	2	3	4	5	6	7	8	9	計
飯　塚	0	3	1	2	0	0	2	0	0	8
西日本短大付	0	0	0	1	4	0	3	1	X	9

[決勝]

	1	2	3	4	5	6	7	8	9	計
真 颯 館	0	0	0	0	0	0	0	0	0	0
西日本短大付	1	0	1	0	1	1	1	0	X	5

【真颯館】			
[中]	井上蔵	4	0	0
[右]	三 浦	3	0	0
[二]	白 川	4	1	0
[捕]	森 田	4	0	0
[一]	田 崎	4	0	0
[三]	松本涼	2	0	0
三	加 藤	1	0	0
打	田上翔	1	0	0
[遊]	山 下明	3	0	0
[左]	山 田	3	2	0
[投]	松本翔	3	0	0

【西日本短大付】			
[三]	江	5	3	0
[中]	池 田	4	1	0
[遊]	林 直	4	1	1
[捕]	三 宅	4	3	2
[一]	山口雄	4	1	1
[二]	穴 井	3	0	0
[右]	今 田	3	1	0
[左]	蓑 田	2	0	0
打	笹 井	1	0	0
[右]	山口紘	0	0	0
[投]	大 嶋	3	2	1

【真颯館】	振	球	犠	併	残	打	安	点
	8	1	0	1	3	32	5	0

【西日本短大付】	振	球	犠	併	残	打	安	点
	2	4	0	0	10	33	12	5

投手	回	安	責	数
松本翔	8	12	4	150

投手	回	安	責	数
大 嶋	9	3	0	124

三 池田　二 林直　三宅2　山口雄　盗 西1
暴 大嶋　失 真1　西2▽審判（球）安田
（塁）荻峯　中島　蜷津　2時間8分

福岡大会　優勝を決め喜ぶ西日本短大付の選手たち＝久留米市

[福岡県高野連所在地] 〒806-0068　北九州市八幡西区別所町1-1
県立八幡工業高等学校内　☎093 (642) 1836・☎093 (641) 6611
[会長] ＊土田秀夫　[理事長] 野口敦弘

佐賀大会

[参加] 37校37チーム
[加盟] 37校　[部員] 1,435人

[代表校] **東明館**
（初出場）
選手権通算 0勝1敗

7月10〜25日　さがみどりの森、ブルー

[1回戦]

龍　　谷	3－2	唐　津　南
伊　万　里	7－0	佐　賀　農
武　　雄	9－0	唐　津　青　翔
致　遠　館	6－3	鳥　栖　工
太　　良	6－2	鹿　　島

[2回戦]

嬉　　野	7－6	龍　　谷
東　明　館	1－0	伊　万　里　実
伊　万　里	4－3	鳥　　栖
	（延長12回）	
唐　津　工	4－1	敬　　徳
白　　石	4－3	佐　賀　西
武　　雄	9－3	佐　賀　東
神　埼　清　明	10－1	致　遠　館
早　稲　田　佐賀	7－3	唐　津　東
佐　賀　商	8－1	多　　久
唐　津　商	3－2	北　　陵
佐　賀　工	11－0	厳　　木
有　田　工	11－1	小　　城
佐　賀　学　園	8－0	高　　志　館
三　養　基	7－3	太　　良
佐　賀　北	7－2	鳥　栖　商
唐　津　西	9－2	神　　埼

[3回戦]

東　明　館	4－2	嬉　　野
白　　石	6－5	唐　津　工
伊　万　里	6－1	早　稲　田　佐賀
唐　津　商	8－3	武　　雄
神　埼　清　明	3－2	有　田　工
	（延長10回）	
佐　賀　商	9－2	佐　賀　学　園
佐　賀　北	11－4	佐　賀　工
三　養　基	7－0	唐　津　西

[地方大会の区割り変遷]

九州

【福岡】初参加 第1回九州
第11回北九州／第30回福岡／
第100回は南北の2代表

【佐賀】初参加 第5回九州
第11回北九州／第30回西九州／
第60回佐賀

【長崎】初参加 第1回九州
第11回北九州／第30回西九州／
第60回長崎

【熊本】初参加 第6回九州
第11回南九州／第30回西九州／
第41回中九州／第58回熊本

【大分】初参加 第7回九州
第11回北九州／第16回南九州／
第30回東九州／第41回中九州／
第58回大分

【宮崎】初参加 第3回九州
第11回南九州／第30回東九州／
第41回南九州／第57回宮崎

【鹿児島】初参加 第7回九州
第11回南九州／第30回東九州／
第41回南九州／第42回鹿児島

【沖縄】初参加 第8回九州
第11回南九州／第34回西九州／
第41回南九州／第57回沖縄

※第40、45、50、55回は記念大会のため、
1県1県代表。

佐賀大会　佐賀北―東明館　勝利を決め、ガッツポーズ
をする東明館の今村＝さがみどりの森

[準々決勝]

東　明　館	2	4	0	0	1	0	0	0	4		11
白　　石	1	0	0	1	1	1	0	2	0	1	6

神　埼　清　明	0	0	0	0	0	0	0	0	0		0
佐　賀　商	0	0	0	1	3	0	0	0	X		4

伊　万　里	0	1	0	0	1	0	1	0	0		3
唐　津　商	0	0	1	4	0	0	0	1	X		6

三　養　基	0	0	0	0	0	0	0	0	0		0
佐　賀　北	0	0	0	0	0	0	0	0	1		1

[準決勝]

唐　津　商	1	0	0	0	0	0	0	0	1		2
東　明　館	1	3	2	0	0	0	0	0	X		6

佐　賀　北	1	1	0	1	1	0	0	0	1		5
佐　賀　商	0	0	1	0	0	0	0	0	0		1

[決勝]

佐　賀　北	0	0	0	0	0	0	0	0	0		0
東　明　館	0	0	0	2	0	0	0	0	X		2

【佐賀北】					【東明館】			
中	中村一	4	0	0	捕	加　藤	3	0	0
三	千々岩	4	2	0	右	久　保	4	0	0
二	笹　山	3	0	0	左	井　上	3	1	0
一	森	4	3	0	遊	出　田	2	0	0
右	馬　場	3	1	0	三	窪　山	4	2	1
走右	福川	0	0	0	一	松　本	1	0	0
左	稲　富	2	1	0	中	成　沢	3	1	0
捕	上　戸	4	0	0	二	藤　田	3	1	0
投	荒　谷	4	0	0	投	今　村	3	2	1
打	星　野	1	0	0					

振	球	犠	併	残	打	安	点		振	球	犠	併	残	打	安	点
1	2	3	9	31	7	0			6	2	4	0	26	7	2	

投手	回	安	責	数		投手	回	安	責	数
荒　谷	8	7	2	117		今　村	9	7	0	117

二 井上　森　窪山　暴 今村　失 佐1 ▽審判
（球）広瀬（塁）片渕　川崎　納所
1時間43分

長崎大会

[参加] 56校52チーム
[加盟] 56校　[部員] 1,881人

[代表校] **長崎商**
（5年ぶり8回目）
選手権通算 5勝8敗

7月8〜27日　県営、諫早市営第1、佐世保

[1回戦]

川　　棚	8－0	長　崎　東
鹿　町　工	3－2	諫　　早
	（延長12回）	
長崎北陽台	12－3	佐世保西
壱　岐　商	9－7	長崎鶴洋・西彼杵
瓊　　浦	6－0	佐世保南
九州文化学園	2－1	島原中央
国　　見	5－1	松　　浦
長　崎　工	7－0	佐世保実
島　原　工	3－2	西海学園
長　崎　南	8－5	佐世保高専
清　　峰	4－1	西　　陵
五　　島	14－0	諫早商・島原翔南
壱　岐　商	9－2	諫　早　東
長　崎　北	3－0	佐世保工
波　佐　見	7－0	長崎明誠
佐世保北	13－0	島　原　農
大　　村	11－0	対　　馬
上　五　島	6－0	口　　加
島　　原	6－2	佐世保商
大　村　工	7－6	長崎総大付
	（延長12回）	

[2回戦]

長　崎　商	8－1	国　　見
壱　　岐	7－0	五島海陽
小　　浜	2－0	壱　岐　商
海　　星	5－4	九州文化学園
大　　崎	6－1	川　　棚
長崎日大	9－1	長　崎　南
波　佐　見	8－3	鎮西学院
長　崎　西	8－4	島　原　工
佐世保北	7－0	大　　村
鹿　町　工	7－5	長崎南山
諫　早　農	9－2	長崎北陽台
上　五　島	9－0	上対馬・平戸・猶興館
五　　島	5－4	長　崎　工
島　　原	5－0	長　崎　北
創　成　館	9－0	瓊　　浦
大　村　工	8－1	清　　峰

[3回戦]

大　　崎	8－4	創　成　館
長　崎　商	2－1	波　佐　見
鹿　町　工	1－0	五　　島
	（延長11回）	

長崎大会　長崎商―大崎　延長
十回表長崎商2死二塁、決勝適
時打を放った横田＝県営

[佐賀県高野連所在地] 〒840−0041　佐賀市城内1−4−25
県立佐賀西高等学校内　☎0952（27）4061／☎0952（24）4331
[会長] 青木勝彦　[理事長] 吉冨寿泰

[長崎県高野連所在地] 〒851−2127　西彼杵郡長与町高田郷3672
県立長崎北陽台高等学校内　☎095（865）7305／☎095（883）6843
[会長] 山口千樹　[理事長] 黒江英樹

諫早農 5-2 島原
小浜 4-2 上五島
海星 4-3 大村工
壱岐 2-0 長崎日大
長崎西 8-3 佐世保北

[準々決勝]

```
鹿町工 0 0 0 1 0 0 0 0 0 | 1
大 崎 3 0 0 0 0 0 0 0 X | 3

壱 岐 1 0 0 0 1 | 2
海 星 1 1 1 2 7 | 12

諫早農 3 0 0 0 0 0 0 0 0 | 3
長崎商 0 0 1 1.1 0 0 0 1 | 4

長崎西 0 0 1 0 0 0 1 0 0 | 2
小 浜 0 1 0 1 1 0 0 0 X | 3
```

[準決勝]

```
大 崎 0 0 0 0 0 0 0 2 0 | 2
海 星 0 0 0 0 0 0 0 1 0 | 1

長崎商 0 0 1 0 0 3 0 0 0 | 4
小 浜 1 0 0 0 0 0 0 1 0 | 2
```

[決勝]

```
長崎商 0 1 2 0 0 0 0 0 1 | 5
大 崎 0 0 3 0 1 0 0 0 0 | 4
            (延長10回)
```

【長崎商】

	打	安	点
横田	5	2	1
沢山	5	0	0
大町	4	1	1
大坪	5	2	1
宮城	3	3	0
久松	2	1	1
鬼塚	3	0	0
青山	1	0	0
松井	4	2	1
木下	1	0	0
村田	3	0	0
城戸	2	1	0
古木	3	0	0
伊藤	1	0	0

振球犠併残打安点
8 4 1 0 12 42 12 4

投手	回	安	責	数
田村	7	6	4	94
城戸	3	0	0	37

【大崎】

	打	安	点
村上	4	2	0
乙内	1	0	0
勝本	1	0	0
秋山	1	0	0
調	4	1	2
松本	3	0	0
井元	1	0	0
栗原	4	2	2
山口	3	0	0
坂本	4	0	0
川口	3	1	0
池田	3	0	0

振球犠併残打安点
6 5 3 0 5 31 6 4

投手	回	安	責	数
坂本	5	8	2	105
勝本	5	4	2	81

二 大町 宮城 調 田栗 盗 大3 失 大2
▽審判 (球) 斉藤 (塁) 森山 岩永 鶴巻
2時間34分

熊本大会 優勝を決めて喜ぶ熊本工の選手たち＝リブワーク藤崎台

熊本大会

[参加] 61校55チーム
[加盟] 61校 [部員] 2,319人

[代表校] **熊本工**
(2大会連続22回目)
選手権通算 30勝22敗

7月11～27日 リブワーク藤崎台、県営八代

[1回戦]
熊本西 2-1 玉名工 (延長11回)
宇土 8-2 芦北
八代清流 3-2 小川工
熊本北 17-0 天草拓心
専大大玉 11-0 菊池農・岱志
八代東 3-2 熊本商
鎮西 11-2 熊本
有明 8-1 東稜
済々黌 12-0 牛深
秀岳館 8-1 熊本一津
熊本国府 10-0 大津
球磨工 5-0 天草
菊池 4-3 熊本二

甲佐・御船・矢部・高森 6-2 阿蘇中央
千原台 11-1 鹿本商工
人吉 12-3 熊本高専熊本
真和 6-1 鹿本
ルーテル学院 5-2 南稜
天草工 9-0 水俣
天草 19-0 小国
玉名 5-3 熊本農
文徳 23-0 熊本高専八代
必由館 18-0 湧心館・松橋・八代農

[2回戦]
八代清流 3-2 専大玉名
東海大熊本星翔 9-2 熊本西
翔陽 5-3 鎮西
熊本北 3-1 宇土
有明 6-1 秀岳館
済々黌 6-3 開新
城北 10-2 球磨工
熊本国府 2-1 八代東
熊本工 12-2 千原台
甲佐・御船・矢部・高森 11-3 真和
菊池 7-6 人吉
八代工 7-0 天草工
熊本学園大付 4-1 玉名
ルーテル学院 2-0 必由館
文徳 1-0 九州学院

八代 7-0 天草

[3回戦]
熊本北 3-1 東海大熊本星翔
熊本国府 8-5 済々黌
有明 5-3 城北
八代清流 3-1 翔陽
八代 2-1 ルーテル学院 (延長11回)
熊本工 2-0 菊池
文徳 4-0 熊本学園大付
八代工 12-1 甲佐・御船・矢部・高森

[準々決勝]

```
熊本 北 0 0 0 0 0 1 10 | 11
八代清流 0 0 1 0 0 0 0 | 1

熊本国府 0 1 0 0 0 3 0 0 0 | 4
有 明 1 0 0 3 0 0 0 0 1 | 5

八代 工 0 0 1 0 0 1 1 1 0 1 0 | 5
熊本 工 0 2 0 0 2 0 0 0 0 1 1 | 6
              (延長11回)

文 徳 1 2 0 0 0 0 1 0 0 | 4
八 代 0 0 0 1 4 0 3 0 X | 8
```

[準決勝]

```
熊本 北 0 0 2 0 0 0 6 4 3 | 15
有 明 2 0 1 3 2 0 0 2 0 | 10

熊本 工 0 9 0 0 4 | 13
八 代 0 0 0 0 1 | 1
```

[決勝]

```
熊本 北 0 1 1 0 0 0 0 0 0 | 2
熊本 工 0 0 2 0 5 8 0 0 X | 15
```

【熊本北】

	打	安	点
藤田	4	1	0
中居	3	0	0
合沢	3	0	0
本田	0	0	0
島	1	0	0
藤江	0	0	0
前田	4	1	1
井伊	4	3	0
林	4	0	0
浜田	2	0	0
冨本	4	2	1
片山	3	1	0

振球犠併残打安点
6 4 1 2 8 32 8 2

投手	回	安	責	数
浜田	5 2/3	14	12	106
本田	1 1/3	3	3	42
藤江	1	0	0	14

【熊本工】

	打	安	点
古閑	4	3	2
前高	4	3	2
宮田	5	1	0
増見	5	3	5
原田	5	2	1
松下	4	2	2
沼丈	2	0	1
米田	4	1	2
吉永	3	2	0

振球犠併残打安点
3 6 3 0 6 36 17 15

投手	回	安	責	数
吉永	9	8	2	144

三 米田 二 井伊 増見 吉永 原田 前高
暴 本田 ▽審判 (球) 村田幸 (塁) 内田 行武 後藤
2時間17分

大分大会 優勝を決めて喜ぶ明豊の選手たち＝別大興産

大分大会

[参加] 44校44チーム
[加盟] 44校 [部員] 1,808人

[代表校] **明豊**
(4年ぶり7回目)
選手権通算 9勝7敗

7月5～25日 別大興産

[1回戦]
大分雄城台 3-2 中津南
別府翔青 10-5 国東
三重総合 8-1 宇佐産業科学
大分豊府 4-0 大分西
竹田 11-1 日田
大分鶴崎 7-0 日出総合
由布 7-6 中津北
高田 7-4 大分上野丘
楊志館 8-0 安心院
大分高専 11-3 日田三隈
別府鶴見丘 10-2 大分東

[熊本県高野連所在地]〒860-0862 熊本市中央区黒髪2-22-1 県立済々黌高等学校内 ☎096(345)6125 📠096(343)6195
[会長]那須高久 [理事長]工木雄太郎

[大分県高野連所在地]〒870-0846 大分市花園3-3-1 県立大分豊府高等学校内 管理棟3階 ☎097(576)9666 📠097(546)2222
[会長]＊奥田 宏 [理事長]塚崎一孝

日本文理大付 9－1 杵 築
[2回戦]
明 豊 3－2 大分雄城台
大 分 工 5－1 別府翔青
柳 ケ 浦 6－5 三重総合
日田林工 3－2 宇 佐
藤 蔭 8－0 大分豊府
情報科学 9－8 竹 田
（延長10回）
大 分 商 2－1 大分鶴崎
大分国際情報 8－1 佐伯豊南
津 久 見 10－0 由 布
高 田 8－1 玖珠美山
佐伯鶴城 3－1 楊 志 館
大分東明 5－3 大 分
大分舞鶴 11－0 大分高専
別府鶴見丘 8－0 大 分 南
臼 杵 8－0 鶴 崎 工
日本文理大付 4－3 中 津 東
（延長10回）
[3回戦]
明 豊 10－2 大 分 工
柳 ケ 浦 7－0 日田林工
藤 蔭 9－8 情報科学
大 分 商 3－0 大分国際情報
高 田 2－1 津 久 見
大分東明 5－4 佐伯鶴城
大分舞鶴 11－0 別府鶴見丘
臼 杵 4－3 日本文理大付
（延長10回）

[準々決勝]
明 豊 0 5 0 0 0 0 1 0 3 ｜9
柳 ケ 浦 0 0 0 0 0 1 0 1 0 ｜2

大 分 商 0 0 0 1 0 0 0 0 0
藤 蔭 0 1 0 0 0 0 0 0 0
　　　　　　　　　　0 1｜2
　　　　　　　　　　0 2｜3
（延長11回）
高 田 0 0 0 0 0 5 0 0 0 ｜5
大分東明 0 0 0 0 1 0 0 1 4 ｜6

大分舞鶴 0 8 0 1 0 0 0 ｜9
臼 杵 0 0 1 1 0 0 0 ｜2

[準決勝]
明 豊 1 0 2 0 0 0 0 0 9 ｜12
藤 蔭 0 0 0 0 0 0 0 0 0 ｜0

大分舞鶴 0 0 9 1 0 1 0 0 4 ｜15
大分東明 2 1 3 0 2 2 0 0 1 ｜11

[決勝]
大分舞鶴 0 0 0 0 0 0 0 0 0 ｜0
明 豊 1 1 1 0 1 0 2 0 X ｜6

【大分舞鶴】　　　　【明豊】
中 野 田 4 0 0　左 筒 井 2 0 0
二 都 甲 4 0 0　打二 本 多 2 0 0
左 仲 4 1 0　一 黒 木 4 3 0
一 小 倉 4 0 0　右 宮 3 1 0
三 阿 部 4 0 0　左 阿 南 0 0 0
遊 唐 木 2 1 0　三 米 田 3 0 1
走 高 山 0 0 0　遊 幸 0 0 0
投 吉 田 0 0 0　捕 山 本 4 3 1
捕 衛 藤 3 0 0　中 塘 原 2 0 0
三 青 柳 3 1 0　打 東 0 0 1
右 三重野 0 0 0　投 奥 原 0 0 0
　　　　　　　　捕 簑 原 3 1 1
　　　　　　　　投 京 本 3 0 0
振球犠併残打安点　振球犠併残打安点
8 2 0 0 5 30 7 0　0 4 6 0 9 29 10 5

投手 回 安責数
奥 本 6 7 3 97
吉 田 2 3 1 41

投手 回 安責数
京 本 9 3 0 128

二幸 盗大1 明3 暴吉田 失大4 ▽審
判（球）深田（塁）阿南 清原 上杉
2時間11分

宮崎大会

[参加]47校47チーム
[加盟]47校　[部員]1,885人

[代表校]**宮崎商**
（13年ぶり5回目）
選手権通算 5勝5敗

7月10〜28日　ひなたサンマリン、アイビー

[1回戦]
小林秀峰 4－2 高 千 穂
宮 崎 北 7－0 小 林
宮 崎 13－1 都城高専
小 林 西 7－0 延 岡 商
本 庄 8－6 高 鍋 農
宮崎第一 10－0 宮崎海洋
富 島 5－3 鵬 翔
聖心ウルスラ 12－2 宮 崎 工
都 城 東 11－0 日 向
宮 崎 10－3 宮崎大宮
日 南 7－1 宮 崎 農
都城泉ケ丘 7－0 宮崎学園
延 岡 工 9－2 福 島
日南振徳 2－1 都 城 商
延岡星雲 3－1 高 鍋

[2回戦]
宮 崎 商 11－3 門 川
日南学園 10－0 都 城
延岡学園 5－3 佐 土 原
宮崎日大 3－2 都 城 工
（延長13回）
都 城 西 2－0 延 岡
日 向 10－2 飯 野
妻 12－4 日向学院
日章学園 10－0 高 城
小林秀峰 0－0 都 城 農
（9回雷雨コールド引き分け再試合）
小林秀峰 11－5 都 城 農
小 林 西 11－1 本 庄
富 島 8－2 宮崎第一
宮 崎 4－3 日 南
都 城 東 4－2 聖心ウルスラ
宮 崎 西 6－5 宮 崎 北
都城泉ケ丘 9－5 延 岡 工
（延長11回）
延岡星雲 2－1 日南振徳
（延長11回）

[3回戦]
日南学園 8－1 宮 崎 西

宮 崎 商 4－3 小林秀峰
（延長12回）
延岡学園 8－6 小 林 西
宮崎日大 4－2 富 島
都 城 東 4－1 日 向
都 城 西 8－4 宮 崎 南
妻 4－3 延岡星雲

[準々決勝]
宮 崎 商 1 0 0 4 0 1 1 ｜7
都 城 東 0 0 0 0 0 0 0 ｜0

都 城 西 1 0 0 0 0 1 1 1 0 ｜4
日 南 学 5 1 0 1 1 0 0 0 X ｜8

都城泉ケ丘 0 1 1 0 0 1 0 1 0
延 岡 学 園 0 0 0 1 0 0 0 2 1
　　　　　　　　　　　0 0 1 ｜5
　　　　　　　　　　　0 0 3 ｜7
（延長13回）
妻 1 0 0 0 0 0 1 0 0 ｜2
宮崎日大 1 3 0 2 0 0 0 0 X ｜6

[準決勝]
宮 崎 商 1 2 0 0 0 0 0 1 ｜4
宮崎日大 0 0 0 0 0 0 3 0 ｜3

日南学園 0 0 2 3 0 1 4 0 0 ｜10
延岡学園 0 3 0 2 1 2 4 0 X ｜12

[決勝]
延岡学園 0 0 0 0 0 0 0 0 0 ｜0
宮 崎 商 4 0 0 0 0 0 0 0 X ｜4

【延岡学園】　　　　【宮崎商】
中右 赤 木 4 0 0　中 若 松 4 1 0
二 広 本 4 1 0　二 渡 辺 3 0 0
一右 佐 藤 3 0 0　遊 中 村 4 1 0
打 亀 長 1 0 0　右 建 山 2 1 0
中 村 上 4 1 0　投 長 友 0 0 0
三 川 越 2 0 0　左 西 原 4 1 1
打一遊 木切倉 1 0 0　一 水 谷 3 0 0
二 伊 藤 2 1 0　捕左 日 高 2 0 1
捕 甲 斐 3 0 0　三 中 野 2 1 2
遊投 須 永 3 0 0　捕 平 松 2 0 0
投 武 藤 2 0 0
打 玉 田 1 0 0
中 興 梠 0 0 0
三投 尼 崎 3 0 0

振球犠併残打安点　振球犠併残打安点
5 1 0 1 4 30 3 0　9 7 1 0 6 26 5 4

投手 回 安責数
須 藤 0 2/3 2 4 46
武 藤 6 1/3 3 0 86
尼 崎 1 0 0 14

投手 回 安責数
日 高 7 3 0 94
長 友 2 0 0 28

盗延2 宮1 ▽審判（球）者（塁）中野翔
小川 横山純　2時間0分

宮崎大会 延岡学園
－宮崎商 7回無失
点と好投した宮崎商
の日高＝ひなたサン
マリン

[宮崎県高野連所在地]〒880－0211　宮崎市佐土原町下田島21567
県立佐土原高等学校内　☎0985（73）3937／☎0985（73）5657
[会長]萩尾英司　[理事長]兒玉正剛

鹿児島大会

[参加]71校63チーム
[加盟]76校　[部員]2,184人

[代表校]**樟南**
（5年ぶり20回目）
選手権通算 24勝20敗

7月3〜26日　平和リース、鴨池市民

[1回戦]
武 岡 台 6－0 加 治 木
加治木工 7－1 串 木 野
鹿児島玉龍 2－0 出水中央
鹿 児 島 1－0 徳 之 島
甲 南 8－7 奄 美
志 布 志 25－0 古 仁 屋
神村学園 17－1 吹 上
川 内 7－1 川内商工
鶴 丸 12－0 志學館・鹿児島修
　　　　　　　学館・特別支援
尚 志 館 6－0 川薩清修館
鹿児島商 10－0 明 桜 館
鹿 屋 5－4 出 水 工
池 田 6－4 隼 人 工
樟 南 7－0 鹿児島高専
鹿児島城西 10－1 串良商・垂
　　　　　　　水・屋久島
薩 南 工 10－3 出 水
鹿児島工 6－3 鹿児島水産
大 島 7－6 鹿児島中央
鹿児島南 3－0 錦 江 湾
曽 於 10－9 ラ・サール
頴 娃 7－3 沖永良部
鹿 屋 農 9－2 加 世 田
鹿児島情報 9－3 伊 集 院
れ い め い 14－0 指宿・川辺
国 分 14－2 市来農芸
国分中央 7－3 指 宿 商
鹿 屋 工 11－1 樟 南 二
喜 界 7－6 種 子 島
（延長11回）
出 水 商 17－4 薩摩中央・鶴翔・
　　　　　　　鹿児島第一・蒲生
鹿児島実 10－0 種子島中央
枕 崎 6－0 松 陽

[2回戦]
鹿児島玉龍 4－2 加治木工
鹿屋中央 6－1 武 岡 台
神村学園 11－1 志 布 志
鹿 児 島 11－4 甲 南
川 内 10－0 鶴 丸
尚 志 館 6－0 鹿児島商
樟 南 7－0 鹿 屋
薩 南 工 3－1 池 田
大 島 3－2 鹿児島南
鹿児島城西 5－1 鹿児島工
鹿 屋 農 12－2 曽 於
鹿児島情報 2－0 頴 娃
鹿 屋 工 2－1 国 分
れ い め い 9－1 国 分 中 央
鹿児島実 10－0 出 水 商
枕 崎 6－4 喜 界

[3回戦]
神村学園 8－5 鹿児島玉龍
鹿屋中央 4－3 鹿 児 島
尚 志 館 8－1 薩 南 工
樟 南 10－3 川 内
大 島 10－0 鹿児島情報
鹿 屋 農 3－0 鹿児島城西
れ い め い 8－1 枕 崎
鹿児島実 9－0 鹿 屋 工

[準々決勝]

| 樟　　南 | 1 | 1 | 0 | 0 | 0 | 0 | 0 | 1 | 0 | 3 |
| 鹿屋中央 | 0 | 0 | 2 | 0 | 0 | 0 | 0 | 0 | 0 | 2 |

| れいめい | 0 | 0 | 0 | 0 | 0 | 0 | 0 | 1 | 0 | 3 | 4 |
| 鹿 屋 農 | 0 | 0 | 0 | 0 | 0 | 0 | 0 | 0 | 1 | 0 | 1 |

（延長10回）

| 神村学園 | 1 | 0 | 1 | 0 | 0 | 0 | 2 | 4 | 8 |
| 尚 志 館 | 0 | 0 | 0 | 0 | 0 | 0 | 0 | 0 | 0 |

| 大　　島 | 0 | 0 | 0 | 0 | 0 | 0 | 0 | 0 |
| 鹿児島実 | 0 | 0 | 1 | 2 | 3 | 2 | X | 8 |

[準決勝]

| 樟　　南 | 0 | 0 | 0 | 0 | 0 | 0 | 1 | 4 | 0 | 5 |
| れいめい | 0 | 0 | 0 | 0 | 0 | 0 | 2 | 0 | 0 | 2 |

| 神村学園 | 0 | 0 | 1 | 0 | 0 | 4 | 0 | 0 | 0 | 3 | 8 |
| 鹿児島実 | 1 | 1 | 0 | 0 | 0 | 0 | 1 | 1 | 1 | 4 | 9 |

（延長10回）

[決勝]

| 鹿児島実 | 0 | 0 | 0 | 0 | 0 | 0 | 0 | 0 | 0 | 0 |
| 樟　　南 | 1 | 0 | 0 | 3 | 1 | 0 | 0 | 2 | X | 7 |

【鹿児島実】

		振	球	犠	併	残	打	安	点
[遊]	平　石	4	2	0					
[二]	三福	2	1	0					
打	末吉	1	1	0					
走	新納	0	0	0					
[中]	井戸田	4	0	0					
[一]	板敷	3	0	0					
打	上西	1	1	0					
[左]	浜	3	0	0					
打	松下	1	0	0					
[三]	下山	2	0	0					
打	木村	1	0	0					
[二]	小倉	3	1	0					
[捕]	大村	1	0	0					
投	赤崎	2	1	0					

振 球 犠 併 残 打 安 点
8　0　1　2　6　32　7　0

投手	回	安	責	数
大村	3 2/3	7	4	83
赤崎	4 1/3	8	2	61

【樟南】

		振	球	犠	併	残	打	安	点
[右]	町北	4	3	2					
[遊]	尾崎	5	2	2					
[三]	下池	4	3	2					
[一]	麦生田	5	1	0					
[捕]	西窪	2	1	1					
[左]	西長沢	2	1	1					
[中]	小峰	3	2	0					
走左	山口	0	0	0					
[二]	西田	4	2	0					
[投]	今井	2	0	0					

振 球 犠 併 残 打 安 点
3　4　5　0　9　31　15　7

投手	回	安	責	数
西田	9	7	0	118

二尾崎　下池　小倉　失鹿2▽審判（球）
落水田（塁）大石　山下　平石
2時間8分

鹿児島大会　優勝を決め喜ぶ
樟南の西田＝平和リース

沖縄大会

[参加] 65校61チーム
[加盟] 65校　[部員] 2,565人

[代表校] 沖縄尚学
（2大会連続9回目）
選手権通算 8勝9敗

7月3〜18日　沖縄セルラー、コザしんきん、アトムホーム、タピック

[1回戦]

与　　勝	10	–	3	読　　谷
嘉手納	9	–	6	那覇商
宮　　古	8	–	4	宮古工・宮古総合実
前　　原	16	–	3	昭和薬大付
美来工科	15	–	0	那覇工
知　　念	9	–	2	北谷
沖縄工	11	–	4	石　　川
美里工	12	–	5	浦　　添
西　　原	5	–	2	南部工
北部農林	13	–	11	沖縄高専
八重山商工	16	–	9	南風原
具志川	5	–	0	北中城
首　　里	9	–	2	久米島
宜野湾	10	–	0	本部
八重山	12	–	3	名護商工
球　　陽	8	–	0	向陽
名　　護	10	–	0	美里
中部商	11	–	1	首里東
コ　　ザ	8	–	1	普天間
ウェルネス沖縄	10	–	0	開邦・陽明・真和志・辺土名
豊見城	9	–	1	中部農林
北　　山	9	–	0	南部農林
沖縄水産	15	–	0	浦添工
沖縄カトリック	7	–	1	那覇国際
那　　覇	4	–	3	八重山農林
糸　　満	8	–	1	宜野座
未来沖縄	10	–	0	南部商
浦添商	6	–	2	那覇西
小　　禄	10	–	0	豊見城南

[2回戦]

具志川商	8	–	0	嘉手納
沖　　縄	6	–	2	美来工科
前　　原	4	–	1	与勝
知　　念	11	–	2	西原
宮　　古	7	–	2	美里工
名　　護	8	–	5	宜野湾
具志川	6	–	5	球陽

（延長12回）

| 中部商 | 8 | – | 1 | 首里 |
| 豊見城 | 6 | – | 4 | ウェルネス沖縄 |

沖縄水産	2	–	0	コ　　ザ
八重山	10	–	3	八重山商工
浦添商	8	–	7	未来沖縄
興　　南	20	–	0	北部農林
那　　覇	5	–	4	糸満

（延長10回）

| 沖縄尚学 | 9 | – | 0 | 北山 |
| 小　　禄 | 6 | – | 5 | 沖縄カトリック |

[3回戦]

具志川商	11	–	1	沖縄工
知　　念	6	–	2	前原
中部商	6	–	0	具志川
宮　　古	7	–	0	名護
興　　南	11	–	1	八重山
小　　禄	14	–	4	浦添商
沖縄尚学	8	–	0	那覇
豊見城	4	–	0	沖縄水産

[準々決勝]

| 具志川商 | 2 | 1 | 0 | 0 | 1 | 0 | 0 | 0 | 0 | 4 |
| 知　　念 | 0 | 0 | 2 | 0 | 1 | 0 | 0 | 1 | 1 | 5 |

| 宮　　古 | 2 | 0 | 0 | 0 | 0 | 0 | 0 | 2 | 0 | 4 |
| 中部商 | 0 | 0 | 2 | 0 | 1 | 2 | 0 | 0 | X | 5 |

| 沖縄尚学 | 0 | 3 | 0 | 2 | 2 | 0 | 1 | 1 | 9 |
| 小　　禄 | 1 | 0 | 1 | 0 | 0 | 0 | 0 | 0 | 2 |

| 豊見城 | 0 | 1 | 0 | 0 | 0 | 1 | 2 | 1 | 0 | 5 |
| 興　　南 | 0 | 1 | 0 | 0 | 2 | 0 | 0 | 0 | 0 | 3 |

[準決勝]

| 中部商 | 2 | 0 | 1 | 0 | 0 | 2 | 0 | 0 | 1 | 6 |
| 知　　念 | 1 | 0 | 0 | 1 | 0 | 1 | 0 | 0 | 3 |

| 豊見城 | 0 | 0 | 0 | 0 | 0 | 0 | 0 | 0 | 0 |
| 沖縄尚学 | 0 | 1 | 3 | 1 | 0 | 2 | X | 7 |

[決勝]

| 沖縄尚学 | 0 | 0 | 0 | 2 | 1 | 0 | 0 | 0 | 2 | 5 |
| 中部商 | 0 | 1 | 1 | 0 | 0 | 0 | 0 | 0 | 0 | 2 |

【沖縄尚学】

		振	球	犠	併	残	打	安	点
[中]	後　原	3	0	0					
[左]	下　地	4	0	0					
[遊]	仲宗根皐	3	2	1					
[一]	知念大	4	0	0					
[三]	長　浜	3	1	0					
[捕]	大　城	4	2	0					
[二]	知念新	2	0	0					
[右]	前　盛	4	1	2					
[投]	美　里	1	0	0					
投	當　山	2	1	1					

振 球 犠 併 残 打 安 点
8　6　1　1　5　30　7　4

投手	回	安	責	数
美里	2 2/3	1	1	37
當山	6 1/3	2	0	75

【中部商】

		振	球	犠	併	残	打	安	点
[遊]	米　田	3	0	0					
[右]	仲　本	4	0	0					
[三]	平　川	3	0	0					
[中]	渡久山	3	0	0					
[左]	當　山	3	1	0					
[二]	関　根	2	0	0					
打	仲程	1	0	0					
[捕]	平　山	2	1	0					
[一]	米　須	3	1	0					
[投]	徳　永	3	0	0					

振 球 犠 併 残 打 安 点
3　4　2　1　4　27　3　1

投手	回	安	責	数
米須	9	7	4	149

三長浜　二平山　當山（沖）盗沖1　暴
米須　ボ美里　逸前盛　失中1　中1▽審
判（球）西銘（塁）大浜　大城康　大城幸
1時間55分

[鹿児島県高野連所在地] 〒890-0022　鹿児島市小野町3175
県立武岡台高等学校内　☎099（282）1655　☎099（281）5233
[会長] ＊前田光久　[理事長] 山内昭人

1点差　地方大会決勝から

青森大会　弘前学院聖愛6－5青森山田　一回表、青森山田は高野の中前安打で二塁走者・江口が生還＝ダイシン

茨城大会　鹿島学園3－2常総学院　力投する常総学院の投手・秋本＝ノーブルスタ水戸

鳥取大会　米子東9－8鳥取商（延長十回）　二回表、鳥取商は鈴木の二塁打で一塁走者・田中が生還し、同点に追いつく＝どらドラパーク米子市民

徳島大会　阿南光3－2生光学園　一回表、生光学園の空処は中前適時打を放つ＝オロナミンC

長崎大会　長崎商5－4大崎（延長十回）　五回裏、大崎の調は勝ち越し適時打を放つ＝県営

沖縄大会　沖縄尚学—中部商　四回表沖縄尚学2死二、三塁、前盛の左前安打で三塁走者に続き、二塁走者・大城も生還し、同点に追いつく＝沖縄セルラー

[沖縄県高野連所在地] 〒901-2224　宜野湾市真志喜2－25－1
県立宜野湾高等学校内　☎098（890）3158　☎098（897）1020
[会長] ＊川畑三矢　[理事長] ＊中村健

●北から南から──地方大会アラカルト

南北海道大会　一番乗りアーチ「一生自慢」
[6月27日付]

全国のトップを切って6月26日に開幕した南北海道大会札幌地区の開幕試合対北広島西で、札幌工の3番、伊藤起壱(3年)がランニング本塁打を放った。四回2死二塁から高めの直球を引っ張ると、打球は右中間を真っ二つ。一気に本塁まで駆け抜けた。投手としても先発して3回1失点で勝利に貢献。「僕が全国で最初に打ったんですか。一生自慢できますね」。公式戦初本塁打が記念の一打となり、にっこり。

＝札幌円山

長野大会　選手目線、高専4年の監督
[7月5日付]

春からチームを指導してきた長野高専の湯沢壮一郎監督(19)は同校の4年生。主将を務めた昨夏に引退したが、部の顧問が多忙のため、指導役を任された。最後の夏だった昨年は102回大会が中止になり、「すごくショックだった」。コロナ禍の影響で同校は独自大会も辞退。今夏は違う立場で挑んだが、試合は6失策と鍛えた守備の乱れもあって敗れた。それでも、選手の攻める姿勢に収穫があったと感じた。「楽しかった。選手目線で教えられてよかった」。監督を続けるかどうかは未定だ。

＝長野オリンピック

長野高専の湯沢壮一郎監督

鹿児島大会
春の友、夏は敵？ 「僕たちの思い背負って」
[7月9日付]

鹿児島大会1回戦で、出水商と薩摩中央・鶴翔・鹿児島第一・蒲生の連合チームが対戦した。この5校、春までは同じチーム。部員を増やした出水商が夏は単独チームを結成。組み合わせ抽選会があった6月19日、一緒に練習試合をしている最中に対戦を知った。「正直やりづらい」と出水商の前屋匠吾監督。選手たちは「楽しみ」。

結果は出水商が12安打17得点で七回コールド勝ち。先発した連合チームの山口来輝(薩摩中央2年)は「高めの真っすぐを狙われた。僕たちの思いも背負って次も頑張ってほしい」と、春までの仲間にエールを送った。　＝平和リース

薩摩中央・鶴翔・鹿児島第一・蒲生の連合チーム

千葉大会　背番号19先発、無安打無得点
[7月10日付]

千葉大会1回戦で、千葉英和の柳川陽翔(2年)が、袖ケ浦を相手に無安打無得点試合を達成した。同大会での無安打無得点は2016年以来。左上手からの直球が低めに決まり、変化球も織り交ぜた。大会直前にフォームを改造して低めへの制球が安定。投手陣で一番好調だったため、背番号19で初戦の先発を任された。「実感はありません。安打性の当たりを守備がよく処理してくれたおかげ」。出塁を許したのは三回に出した四球だけ。計27アウトのうち、内野ゴロ11、犠打1、飛球10、三振5で、89球で快挙を達成した。

＝袖ケ浦

兵庫大会　佐藤輝先輩のマシンの成果
[7月12日付]

兵庫大会1回戦で仁川学院が4年ぶりに初戦を突破した。同点の七回1死三塁、主将の石橋晃亮(3年)が左越えへ勝ち越しの適時二塁打を放った。プロ野球阪神の新人・佐藤輝明の母校。1月にその先輩から寄贈された打撃マシンで練習した成果をみせ、計12安打で6点を奪った。

佐藤輝は高校3年時の夏に1回戦で五回コールド負けだった。今年のチームは3年生が3人しかいないが結束力は強い。あこがれの先輩を超え、2安打した石橋は「めっちゃうれしい。打撃練習で直球に振り負けない力がついた」と笑顔だった。

＝明石トーカロ

群馬大会　伊勢崎工の京田20K、大会新
[7月17日付]

伊勢崎工の京田聖也(3年)が2回戦の大泉戦で、毎回の20三振を奪い、群馬大会の1試合最多奪三振記録を更新した。得意球のスライダーを駆使し、テンポ良く投げきった。1回戦で、昨年秋の県大会準優勝校の前橋商に五回コールド勝ち。2安打に抑え、勝ちたい気持ちが強まった。快挙を聞いたのは試合後。丁寧に積み重ねた154球だった。「腕をしっかり振って、自分らしい投球ができた」

＝高崎城南

伊勢崎工の投手・京田

広島大会　広島新庄、3者連続弾
[7月25日付]

今春の選抜大会出場校、広島新庄が広島大会4回戦で、3者連続本塁打を放った。4-0で迎えた七回裏。3番打者の平田龍輝、4番・花田侑樹、5番・藤川蓮がいずれも右越えソロ本塁打で3点を追加し、コールド勝ちを決めた。選抜の2試合で先発経験のある花田は、この日は左翼手として出場。「つなぐ意識で強く振った球が入った。投手を助けられてよかった。3者連続本塁打は練習試合でも見たことがない」と話した。

＝鶴岡一人記念

宮城大会　創部100年仙台商、仙台育英破る
［7月18日付］

今年、野球部の創部100周年を迎える仙台商が宮城大会4回戦で、昨夏の独自大会を含め夏5連覇を狙った仙台育英を下した。八回に1点差とされたが、強力打線をしのいで逃げ切った。仙台商は春夏合わせて4回の甲子園出場を果たした古豪で、プロ野球ヤクルトで活躍した八重樫幸雄さん（70）らが輩出した。

この日五回から登板したエース斎賢矢（3年）は試合後、仙台育英のエース・伊藤樹（3年）から「甲子園、行ってくれよ」と声をかけられ、思わず泣いてしまった。下原俊介監督は「仙台育英に勝ったのは10年前の夏が最後。最後の1アウトまでよく守ってくれた」と選手たちをねぎらった。
＝石巻市民

うれし涙の仙台商の選手たち

茨城大会　一球入魂の系譜、水戸一躍進に幕
［7月23日付］

茨城大会で40年ぶりに8強入りした県内屈指の進学校、水戸一が鹿島学園に敗れた。

同校OBで「学生野球の父」と呼ばれる飛田穂洲（とびたすいしゅう）が唱えた「一球入魂」を掲げる。練習時間は平日2時間、休日も3時間に限られる中、1球への集中力を磨き、勝ち上がってきた。この日は相手エースに2安打に抑え込まれたが、九回に2点を挙げて粘った。堀史也主将（3年）は「集中力や勝負強さを意識して練習したから、ここまで来られた」と話した。
＝ひたちなか市民

敗戦後、ベンチに戻る水戸一の選手ら

富山大会　連合チームが逆転、2曲の校歌に笑顔
［7月11日付］

連合チームの富山北部・水橋が富山大会1回戦に登場。逆転勝ちし、初戦を突破した。

今年度末で統合する両校。昨秋は北信越大会に出場し、選抜大会の21世紀枠の地区候補9校に残ったものの、連合チーム初の甲子園出場はかなわなかった。水橋の「最後の野球部員」となる3年生2人は、この日は出場機会がなかったが、味方が七回に試合をひっくり返すと、手をたたいて喜んだ。

試合後は富山北部に続いて水橋の校歌が流れた。県高野連によると、連合チームの校歌が流れたのは初めてという。「甲子園で流せなかったし、最後のチャンスだった」と笹野祐輔監督。背番号1をつけた水橋の中川凌輔は「一緒にやってきた仲間を信じて応援していた。校歌はうれしかった。何回も流したい」とはにかんだ。
＝高岡西部

西東京大会　1年生 ランニングHR
［7月20日付］

遊撃手で途中出場した早稲田実（西東京）の深谷空（1年）が4点リードの五回、2点ランニング本塁打を放って試合

を決めた。打球は中堅手の頭を越えた。「一塁を回った時点でまだ追いかけていたので狙える」と一気に本塁に滑り込んだ。公式戦初本塁打。今夏の早稲田実は、メンバーに1年生5人、2年生4人が入る若いチーム。深谷は「3年生のためにプレーしたい」と力強く言った。
＝スリーボンド八王子

早稲田実・深谷のランニング本塁打

新潟大会　帝京長岡監督、初挑戦の夏
［7月21日付］

新潟大会4回戦で日本文理に3-8で敗れた帝京長岡の芝草宇宙監督（51）。「笑われるかもしれないけど、甲子園で勝てるチームを目指してきた。最後に素晴らしい集団になってくれた」と、七回に3点差を追いついた選手をたたえた。帝京（東京）のエースとして甲子園で無安打無得点試合を達成し、プロ野球日本ハムでも活躍。昨年4月に監督に就任し、初めて甲子園出場に挑んだ夏だった。先発に2年生3人、1年生4人が名を連ねる若いチーム。「3年生が引っ張り、次につながる試合をし

てくれた」と感謝した。
＝長岡市悠久山

帝京長岡の芝草監督

佐賀大会　V経験校同士の対戦
［7月24日付］

全国制覇を達成したことがある佐賀商と佐賀北が準決勝で対戦。夏の佐賀大会では5年ぶりだったが、今回は佐賀北が雪辱した。「伝統はあるが、今はこの子らの世代。意識しなかった」と本村祥次監督。

とはいえ、自身も同校主将として2012年夏の甲子園に出場し、地元ファンの視線にこもる熱も知っている。「全力疾走や元気はつらつ。観客を魅了し応援されるようがんばります」
＝さがみどりの森

ベンチ前に出て仲間を鼓舞する佐賀北の控え選手たち

育成功労賞、49人を選出

　日本高校野球連盟と朝日新聞社は、高校野球の育成と発展に尽くした指導者を表彰する「育成功労賞」の受賞者49人を決め、6月7日に発表した。

　進学校の秋田を春4回、夏3回、甲子園へ導いた小野巧さん、県立での指導を続け第85回全国選手権大会（2003年）に小山（栃木）で夏の甲子園に出場した中田憲一さん、京都成章を率いて第80回（1998年）準優勝の奥本保昭さん、那覇商の監督として第76回（94年）に春夏連続の甲子園出場を果たした神山昂さんらが選ばれた。

　対象は野球部（軟式を含む）の監督か部長を原則として20年以上務めた指導者。各都道府県高野連の推薦を受けて選出した（北海道、東京は2人ずつ）。

　受賞者は次のみなさん。

	名前	年齢	高校		名前	年齢	高校		名前	年齢	高校
北海道	小中 政秀	61	北見商	長野	松島 晃	62	下伊那農	広島	松本 正二	66	福山工
北海道	鳥谷部 好夫	66	札幌南陵	新潟	小林 信裕	60	新発田商	島根	植田 悟	49	平田
青森	古川 秀彦	63	青森北	富山	中山 訓良	56	石動	山口	栗林 正和	62	徳山
岩手	青柳 伸二	62	水沢	石川	和泉 雅彦	61	金沢二水	香川	多木 教雄	61	高松南
秋田	小野 巧	66	秋田	福井	矢野 領一	55	丹南	愛媛	阿部 博文	58	松山西
山形	佐藤 佳彦	66	蔵王	静岡	塩川 光史	58	富士宮北	徳島	坂東 徹	82	徳島商
宮城	阿部 輝昭	61	石巻北	愛知	伊藤 誠	故人	愛工大名電	高知	楠目 博之	63	土佐
福島	酒井 良雄	66	相馬東	岐阜	川本 勇	59	大垣南	福岡	幾竹 裕之	61	福島
茨城	黒須 計	61	古河三	三重	福森 正文	67	津東	佐賀	鷹巣 聡	65	敬徳
栃木	中田 憲一	60	鹿沼	滋賀	今井 義尚	61	彦根東	長崎	西口 博之	60	長崎商
群馬	小林 裕二	61	藤岡工	京都	奥本 保昭	60	塔南	熊本	引地 浩志	59	南稜
埼玉	西沢 達	59	入間向陽	奈良	吉岡 健蔵	60	平城	大分	後藤 寛二	60	日田林工
山梨	渡辺 文人	73	横芝敬愛	和歌山	田伏 政昭	61	桐蔭	宮崎	岡元 孝志	68	都城農
千葉	真弓 旭	61	銚子商	大阪	竹谷 周久	61	初芝立命館	鹿児島	西木場 隆郎	77	垂水
東京	杉山 真司	57	鷺宮	兵庫	野口 哲司	60	洲本	沖縄	神山 昂	69	未来沖縄
東京	末吉 辰	69	大森工	岡山	宮武 一士	故人	岡山大安寺				
神奈川	武藤 周二	61	日大藤沢	鳥取	岩崎 浩	54	米子工				

※年齢は2021年6月8日現在、校名は野球部長または監督として現職もしくは最終在籍の高校

作家・佐山和夫さん、殿堂入り表彰

　ノンフィクション作家で日本高校野球連盟顧問の佐山和夫さん（84）の野球殿堂入り表彰式が8月17日、阪神甲子園球場内であった。野球殿堂博物館（東京ドーム21ゲート右）に掲額されるレリーフのレプリカと花束を贈呈された佐山さんは、「小学生時代に旧制和歌山中学（現・桐蔭高）のボールボーイだったという球歴しかない男が、野球殿堂入りなんて奇跡でしかない。改めて驚いている」とあいさつした。

　コロナ禍で奮闘する高校球児へのメッセージを求められると、「我々に与えられた試練と考えるしかない。苦しめているように見えて、育ててくれているかもしれない。高校生諸君、頑張ってください。戦争の時代じゃない。野球はできる」とエールを送った。

　佐山さんは『史上最高の投手はだれか』『野球とクジラ』など日米野球史にまつわる著作を数多く手がけたほか、日本高野連「21世紀の高校野球を考える会」の委員などを務め、野球界の発展に寄与してきた。

殿堂入りした佐山和夫氏

高野連、新会長に宝馨氏

　日本高校野球連盟は11月10日、次期会長に京都大学教授の宝馨氏（64）を選んだと発表した。この日の理事会で承認された。八田英二会長（72）は30日で退任し、宝氏が12月1日から第8代会長に就く。任期は2023年5月まで。

　宝氏は会見に臨み、「春夏の大会は、高校球児の夢の舞台。引き続き健全な形で続けていけるよう尽力したい」などと語った。八田会長が取り組んできた投球数制限の導入など、球児の障害予防や熱中症対策を自らも進めていく意向を表明。「男女問わず、高校野球がさらに継続的に発展していくようにしたい」と力を込めた。

　宝氏は滋賀県出身。兵庫・西宮北高から京大工学部に進み、現在は京大大学院総合生存学館の教授を務める。専門は水文学など。自らも元球児で高校、大学と投手や捕手としてプレーした。1981、82年と2013、14年に京大野球部監督を、05〜19年は部長も務めた。

（山口裕起）

新会長に決まった宝馨氏

硬式部員13.4万人、7年連続減

　日本高校野球連盟は7月1日、今年度の加盟校数、部員数調査（5月末現在）の結果を発表した。硬式部員数は昨年度から3772人減って13万4282人だった。7年連続の減少。加盟校は42校減の3890校。一方で1年生が3年生になった時の残留の割合を示す継続率は集計を開始した1984年以来、最も高い91.5％だった。1年生（新入部員）は4万4864人、2年生は4万5450人、3年生は4万3968人で、4年ぶりに3年生部員が最も少なかった。

　軟式部員数は8年ぶりに増えて、昨年度から111人増の7898人。加盟校数は8校減の399校。

鹿児島城西－加藤学園 三回裏加藤学園2死、太田圭哉は三塁打を放ち、三塁へヘッドスライディング

2020 交流試合

試合結果

［第1日 第1試合］

大 分 商	0	0	0	0	0	1	0	0	0				1
花咲徳栄（埼玉）	3	0	0	0	0	0	0	0	X				3

【独自大会成績】大分商：大分大会2回戦敗退、花咲徳栄：埼玉大会東部地区準決勝進出

［第1日 第2試合］

鳥取城北	1	0	0	0	0	0	0	0	4	0			5
明徳義塾（高知）	0	1	0	0	1	0	0	0	2	2			6

【独自大会成績】鳥取城北：鳥取大会準優勝、明徳義塾：高知大会準優勝

［第2日 第1試合］

広 島 新 庄	0	0	0	2	1	0	0	1	0				4
天 理（奈良）	0	1	0	1	0	0	0	0	0				2

【独自大会成績】広島新庄：広島大会準々決勝進出、天理：奈良大会優勝

［第2日 第2試合］

平 田（島根）	0	0	0	0	0	0	0	0	0				0
創 成 館（長崎）	0	0	1	0	0	0	0	1	2	X			4

【独自大会成績】平田：島根大会準々決勝進出、創成館：長崎大会2回戦進出

［第2日 第3試合］

明 豊（大分）	1	2	0	0	0	0	1	0	0				4
県 岐 阜 商	0	0	0	0	0	0	1	0	1				2

【独自大会成績】明豊：大分大会準々決勝進出、県岐阜商：岐阜大会2回戦不戦敗

［第3日 第1試合］

智弁学園（奈良）	0	0	0	3	0	0	0	0	0	0			3
中京大中京（愛知）	3	0	0	0	0	0	0	0	0	1			4

※延長10回（タイブレーク）
【独自大会成績】智弁学園：奈良大会準決勝進出、中京大中京：愛知大会優勝

［第3日 第2試合］

鹿児島城西	0	0	0	0	0	0	0	0	1				1
加藤学園（静岡）	0	0	0	0	0	1	0	2	X				3

【独自大会成績】鹿児島城西：鹿児島大会準々決勝進出、加藤学園：静岡大会1回戦敗退

磐城－国士舘 六回表磐城2死一、二塁、草野湊の適時打で二塁走者の市毛雄大（右）が生還。左は白土遥也

［第4日 第1試合］

履 正 社（大阪）	2	6	0	0	0	0	0	1	0	1			10
星 稜（石川）	0	0	1	0	0	0	0	0	0	0			1

【独自大会成績】履正社：大阪大会準決勝勝利、星稜：石川大会準優勝

［第4日 第2試合］

磐 城（福島）	0	2	0	0	0	0	1	0	0				3
国 士 舘（東京）	0	0	3	0	0	1	0	0	X				4

【独自大会成績】磐城：福島大会準々決勝進出、国士舘：西東京大会準決勝進出

［第4日 第3試合］

仙 台 育 英（宮城）	0	0	0	0	1	0	0	0	0				1
倉 敷 商（岡山）	0	0	0	1	1	1	3	0	X				6

【独自大会成績】仙台育英：宮城大会優勝、倉敷商：岡山大会優勝

開幕試合で対戦する大分商の川瀬堅斗（右）、花咲徳栄の井上朋也両主将が選手宣誓した

［第5日 第1試合］

桐 生 第 一（群馬）	0	0	0	0	0	0	1	0	1				2
明 石 商（兵庫）	0	0	0	0	0	2	0	1	X				3

【独自大会成績】桐生第一：群馬大会優勝、明石商：兵庫大会5回戦進出

［第5日 第2試合］

帯 広 農（北海道）	0	2	1	0	1	0	0	0	0				4
健 大 高 崎（群馬）	0	1	0	0	0	0	0	0	0				1

【独自大会成績】帯広農：北北海道大会1回戦進出、健大高崎：群馬大会準々決勝進出

［第5日 第3試合］

鶴 岡 東（山形）	1	0	2	0	1	0	0	1	0				5
日本航空石川	2	1	0	0	0	0	0	0	0				3

【独自大会成績】鶴岡東：山形大会優勝、日本航空石川：石川大会優勝

智弁学園－中京大中京 十回裏中京大中京無死満塁、二飛を二塁手が落球の間に三塁走者・前田識人が生還。捕手・田上拓磨

［第6日 第1試合］

東海大相模（神奈川）	0	0	0	0	0	0	2	0	0				2
大 阪 桐 蔭	1	0	0	0	0	0	0	1	2	X			4

【独自大会成績】東海大相模：神奈川大会優勝、大阪桐蔭：大阪大会準決勝進出

［第6日 第2試合］

智弁和歌山	1	0	0	0	0	0	0	0	0				1
尽 誠 学 園（香川）	1	5	0	2	0	0	0	0	X				8

【独自大会成績】智弁和歌山：和歌山大会優勝、尽誠学園：香川大会優勝

［第6日 第3試合］

山 梨 学 院	0	1	0	1	0	3	1	2	0				8
白 樺 学 園（北海道）	1	0	0	0	0	0	0	1	1				3

【独自大会成績】山梨学院：山梨大会準優勝、白樺学園：北北海道大会1回戦敗退

山梨学院－白樺学園 五回裏白樺学園無死、川波瑛平は同点本塁打を放ちガッツポーズ

選抜の32校が甲子園で「交流」の16試合

新型コロナウイルスが猛威を振るい始めた2020年、朝日新聞社と日本高校野球連盟は、夏の第102回全国高校野球選手権大会と、出場する代表49チームを決める地方大会の中止を決め、5月20日に発表した。3年生に最後の舞台をつくろう——と、日本高野連と各地の高野連は朝日新聞社、毎日新聞社とも連携して取り組み、7月からは各地で独自大会（都道府県高野連主催）を開催、8月には阪神甲子園球場で「2020年甲子園高校野球交流試合」（日本高野連主催）を開いた。

新型コロナウイルスの影響で中止となった春の第92回選抜高校野球大会に出場予定だった32校を阪神甲子園球場に招き、8月10〜12日、15〜17日の6日間で、32校が1試合ずつ。開会式には第1試合出場の2校だけが参加するなど感染対策最優先の中、32校の選手たちは「あこがれの甲子園」で練習の成果を発揮した。

独自大会は各地で計約3600試合

各地の独自大会開催へ向けて、日本高野連は20年5月27日、独自大会で活用してもらう実施要項や感染防止対策ガイドラインを発表。各地の休校措置、部活動制限の枠内で実施することなどを決めた。大会名をはじめ試合方式、ベンチ入り人数などは主催する都道府県高野連が決め、7イニング制採用、「8強まで」などの地域もあった。7、8月の開催で、原則無観客など感染防止対策で異例の運営を迫られた中、計約3600試合が実施された。

桐生第一－明石商 三回裏明石商1死、来田涼斗は内野安打を放つ。投手・宮下宝、捕手・星野綜汰

2020年 独自大会

独自大会 優勝校・最高順位校

2020年、新型コロナの影響で中止となった選手権地方大会。だが、「夏の甲子園」を目指していた選手の夢と情熱を受け止め、各地で独自大会が実施された。昨年の公式記録集から結果を再録する。

北北海道	クラーク国際		京都文教
南北海道	札幌第一		洛東
青森	青森山田	京都	京都翔英
岩手	一関学院		北嵯峨
秋田	明桜		北稜
山形	鶴岡東		京都共栄
宮城	仙台育英	大阪	関大北陽
福島	聖光学院		履正社
茨城	土浦湖北 水戸啓明 明秀日立 霞ケ浦	兵庫	東播磨 報徳学園 神港橘 赤穂 神戸第一 三田松聖 神戸国際大付 県尼崎
栃木	青藍泰斗 文星芸大付 白鷗大足利 佐野日大 足利大付 国学院栃木 作新学院 宇都宮商		
		奈良	天理
		和歌山	智弁和歌山
		岡山	倉敷商
		広島	広島商
群馬	桐生第一	鳥取	倉吉東
埼玉	狭山ケ丘	島根	益田東
千葉	木更津総合	山口	高川学園
東東京	帝京	香川	尽誠学園
西東京	東海大菅生	徳島	鳴門
神奈川	東海大相模	愛媛	松山聖陵
新潟	中越	高知	高知
長野	佐久長聖		福岡
山梨	東海大甲府	福岡	西日本短大付 飯塚
静岡	聖隷		九州国際大付
愛知	中京大中京	佐賀	龍谷
岐阜	大垣日大	長崎	大崎
三重	いなべ総合	熊本	文徳 有明 秀岳館
富山	高岡第一		
石川	日本航空石川	大分	津久見
福井	敦賀気比	宮崎	宮崎日大
滋賀	近江	鹿児島	神村学園
京都	龍谷大平安 乙訓	沖縄	八重山

空知地区（13チーム）
7月18〜25日 滝川市営

［1回戦］
栗 山	8	−	7	月形・砂川・夕張
滝 川	13	−	0	岩見沢西
岩見沢農	7	−	0	滝 川 工
深 川 西	6	−	5	岩見沢東
岩見沢緑陵	7	−	3	美唄尚栄

［2回戦］
滝 川 西	10	−	3	栗 山
滝 川	11	−	4	芦 別
クラーク国際	10	−	2	岩見沢農
岩見沢緑陵	6	−	5	深 川 西

［代表決定戦］
滝 川	5	−	3	滝 川 西
クラーク国際	12	−	0	岩見沢緑陵

旭川地区（18チーム）
7月18〜25日 旭川スタルヒン

［1回戦］
羽 幌	7	−	6	旭 川 農
旭 川 西	7	−	5	留 萌

［2回戦］
旭 川 実	8	−	0	旭川高専
富 良 野	8	−	3	旭 川 工
旭 川 北	19	−	0	東 川
旭川永嶺	15	−	1	羽 幌
旭 川 大	3	−	2	旭 川 商
旭 川 明 成	5	−	2	旭 川 西
旭 川 東	10	−	0	上 川
旭 川 龍 谷	8	−	1	旭 川 南

［代表決定戦］
旭 川 実	13	−	0	富 良 野
旭川永嶺	8	−	1	旭 川 北
旭 川 大	12	−	9	旭 川 東
旭 川 龍 谷	7	−	4	旭 川 明 成

名寄地区（8チーム）
7月18〜25日 稚内大沼

［1回戦］
稚 内 大 谷	10	−	0	天塩・名寄産
士 別 翔 雲	12	−	5	稚 内
豊 富	8	−	6	名 寄
（延長10回、10回はタイブレーク）				
枝 幸	19	−	0	浜 頓 別

［代表決定戦］
士 別 翔 雲	9	−	5	稚 内 大 谷
枝 幸	7	−	6	豊 富

北見地区（12チーム）
7月18〜25日 北見東陵公園

［1回戦］
紋 別	9	−	0	女満別・斜里
網走桂陽	5	−	4	美 幌
北 見 北 斗	14	−	3	津別・訓子府・清里
北 見 柏 陽	10	−	1	北 見 商

［2回戦］
北 見 工	5	−	1	紋 別
網走南ケ丘	14	−	3	網 走 桂 陽
北 見 緑 陵	4	−	3	北 見 北 斗
（延長10回、10回はタイブレーク）				
遠 軽	10	−	3	北 見 柏 陽

［代表決定戦］
北 見 工	9	−	1	網 走 南 ケ 丘
北 見 緑 陵	10	−	8	遠 軽

十勝地区（18チーム）
7月18〜26日 帯広の森

［1回戦］
鹿 追	8	−	3	音 更
芽 室	8	−	4	更別農・士幌・大樹・広尾・幕別清陵

［2回戦］
帯 広 三 条	2	−	1	帯 広 緑 陽
帯 広 北	15	−	1	池 田
足 寄	12	−	1	鹿 追
帯 広 農	13	−	3	帯 広 南 商
帯 広 工	6	−	1	芽 室
帯 広 大 谷	8	−	1	本 別

江 陵	11	−	1	清 水
白 樺 学 園	7	−	0	帯広柏葉

［代表決定戦］
帯 広 三 条	5	−	2	帯 広 北
帯 広 農	12	−	0	足 寄
帯 広 大 谷	4	−	0	帯 広 工
白 樺 学 園	9	−	0	江 陵

釧根地区（12チーム）
7月17〜21日 釧路市民

［1回戦］
釧路商・白糠・阿寒・根室	9	−	0	霧 多 布
釧 路 江 南	4	−	0	中 標 津
釧 路 北 陽	7	−	0	羅 臼
釧 路 湖 陵	12	−	2	釧 路 明 輝

［2回戦］
武 修 館	18	−	1	釧路商・白糠・阿寒・根室
釧 路 工	3	−	0	釧 路 江 南
釧 路 北 陽	2	−	1	別 海
釧 路 湖 陵	10	−	0	厚 岸 翔 洋

［代表決定戦］
武 修 館	4	−	3	釧 路 工
釧 路 湖 陵	9	−	2	釧 路 北 陽

北北海道
8月5〜11日 旭川スタルヒン

［1回戦］
釧 路 湖 陵	6	−	5	北 見 工
旭 川 実	15	−	0	滝 川
帯 広 大 谷	7	−	2	士 別 翔 雲
旭 川 龍 谷	6	−	5	帯 広 農
北 見 緑 陵	9	−	1	枝 幸
クラーク国際	8	−	6	白 樺 学 園
帯 広 三 条	7	−	2	旭 川 大
武 修 館	6	−	2	旭 川 永 嶺

［準々決勝］
旭 川 実	10	−	0	釧 路 湖 陵
旭 川 龍 谷	9	−	6	帯 広 大 谷
クラーク国際	13	−	3	北 見 緑 陵
武 修 館	8	−	5	帯 広 三 条

［準決勝］
旭 川 龍 谷	11	−	2	旭 川 実
クラーク国際	10	−	0	武 修 館

【決勝】
旭 川 龍 谷	0	0	0	0	0	0	0	0	0	0
クラーク国際	2	0	3	0	1	0	1	3	×	10

旭川龍谷─クラーク国際　3回裏クラーク国際2死二塁、辰己の中前打で二塁走者の佐藤が生還。捕手・斉藤＝旭川スタルヒン

札幌地区（56チーム）
7月18〜25日 札幌円山、札幌麻生、野幌総合運動公園

［1回戦］
札 幌 稲 雲	13	−	2	野幌・札幌白陵・札幌南陵
札 幌 北 陵	12	−	2	札 幌 西 陵
札 幌 東	7	−	0	札幌琴似工
札 幌 西	10	−	1	札 幌 北 斗
石 狩 翔 陽	8	−	4	千 歳
札 幌 丘 珠	8	−	4	札 幌 旭 丘
恵 庭 北	9	−	0	札 幌 平 岡
北海道科学大	12	−	0	北 広 島 西
札 幌 新 川	11	−	4	石 狩 南
札 幌 啓 成	10	−	2	札 幌 開 成
札 幌 月 寒	8	−	0	札 幌
札 幌 第 一	11	−	0	北 広 島
北 星 大 付	4	−	1	札 幌 東 陵
恵 庭 南	8	−	7	札 幌 工

札幌創成 4－3 札幌手稲
札幌平岸 29－3 札幌豊平
札幌新陽 8－1 札幌厚別
札幌清田 8－1 札幌英藍
北 海 9－1 大 麻
札幌啓北商 7－1 江 別
［2回戦］
北海道科学大 1－0 石狩翔陽
札幌大谷 15－1 札幌東
国際情報 8－3 札幌稲雲
札幌丘珠 12－2 札幌あすかぜ
恵庭北 8－1 札幌西
札幌新川 11－4 札幌山の手
札幌新陽 3－1 札幌藻岩
とわの森三愛 11－0 札幌啓成
札幌日大 8－1 札幌月寒
札幌第一 7－5 札幌白石
東海大札幌 10－0 北星大付
札幌南 6－1 恵庭南
札幌創成 5－1 札幌静修
札幌真栄 5－1 札幌平岸
北 海 2－1 北海学園札幌
立命館慶祥 9－1 札幌啓北商
札幌光星 10－5 札幌清田
［代表決定戦］
国際情報 8－2 恵庭北
北海道科学大 16－5 札幌北陵
札幌大谷 11－0 札幌丘珠
札幌新川 9－8 とわの森三愛
東海大札幌 7－0 札幌真栄
札幌日大 8－1 札幌南
札幌第一 11－1 札幌新陽
北 海 12－1 札幌創成
立命館慶祥 2－0 札幌光星

函館地区（15チーム）
7月11～26日 函館オーシャン
［1回戦］
七飯・大野農・八雲 6－5 函館水産
函館大有斗 4－0 檜山北
市函館 6－3 函館西
［2回戦］
函館工 10－0 江差・上ノ国・函館稜北
七飯・大野農・八雲 29－0 南茅部
函館大柏稜 5－4 函館中部
函館大有斗 14－3 函館大谷
知 内 9－1 函館商
ラ・サール 5－3 市函館
［代表決定戦］
函館工 13－1 七飯・大野農・八雲
函館大柏稜 4－2 函館大有斗
知 内 2－0 ラ・サール

室蘭地区（19チーム）
7月18～26日 とましんスタジアム
［1回戦］
苫小牧南 7－1 白老東・富川・苫小牧西
苫小牧中央 10－0 えりも
苫小牧工 9－7 伊達緑丘
室蘭工 4－2 登別青嶺
静 内 11－8 室蘭東翔
室蘭栄 10－6 苫小牧東
室蘭清水丘 10－6 伊達
［2回戦］
苫小牧工 9－2 苫小牧南
苫小牧中央 5－0 北海道栄
鵡 川 9－0 室蘭工
駒大苫小牧 5－1 室蘭栄
浦 河 11－1 静内
大谷室蘭 7－0 室蘭清水丘
［代表決定戦］
苫小牧中央 3－0 苫小牧工
鵡 川 5－0 浦河
駒大苫小牧 2－0 大谷室蘭

小樽地区（10チーム）
7月18～26日 小樽桜ケ丘

［1回戦］
倶知安 5－3 小樽桜陽
小樽水産 7－0 小樽未来創造
［2回戦］
岩 内 14－7 小樽潮陵
小樽双葉 15－2 倶知安農・蘭越・小樽明峰
倶知安 3－0 寿都
北 照 6－5 小樽水産
（延長11回、10回からタイブレーク）
［3回戦］
岩 内 3－1 倶知安
北 照 4－3 小樽双葉
［代表決定戦］
北 照 3－0 岩内

南北海道
8月3～9日 札幌円山
［1回戦］
駒大苫小牧 7－0 札幌新川
苫小牧中央 2－0 知内
東海大札幌 7－6 北照
（延長11回、10回からタイブレーク）
国際情報 5－2 札幌日大
札幌大谷 5－4 函館大柏稜
北 海 10－1 函館工
立命館慶祥 12－9 鵡川
札幌第一 10－0 北海道科学大
［準々決勝］
駒大苫小牧 3－2 苫小牧中央
国際情報 8－2 東海大札幌
札幌大谷 7－6 北海
（延長10回、10回はタイブレーク）
札幌第一 10－8 立命館慶祥
（8回日没コールド）
［準決勝］
国際情報 9－5 駒大苫小牧
札幌第一 4－1 札幌大谷

［決勝］

		計
札幌第一	1 1 1 0 0 0 1 4 0	8
国際情報	0 1 1 0 0 0 0 1 0	3

札幌第一－国際情報 8回表札幌第一2死一、三塁、西正が3点本塁打を放つ。捕手・久保田＝札幌円山

青森…参加60校55チーム
7月14～28日 はるか夢、青森県営、八戸長根公園、メイプルスタジアム、ダイシンベースボールスタジアム
［1回戦］
八戸工 16－10 八戸東
七 戸 13－8 三本木農
五所川原 8－3 三沢
青森工 10－2 六戸・六ケ所・野辺地
大 湊 12－1 八戸
八戸商 10－5 十和田工
弘前工 13－4 野辺地西
八戸学院光星 17－3 黒石商
弘前南 13－3 黒石
青森山田 3－0 三沢商
東奥学園 8－0 木造
弘前東 7－0 青森北
青 森 7－0 弘前中央
聖ウルスラ 9－7 青森南
弘前学院聖愛 7－0 八戸
五所川原工 13－0 名久井農

東奥義塾 13－3 青森西
青森東 7－2 八戸高専
青森中央 14－6 五所川原農林
弘前実 11－4 浪岡・松風塾・板柳・金木
田名部 9－0 むつ工
柏木農 12－1 八戸水産
青森明の星 17－2 大間
［2回戦］
弘前工 8－6 五所川原
八戸工大一 3－1 八戸商
八戸学院光星 17－10 青森工
青 森 6－4 弘前
東奥義塾 9－2 五所川原工
八戸工大二 8－1 七戸
青森商 12－0 八戸工
弘前東 22－2 聖ウルスラ
青森明の星 6－2 柏木農
大 湊 11－0 五戸
五所川原商 6－2 青森東
青森山田 2－0 東奥学園
弘前実 3－0 青森中央
（延長10回）
八戸西 6－0 田名部
弘前学院聖愛 6－0 三本木
弘前南 12－3 百石
［3回戦］
東奥義塾 10－0 弘前南
八戸学院光星 5－2 八戸工大二
青森商 12－1 五所川原商
弘前東 8－3 青森商
弘前工 8－7 青森
（延長10回）
八戸工大一 8－3 大湊
弘前実 4－1 八戸西
弘前学院聖愛 10－1 青森明の星
［準々決勝］
弘前東 2－1 弘前工
八戸学院光星 7－5 八戸工大一
青森山田 9－2 東奥義塾
弘前実 8－5 弘前学院聖愛
［準決勝］
青森山田 9－0 弘前実
八戸学院光星 6－4 弘前東
【決勝】

		計
八戸学院光星	0 0 1 0 4 0 0 0 0	5
青森山田	3 0 1 0 0 1 2 1 x	8

八戸学院光星－青森山田 6回裏2死三塁から、青森山田の高橋は中堅に適時打を放ち、ベンチに向かってガッツポーズ＝ダイシン

岩手…参加69校65チーム
7月1～26日
軽米町ハートフル、県営、花巻球場、平田公園、森山総合公園、一関総合運動公園、宮古運動公園、八幡平市総合運動公園
【北奥地区】［地区予選1回戦］
水沢商 8－7 専大北上
［地区予選代表決定戦］
水 沢 12－2 前沢・水沢農・北上翔南
水沢工 6－0 黒沢尻北

黒沢尻工 6－0 水沢第一
西和賀 13－12 岩谷堂
水沢商 7－0 金ケ崎
【沿岸北地区】［地区予選代表決定戦］
宮 古 13－0 山田
宮古商工 6－1 岩泉
【盛岡地区】［地区予選代表決定戦］
不来方 3－1 平舘
盛岡北 6－1 盛岡南
盛岡市立 8－3 盛岡四
盛岡大付 7－0 江南義塾盛岡
盛岡中央 7－4 盛岡誠桜
岩 手 4－0 盛岡農
盛岡三 9－7 盛岡商
盛岡一 2－0 盛岡工
【沿岸南地区】［地区予選1回戦］
大船渡 10－1 大槌
［地区予選代表決定戦］
釜石商工 7－4 釜石
高 田 15－0 住田
大船渡東 11－4 大船渡
【県北地区】［地区予選代表決定戦］
久 慈 6－3 久慈東
福岡工 8－5 葛巻
軽 米 3－1 大野・種市
福 岡 10－3 伊保内
一 戸 5－3 久慈
【花巻地区】［地区予選代表決定戦］
花巻農 3－2 花巻北
花巻東 17－0 遠野緑峰
花北青雲 6－5 遠野
（延長11回）
花巻南 7－0 紫波総合・雫石
【一関地区】［地区予選1回戦］
千 厩 4－2 花泉
［地区予選代表決定戦］
一関工 3－2 大東
一関修紅 15－6 一関高専
一 関 8－5 一関二
一関学院 9－2 千厩
【岩手大会】［1回戦］
宮 古 3－1 不来方
花巻農 5－4 水沢工
（延長11回）
一関工 3－0 花巻南
一関学院 16－3 宮古商工
一関一 6－1 盛岡中央
高 田 12－2 花北青雲
水沢商 2－1 久慈
水沢工 5－1 一戸
盛岡市立 5－3 一関修紅
盛岡北 9－0 西和賀
盛岡大付 7－4 福岡
黒沢尻工 13－3 福岡工
盛岡一 9－2 釜石商工
花巻東 13－0 大船渡東
岩 手 7－0 軽米
［2回戦］
黒沢尻工 5－4 岩手
高 田 3－0 一関工
一関一 5－4 花巻農
盛岡大付 12－0 盛岡市立
水沢商 7－6 盛岡
一関学院 6－0 宮古
盛岡一 6－3 水沢工
花巻東 16－0 盛岡北
［準々決勝］
盛岡大付 11－4 盛岡一
一関学院 8－5 水沢商
花巻東 2－1 黒沢尻工
高 田 8－1 一関一
［準決勝］
盛岡大付 4－0 花巻東
一関学院 4－3 高田
（延長13回、13回はタイブレーク）
【決勝】

		計
一関学院	0 0 3 0 0 0 1 0 0	4
盛岡大付	0 0 1 0 0 0 0 0 1	1

２０２０年独自大会

一関学院―盛岡大付　7回表、適時打を放った一関学院・佐々木春=県営

秋田… 参加46校44チーム

7月9～22日　こまちスタジアム、グリーンスタジアムよこて、能代、さきがけ八橋、平鹿

【県北地区】[1回戦]
能代工　4－1　秋田北鷹
大館鳳鳴　5－3　大館桂桜

[2回戦]
能代松陽　4－1　能代
十和田　7－1　男鹿海洋・能代西・二ツ井
能代工　10－3　花輪
大館国際　4－3　大館鳳鳴

[3回戦]
大館国際　4－2　十和田
能代松陽　6－1　能代工

【中央地区】[1回戦]
秋田西　10－0　西目
秋田南　17－1　秋田高専
秋田工　12－0　仁賀保
秋田中央　12－2　男鹿工
新屋　7－5　本荘

[2回戦]
明桜　3－0　金足農
由利　9－2　由利工
秋田商　10－0　五城目
秋田　10－1　新屋
秋田西　10－8　秋田中央
秋田南　4－3　秋田工

[3回戦]
明桜　10－1　秋田西
由利　1－0　秋田南
秋田商　4－3　秋田

【県南地区】[1回戦]
大曲　6－4　大曲農
湯沢　8－3　大曲工
横手　8－4　羽後
平成　23－0　大曲農太田
増田　10－5　西仙北

[2回戦]
秋田修英　12－0　雄物川
横手清陵　7－0　六郷
湯沢翔北　7－0　角館
増田　5－2　横手城南
横手　2－1　平成
湯沢　5－0　大曲

[3回戦]
湯沢翔北　6－4　横手
秋田修英　8－3　湯沢
横手清陵　4－1　増田

【秋田大会】[準々決勝]
明桜　5－3　秋田修英
能代松陽　8－3　大館国際
秋田商　8－4　湯沢翔北
（延長11回、10回からタイブレーク）
由利　14－4　横手清陵

[準決勝]
明桜　9－2　由利
能代松陽　4－1　秋田商

【決勝】

	1	2	3	4	5	6	7	8	9	計
明桜	3	1	0	0	0	0	2	1	0	7
能代松陽	0	0	0	1	0	1	0	0	0	2

明桜―能代松陽　1回表、明桜の五十嵐は左前適時打を放つ。投手・堀内、捕手・岸=こまち

山形… 参加47校45チーム

7月11日～8月1日　県野球場（荘銀・日新スタジアム）、米沢市営、鶴岡ドリームスタジアム、新庄市民、山形市総合SC（きらやかスタジアム）、高畠町野球場

【村山地区】[1回戦]
山本学園　5－0　上山明新館
山形南　4－1　創学館
寒河江工　10－3　左沢
寒河江　16－0　天童

[2回戦]
山形城北　7－0　谷地
日大山形　9－0　山形東
山形学院　17－2　山形明正
東海大山形　8－0　山形南
山形商　7－0　山本学園
山形　17－2　寒河江工
山形中央　13－3　寒河江

【最北地区】[1回戦]
新庄神室産　8－6　東桜学館
村山産　9－0　北村山・新庄南

[2回戦]
新庄神室産　4－3　新庄東
村山　8－6　新庄北

【置賜地区】[1回戦]
米沢東　22－0　置賜農
米沢工　5－0　米沢商
米沢興譲館　15－0　長井工・荒砥
米沢中央　12－0　高畠
長井　11－0　南陽

[2回戦]
九里学園　18－1　米沢東
米沢興譲館　9－2　米沢中央
米沢工　5－3　長井

【庄内地区】[1回戦]
酒田東　8－1　酒田西
鶴岡工　14－0　庄内総合

[2回戦]
羽黒　7－0　鶴岡南
鶴岡東　25－0　鶴岡中央
酒田光陵　8－3　鶴岡工
酒田　8－0　酒田東

【山形大会】[3回戦]
日大山形　4－2　山形城北
鶴岡東　8－1　米沢興譲館
羽黒　8－5　酒田南
山形工　10－1　村山産
山形中央　9－5　酒田光陵
東海大山形　8－0　米沢工
山形学院　13－1　新庄神室産
九里学園　7－3　山形商

[準々決勝]
鶴岡東　13－6　羽黒
日大山形　6－5　山形工
山形中央　10－3　山形学院
東海大山形　13－3　九里学園

[準決勝]
鶴岡東　8－1　山形中央
東海大山形　4－2　日大山形

【決勝】

	1	2	3	4	5	6	7	8	9	計
鶴岡東	0	1	3	0	3	1	0	1	0	9
東海大山形	1	0	0	0	0	1	0	0	0	4

鶴岡東―東海大山形　試合終了後、優勝した鶴岡東の選手たちは歓喜の輪をつくらず、笑顔で整列へと向かった=荘銀・日新スタ

宮城… 参加71校67チーム

7月11日～8月1日　楽天生命パーク宮城、仙台市民、石巻市民、平成の森しおかぜ、鹿島台中央、蔵王

【1回戦】
宮城広瀬　4－1　石巻好文館
富谷　13－0　宮城工
泉松陵　7－2　多賀城

[2回戦]
気仙沼向洋　9－3　泉
仙台一　2－1　小牛田農林
（延長10回、10回はタイブレーク）
仙台向山　2－1　古川
（延長10回、10回はタイブレーク）
村田　11－5　柴田農林
東陵　7－0　仙台西
東北　9－2　東北生文大
東北学院　7－6　宮城農
登米　7－0　白石
佐沼　12－0　涌谷
古川学園　9－7　東北学院・榴ケ岡
築館　8－5　古川黎明
石巻工　9－2　白石工
大崎中央　13－9　松山
仙台東　16－8　名取
仙台南　10－0　一迫商・岩ケ崎・岩出山
黒川　15－0　亘理
仙台育英　15－2　塩釜
古川工　9－0　名取北
聖和学園　5－3　仙台三
登米総産　16－1　志津川・石巻・本吉響
仙台城南　10－0　宮城水産
仙台　6－5　仙台二
仙台商　14－1　加美農
泉館山　3－1　石巻西
仙台　6－5　迫桜
泉松陵　20－0　鹿島台商
柴田　9－0　日本ウェルネス宮城
気仙沼　10－3　石巻商
仙台高専名取　5－4　富谷
利府　9－2　大河原商
角田
石巻　7－0　宮城広瀬

[3回戦]
気仙沼　11－10　仙台工
（延長10回、10回はタイブレーク）
仙台育英　9－1　聖和学園
東陵　7－0　気仙沼向洋
仙台商　6－3　泉館山
仙台　1－1　村田
登米　6－2　仙台向山
仙台　11－2　仙台城南
仙台南　6－4　石巻工
（延長10回、10回はタイブレーク）
利府　11－1　泉松陵
古川工　11－2　登米総産
東北学院　7－2　古川学園

佐沼　4－1　大崎中央
仙台東　10－3　築館
東北　11－1　黒川
石巻　5－1　角田
柴田　13－1　仙台高専名取

[4回戦]
仙台育英　11－0　気仙沼
仙台一　7－0　登米
東陵　5－0　仙台商
仙台　10－3　佐沼
利府　6－2　仙台南
古川工　7－4　仙台東
（延長10回、10回はタイブレーク）
柴田　5－4　東北学院
東北　5－2　石巻

[準々決勝]
仙台一　5－3　古川工
仙台育英　4－3　柴田
仙台　5－1　利府
東陵　3－0　東北

[準決勝]
仙台育英　7－1　仙台一
仙台　4－1　東陵

【決勝】

	1	2	3	4	5	6	7	8	9	計
仙台育英	0	4	0	0	2	0	1	0	1	8
仙台	0	0	0	0	0	0	0	2		2

優勝を決め、スタンドからの拍手に帽子を振って笑顔で応える仙台育英の選手たち=楽天生命パーク

福島… 参加81校71チーム

7月18日～8月7日　いわきグリーンスタジアム、あいづ、白河グリーンスタジアム、ヨーク開成山スタジアム、県営あづま、信夫ケ丘

【1回戦】
相馬東　9－2　福島北
磐城桜が丘　12－1　船引
郡山商　4－1　喜多方桐桜
いわき光洋　8－1　福島南・川俣・梁川
原町　6－4　岩瀬農
勿来工　9－0　帝京安積
修明　11－4　相馬農業・新地

[2回戦]
田村　9－5　白河実
白河旭　11－1　福島明成
光南　2－0　学法福島
若松商　6－4　福島
福島東　9－2　郡山北工
福島西　6－2　保原
安積黎明　8－5　南会津
須賀川　4－3　会津
須賀川桐陽　12－3　安達
福島商　21－0　小野・長沼・塙工業連合
葵　7－0　いわき連合
福島工　3－2　会津学鳳
いわき海星　7－2　あさか開成
安積　8－0　郡山東
聖光学院　1－0　日大東北
平工　16－0　平商
会津農林　6－4　本宮
白河　9－2　いわき総合
磐城　12－0　会津連合
福島成蹊　7－0　小高産業技術
湯本　7－0　相馬
清陵情報　13－9　喜多方
学法石川　5－3　会津工
郡山　8－0　勿来工
修明　4－1　只見

相馬 東 8-2 二本松工
原 町 6-2 橘
郡山商 9-1 ふたば未来学園
石 川 11-1 磐城農
東日大昌平 12-2 尚 志
磐城桜が丘 10-0 会津若松
いわき光洋 15-5 会津北嶺
ザベリオ学園

[3回戦]
福島商 10-0 葵
安積黎明 9-3 白河旭
いわき海星 4-1 平 工
光 南 7-2 若松商
福島成蹊 8-0 清陵情報
福島西 11-0 会津農林
磐 城 11-0 安 積
白 河 5-0 湯 本
福島工 7-0 原 町
聖光学院 10-0 いわき光洋
郡 山 6-5 田 村
(延長10回、10回はタイブレーク)
郡山商 3-2 須賀川桐陽
東日大昌平 8-1 石 川
須 賀 川 2-1 相 馬 東
学法石川 7-0 修 明
福島東 5-2 磐城桜が丘

[4回戦]
聖光学院 7-3 白 河
郡山商 4-1 いわき海星
福島工 7-3 福 島 商
(延長10回、10回はタイブレーク)
福島成蹊 4-3 福 島 東
東日大昌平 5-0 郡 山
磐 城 4-2 学法石川
光 南 10-1 安積黎明
須 賀 川 8-1 福 島 西

[準々決勝]
福島成蹊 2-1 郡 山 商
聖光学院 2-0 磐 城
光 南 6-0 福 島 工
須 賀 川 9-2 東日大昌平

[準決勝]
光 南 7-0 須 賀 川
聖光学院 11-1 福島成蹊

【決勝】
聖光学院	0	1	3	0	0	2	0	0	0	6
光　南	0	0	0	0	0	0	0	0	0	0

聖光学院―光南 2回表、聖光学院・内山が先制の適時二塁打を放つ=ヨーク開成山

東北地区大会
8月9～12日 石巻市民
[1回戦]
鶴岡東 4-1 青森山田
(山形) (青森)
仙台育英 3-2 一関学院
(宮城) (岩手)
[準決勝]
聖光学院 2-1 鶴岡東
(福島)
仙台育英 2-1 明桜
(秋田)
【決勝】
聖光学院 8-0 仙台育英

茨城…参加98校90チーム
7月11日～8月5日
ノーブルスタ水戸、Jスタ土浦、ひたちなか市民、日立市民、笠間市民、県営
[1回戦]
取手二 5-2 取手松陽
勝田工 5-1 磯原郷英
つくば工科 4-3 八千代
(延長11回、10回からタイブレーク)
鉾田一 6-1 茨城
科技学園日立 8-0 東海
水戸農 5-1 鹿島
緑岡 10-0 友部・水戸平成学園
土浦二 14-3 石岡商・潮来・竜ケ崎南・神栖
小瀬 5-2 高萩清松
勝田 7-1 大子清流
伊奈 6-3 岩井・坂東清風
下館工 12-11 古河二
(延長10回、10回はタイブレーク)
清真学園 8-2 玉造工
江戸川学園 14-4 土浦工
麻生 5-4 土浦三
古河三 10-0 筑波・明野・石下紫峰
東洋大牛久 6-5 藤代紫水
那珂 3-0 茨城東
境 10-0 水海道一
波崎柳川 3-2 鉾田二
中央 21-2 三間
牛久栄進 7-5 土浦一
三和 9-7 岩瀬
水戸桜ノ牧 5-0 波崎
牛久 10-8 つくば国際大
江戸崎総合 6-5 つくば国際大東風

[2回戦]
多賀 7-0 佐竹・太田西山
太田一 30-0 海洋
那珂湊 8-3 日立工
下妻二 14-0 古河一
日立商 4-3 日立一
水海道二 9-3 下館一
日立北 17-2 勝田
茨城キリスト 3-0 勝田工
下妻 10-0 伊奈
鬼怒商 3-0 三和
明秀日立 14-0 科技学園日立
水戸啓明 10-0 中央
つくば秀英 12-0 つくば工科
土浦湖北 13-1 牛久栄進
水戸 8-3 水戸桜ノ牧
常磐大 11-2 鉾田一
常総学院 6-0 取手一
総和工 8-2 下館工
佐和 2-1 小瀬
水戸商 7-2 緑岡
守谷 2-0 古河三
取手二 2-0 江戸崎総合
霞ケ浦 10-1 土浦二
石岡一 14-0 麻生
鹿島学園 10-0 清真学園
岩瀬日大 2-1 境
水戸農 12-11 水戸葵陵
江戸川学園 4-3 藤代
(延長10回、10回はタイブレーク)
水城 2-0 波崎柳川
那珂 6-3 水戸工
竜ケ崎一 4-2 牛久
土浦日大 12-2 東洋大牛久

[3回戦]
石岡一 9-3 日立商
水戸啓明 5-1 下妻一
佐和 11-6 取手一
水海道二 7-0 那珂湊
鹿島学園 9-8 太田一

霞ケ浦 5-4 総和工
(延長10回、10回はタイブレーク)
土浦湖北 9-6 常磐大
水城 6-4 下妻二
日立北 11-1 水戸農
茨城キリスト 8-1 鬼怒商
水戸一 3-1 岩瀬日大
明秀日立 13-0 那珂
多賀 3-2 常総学院
江戸川学園 7-1 守谷
土浦日大 4-0 つくば秀英
竜ケ崎一 3-2 水戸商

[4回戦]
水戸啓明 7-5 佐和
土浦湖北 13-0 茨城キリスト
霞ケ浦 11-1 鹿島学園
多賀 6-5 水戸一
水海道二 3-1 竜ケ崎一
土浦日大 10-3 日立北
明秀日立 9-2 江戸川学園
水城 2-0 石岡一

[準々決勝]
土浦湖北 2-0 土浦日大
水戸啓明 4-2 水海道二
明秀日立 7-0 多賀
霞ケ浦 3-0 水城
(茨城大会は準々決勝で終了)

1位が決まり、歓喜する土浦湖北の選手たち=ノーブルスタ水戸

栃木…参加61校59チーム
7月18日～8月3日
県総合運動公園、宇都宮清原、栃木市総合運動公園
(栃木大会は7回制で開催されました)
[1回戦]
足利工 13-3 宇都宮北
小山 3-0 足利清風
宇都宮商 5-3 高根沢
那須清峰 5-1 那須拓陽
青藍泰斗 5-1 栃木翔南
栃木工 10-0 佐野東
幸福の科学学園 1-0 茂木
栃木商 3-2 小山高専
鹿沼商工 4-1 烏山
真岡 4-1 栃木県央
石橋 5-4 大田原
(延長9回、8回からタイブレーク)
矢板中央 3-2 小山南
(延長8回、8回はタイブレーク)
白鷗大足利 2-0 矢板
栃木 13-1 真岡北陵
佐野日大 1-0 鹿沼
足利大付 7-0 佐野松桜
宇都宮商 15-3 黒磯
黒磯南 5-2 宇都宮清陵
小山西 11-0 鹿沼南
真岡工 11-0 宇都宮東
黒羽 12-8 鹿沼東
宇都宮工 4-2 宇都宮白楊
今市 12-0 益子芳星・那須・さくら清修
足利 12-4 矢板東
作新学院 2-0 足利
宇都宮南 22-6 上三川
宇都宮短大付 6-3 壬生

[2回戦]
那須清峰 4-2 幸福の科学学園
文星芸大付 5-1 宇都宮
佐野 1-0 栃木商
白鷗大足利 6-0 真岡
矢板中央 5-0 栃木

青藍泰斗 5-4 小山
佐野日大 5-2 鹿沼商工
小山北桜 9-7 石橋
栃木工 4-3 足利工
宇都宮商 7-1 今市工
国学院栃木 6-2 宇都宮南
作新学院 10-0 真岡工
小山 2-0 今市
足利 5-2 宇都宮工
黒羽 10-6 黒磯南
足利大付 1-0 宇都宮短大付

[3回戦]
青藍泰斗 5-0 栃木工
文星芸大付 8-0 那須清峰
白鷗大足利 10-0 佐野
佐野日大 9-5 矢板中央
足利大付 11-0 小山北桜
国学院栃木 11-1 足利
作新学院 11-0 黒羽
宇都宮商 5-2 小山西
(栃木大会は3回戦で終了)

小山北桜―足利大付 4回、足利大付の高橋がランニング2点本塁打=清原

群馬…参加67校61チーム
7月18日～8月10日
上毛新聞敷島、高崎城南、桐生、グレースイン前橋市民
[1回戦]
伊勢崎工 13-0 藤岡工
新田暁 9-8 前橋南
高崎商大付 9-8 市前橋
館林商 5-2 利根実
伊勢崎商 8-1 伊勢崎興陽
高崎工 8-0 吉井
桐生市商 4-2 群馬高専
渋川 7-4 桐生工
太田東 10-0 伊勢
東農大二 6-3 藤岡中央
安中総合 11-0 嬬恋
樹徳 9-1 桐生
伊勢崎清明 10-0 太田工
明和県央 4-2 榛名・富岡実・下仁田・板倉
西邑楽 7-5 勢多農林
吾妻中央 11-1 藤岡北
太田 10-0 松井田
館林 5-1 沼田
大泉 3-2 桐生西
(延長11回、10回からタイブレーク)
大間々 7-0 前橋・四ツ葉学園・玉村・尾瀬
常磐 12-0 渋川工
桐生南 7-1 高崎経済大付
高崎 3-1 中央中等
前橋 11-3 富岡
渋川青翠 8-0 高崎北
前橋商 11-0 前橋
高崎商 7-0 高崎東
市太田 9-0 利根商
前橋工 6-4 関東学園大付

[2回戦]
健大高崎 3-1 安中総合
太田東 9-8 桐生市商
(延長11回、10回からタイブレーク)
桐生第一 5-2 高崎商大付
吾妻中央 3-2 樹徳
前橋育英 7-0 渋川
東農大二 6-3 高崎工
伊勢崎工 5-2 館林商
伊勢崎商 4-2 新田暁

伊勢崎清明 ７－２ 西邑楽
桐生南 ３－２ 館林
市太田 ９－８ 高崎商
渋川青翠 ２－１ 大泉
（延長10回、10回はタイブレーク）
前橋商 ５－２ 前橋工
常磐 11－１ 高崎
前橋東 ６－３ 大間々
明和県央 ７－３ 太田

[３回戦]
桐生第一 10－０ 伊勢崎商
健大高崎 ９－２ 太田東
前橋育英 10－１ 伊勢崎工
東農大二 ６－０ 吾妻中央
桐生南 ７－５ 渋川青翠
常磐 ９－２ 前橋東
（延長10回、10回はタイブレーク）
伊勢崎清明 ９－４ 市太田
前橋商 11－１ 明和県央

[準々決勝]
桐生第一 ５－０ 桐生南
前橋育英 ５－３ 伊勢崎清明
前橋商 ６－１ 東農大二
健大高崎 ９－０ 常磐

[準決勝]
桐生第一 ６－２ 前橋商
健大高崎 11－９ 前橋育英

【決勝】

健大高崎	０	０	１	１	０	０	０	１	２	５
桐生第一	０	２	０	０	０	４	０	０	×	６

健大高崎―桐生第一　6回、勝ち越しの満塁本塁打を放った桐生第一の星野＝上毛新聞敷島

埼玉…参加160校148チーム

8月8～23日
県営大宮、飯能市民、上尾市民、さいたま市営浦和、北本総合公園、幸手市ひばりケ丘、熊谷さくら運動公園、朝霞中央公園、本庄総合公園、越谷市民、川口市営、所沢航空、メットライフドーム
（埼玉大会は7回制で開催されました）

【東部地区】[１回戦]
越谷西 ４－２ 宮代
久喜北陽 17－４ 八潮
白岡 27－０ 幸手桜・三郷実・栗橋北彩
鷲宮 ９－０ 春日部
春日部工 ８－２ 羽生実・松伏

[２回戦]
草加西 17－０ 越谷東
庄和 ８－５ 蓮田松韻
昌平 ９－３ 春日部東
独協埼玉 ７－５ 越谷北
久喜工 ６－４ 杉戸
（延長8回、8回はタイブレーク）
春日部共栄 ４－０ 八潮南
越谷南 18－１ 杉戸農
越谷総合 ４－２ 草加
三郷北 10－１ 開智未来
越ケ谷 12－０ 草加東
草加東 ８－０ 羽生一
越谷西 13－０ 吉川美南
不動岡 ７－３ 久喜北陽
叡明 １－１ 白岡
（6回降雨コールド引き分け再試合）
鷲宮 10－０ 三郷工技

白岡 ７－４ 叡明
花咲徳栄 ４－１ 春日部工
（5回降雨コールド）

[３回戦]
花咲徳栄 ５－２ 春日部共栄
越谷西 ３－２ 草加西
庄和 17－３ 久喜工
越谷南 ５－４ 三郷北
（延長9回、8回からタイブレーク）
不動岡 19－６ 独協埼玉
昌平 ９－１ 白岡
草加東 ２－１ 越ケ谷
鷲宮 ６－２ 越谷総合

[準々決勝]
埼玉栄 ６－２ 浦和
花咲徳栄 12－１ 草加東
庄和 ５－４ 越谷西
昌平 13－１ 不動岡

[準決勝]
昌平 11－１ 庄和
鷲宮 ８－５ 花咲徳栄
（延長8回、8回はタイブレーク）

【地区大会決勝】
昌平 ５－１ 鷲宮

【西部地区】[１回戦]
狭山清陵 ２－１ 川越工
狭山ケ丘 12－０ 飯能
飯能南 ５－４ 狭山工
（延長8回、8回はタイブレーク）
聖望学園 ３－２ 埼玉平成
川越南 ７－４ 城西大川越
川越初雁 ４－３ 入間向陽

[２回戦]
川越西 13－６ 富士見
狭山経済 22－０ 秀明
山村国際 ２－０ 所沢西
所沢北 ７－６ 坂戸西
川越東 ８－６ 豊岡
坂戸 ８－２ 所沢
山村国際 10－０ ふじみ野
川越 25－１ 越生・日高
市川越 10－０ 川越総合
武蔵越生 23－２ 鶴ケ島清風
狭山清陵 ４－２ 所沢中央
狭山ケ丘 16－２ 城北埼玉
所沢商 ２－１ 聖望学園
（延長8回、8回はタイブレーク）
星野 13－２ 川越初雁
飯能南 ４－０ 盈進学園東野
西武文理 ５－０ 川越南

[３回戦]
狭山ケ丘 10－０ 所沢北
所沢商 11－０ 坂戸
山村学園 ９－０ 川越西
狭山清陵 ２－１ 狭山経済
山村国際 ４－０ 西武文理
星野 ２－１ 武蔵越生
（延長8回、8回はタイブレーク）
武蔵越生 ２－０ 市川越
川越 13－２ 飯能南

[準々決勝]
狭山ケ丘 ９－２ 所沢商
武蔵越生 ９－６ 山村国際
（延長8回、8回はタイブレーク）
星野 ５－３ 川越
狭山清陵 ２－１ 山村学園

[準決勝]
星野 １－０ 武蔵越生
狭山ケ丘 ８－３ 狭山清陵

【地区大会決勝】
狭山ケ丘 ２－０ 星野

【南部地区】[１回戦]
武南 ５－４ 蕨
与野 ３－１ 志木
川口 ９－３ 朝霞
川口工 10－０ 浦和西
細田学園 ４－１ 慶応志木
大宮南 ５－１ 朝霞西
開智 ６－４ 新座柳瀬

西武台 13－０ 大宮光陵

[２回戦]
埼玉栄 13－０ 大宮
浦和北 ３－０ いずみ・大宮商・大宮武蔵野・新座総合・和光
立教新座 11－１ 浦和商
浦和学院 18－１ 浦和工
市浦和 ３－０ 浦和
浦和麗明 ５－３ 川口市立
浦和実 ７－０ 大宮開成
大宮工 不戦勝 岩槻
浦和 ３－０ 大宮南
南稜 ３－２ 与野
細田学園 ５－４ 栄東
川口青陵 14－５ 開
大宮東 13－１ 川口
川口工 不戦勝 新座
西武台 18－０ 岩槻商
大宮北 １－０ 武南

[３回戦]
浦和 ８－２ 浦和北
浦和 14－０ 南稜
埼玉栄 ５－２ 西武台
大宮北 10－０ 大宮工
浦和学院 10－０ 川口工
市浦和 １－０ 細田学園
大宮東 ８－３ 立教新座
浦和麗明 17－２ 川口青陵

[準々決勝]
鷲宮 ２－０ 越谷南
浦和学院 13－０ 大宮北
浦和麗明 10－５ 市浦和
（延長8回、8回はタイブレーク）
浦和実 ３－２ 大宮東

[準決勝]
浦和実 ５－３ 埼玉栄
（延長9回、8回からタイブレーク）
浦和学院 13－１ 浦和麗明

【地区大会決勝】
浦和学院 ２－１ 浦和実

【北部地区】[１回戦]
小川 12－２ 児玉白楊

[２回戦]
熊谷商 ７－２ 小鹿野
松山 ６－１ 上尾鷹の台・上尾橘・桶川西
本庄第一 10－４ 伊奈学園
（延長8回、8回はタイブレーク）
早大本庄 ６－３ 熊谷西
上尾 ３－０ 熊谷工
熊谷 10－０ 本庄
進修館 20－０ 妻沼・深谷・児玉
正智深谷 ７－１ 桶川
秩父 ５－１ 深谷一
東農大三 ４－２ 本庄東
滑川総合 13－３ 国際学院
寄居城北 ２－０ 熊谷農
秀明英光 ４－６ 栄北
秩父農工科 ３－１ 上尾南
鴻巣 10－０ 深谷商

[３回戦]
本庄第一 ３－１ 松山
熊谷商 10－５ 早大本庄
正智深谷 ５－３ 上尾
秩父 ４－２ 東農大三
鴻巣 ７－２ 滑川総合
秀明英光 14－４ 秩父農工科
北本 19－１ 寄居城北
熊谷 ９－２ 進修館

[準々決勝]
本庄第一 ４－３ 熊谷商
正智深谷 11－１ 秩父
鴻巣 ７－２ 熊谷
秀明英光 11－２ 北本

[準決勝]
本庄第一 ４－１ 秀明英光

正智深谷 ３－０ 鴻巣

【地区大会決勝】
正智深谷 ３－０ 本庄第一
（延長8回、8回はタイブレーク）

【埼玉大会】[準決勝]
昌平 ５－３ 浦和学院
（延長9回、8回からタイブレーク）
狭山ケ丘 ７－２ 正智深谷

【決勝】

昌平	０	０	１	０	１	０	０	２
狭山ケ丘	１	２	０	２	０	０	×	５

昌平―狭山ケ丘　7回2失点の完投で優勝を決め、捕手・平賀（右）と喜ぶ狭山ケ丘の右腕・清水＝メットライフドーム

千葉…参加166校158チーム

8月2～18日　青葉の森、浦安市運動公園、第一カッター、柏の葉公園、千葉県営、野田市営、大谷津運動公園、長生の森公園、ZOZOマリンスタジアム、船橋市民、ナスパ・スタジアム、鴨川市営、長島茂雄記念岩名、袖ケ浦市営、八千代総合運動公園、ゼットエーボールパーク

【第1地区】[１回戦]
土気 ８－２ 昭和秀英
磯辺 12－３ 千葉南
犢橋 ６－５ 生浜
若松 ４－３ 県千葉
市千葉 ６－３ 千葉北
検見川 ５－１ 桜林
千葉経大付 36－０ 泉
京葉工 ４－２ 渋谷幕張
千葉明徳 10－０ 千葉工
千葉商 ９－６ 千葉西
幕張総合 10－０ あずさ第一
稲毛 ８－０ 千葉東

[２回戦]
若松 ２－１ 柏井
土気 ３－１ 城台
犢橋 ３－１ 聖
敬愛学園 ５－２ 磯辺
市千葉 ９－１ 検見川
千葉経大付 10－３ 京葉工
幕張総合 ４－３ 千葉商
千葉明徳 12－０ 稲毛

[３回戦]
幕張総合 10－０ 土気
千葉明徳 10－６ 敬愛学園
千葉経大付 10－３ 若松
市千葉 10－３ 犢橋

[４回戦]
千葉明徳 ８－０ 幕張総合
千葉経大付 ７－６ 市千葉
（延長10回、10回はタイブレーク）

【地区大会決勝】
千葉明徳 ６－５ 千葉経大付

【第2地区】[１回戦]

船橋芝山 10－0 鎌ケ谷
船橋二和 4－3 船橋啓明
（延長10回、10回はタイブレーク）
［2回戦］
船橋東 20－3 船橋二和
習志野 12－2 船橋古和釜
東京学館船橋 13－1 船橋法典
千葉日大一 10－0 鎌ケ谷西
県船橋 7－0 東邦大付
船橋北 5－4 日大習志野
（延長10回、10回はタイブレーク）
市船橋 6－0 船橋芝山
東葉 21－2 実籾
［3回戦］
習志野 4－2 船橋東
県船橋 7－2 船橋北
市船橋 10－0 東葉
東京学館船橋 2－1 千葉日大一
［4回戦］
習志野 12－2 県船橋
市船橋 7－0 東京学館船橋
【地区大会決勝】
市船橋 12－2 習志野
【第3地区】［1回戦］
松戸馬橋 7－6 松戸国際
市川東 7－2 市川昴
国府台 11－0 松戸向陽
東京学館浦安 4－1 市川南
［2回戦］
浦安 8－5 小金
東海大浦安 5－3 国分
行徳 9－2 浦安南・市川工・県松戸
松戸六実 12－6 市川
市松戸 6－3 松戸馬橋
専大松戸 21－0 国府台
千葉商大付 5－2 市川東
昭和学院 11－4 東京学館浦安
［3回戦］
専大松戸 11－0 東海大浦安
浦安 2－1 市松戸
（延長11回、10回からタイブレーク）
松戸六実 13－11 昭和学院
千葉商大付 7－3 行徳
［4回戦］
千葉商大付 9－2 松戸六実
専大松戸 9－1 浦安
【地区大会決勝】
専大松戸 3－0 千葉商大付
【第4地区】［1回戦］
沼南高柳 7－0 流山・関宿
柏南 7－6 流山南
（延長10回、10回はタイブレーク）
東葛飾 6－2 柏の葉
日体大柏 3－0 芝浦工大柏
柏陵 13－2 流山北
［2回戦］
西武台千葉 6－4 流通経大柏
（延長10回、10回はタイブレーク）
東葛飾 31－0 清水
麗沢 5－3 沼南高柳
柏南 9－8 野田中央
市柏 7－6 流山おおたかの森
日体大柏 8－1 二松学舎柏
柏陵 11－1 沼南
県柏 8－7 柏中央
［3回戦］
西武台千葉 6－0 東葛飾
柏南 6－5 麗沢
日体大柏 8－2 市柏
柏陵 10－0 県柏
［4回戦］
西武台千葉 9－0 柏南
日体大柏 5－2 柏陵
【地区大会決勝】
日体大柏 4－3 西武台千葉
【第5地区】［1回戦］

八千代東 9－0 我孫子二階堂
佐倉西 11－1 白井
秀明八千代 11－1 八千代西
［2回戦］
佐倉 12－0 四街道北
八千代 5－1 印旛明誠
我孫子東 5－0 佐倉西
八千代松陰 10－0 佐倉南
千葉敬愛 18－0 佐倉東
中央学院 16－2 秀明八千代
我孫子 7－3 八千代東
四街道 4－1 千葉英和
［3回戦］
佐倉 8－6 八千代
八千代松陰 6－1 我孫子東
四街道 9－1 我孫子
中央学院 8－1 千葉敬愛
［4回戦］
八千代松陰 7－2 四街道
中央学院 8－1 佐倉
【地区大会決勝】
八千代松陰 11－10 中央学院
（延長11回、10回からタイブレーク）
【第6地区】［1回戦］
多古 27－0 わせがく
東総工 3－2 県銚子
（延長10回、10回はタイブレーク）
富里 9－7 匝瑳
［2回戦］
横芝敬愛 6－0 佐原白楊
市銚子 8－1 成田国際
成田北 4－3 佐原
（延長10回、10回はタイブレーク）
東京学館 8－1 成田西陵
銚子商 5－1 小見川
成東 5－2 東総工
千葉黎明 9－1 多古
成田 12－0 富里
［3回戦］
千葉黎明 10－1 横芝敬愛
成東 5－4 市銚子
成田 9－4 成田北
銚子商 9－3 東京学館
［4回戦］
千葉黎明 6－3 成東
銚子商 8－6 成田
【地区大会決勝】
千葉黎明 2－1 銚子商
【第7地区】［1回戦］
長生 8－1 大原
安房 9－4 茂原北陵
安房拓心 13－0 旭農・下総・大網・九十九里・市原緑
千葉学芸 7－0 茂原
長狭 10－0 金商
一宮商 7－0 大多喜
館山総合 8－3 茂原樟陽
［2回戦］
千葉学芸 10－1 安房拓心
長生 4－3 安房
一宮商 9－3 館山総合
東金 10－0 長狭
［3回戦］
千葉学芸 7－1 長生
一宮商 1－0 東金
【地区大会決勝】
千葉学芸 24－0 一宮商
【第8地区】［1回戦］
京葉 12－4 君津
天羽 16－4 木更津高専
［2回戦］
志学館 17－1 市原
東海大市原望洋 14－0 君津青葉
拓大紅陵 11－2 市原八幡
翔凜 10－7 君津商
（延長11回、10回からタイブレーク）
木更津総合 10－0 姉崎

市原中央 4－2 暁星国際
木更津 12－2 京葉
袖ケ浦 7－0 天羽
［3回戦］
木更津総合 4－1 市原中央
東海大市原望洋 9－2 袖ケ浦
拓大紅陵 9－2 翔凜
志学館 2－0 木更津
［4回戦］
木更津総合 不戦勝 東海大市原望洋
志学館 8－1 拓大紅陵
【地区大会決勝】
木更津総合 4－0 志学館
【千葉大会】【準々決勝】
専大松戸 9－0 日体大柏
市船橋 8－2 千葉学芸
八千代松陰 8－7 千葉黎明
木更津総合 3－0 千葉明徳
【準決勝】
専大松戸 12－4 市船橋
木更津総合 6－5 八千代松陰
（延長11回、10回からタイブレーク）
【決勝】

専大松戸	0	0	0	0	1	0	0	0	0	1
木更津総合	0	0	0	1	1	0	0	0	×	2

専大松戸―木更津総合　気迫あふれる投球をみせた、木更津総合のエースで主将の篠木。帽子のつばには仲間への「恩返し」の文字＝千葉県営

東東京…参加131校122チーム
7月18日～8月8日
神宮、都営駒沢、江戸川区、大田スタジアム、ダイワハウススタジアム八王子
［1回戦］
岩倉 9－0 三田
武蔵丘 17－5 戸山
日体大荏原 27－0 南葛飾
東海大高輪台 10－6 篠崎
小岩 9－1 順天
板橋 10－0 攻玉社
駒込学園 8－1 両国
日大一 9－1 国際
日大豊山 3－1 駒場
郁文館 12－5 本郷
王子総合 9－2 立教池袋
立正大立正 22－1 広尾学園
広尾 8－2 多摩大目黒
桜丘 11－9 成立学園
（延長10回、10回はタイブレーク）
足立学園 7－3 早稲田
小松川 4－0 富士
東京 17－0 産業技術高専
明大中野 13－0 九段
鷺宮 5－3 桜修館
目黒学院 5－3 田園調布
成城 13－9 足立工
（大会規定により9回はタイブレーク）
淑徳 12－2 青井
目白研心 7－1 墨田
朋優学院 5－4 日工大駒場
雪谷 11－1 豊国
城北 2－1 荒川工
二松学舎大付 10－2 文京
駿台学園 5－2 新宿
東洋 3－2 巣鴨
錦城学園 25－0 千早
江戸川 11－4 日比谷

足立西 4－2 筑波大付
東京農産 11－10 大山・蒲田・橘・六郷工科
（大会規定により9回はタイブレーク）
大森学園 10－0 大島海洋国際
正則 15－5 独協
芝 4－2 淵江
国学院 12－1 荒川商・葛西南・つばさ総合
小山台 7－4 東京実
高島 7－1 青山
豊島学院 11－1 青稜
高輪 10－3 目黒
深川 5－2 京華商
大森 14－1 自由ケ丘学園
安田学園 4－0 芝浦工大付
日本ウェルネス 11－0 正則学園
城西 5－1 葛飾野
淑徳巣鴨 11－1 京華
実践学園 11－4 大東大一
東京成徳大 4－1 海城
足立新田 10－0 足立東・北豊島工・三商・日本橋
立志舎 11－2 大崎
大崎 10－1 渋谷教育渋谷
学習院 9－4 麻布
目黒日大 10－0 中野工
上野学園 6－2 昭和鉄道
東亜学園 不戦勝 昭和第一
開成 13－2 葛飾商
［2回戦］
帝京 15－0 目黒学院
目白研心 10－0 雪谷
城東 7－0 鷺宮
共栄学園 10－1 岩倉
関東第一 24－0 深川
郁文館 1－0 明大中野
堀越 5－2 紅葉川
小岩 2－1 修徳
成城 6－5 武蔵丘
王子総合 5－4 駒込学園
日大豊山 6－1 日大一
東海大高輪台 7－5 日体大荏原
淑徳 5－1 淑徳巣鴨
東京 9－4 桜丘
小松川 1－0 広尾
（延長10回、10回はタイブレーク）
二松学舎大付 10－0 東京成徳大
朋優学院 5－2 東洋
大森学園 3－1 錦城学園
板橋 6－3 駿台学園
城北 2－1 小山台
立正大立正 6－2 足立学園
江戸川 5－4 安田学園
（延長10回、10回はタイブレーク）
日本ウェルネス 10－7 足立新田
国学院 12－0 東京農産
目黒日大 27－0 高輪
大森 8－1 立志舎
学習院 7－6 大崎
（延長10回、10回はタイブレーク）
足立西 6－3 芝
上野学園 11－0 豊島学院
城西 9－8 正則
（延長11回、10回からタイブレーク）
実践学園 2－0 高島
東亜学園 8－3 開成
［3回戦］
帝京 7－0 目白研心
関東第一 10－0 淑徳
成城 5－3 板橋
立正大立正 8－3 朋優学院
堀越 2－0 郁文館
城東 6－4 王子総合
日大豊山 6－4 東海大高輪台
東京 10－0 小松川
大森学園 7－0 江戸川
上野学園 5－0 共栄学園
国学院 8－3 大森
東亜学園 7－0 小岩
足立西 6－1 日本ウェルネス

城　西　13－1　学習院
二松学舎大付　8－0　城　北
実践学園　8－1　目黒日大
［4回戦］
帝　京　6－0　成　城
日大豊山　9－7　堀　越
（大会規定により8回で終了）
城　東　2－0　東　京
関東第一　4－0　立正大立正
二松学舎大付　14－0　上野学園
実践学園　2－0　足立西
東亜学園　6－1　城　西
大森学園　12－1　国　学　院
［準々決勝］
帝　京　9－0　日大豊山
関東第一　12－2　城　東
大森学園　6－5　二松学舎大付
東亜学園　7－0　実践学園
［準決勝］
帝　京　6－3　東亜学園
関東第一　7－1　大森学園
【決勝】
関東第一｜0 0 0 1 1 0 0 0 0 0 0｜2
帝　京｜0 0 1 0 0 0 0 0 1 0 1｜3
（延長11回）

関東第一一帝京　9回裏帝京1死一、三塁、武藤の同点スクイズで生還した三塁走者加田。捕手・渡辺＝大田

西東京…参加126校121チーム
7月19日〜8月7日
ダイワハウススタジアム八王子、府中市民、ネッツ多摩昭島、多摩市一本杉、市営立川、八王子市上柚木公園、町田市小野路
［1回戦］
日　野　6－0　小平西
早大学院　6－1　杉並工
昭和第一学園　11－1　光　丘
清　瀬　12－1　神　代
八王子北　3－1　立川国際
工学院大付　10－0　光　村
杉並工　12－10　練馬工
（大会規定により8回で終了）
聖徳学園　11－1　五　商
千歳丘　10－1　東京農・東村山・府中
日野台　4－1　拓大一
小平南　4－0　石神井
駒場学園　8－4　調布北
明　治　12－0　東京高専
三　鷹　7－0　穎明館
都市大等々力　5－0　田　無
府中西　4－1　芦花
（大会規定により7回で終了）
明　星　12－0　五日市・大東学園
国分寺　8－2　多摩・町田工
桜美林　19－0　上　水
日大鶴ケ丘　10－0　筑波大駒場
成　瀬　6－0　永　山
専大付　9－0　四　商
小　平　12－0　桜　町
明学東村山　16－2　町　田
桐　朋　9－8　大　成
（延長10回、10回はタイブレーク）
福　生　6－2　東村山西
駒　大　5－3　狛　江

松が谷　4－0　成　蹊
中大杉並　10－3　都武蔵
聖パウロ学園　4－0　片倉
西　4－1　小　川
総合工科　6－1　田無工
（7回降雨コールド）
錦　城　15－4　調布南
南　平　7－6　多　摩工
（延長10回、10回はタイブレーク）
佼成学園　4－3　国学院久我山
（延長10回、10回はタイブレーク）
多摩大聖ケ丘　14－0　東京電機大
富士森　10－3　私武蔵
啓明学園　12－4　立　川
練　馬　2－1　東京都市大付
東大和　6－4　昭　和
保　谷　3－2　青梅総合
府中工　6－5　豊多摩
八王子桑志・山崎　15－7　瑞穂農芸
世田谷学園　11－0　秋留台
早稲田実　8－6　八　王子
中大付　8－3　翔　陽
東農大一　7－5　明　法
八王子実践　14－2　帝京八王子
東大和南　9－0　学芸大付
武蔵村山　11－1　ＩＣＵ
成城学園　16－0　深　沢
拝　島　11－1　松蔭
武蔵野北　6－2　明星学園
国　立　18－1　松　原
日大桜丘　9－2　玉川学園
府中西　10－9　法　政
羽　村　14－8　久留米西
［2回戦］
国士舘　9－2　清　瀬
日大二　14－1　三　鷹
日大三　8－1　都市大等々力
日本学園　14－4　日野台
日　野　4－3　早大学院
（延長10回、10回はタイブレーク）
創　価　19－2　千歳丘
聖パウロ学園　12－0　杉並工
早稲田実　5－0　八王子実践
明大中野八王子　5－0　八王子北
聖徳学園　3－2　明　治
世田谷学園　14－1　練　馬
駒　大　4－3　専大付
工学院大付　3－0　小平南
東海大菅生　7－0　駒場学園
成　瀬　7－4　福　生
（延長10回、10回はタイブレーク）
佼成学園　1－0　東大和南
桜美林　8－4　成城学園
保　谷　11－1　多摩大聖ケ丘
日大桜丘　16－1　武蔵野北
国分寺　7－6　南平
（大会規定により7回で終了）
小　平　11－0　松が谷
武蔵村山　10－7　中大付
（大会規定により8回で終了）
東大和　1－0　明学東村山
富士森　2－1　府中工
国　立　5－3　府中東
錦　城　4－3　拝　島
（延長10回、10回はタイブレーク）
中大杉並　7－6　桐　朋
（大会規定により8回で終了）
昭和第一学園　17－9　羽　村
（延長10回、10回はタイブレーク）
啓明学園　8－3　総合工科
府中西　9－0　八王子桑志・山崎
日大鶴ケ丘　3－2　明　星
西　15－2　東農大一
［3回戦］
創　価　16－0　聖徳学園
明大中野八王子　7－0　昭和第一学園
国士舘　11－1　国分寺
世田谷学園　5－1　日本学園
工学院大付　4－2　聖パウロ学園
日大二　2－1　桜美林

早稲田実　11－1　府中西
日　野　7－1　日大鶴ケ丘
佼成学園　7－0　国　立
日大桜丘　4－1　錦　城
日大三　9－2　富士森
中大杉並　5－0　成　瀬
啓明学園　12－5　西
武蔵村山　6－1　保　谷
小　平　9－2　駒　大
［4回戦］
日大三　8－1　武蔵村山
日大二　7－0　小　平
国士舘　2－0　日　野
創　価　8－7　工学院大付
（大会規定により8回で終了）
東海大菅生　2－1　中大杉並
佼成学園　9－1　日大桜丘
早稲田実　7－0　明大中野八王子
世田谷学園　4－2　啓明学園
［準々決勝］
国士舘　4－1　早稲田実
創　価　12－1　世田谷学園
東海大菅生　11－4　日大三
佼成学園　3－2　日大二
［準決勝］
佼成学園　4－3　国士舘
東海大菅生　12－5　創　価
【決勝】
佼成学園｜0 0 1 0 0 1 0 0 1 0｜3
東海大菅生｜0 0 1 0 0 0 0 1 1 1｜4
（延長10回）

佼成学園一東海大菅生　10回裏東海大菅生1死二塁、堀町は優勝を決めるサヨナラ打を放つ。投手・森士＝ダイワハウス八王子

［東西東京決戦］
8月10日　ダイワハウス八王子
東海大菅生　3－2　帝　京

神奈川…参加185校175チーム
8月1〜23日
横浜スタジアム、大和、藤沢・八部、伊勢原、保土ケ谷、相模原、秦野、俣野公園、平塚、横須賀、小田原
［1回戦］
海老名　7－2　金　井
元石川　8－3　光　陵
住　吉　14－1　二　宮
川崎総合科学　8－0　厚木東
大　和　10－0　横須賀南
寒　川　10－0　秀　英
厚木西　11－8　厚木清南・愛川・中央農・神奈川総合産
横浜緑ケ丘　5－3　上　溝
横浜栄　11－6　横浜旭陵
横浜桜陽　2－0　横浜旭陵・相模向陽館
光明相模原　11－0　小田原
城　山　7－0　旭
神奈川大付　10－8　逗子開成
鶴　嶺　10－0　高　浜
日　大　16－0　上鶴間
南　11－1　大和東
戸　塚　4－3　白　山
川崎北　6－2　関東学院
大　磯　9－4　横浜学園
武　11－0　津久井・橋本
藤沢清流　8－3　逗　子
茅ケ崎北陵　10－0　サレジオ学院

座間総合　3－0　城　郷
港　北　5－3　鶴見大付
橘　10－0　麻　生
横浜氷取沢　6－4　中大横浜
秦野曽屋　3－1　生　田
有　馬　4－2　新　羽
湘南学院　14－0　市川崎・横浜緑園・釜利谷・永谷・横浜明朋
茅ケ崎西浜　46－0　海洋科学
菅　14－0　秦野総合
瀬谷西　13－2　逗　葉
横浜清陵　5－1　横浜サイエンスフロンティア
山　北　8－1　横浜南陵
大和西　12－1　深　沢
上溝南　19－0　森村学園
横須賀学院　6－0　綾瀬西
慶応藤沢　13－4　茅ケ崎
厚　木　7－6　旭　丘
桜　丘　8－1　新　栄
新　城　8－0　藤沢総合・平塚農商
相模原弥栄　30－0　県川崎
高　津　4－3　追　浜
横浜平沼　13－4　藤沢工科
百合丘　8－7　伊勢原
［2回戦］
相　模　原　19－5　希望ケ丘
横浜翠嵐　不戦勝　浅　野
麻布大付　14－0　平塚工科
山手学院　2－1　保土ケ谷
東海大相模　7－0　川崎北
藤沢西　10－0　向の岡工
鎌倉学園　8－1　鶴　見
平塚学園　8－1　神奈川大付
金　沢　8－2　麻溝台
松　陽　7－5　元石川
荏　田　7－1　横浜緑ケ丘
大　和　9－1　東
川崎総合科学　9－4　川崎工科
湘　南　10－2　上溝南
横　浜　10－0　戸　塚
神奈川商工　5－3　鎌　倉
日　大　10－1　横浜立野
岸　根　13－3　磯子工
横須賀学院　6－1　柏　陽
三浦学苑　7－0　桜　丘
新　城　8－1　関東六浦
横浜商大　3－1　横浜清陵
（延長10回、10回はタイブレーク）
瀬　谷　13－3　大　船
横須賀　5－1　厚　木
山　北　11－8　神奈川工
相模原弥栄　4－3　平塚江南
桐蔭学園　13－3　大和西
百合丘　8－6　金沢総合
日大藤沢　17－9　慶応藤沢
横浜平沼　2－1　大　師
霧が丘　9－6　鶴　嶺
湘南工大付　8－1　座間総合
綾　瀬　2－1　菅
桐光学園　11－1　城　山
生田東　9－7　湘南学院
（延長10回、10回はタイブレーク）
川　和　13－0　瀬谷西
茅ケ崎西浜　10－9　相模原総合
（延長10回、10回はタイブレーク）
武　相　1－0　厚木北
住　吉　7－2　横須賀総合
平塚湘風　6－1　横浜栄
横須賀大津　12－5　津久井浜
相模原中等教育　9－1　相模田名
西　湘　4－2　七里ガ浜
横須賀工　3－1　高　津
市ケ尾　9－1　座　間
湘南台　8－7　上矢部
横浜隼人　6－1　湘南学院
横浜創学館　7－0　光明相模原
相　洋　10－0　横浜桜陽
藤嶺藤沢　14－3　秦　野
向　上　10－0　秦野曽屋

慶　応 9−1 横浜氷取沢
藤沢翔陵 14−3 南
相　原 8−4 港　北
星槎国際湘南 31−0 幸
橘 10−4 小田原城北工
伊志田 7−4 厚木西
横浜商 10−0 大　磯
海老名 4−3 法政二
柏木学園 14−4 有　馬
横浜翠陵 8−3 アレセイア
立花学園 11−1 藤沢清流
橘　学苑 10−0 茅ケ崎北陵
寒　川 8−6 大和南

[3回戦]
東海大相模 7−0 山手学院
川崎総合科学 2−1 荏　田
横浜商大 9−4 麻布大付
桐蔭学園 9−2 横浜翠嵐
横須賀学院 8−3 大　和
日大藤沢 10−0 松　陽
平塚学園 13−3 鎌倉学園
相模原弥栄 15−4 湘　南
相　模　原 11−0 新　城
横　浜 10−6 横浜平沼
三浦学苑 7−0 藤沢西
日　大 8−1 百合丘
横　須　賀 10−6 横浜平沼
桐光学園 11−0 相模原中等教育
瀬　谷 17−3 横須賀工
武　相 16−4 生　田
山　北 12−3 神奈川商工
藤沢翔陵 6−4 金　沢
横浜隼人 8−1 綾　瀬
川　和 6−2 住　吉
橘　学苑 15−1 市ケ尾
相　洋 10−0 横浜翠陵
立花学園 13−2 湘南台
伊志田 7−4 相　原
横浜商 6−0 西　湘
慶　応 11−1 横須賀大津
橘 4−3 霧が丘
向　上 5−4 藤嶺藤沢
星槎国際湘南 12−1 湘南工大付
平塚湘風 5−4 柏木学園
（延長11回、10回からタイブレーク）
横浜創学館 3−1 茅ケ崎西浜
海老名 16−13 寒　川

[4回戦]
東海大相模 10−3 相模原
横浜商大 17−0 川崎総合科学
横　浜 10−0 横須賀
平塚学園 14−0 横須賀学院
相模原弥栄 3−2 桐蔭学園
桐光学園 12−5 武　相
日　大 9−1 山　北
三浦学苑 10−6 瀬　谷
日大藤沢 15−7 藤沢翔陵
（延長10回、10回からタイブレーク）
星槎国際湘南 7−4 横浜隼人
慶　応 4−3 伊志田
立花学園 10−2 橘
横浜商 5−0 川　和
相　洋 7−0 平塚湘風
海老名 2−1 橘　学苑
横浜創学館 5−3 向　上

[5回戦]
東海大相模 11−4 相模原弥栄
三浦学苑 8−5 日大藤沢
相　洋 18−4 慶　応
平塚学園 10−1 横浜商大
横　浜 8−1 日　大
立花学園 5−4 横浜創学館
桐光学園 6−2 横浜商
星槎国際湘南 13−2 海老名

[準々決勝]
三浦学苑 7−6 横　浜
相　洋 5−0 立花学園
東海大相模 11−4 平塚学園
星槎国際湘南 4−0 桐光学園

[準決勝]
東海大相模 7−1 三浦学苑

相　洋 9−6 星槎国際湘南

【決勝】

東海大相模	0	0	0	2	0	0	0	4	3	9
相　洋	0	2	0	0	1	0	2	0	0	5

[交流試合]
舞　岡 8−7 足　柄

東海大相模―相洋　8回表2死、東海大相模の西川は逆転の生還を果たしてガッツポーズ＝横浜

新潟…参加83校73チーム

7月18日〜8月6日
ハードオフ・エコスタジアム新潟、五十公野公園、悠久山、美山公園、三条パール金属スタジアム、鳥屋野運動公園、刈羽村源土、みどりと森の運動公園、佐藤池

[1回戦]
佐　渡 4−3 佐渡総合
村上桜ケ丘 22−0 豊　栄
長岡商 9−2 見　附
小千谷西 2−0 新　井
長岡工 8−1 長岡向陵
新潟南 6−4 開志学園
五　泉 6−0 新潟東
小　出 8−0 加　茂
十日町総合・海洋・塩沢商工・松代 9−2 高田農

[2回戦]
新潟第一 8−7 新潟西
（延長11回、10回からタイブレーク）
新　津 13−3 中　条
柏　崎 8−5 柏崎工
東京学館新潟 10−0 巻総合
新発田農 21−1 新潟北
六日町 28−0 白根・吉田・阿賀野・村松
十日町 17−1 柏崎常盤・柏崎総合・久比岐
新潟青陵 5−4 羽　茂
新発田 3−2 新発田商
五　泉 3−2 巻
帝京長岡 27−0 加茂農林
糸魚川 7−2 糸魚川白嶺
新潟産大付 10−3 小千谷西
新　潟 11−6 佐渡
（延長10回、10回はタイブレーク）
長岡商 10−0 三条東
北　越 10−0 新潟南
新潟明訓 13−0 新津南
加茂暁星 4−1 小　出
関根学園 12−5 高田商
上　越 9−1 十日町総合・海洋・塩沢商工・松代
新潟商 11−4 新潟工
新潟県央工 6−0 長岡農・正徳館・栃尾
村上桜ケ丘 9−3 新潟向陽
日本文理 17−0 万代
新発田中央 5−4 新発田南
上越総合技術 10−3 小千谷
長岡大手 10−7 長　岡

新潟江南 10−0 敬和学園
村　上 13−2 新津工
高田北城 7−2 高　田
長岡工 6−3 三条東

[3回戦]
中　越 18−0 六日町
東京学館新潟 3−0 新潟第一
柏　崎 15−12 十日町
新　津 9−2 新発田農
新　潟 9−4 新潟青陵
加茂暁星 1−0 帝京長岡
（延長10回、10回はタイブレーク）
関根学園 9−8 新潟産大付
（延長11回、10回からタイブレーク）
北　越 4−3 新潟明訓
村上桜ケ丘 5−0 新発田
新潟県央工 6−1 長岡商
上　越 13−0 糸魚川
五　泉 7−0 新潟商
長岡大手 4−3 長岡工
（延長10回、10回はタイブレーク）
日本文理 15−0 新潟江南
高田北城 7−2 上越総合技術
村　上 9−2 新発田中央

[4回戦]
村上桜ケ丘 10−0 村　上
中　越 4−3 加茂暁星
関根学園 8−5 柏　崎
北　越 1−0 東京学館新潟
（延長10回、10回はタイブレーク）
五　泉 9−1 新　津
新潟県央工 1−0 長岡大手
上　越 5−2 高田北城
日本文理 5−2 新　潟

[準々決勝]
上　越 7−6 関根学園
日本文理 7−0 北　越
中　越 5−0 新潟県央工
村上桜ケ丘 7−2 五　泉

[準決勝]
日本文理 6−2 村上桜ケ丘
中　越 7−0 上　越

【決勝】

日本文理	2	0	1	0	0	0	0	0	0	3
中　越	0	0	0	6	1	1	0	1	x	9

日本文理―中越　中越は4回、中野のスクイズで荒木（中央）が生還し、同点とした＝ハードオフ・エコスタジアム

長野…参加84校78チーム

7月18日〜8月10日
松本市四賀、県営上田、長野オリンピックスタジアム、しんきん諏訪湖スタジアム、佐久総合運動公園、綿半飯田

[1回戦]
松本第一 9−1 松本県ケ丘
中野西 9−2 須坂東・北部
小　諸 9−4 蓼科・坂城
（延長10回）
高　遠 8−1 富士見
池　田 6−2 木曽青峰
長野吉田 25−0 下高井農林
諏訪清陵 11−6 赤　穂
長野俊英 7−6 屋　代
（延長13回、13回はタイブレーク）
諏訪二葉 2−1 下諏訪向陽
（延長10回）
大町岳陽 3−1 松本工
長　野 14−0 長野南

飯田OIDE長姫 6−3 岡谷東・諏訪実・箕輪進修・阿南
辰　野 9−2 茅　野
飯田風越 3−2 上伊那農

[2回戦]
佐久長聖 3−1 上田東
小諸商 7−0 野沢北
佐久平総合技術 18−0 野沢南
松商学園 9−1 松本第一
長野日大 11−1 中野西
丸子修学館 15−1 軽井沢
ウェルネス長野 9−0 池田工
上田西 18−0 小　諸
東京都市大塩尻 10−1 大町岳陽
飯　山 9−2 長野吉田
松本深志 7−5 松本蟻ケ崎
諏訪清陵 6−5 飯　田
長野東 8−1 松　代
松本国際 11−0 梓　川
長野西 14−10 須　坂
伊那弥生ケ丘 6−1 辰　野
松本美須々ケ丘 7−0 田　川
長野商 6−3 長野俊英
長　野 3−1 篠ノ井
松　川 8−1 駒ケ根工
上田染谷丘 6−5 岩村田
（延長10回）
塩尻志学館 9−2 豊科・穂高商
東海大諏訪 5−4 高　遠
（延長10回）
阿　智 2−1 伊那北
更級農 9−0 須坂創成
南安曇農 5−0 明　科
上田千曲 5−1 小　海
諏訪二葉 2−2 岡谷南
（8回降雨コールド引き分け再試合）
長野工 6−3 中野立志館
地球環境 7−0 上　田
下伊那農 7−1 飯田風越
岡谷南 3−0 諏訪二葉
岡谷工 9−6 飯田OIDE長姫

[3回戦]
長野日大 10−0 長野東
飯　山 10−5 長野西
松商学園 7−4 松本国際
佐久長聖 7−0 佐久平総合技術
更級農 8−7 松本美須々ケ丘
ウェルネス長野 12−0 松本美須々ケ丘
小諸商 6−1 丸子修学館
（8回表1死降雨コールド）
東京都市大塩尻 5−2 塩尻志学館
松本深志 9−0 南安曇農
長　野 5−1 長野工
諏訪清陵 3−2 阿　智
（延長11回）
岡谷南 4−1 伊那弥生ケ丘
上田西 9−2 上田千曲
松　川 2−1 東海大諏訪
下伊那農 11−6 岡谷工
地球環境 4−3 上田染谷丘
（延長11回）

[4回戦]
長野日大 11−1 長　野
飯　山 9−3 更級農
佐久長聖 3−0 小諸商
松商学園 3−2 松本深志
岡谷南 7−3 諏訪清陵
上田西 13−3 地球環境
東京都市大塩尻 10−9 ウェルネス長野
（延長13回、13回はタイブレーク）
下伊那農 8−7 松　川
（延長10回）

[準々決勝]
上田西 3−2 松商学園
（延長10回）
飯　山 7−6 岡谷南
東京都市大塩尻 6−2 長野日大
佐久長聖 15−0 下伊那農

[準決勝]

飯　山３−２上田西
佐久長聖９−２東京都市大塩尻
【決勝】

佐久長聖	3	0	0	0	4	0	2	0	0	9
飯　山	0	0	0	0	0	0	0	0	0	0

飯山に勝って優勝を決め、喜ぶ佐久長聖の選手たち＝長野オリンピック

山梨…参加37校34チーム
7月23日〜8月13日
山日YBS、北麓
[1回戦]
甲府工６−０日大明誠
吉田10−９都留
[2回戦]
山梨学院11−１甲府商
駿台甲府13−１韮崎工
甲府東５−３笛吹
富士河口湖５−２市川・峡南・青洲・増穂商
都留興譲館12−５甲府昭和
甲府西10−２塩山
甲府城西８−２富士北稜
吉田15−５白根
富士学苑７−２巨摩
身延17−６山梨
帝京三５−２韮崎
日川15−５上野原
山梨農林12−５北杜
東海大甲府10−０甲陵
甲府工10−０甲府一
日本航空６−３甲府一
[3回戦]
駿台甲府10−０富士河口湖
山梨学院９−０甲府東
甲府城西６−３都留興譲館
甲府工７−４吉田
富士学苑４−３身延
帝京三６−３日川
日本航空８−０山梨農林
東海大甲府２−０甲府工
[準々決勝]
山梨学院９−３駿台甲府
甲府城西12−２甲府工
帝京三３−２富士学苑
東海大甲府５−２日本航空
[準決勝]
山梨学院７−０甲府城西
東海大甲府４−１帝京三
【決勝】

山梨学院	2	0	0	0	1	1	0	0	0	4
東海大甲府	0	0	0	4	0	0	1	0	X	5

優勝を決め、マウンドで喜ぶ東海大甲府の選手たち＝山日YBS

静岡…参加110校108チーム
7月11日〜8月2日
草薙、愛鷹、磐田、富士、焼津、清水庵原、島田、掛川、浜松、浜岡
（静岡大会は7回制で開催されました）
[1回戦]
科学技術５−４城南静岡
富士宮西７−０富士東
静岡市立２−１常葉大橘
磐田西６−３浜松東
浜松開誠館10−０島田工
浜松商12−５浜松市立
島田商７−２池新田
裾野４−０静岡東
駿河総合13−０熱海・金谷・佐久間
東海大静岡翔洋４−０静岡農
浜松城北工９−１浜松湖東
浜松江之島６−４島田
（延長10回、8回からタイブレーク）
天竜３−１湖西
浜北西11−１遠江総合
袋井５−３島田樟誠
（延長8回、8回はタイブレーク）
掛川東８−２掛川工
磐田南７−０藤枝北
沼津東３−０沼津商
清水桜が丘３−１富岳館
静岡３−１三島北
吉原工９−８三方原農
（延長8回、8回はタイブレーク）
藤枝東３−２榛原
静清８−１川根
磐田東８−５浜松工
常葉大菊川10−０相良
浜松北１−０清流館
（延長9回、8回からタイブレーク）
菊川商業８−３オイスカ
御殿場西14−３沼津城北
清水西10−６御殿場
富士宮北11−１静岡西
星陵９−７桐陽
富士市立４−１静岡大成
浜松湖東４−２焼津水産
浜名８−１小笠
掛川西２−０横須賀
藤枝明誠５−４浜松修学舎
浜松学院５−０藤枝西
伊豆中央10−５御殿場南
三島南３−２静岡学園
沼津工14−13静岡北
伊東４−３富士宮東
清水東７−３吉原
市沼津３−１韮山
飛龍３−２加藤学園
[2回戦]
東海大静岡翔洋11−１科学技術
清水東７−２富士
（延長8回、8回はタイブレーク）
浜松学院６−３静清
飛龍10−４伊東
浜松商７−３浜名
御殿場西12−２吉原工
常葉大菊川14−０菊川南陵
焼津中央５−２富士市立
掛川東11−１磐田農
袋井６−２浜松湖北
（延長8回、8回はタイブレーク）
静岡２−０日大三島
浜松北６−０浜松南
浜松大平台６−５浜北西
沼津東３−２伊豆中央
磐田東４−３掛川西
磐田南７−１浜松江之島
浜松開誠館12−２磐田西
藤枝東３−１新居
静岡商９−２星陵
清水桜が丘７−１伊豆総合
三島南９−５伊東
浜松城北工12−１天竜
島田商６−３浜松日体

浜松西11−４磐田北
袋井商１−０浜松湖東
富士宮西１−０裾野
三島南６−０清水西
知徳１−０富士宮北
下田４−２沼津工
市沼津14−３小山
駿河総合７−０誠恵
聖隷３−１藤枝明誠
[3回戦]
浜松開誠館３−０袋井
（延長8回、8回はタイブレーク）
清水東９−４飛龍
掛川東２−１浜松商
（延長9回、8回からタイブレーク）
静岡６−１知徳
沼津東７−４清水桜が丘
常葉大菊川６−０藤枝東
市沼津６−５下田
浜松西８−０袋井商
静岡市立４−３東海大静岡翔洋
（延長9回、8回からタイブレーク）
駿河総合10−４富士宮西
磐田東18−０浜松北
島田商３−１磐田南
静岡商５−１御殿場西
浜松城北工８−３浜松大平台
三島南９−１焼津中央
聖隷７−１浜松学院
[4回戦]
島田商５−０浜松城北工
静岡商４−３沼津東
浜松開誠館３−２掛川東
静岡４−１三島南
聖隷３−２浜松西
常葉大菊川４−１磐田東
静岡市立12−０市沼津
駿河総合３−０清水東
[準々決勝]
聖隷２−１常葉大菊川
（延長8回、8回はタイブレーク）
浜松開誠館６−０島田商
駿河総合５−４静岡市立
（延長8回、8回はタイブレーク）
静岡商２−０静岡
[準決勝]
聖隷９−６静岡商
浜松開誠館11−２駿河総合
（延長9回、8回からタイブレーク）
【決勝】

聖隷	0	4	0	0	1	1	0	6
浜松開誠館	1	0	2	0	0	1	1	5

浜松開誠館に勝ち、優勝して喜ぶ聖隷の選手たち＝草薙

愛知…参加186校182チーム
7月4日〜8月10日
パロマ瑞穂、豊橋市民、熱田愛知時計120スタジアム、小牧市民、春日井市民、一宮市営、岡崎市民、豊田、阿久比、刈谷
【A 知多・名古屋ブロック】[1回戦]
中部大一７−６高蔵寺
東邦11−０東海
半田工６−３大府東
日本福祉大付10−１半田農
東海南２−１半田東
知多翔洋10−０内海
[2回戦]

旭野８−３東海学園
東浦２−１阿久比
大府15−０半田商
半田12−２常滑
横須賀９−１東海商
東海南８−１半田工
日本福祉大付５−１知多翔洋
東邦10−１中部大一
[3回戦]
東海南７−０東浦
半田３−２横須賀
東邦８−０旭野
大府６−３日本福祉大付
[4回戦]
半田　不戦勝　東邦
大府７−０東海南
[5回戦]
大府11−４半田
【B 名古屋ブロック】[1回戦]
中部大春日丘11−３瑞陵
愛知商10−４名経大高蔵
中京大中京７−０名南工
惟信９−２春日井西
昭和５−４明和
栄徳４−０春日井商
長久手８−０春日井工
瀬戸窯業３−２南陽
[2回戦]
中部大春日丘11−１昭和
栄徳11−５瀬戸窯業
大同大大同６−３名古屋工
富田16−４名古屋大付
名古屋市工12−１名古屋市工芸
星城３−１名経大市邨
中京大中京７−０惟信
長久手２−１愛知商
[3回戦]
中部大春日丘11−１星城
名古屋市工９−６長久手
中京大中京15−２富田
栄徳６−１大同大大同
[4回戦]
中京大中京５−１栄徳
中部大春日丘７−６名古屋市工
（延長10回、10回はタイブレーク）
[5回戦]
中京大中京６−２中部大春日丘
【C 名古屋ブロック】[1回戦]
千種７−０中村
名古屋南10−０瀬戸北総合
愛工大名電９−２同朋
至学館15−０菊華
名古屋国際８−３松蔭
愛知総合工科10−１守山・日進
天白10−０鳴海
[2回戦]
名古屋４−２春日井
桜台３−２名東
向陽８−１山田
千種３−０愛知総合工科
至学館７−０名古屋国際
名城大付７−４愛知
天白14−８名古屋南
愛工大名電６−０東郷
[3回戦]
千種６−４名城大付
桜台８−１天白
愛工大名電13−０名古屋
至学館６−１向陽
[4回戦]
至学館13−３桜台
愛工大名電９−２千種
[5回戦]
至学館４−２愛工大名電
（延長10回、10回はタイブレーク）
【D 名古屋・尾張ブロック】[1回戦]
大成14−６一宮
美和５−２小牧南
小牧工８−４滝

佐 織 工 6−5 木 曽 川
日 進 西 5−4 緑 丘
愛 産 大 工 12−2 菊 里
[2回戦]
豊 明 9−5 南 山
杏 和 11−4 岩 倉 総 合
瀬 戸 8−1 旭 丘
大 成 11−1 小 牧 工
美 和 6−5 佐 織 工
清 林 館 5−3 丹 羽
享 栄 7−1 名 古 屋 大 谷
愛 産 大 工 11−1 日 進 西
[3回戦]
大 成 7−2 杏 和
豊 明 6−2 瀬 戸
愛 産 大 工 6−4 享 栄
清 林 館 10−1 美 和
[4回戦]
愛 産 大 工 15−0 豊 明
清 林 館 3−2 大 成
（6回降雨コールド）
愛 産 大 工 8−1 清 林 館

【E 尾張ブロック】[1回戦]
西 春 10−2 一 宮 商
一 宮 興 道 7−0 一 宮 工
犬 山 南 4−3 尾 西
津 島 3−1 起 工
愛 知 黎 明 4−3 小 牧
（延長10回、10回はタイブレーク）
江 南 11−10 一 宮 西
津 島 北 6−4 津 島 東
誠 信 11−2 一宮北・海翔
[2回戦]
誉 4−1 愛 知 啓 成
尾 北 5−2 新 川
西 春 7−6 一 宮 興 道
津 島 3−2 津 島 北
愛 知 黎 明 13−0 犬 山 南
犬 山 9−0 稲沢・稲沢東
誠 信 13−3 江 南
一 宮 南 8−4 五 条
[3回戦]
誉 8−1 西 春
一 宮 南 3−2 誠 信
津 島 10−4 尾 北
愛 知 黎 明 5−1 犬 山
[4回戦]
一 宮 南 5−4 津 島
（5回降雨コールド）
愛 知 黎 明 2−1 誉
[5回戦]
愛 知 黎 明 7−5 一 宮 南

【F 東三河ブロック】[1回戦]
小 坂 井 6−3 豊 橋 東
豊 川 32−0 新城東作手
豊 橋 中 央 3−2 時 習 館
（延長10回、10回はタイブレーク）
新 城 東 10−5 新 城
桜 丘 9−1 豊 橋 南
豊 橋 工 8−1 豊 川 工
国 府 8−5 蒲 郡 東
成 章 2−0 蒲 郡
豊 丘 9−3 三 谷 水 産
[2回戦]
豊 橋 商 11−1 御 津
桜 丘 10−3 豊 橋 工
福 江 7−4 新 城 有 教 館
国 府 3−2 豊 橋 東
（延長10回、10回はタイブレーク）
成 章 8−1 豊 丘
豊 橋 中 央 7−2 小 坂 井
渥 美 農 9−1 海 陽 学 園
豊 川 10−0 新 城 東
[3回戦]
豊 川 12−0 福 江
桜 丘 4−1 渥 美 農
豊 橋 中 央 14−2 豊 橋 商
国 府 6−1 成 章

[4回戦]
豊 橋 中 央 6−2 豊 川
（延長10回、10回はタイブレーク）
桜 丘 8−2 国 府
[5回戦]
桜 丘 3−2 豊 橋 中 央

【G 西三河ブロック】[1回戦]
愛 産 大 三 河 18−0 豊 田 南
西 尾 東 9−1 西 尾
安 城 8−1 岡 崎 商
刈 谷 8−1 岡 崎 城 西
安 城 学 園 4−0 知 立 東
幸 田 4−0 岡 崎 東
[2回戦]
岡 崎 工 5−4 岡 崎 学 園
（延長10回、10回はタイブレーク）
安 城 南 12−2 碧 南 工
豊 野 4−3 豊 田
（延長10回、10回はタイブレーク）
豊 田 北 5−0 岡 崎
愛 産 大 三 河 7−0 安 城 学 園
加茂丘・衣台 7−0 安 城 農 林
幸 田 6−5 刈 谷
安 城 6−5 西 尾 東
（延長12回、10回からタイブレーク）
[3回戦]
加茂丘・衣台 8−7 豊 野
愛 産 大 三 河 7−0 豊 田 北
安 城 南 10−6 幸 田
岡 崎 工 2−0 安 城
[4回戦]
岡 崎 工 2−0 愛 産 大 三 河
加茂丘・衣台 3−0 安 城 南
[5回戦]
岡 崎 工 4−3 加茂丘・衣台

【H 西三河ブロック】[1回戦]
一 色 6−5 鶴 城 丘
吉 良 5−0 岡 崎 北
安 城 東 10−3 三 好
猿 投 農 林 5−4 碧 南
（延長10回、10回はタイブレーク）
[2回戦]
刈 谷 工 7−2 知 立
（延長10回、10回はタイブレーク）
豊 田 大 谷 6−2 刈 谷 北
岩 津 6−1 松 平
岡 崎 西 7−1 高 浜
豊 田 西 6−1 科技学園豊田
豊 田 工 2−1 杜 若
安 城 東 11−7 一 色
吉 良 9−1 猿 投 農 林
[3回戦]
刈 谷 工 3−2 安 城 東
（延長10回、10回はタイブレーク）
岩 津 3−2 豊 田 西
豊 田 大 谷 13−3 岡 崎 西
吉 良 3−1 豊 田 工
[4回戦]
吉 良 7−3 刈 谷 工
（延長10回、10回はタイブレーク）
豊 田 大 谷 10−3 岩 津
[5回戦]
豊 田 大 谷 3−1 吉 良

【愛知大会】[準々決勝]
岡 崎 工 6−2 豊 田 大 谷
愛 産 大 工 10−9 桜 丘
（延長10回、10回はタイブレーク）
中 京 大 中 京 4−1 至 学 館
愛 知 黎 明 12−6 大 府
[準決勝]
愛 産 大 工 4−2 岡 崎 工
中 京 大 中 京 10−1 愛 知 黎 明

【決勝】

中京大中京	0	0	0	0	0	0	0	1	0	1
愛産大工	0	0	0	0	0	0	0	0	0	0

中京大中京ー愛産大工　8回表、中京大中京・吉田のスクイズで三塁走者・中山が生還し、決勝点。捕手・竹元＝岡崎市民

岐阜…参加64校63チーム

7月19日〜8月2日
長良川、大垣市北公園、関市民、ブリニーの、土岐市総合公園、KYBスタジアム、高山市中山公園、大野レインボースタジアム

[1回戦]
大 垣 北 5−1 海 津 明 誠
土 岐 紅 陵 19−12 中 津
美 濃 加 茂 11−5 可 児
市 岐 阜 商 2−1 加 納
大 垣 南 8−2 大 垣 東
多 治 見 工 17−2 恵 那 南
高 山 工 4−3 益 田 清 風
[2回戦]
岐 阜 第 一 9−1 羽 島 北
大 垣 工 9−4 揖 斐
武 義 9−1 八 百 津
長 良 10−3 各 務 原 西
岐 阜 11−4 羽 島・山 県
飛 騨 高 山 11−4 斐 太
中 京 不戦勝 瑞 浪
関 5−0 郡 上
加 茂 農 林 6−2 関 有 知
岐 阜 各 務 野 15−4 岐 南 工
東 濃 実 10−0 加 茂
岐 阜 城 北 14−4 本 巣 松 陽
高 山 西 11−0 高 山 工
岐 阜 総 合 学 園 8−3 岐 山
大 垣 養 老 5−4 大 垣 西
（延長11回、10回からタイブレーク）
岐 阜 工 16−2 岐 阜 東
中 津 商 3−0 中 津 川 工
市 岐 阜 商 10−0 各 務 原
大 垣 北 5−4 池 田
岐 阜 聖 徳 学 園 5−4 岐 阜 北
土 岐 14−2 土 岐 紅 陵
美 濃 加 茂 9−2 関 商 工
大 垣 商 5−4 大 垣 南
麗 沢 瑞 浪 7−6 多 治 見 工
[3回戦]
飛 騨 高 山 9−5 飛 騨 神 岡
富 田 12−5 岐 阜
長 良 4−1 岐 阜 農 林
大 垣 工 12−0 大 垣
中 京 17−1 多 治 見
帝 京 大 可 児 12−0 武 義
関 8−1 可 児 工
岐 阜 第 一 不戦勝 県 岐 阜 商
岐 阜 総 合 学 園 11−4 高 山 西
岐 阜 各 務 野 9−1 大 垣 商
市 岐 阜 商 13−2 加 茂 農 林
東 濃 実 15−5 土 岐
大 垣 北 6−3 岐 阜 城 北
美 濃 加 茂 5−4 中 津 商
大 垣 養 老 7−1 岐 阜 工
岐 阜 聖 徳 学 園 3−2 麗 沢 瑞 浪
[4回戦]
美 濃 加 茂 16−2 長 良
帝 京 大 可 児 6−0 岐 阜 各 務 野
中 京 2−1 市 岐 阜 商
大 垣 日 大 6−5 岐 阜 総 合 学 園
大 垣 養 老 8−5 関
岐 阜 聖 徳 学 園 7−2 富 田
大 垣 北 2−0 飛 騨 高 山
[準々決勝]

岐 阜 第 一 10−9 帝 京 大 可 児
大 垣 日 大 3−1 美 濃 加 茂
大 垣 北 7−5 岐 阜 聖 徳 学 園
（延長10回、10回はタイブレーク）
中 京 13−1 大 垣 養 老
[準決勝]
大 垣 日 大 5−3 岐 阜 第 一
中 京 7−0 大 垣 北

【決勝】

大垣日大	1	0	0	1	0	0	0	1	2	0	1	6
中 京	0	1	1	1	2	0	0	0	0	0	0	5

（延長11回、10回からタイブレーク）

大垣日大ー中京　力投する大垣日大の権田＝長良川

三重…参加62校60チーム

7月11日〜8月9日
県営松阪、四日市市営霞ケ浦、ダイムスタジアム伊勢

[1回戦]
高 田 13−3 津 東
伊 勢 8−1 松 阪
木 本 7−4 上 野
暁 6−0 三 重 水 産
桑 名 西 2−0 三 重
宇 治 山 田 商 3−2 四 日 市 西
川 越 6−5 亀 山
（延長10回、10回はタイブレーク）
松 阪 商 12−1 松 阪 工
津 工 6−3 近 大 高 専
四 日 市 南 7−4 久 居
久 居 農 林 8−1 四 日 市 農 芸
紀 南 8−4 神村学園伊賀
津 西 15−14 鈴 鹿
白 山 7−2 四 日 市 中 央 工
四 日 市 工 8−1 朝 明
四 日 市 商 10−0 鳥 羽
稲 生 23−0 青 山
四 日 市 15−0 昴 学 園
名 張 青 峰 15−0 あけぼの学園・志摩
明 野 7−6 津
（延長12回、10回からタイブレーク）
海 星 11−0 宇 治 山 田
津 商 9−2 津 田 学 園
相 可 9−8 伊 勢 工
飯 南 7−4 桑 名
名 張 7−4 桑 名 子
伊 賀 白 鳳 10−3 白 子
桑 名 工 9−1 石薬師・四日市四郷
菰 野 11−2 尾 鷲
[2回戦]
津 西 10−4 桑 名 北
松 阪 商 11−0 桑 名 工
宇 治 山 田 商 2−0 皇 学 館
川 越 4−1 高 田
白 山 5−2 久 居 農 林
四 日 市 南 8−3 木 本
四 日 市 工 6−1 紀 南
海 星 13−1 桑 名 西
暁 4−3 伊 勢
（延長10回、10回はタイブレーク）
いなべ総合 3−1 津 商
津 工 8−4 名 張 青 峰
（延長10回、10回はタイブレーク）

左余白（縦書き）：2020年独自大会

神　戸 2－1 相　可
菰　野 9－0 四日市商
明　野 5－0 稲　生
四日市 3－1 飯　南
伊賀白鳳 8－2 名　張
[3回戦]
いなべ総合 7－0 伊賀白鳳
四日市南 5－3 宇治山田商
松阪商 4－2 海　星
四日市 11－4 神　戸
白　山 9－2 暁
菰　野 11－4 津　工
四日市工 7－3 明　野
津　西 7－2 川　越
[準々決勝]
四日市工 7－3 四日市
津　西 3－1 白　山
いなべ総合 6－2 菰　野
松阪商 10－3 四日市南
[準決勝]
四日市工 8－0 津　西
いなべ総合 3－2 松阪商
【決勝】

| 四日市工 | 1 | 0 | 1 | 0 | 0 | 2 | 0 | 0 | 0 | 4 |
| いなべ総合 | 2 | 0 | 1 | 0 | 0 | 0 | 0 | 0 | 2 | 5 |

四日市工－いなべ総合　9回裏、いなべ総合・田所がサヨナラ打を放ち、拳を突き上げる＝松阪

[岐阜・三重交流試合]
大垣日大 9－8 いなべ総合

富山…参加47校46チーム
7月23日～8月11日
富山市民、県営富山、魚津桃山運動公園、高岡西部総合公園、砺波市
[1回戦]
福　岡 3－1 上市・片山学園
富山第一 3－2 南砺福野
富山東 11－6 富山高専射水
（大会規定により8回で終了）
入　善 10－0 中央農
新　川 1－0 高岡龍谷
高　朋 14－0 高岡西
氷　見 3－2 富　山
水　橋 5－3 魚　津
高　岡 7－2 富山南
不二越工 7－0 南砺福光・南砺福野
砺　波 9－4 富山西
富山国際大付 7－0 富山いずみ
桜　井 6－0 高岡工芸
伏　木 10－4 八　尾
[2回戦]
高岡商 6－1 大　門
富山北部 4－3 富山工
（延長10回、10回はタイブレーク）
魚津工 8－3 呉　羽
（大会規定により8回で終了）
高岡第一 6－2 富山商
（延長10回、10回はタイブレーク）
新　湊 7－1 高岡南
未来富山 6－3 富山中部
富山第一 6－1 富山東
滑　川 11－0 富山高専本郷
入　善 6－5 氷　見
石　動 6－5 砺波工

水　橋 2－1 新　川
（延長11回、10回からタイブレーク）
高　朋 4－2 福　岡
砺　波 3－2 高　岡
不二越工 5－2 富山国際大付
桜　井 9－3 伏　木
（大会規定により8回で終了）
[3回戦]
高岡商 10－0 富山第一
富山北部 6－3 入　善
高岡第一 14－4 高　朋
魚津工 6－2 水　橋
（延長10回、10回はタイブレーク）
不二越工 5－4 未来富山
高岡向陵 6－3 砺　波
石　動 7－4 滑　川
桜　井 5－0 新　湊
[準々決勝]
高岡第一 8－0 魚津工
高岡商 10－0 富山北部
石　動 8－5 不二越工
高岡向陵 2－1 桜　井
[準決勝]
高岡第一 10－1 高岡商
石　動 5－4 高岡向陵
【決勝】

| 高岡第一 | 0 | 0 | 0 | 0 | 0 | 1 | 0 | 0 | 0 | 1 |
| 石　動 | 0 | 0 | 0 | 0 | 0 | 0 | 0 | 0 | 0 | 0 |

高岡第一－石動　6回表、高岡第一の清水が決勝の適時打を放つ＝富山市民

石川…参加48校43チーム
7月11日～8月9日　県立野球場、金沢市民、弁慶スタジアム
【加賀地区】
寺　井 8－1 小松明峰
翠　星 9－3 小松市立
大聖寺 6－2 鶴　来
小松工 2－1 大聖寺実
小松商 12－0 松　任
【金沢地区】
金沢桜丘 8－1 金沢大付
北陸学院 6－0 石川高専
金沢西 4－3 野々市明倫
金沢龍谷 10－0 加賀・金沢伏見・金沢辰巳丘・宝達・穴水
金沢市工 17－0 金沢二水
石川県工 3－0 金沢錦丘
金　沢 15－2 金沢北陵
【能登地区】
鵬学園 10－0 能　登
輪　島 4－3 鹿　西
七　尾 2－1 門　前
飯　田 11－1 羽　咋
羽咋工 6－0 七尾東雲
【石川大会】[1回戦]
星　稜 6－1 大聖寺
金　沢 9－0 金沢泉丘
日本航空石川 10－0 翠　星
鵬学園 7－4 金沢学院
遊学館 8－1 飯　田
金沢商 5－0 金沢龍谷
津　幡 4－0 金沢市工
小松工 6－4 石川県工
小　松 6－2 金沢西

小松大谷 11－1 金沢桜丘
[2回戦]
星　稜 6－0 小松商
金　沢 11－0 輪　島
日本航空石川 7－2 羽咋工
鵬学園 5－0 七　尾
金沢商 6－4 北陸学院
遊学館 10－3 寺　井
津　幡 2－1 小松工
小松大谷 2－0 小　松
[準々決勝]
星　稜 9－0 金　沢
日本航空石川 9－5 鵬学園
金沢商 3－0 遊学館
津　幡 7－5 小松大谷
[準決勝]
星　稜 7－0 津　幡
日本航空石川 6－5 金沢商
【決勝】

| 星　稜 | 0 | 0 | 0 | 0 | 0 | 0 | 1 | 0 | 0 | 1 |
| 日本航空石川 | 0 | 0 | 0 | 1 | 0 | 0 | 1 | × | | 2 |

星稜－日本航空石川　7回表、星稜・今井が一塁にヘッドスライディング。内野安打になった＝県立

福井…参加32校30チーム
7月18日～8月3日
福井県営、敦賀運動公園
[1回戦]
若　狭 14－1 丹　生
啓　新 6－4 福井農林
金　津 3－2 敦賀工
羽　水 8－0 武生東
北　陸 11－1 福井高専
敦賀気比 14－3 三　国
奥越明成 8－2 高　志
美　方 9－2 大　野
武生商・武生商工商 4－3 藤　島
坂　井 11－4 科学技術
鯖　江 7－0 武生工・武生商工工
福井工大福井 21－1 勝　山
丹　南 12－5 丸　岡
足　羽 11－6 武　生
[2回戦]
福井商 3－1 敦　賀
北　陸 6－2 奥越明成
啓　新 2－1 坂　井
武生商・武生商工商 8－0 若　狭
敦賀気比 5－2 羽　水
福井工大福井 8－0 鯖　江
金　津 11－1 丹　南
美　方 6－0 足　羽
[準々決勝]
敦賀気比 6－2 啓　新
武生商・武生商工商 3－1 北　陸
福井商 18－12 金　津
（延長12回、10回からタイブレーク）
福井工大福井 3－0 美　方
[準決勝]
福井工大福井 5－2 福井商
敦賀気比 14－0 武生商・武生商工商
【決勝】

| 福井工大福井 | 0 | 0 | 0 | 0 | 0 | 0 | 0 | 0 | 1 | 1 |
| 敦賀気比 | 0 | 2 | 0 | 1 | 0 | 1 | 0 | 4 | × | 8 |

福井工大福井－敦賀気比　2回裏、敦賀気比・笠島の二塁打で御築（2）に続き宮階が生還し2点先取＝福井県営

滋賀…参加53校49チーム
7月18日～8月14日　皇子山、県立彦根、湖東スタジアム
[1回戦]
彦根東 6－2 八日市南
野　洲 4－2 長浜北
（延長10回、10回はタイブレーク）
八日市 1－0 高　島
草津東 6－5 甲　西
草　津 8－0 栗　東
彦根翔西館 9－3 日　野
八幡商 5－4 大　津
瀬田工 5－1 国際情報
虎　姫 5－4 湖南農・石部・信楽・甲南
北大津 2－0 彦根工
石　山 7－4 守山北
近江兄弟社 14－0 八　幡
安曇川 4－2 堅　田
比叡山 10－2 水　口
守　山 11－1 愛知・長浜農
滋賀学園 10－0 彦根総合
東大津 9－8 能登川
[2回戦]
近　江 1－0 光　泉
草津東 7－6 野　洲
瀬田工 9－2 彦根翔西館
北大津 10－1 長浜北星
滋賀短大付 4－2 立命館守山
滋賀学園 8－3 東大津
彦　根 15－0 八日市
河　瀬 12－0 米　原
草　津 8－2 八幡商
大津商 10－4 伊　香
水口東 10－0 玉　川
近江兄弟社 5－1 守　山
綾　羽 7－3 伊　吹
（延長11回、10回からタイブレーク）
石　山 11－1 虎　姫
比叡山 8－2 安曇川
八幡工 5－4 膳　所
[3回戦]
近　江 6－1 草津東
彦　根 14－7 滋賀短大付
瀬田工 2－1 北大津
水口東 5－0 草　津
近江兄弟社 4－3 大津商
綾　羽 15－0 石　山
滋賀学園 6－0 河　瀬
八幡工 3－2 比叡山
[準々決勝]
近　江 10－0 瀬田工
水口東 5－4 彦　根
滋賀学園 10－3 近江兄弟社
綾　羽 13－3 八幡工
[準決勝]
近　江 8－2 滋賀学園
水口東 2－0 綾　羽
【決勝】

| 水口東 | 0 | 1 | 0 | 0 | 0 | 0 | 0 | 0 | 0 | 1 |
| 近　江 | 3 | 3 | 0 | 0 | 0 | 0 | 0 | × | | 6 |

水口東―近江　2回裏近江、長谷川が
2点適時打を放つ＝皇子山

京都…参加79校74チーム

7月11日～8月2日
わかさスタジアム京都、
太陽が丘、あやべ、峰山
（京都大会は7回制で開催されました）

【Aブロック】[1回戦]
京都成章 5－2 東 宇 治
龍谷大平安 4－0 京都工学院
[2回戦]
嵯 峨 野 15－1 京都農芸・
朱雀・京都教大付
京都国際 8－2 塔 南
京都成章 9－2 京都両洋
龍谷大平安 10－0 洛 星
[3回戦]
京都成章 2－0 京都国際
龍谷大平安 7－0 嵯 峨 野
[ブロック決勝]
龍谷大平安 7－0 京都成章

【Bブロック】[1回戦]
京都産大付 21－3 南 陽
東 山 10－0 桂
[2回戦]
乙 訓 10－0 西 乙 訓
鳥 羽 2－1 鴨 沂
京都産大付 12－1 向 陽
東 山 13－0 桃 山
[3回戦]
乙 訓 8－0 京都産大付
鳥 羽 5－3 東 山
[ブロック決勝]
乙 訓 5－1 鳥 羽

【Cブロック】[1回戦]
京都府工 3－0 加悦谷・
宮津天橋加悦谷
須 知 3－2 東 稜
[2回戦]
京都府工 3－1 西舞鶴
福 知 山 5－1 京都海洋
（延長8回、8回はタイブレーク）
須 知 6－0 東 京
京都文教 5－3 京都精華
[3回戦]
京都文教 5－1 須 知
福 知 山 7－4 京都府工
（5回降雨コールド）
[ブロック決勝]
京都文教 9－5 福 知 山

【Dブロック】[1回戦]
京都八幡 4－3 花 園
洛 東 4－2 田 辺
[2回戦]
京都廣学館 10－0 亀 岡
紫 野 9－2 京都八幡
同 志 社 7－0 堀 川
洛 東 9－3 同志社国際
[3回戦]
同 志 社 9－0 紫 野
洛 東 10－0 京都廣学館
[ブロック決勝]
洛 東 4－2 同 志 社

【Eブロック】[2回戦]
京都学園 15－5 京都明徳
京都翔英 9－0 南 丹
久 御 山 6－5 西城陽

立命館宇治 17－2 北 桑 田
[3回戦]
京都翔英 11－1 京都学園
久 御 山 2－1 立命館宇治
[ブロック決勝]
京都翔英 8－1 久 御 山

【Fブロック】[1回戦]
立 命 館 6－1 京都すばる
[2回戦]
山 城 2－1 城南菱創
洛 北 2－1 洛 水
立 命 館 6－3 木 津
北 嵯 峨 13－0 園 部
[3回戦]
洛 北 3－1 山 城
北 嵯 峨 8－5 立 命 館
[ブロック決勝]
北 嵯 峨 5－0 洛 北

【Gブロック】[1回戦]
東 舞 鶴 23－2 大 江
[2回戦]
峰 山 4－1 日 星
福知山成美 9－1 東舞鶴
菟 道 2－1 城 陽
北 稜 9－1 洛 南
[3回戦]
福知山成美 2－1 峰 山
北 稜 4－0 菟 道
[ブロック決勝]
北 稜 11－3 福知山成美

【Hブロック】[2回戦]
洛 西 2－1 日吉ケ丘
（延長8回、8回はタイブレーク）
京都外大西 10－8 大 谷
（延長8回、8回はタイブレーク）
宮津・宮津天橋宮津 5－0 網野・
丹後緑風網野
京都共栄 7－2 綾 部
[3回戦]
京都共栄 6－1 宮津・
宮津天橋宮津
京都外大西 2－0 洛 西
[ブロック決勝]
京都共栄 3－2 京都外大西
（延長8回、8回はタイブレーク）
（京都大会は各ブロック決勝で終了）

北稜―福知山成美　7回表、北稜・中
西の適時打で二塁走者・久保が生還。
捕手・大島＝あやべ

大阪…参加177校169チーム

7月18日～8月10日　豊中、
シティ信金スタジアム、花園、
南港中央、久宝寺、万博、
くら寿司スタジアム堺

【北地区】[1回戦]
大阪学院大 14－1 千 里
都 島 工 4－2 枚方なぎさ
桜 宮 12－3 大阪電通大
大阪産大付 5－0 大 冠
早稲田摂陵 8－1 北摂つばさ
大阪国際大和田 11－1 淀 商
千里青雲 7－5 刀 根 山
寝 屋 川 6－4 関西大倉
大阪青凌 8－3 市 岡
守 口 東 12－3 東淀工・西・
生 野 工
箕面学園 8－6 同志社香里
港 7－3 枚方津田

豊 島 3－1 大 阪
星 翔 7－0 茨田・
淀川清流
東 3－2 大教大池田
豊 中 7－0 英真学園
東 淀 川 11－6 常翔啓光学園
追手門学院 11－2 摂 津
吹 田 10－1 槻 の 木
[2回戦]
池 田 6－2 春 日 丘
汎 愛 2－1 都 島 工
履 正 社 14－1 北かわち皐が丘
関西創価 12－0 金光大阪
四 條 畷 13－7 千里青雲
桜 宮 13－3 高 槻
大阪産大付 11－0 茨木工科
桜 塚 3－1 門 真 西
三 島 26－0 咲くやこの花
交 野 6－1 守 口 東
太成学院大 5－4 山 田
大阪園芸 28－1 開 明
箕面学園 16－1 箕面自由
大阪学院大 12－2 箕 面 東
東海大仰星 10－0 淀川工科
北 野 12－1 常翔学園
阿 武 野 9－4 大阪市立
豊 島 15－0 旭
早稲田摂陵 9－8 茨 木
大阪国際大和田 1－0 柴 島
大 手 前 13－1 野 崎
港 8－0 福井・島本
高 槻 8－3 東 淀 川
高 牧 野 7－1 門真なみはや
香 里 丘 19－3 東
渋 谷 13－0 成 城
関 大 一 2－0 追手門学院
大阪青凌 5－0 西野田工科
豊 中 9－2 緑 風 冠
関大北陽 9－2 星 翔
大阪桐蔭 12－0 吹 田
寝 屋 川 8－4 大商学園
[3回戦]
汎 愛 4－0 池 田
桜 宮 10－0 大阪園芸
東海大仰星 8－7 豊 島
箕面学園 10－2 太成学院大
関西創価 8－5 大阪産大付
北 野 3－2 早稲田摂陵
大阪学院大 12－3 三 島
阿 武 野 5－2 大阪国際大和田
履 正 社 8－0 四 條 畷
香 里 丘 7－1 牧 野
港 8－4 大 手 前
渋 谷 10－3 大阪青凌
関大北陽 9－3 寝 屋 川
交 野 7－2 豊 中
大阪桐蔭 9－0 高 槻

【南地区】[1回戦]
大 商 大 10－0 佐 野
興 国 9－2 日 新
上 宮 14－7 三 国 丘
精 華 6－2 羽衣学園
清教学園 10－3 阿 倍 野
阪 南 17－1 松 原
近大泉州 5－1 大阪偕星
星光学院 6－4 伯 太
東 住 吉 10－7 懐 風 館
信 太 6－3 大阪学芸
上 宮 太 子 19－4 布施工科
富 田 林 12－2 大阪ビジネス
フロンティア
八 尾 10－0 柏原東・長美・
大阪農芸・
福 泉
鳳 12－1 金 剛
泉 尾 工 11－1 大教大天王寺
河 南 5－2 狭 山
かわち野 5－3 泉 陽
久 米 田 11－2 長 野
生 野 11－1 住 商

大体大浪商 9－1 泉鳥取・
りんくう翔南
東大阪大柏原 2－0 大商大堺
[2回戦]
今宮工科 12－2 八 尾 北
登 美 丘 9－5 和 泉
大 商 大 7－0 佐野工科
清教学園 9－2 城東工科
高 石 9－2 山 本
高 津 10－3 堺 上
近大泉州 6－3 藤井寺工科
浪 速 9－1 桃山学院
岸和田産 13－1 住 吉
みどり清朋 2－1 精 華
（延長10回、10回はタイブレーク）
阪 南 3－2 堺 東
泉 大 津 11－5 大阪教育セン
ター付
上 宮 22－0 大正白稜
阪 南 6－0 貝塚南
近 大 付 4－0 八尾翠翔
信 太 8－5 布 施
興 国 7－3 大 塚
（延長11回、10回からタイブレーク）
堺 西 15－0 堺工科
今 宮 12－2 鳳
星光学院 15－5 夕 陽 丘
東 住 吉 18－0 西 成
かわち野 8－4 金光八尾
上宮太子 10－0 花 園
富 田 林 12－8 藤 井 寺
生 野 8－3 岸 和 田
明 星 5－0 東住吉総合
美 原 9－0 八 尾
（没収試合）
河 南 9－0 布 施 北
東大阪大柏原 15－0 和泉総合
大体大浪商 13－3 堺
初芝立命館 7－3 泉尾工
天 王 寺 4－3 久 米 田
[3回戦]
大 商 大 6－0 登 美 丘
上 宮 11－1 岸和田産
興 国 10－0 星光学院
みどり清朋 6－3 高 津
清教学園 13－4 今宮工科
上 宮 太 子 10－0 美 原
高 石 13－2 近大泉州
今 宮 15－2 かわち野
生 野 4－1 河 南
近 大 付 17－2 阪 南
明 星 6－1 富 田 林
東大阪大柏原 7－2 大体大浪商
堺 西 3－2 初芝立命館
天 王 寺 3－2 初芝立命館
信 太 10－3 泉 大 津
浪 速 不戦勝 阪南大

【大阪大会】[4回戦]
関 大 一 3－2 関西創価
上 宮 太 子 6－1 交 野
興 国 2－0 北 野
履 正 社 7－3 阿 武 野
上 宮 4－2 生 野
大阪学院大 13－5 東大阪大柏原
大阪桐蔭 11－1 浪 速
近 大 付 7－2 清教学園
桜 宮 8－5 高 石
天 王 寺 3－2 渋 谷
（延長10回、10回はタイブレーク）
関大北陽 6－1 箕面学園
東海大仰星 9－0 大商大
汎 愛 4－0 みどり清朋
香 里 丘 7－4 今 宮
信 太 3－2 港
明 星 6－1 堺 西
[5回戦]
大阪桐蔭 9－4 上宮太子
近 大 付 10－0 桜 宮
興 国 7－2 上 宮
履 正 社 8－1 関 大 一
大阪学院大 11－6 天 王 寺

2020年独自大会

関大北陽 10－3 東海大仰星
香里丘 5－4 明星
（延長10回、10回はタイブレーク）
信太 7－5 汎愛
（延長10回、10回はタイブレーク）
［準々決勝］
大阪学大 9－6 近大付
（延長10回、10回はタイブレーク）
大阪桐蔭 15－1 香里丘
関大北陽 1－0 興国
履正社 11－2 信太
［準決勝］
関大北陽 17－2 大阪学院大
履正社 9－3 大阪桐蔭
（大阪大会は準決勝で終了）

大阪桐蔭に勝利し、喜ぶ履正社の選手たち＝シティ信金スタ

兵庫…参加158校156チーム
7月18日～8月7日
明石トーカロ、ベイコム、波賀、ほっともっとフィールド神戸、G7スタジアム神戸、ウインク、高砂、豊岡こうのとり、淡路、アメニスキッピースタジアム、鳴尾浜臨海、植村直己記念、伊丹

【阪神地区】［1回戦］
尼崎双星 4－3 尼崎北
西宮東 5－1 尼崎小田
川西緑台 2－1 尼崎稲園
（延長10回、10回はタイブレーク）
宝塚 7－6 市伊丹
（延長10回、10回はタイブレーク）
［2回戦］
川西明峰 11－4 伊丹北
鳴尾 5－4 西宮南
報徳学園 8－1 県西宮
県尼崎 8－4 市西宮
関西学院 9－0 川西北陵
宝塚 9－8 西宮甲山
西宮今津 8－0 宝塚東
甲南 9－2 尼崎西
尼崎双星 8－1 甲陽学院
伊丹西 3－1 尼崎工
西宮東 13－0 猪名川
武庫荘総合 9－2 仁川学院
伊丹 6－5 宝塚
市尼崎 9－1 宝塚北
県芦屋 7－1 西宮北
川西緑台 2－0 雲雀丘
［3回戦］
西宮今津 5－2 尼崎双星
報徳学園 13－4 川西明峰
関西学院 8－1 宝塚西
県尼崎 5－1 鳴尾
市尼崎 1－0 川西緑台
（延長10回、10回はタイブレーク）
県芦屋 5－3 県伊丹
西宮東 2－0 武庫荘総合
甲南 2－1 伊丹西
［4回戦］
報徳学園 10－1 西宮今津
県尼崎 11－6 関西学院
甲南 6－5 県芦屋

【神戸地区】［1回戦］
星陵 7－2 神戸高専
神戸国際大付 7－1 須磨友が丘
科学技術 12－4 灘
滝川二 8－1 伊川谷北
［2回戦］
神港橘 15－1 舞子

北須磨 9－1 兵庫工
神戸学院大付 5－2 神戸
神戸弘陵 14－2 神戸商
神戸国際大付 10－0 東灘
神戸 10－8 神戸鈴蘭台
育英 7－0 葺合
滝川二 10－5 六甲アイランド
村野工 6－3 神戸甲北
須磨翔風 3－0 科学技術
（8回降雨コールド）
長田 8－1 兵庫
星陵 2－2 滝川
（8回降雨コールド引き分け再試合）
須磨東 6－5 神戸高塚
神港学園 12－1 須磨学園
神戸第一 8－0 御影
星陵 8－5 滝川
伊川谷 8－7 夢野台
［3回戦］
神港橘 3－0 北須磨
神戸国際大付 6－0 神戸
須磨東 5－4 星陵
神戸学院大付 3－0 神戸弘陵
滝川二 17－15 村野工
伊川谷 7－3 須磨翔風
神戸第一 4－3 神港学園
長田 3－2 育英
［4回戦］
神港橘 10－1 須磨東
神戸国際大付 2－0 神戸学院大付
神戸第一 7－5 滝川二
長田 13－2 伊川谷

【播淡地区】［1回戦］
西脇 7－0 三木東
西脇工 3－0 高砂南
明石北 6－5 淡路
（延長10回、10回はタイブレーク）
加古川東 12－1 白陵
［2回戦］
加古川東 3－1 加古川北陽
東播磨 2－1 松陽
淡路三原 2－1 洲本実
加古川西 8－0 播磨南
北条 3－2 三木北
兵庫農 9－3 明石高専
三木 5－3 小野工
小野 5－4 明石南
加古川東 4－1 明石清水
明石商 11－0 高砂
明石 9－2 明石城西
西脇工 2－0 洲本
（延長11回、10回からタイブレーク）
社 10－0 明石西・蒼開
明石北 3－0 東播工
多可・相生学院 4－1 吉川
［3回戦］
津 9－7 明石
（延長10回、10回はタイブレーク）
東播磨 8－1 加古川南
明石商 7－0 加古川東
小野 6－2 加古川西
西脇工 6－0 社
北条 5－4 兵庫農
明石北 7－0 多可・相生学院
三木 4－1 淡路三原
［4回戦］
東播磨 3－0 津
明石商 7－0 小野
西脇工 8－3 北条
明石北 4－1 三木

【西播地区】［1回戦］
網干 5－4 姫路東子
姫路別所 16－0 太子
琴丘 6－1 姫路商
上郡 12－4 夢前
市川 10－0 自由ケ丘
千種 2－1 神崎
［2回戦］

姫路工 11－1 姫路西
赤穂 5－1 飾磨
龍野 9－7 網干
兵庫県大付 6－4 市川
姫路 17－5 相生産
琴丘 3－2 福崎
（延長10回、10回はタイブレーク）
龍野北 8－6 東洋大姫路
（延長10回、10回からタイブレーク）
姫路南 11－0 姫路別所
姫路飾西 6－3 香寺
千種 8－7 山崎
（延長10回、10回はタイブレーク）
飾磨工 3－0 相生
上郡 1－0 佐用
（延長10回、10回はタイブレーク）
［3回戦］
龍野 5－2 姫路工
赤穂 8－2 兵庫県大付
琴丘 4－3 姫路
姫路南 6－5 龍野北
（延長10回、10回はタイブレーク）
姫路飾西 6－5 千種
飾磨工 4－1 上郡
［4回戦］
赤穂 6－2 龍野
姫路南 8－1 琴丘
姫路飾西 7－2 飾磨工

【但丹地区】［1回戦］
三田西陵 7－6 有馬
柏原 7－0 北摂三田
［2回戦］
三田松聖 11－1 三田祥雲館
篠山鳳鳴 9－2 篠山産
氷上 6－5 三田西陵
柏原 14－6 三田学園
和田山 4－0 香住
出石 11－4 豊岡総合
八鹿 5－1 浜坂
豊岡 6－2 村岡
［3回戦］
三田松聖 7－1 篠山鳳鳴
和田山 3－2 出石
豊岡 9－7 八鹿
柏原 4－2 氷上
［4回戦］
三田松聖 9－1 柏原
和田山 5－4 豊岡
（延長10回、10回はタイブレーク）
［地区代表決定戦］
三田松聖 6－2 和田山

【兵庫大会】［5回戦］
東播磨 2－0 明石北
報徳学園 9－1 市尼崎
神港橘 5－2 甲南
赤穂 4－2 姫路南
神戸第一 5－4 明石商
（延長11回、10回からタイブレーク）
三田松聖 10－2 長田
神戸国際大付 8－2 西脇工
県尼崎 3－2 姫路飾西
（兵庫大会はベスト8決定で終了）

明石商―神戸第一　11回裏、神戸第一は1死満塁で内野安打の間に三塁走者の栄喜が生還しサヨナラ勝ち＝明石

奈良…参加40校37チーム
7月18日～8月6日
佐藤薬品スタジアム

［1回戦］
畝傍 3－1 登美ケ丘・国際
橿原 13－6 高円寺・二階堂・山辺
西の京 8－4 磯城野
奈良情報商 5－4 西和清陵
生駒 8－1 香芝
［2回戦］
御所実 13－2 大宇陀・榛生昇陽
添上 11－4 帝塚山
五條 5－1 王寺工
関西中央 11－1 奈良女大付
智弁学園 11－2 橿原
高田 22－0 十津川
奈良北 12－5 西の京
一条 10－8 郡山
奈良朱雀 5－4 高取国際
奈良大付 3－1 畝傍
桜井 12－2 西大和学園
奈良 6－1 奈良情報商
高田商 2－1 法隆寺国際
橿原学院 7－4 平城
（延長10回、10回はタイブレーク）
天理 13－1 生駒
大和広陵 9－2 大淀
［3回戦］
添上 4－3 御所実
奈良大付 11－0 関西中央
智弁学園 11－0 五條
桜井 9－1 高田
一条 9－4 奈良北
高田商 5－1 奈良
橿原学院 4－2 大和広陵
天理 7－0 奈良朱雀
［準々決勝］
奈良大付 11－0 添上
智弁学園 15－2 桜井
高田商 13－6 橿原学院
天理 10－0 一条
［準決勝］
奈良大付 12－8 智弁学園
天理 9－2 高田商

【決勝】

	計
奈良大付	1 1 0 0 0 2 0 0 0	4
天理	2 3 0 0 0 0 1 0 ×	6

奈良大付―天理　2回裏天理1死三塁、1番・下林が中越え本塁打を放つ＝佐藤薬品

和歌山…参加39校39チーム
7月18日～8月6日
紀三井寺公園

［1回戦］
南部龍神 6－3 耐久
向陽 6－4 近大新宮
高野山 7－0 神島
日高中津 2－1 和歌山工
和歌山南陵 4－0 田辺工
和歌山商 11－1 紀北工
紀央館 8－2 県和歌山
［2回戦］
海南 8－6 粉河
初芝橋本 10－5 那賀
和歌山北 8－2 橋本
有田中央 6－2 和歌山
桐蔭 5－1 熊野

田　辺6－5紀北農芸
（8回降雨コールド）
串本古座7－0慶　風
箕　島8－7新　宮
智弁和歌山5－1南　部
市和歌山3－1笠　田
新　翔5－3貴志川
和歌山高専6－4星　林
日　高4－1南部龍神
高　野4－3向　陽
日高中津8－4和歌山南陵
和歌山商14－1紀央館

[3回戦]
初芝橋本5－4海　南
（延長10回、10回はタイブレーク）
和歌山東5－0有田中央
桐　蔭6－1田　辺
箕　島16－0串本古座
智弁和歌山7－4市和歌山
和歌山高専7－6新　翔
日　高5－4高野山
日高中津6－5和歌山商

[準々決勝]
初芝橋本10－3和歌山東
箕　島11－6桐　蔭
智弁和歌山7－4和歌山高専
日　高2－1日高中津

[準決勝]
智弁和歌山12－3日　高
初芝橋本2－1箕　島

【決勝】

初芝橋本	0	1	0	0	0	0	0	0	0	1
智弁和歌山	0	4	0	0	6	0	0	0	×	10

初芝橋本―智弁和歌山　5回裏、3点本塁打を放って生還した智弁和歌山・綾原。出迎える宮坂（8）、細川（6）、石平（2）＝紀三寺

岡山…参加58校58チーム

7月18日～8月10日
マスカットスタジアム、
マスカット補助、倉敷市営、
エイコンスタジアム

[1回戦]
玉野光南8－2興　陽
岡山南9－0津　山
倉敷鷲羽8－2倉敷古城池
岡山商大付5－1玉野商工
西大寺7－4笠　岡
水島工11－1総　社南
玉島商4－0岡山芳泉
倉敷青陵11－1勝　山
興譲館7－4高　梁
林　野6－0備前緑陽
作　陽4－0津山商
岡山東商5－4高梁日新
倉敷天城10－0岡　山
岡山朝日6－2岡山操山
岡山理大付12－5倉敷翠松
岡山県共生5－3笠　岡
岡　山6－0吉備高原
邑　久4－1倉　敷
美　作6－1岡山一宮
就　実8－1津山東
岡山学芸館18－1岡山御津
玉　野11－0岡山大安寺中等教育
和気閑谷8－4瀬　戸
東岡山工3－1明誠学院
津山工10－1津山高専
岡山城東8－2倉敷南

[2回戦]
倉敷商3－0岡山南
倉敷鷲羽3－2岡山商大付
金光学園10－0水島工
西大寺4－3興譲館
関　西15－0林　野
玉野光南14－1作　陽
玉島商3－0倉敷青陵
おかやま山陽5－3倉敷天城
岡山理大付5－2岡山朝日
美　作12－1邑　久
創志学園14－0玉　野
和気閑谷7－5東岡山工
（延長11回、10回からタイブレーク）
岡山東商2－0就　実
岡山学芸館4－1倉敷工
岡　山6－5岡山県共生
岡山城東1－0津山工

[3回戦]
倉敷商4－0倉敷鷲羽
玉島商4－1関　西
岡山理大付3－2金光学園
玉野光南11－1西大寺
おかやま山陽9－2美　作
岡山東商8－0岡　山
創志学園13－0岡山城東
岡山学芸館22－1和気閑谷

[準々決勝]
倉敷商7－2玉島商
岡山理大付6－2玉野光南
おかやま山陽4－3岡山東商
創志学園5－2岡山学芸館

[準決勝]
倉敷商3－1岡山理大付
創志学園5－3おかやま山陽

【決勝】

倉敷商	0	0	0	0	0	6	1	3	1	11
創志学園	0	0	1	0	0	0	0	0	0	1

倉敷商―創志学園　3回途中に登板し、9回まで無失点に抑えた倉敷商のエース・永野＝マスカットスタジアム

広島…参加90校88チーム

7月11日～8月9日
県総合グランド、鶴岡一人記念、
しまなみ、やまみ三原市民、
三次きんさいスタジアム、
東広島アクアスタジアム、
エブリイ福山市民
（⑤⑥⑦⑧は大会規定により終了した回を示します）

[1回戦]
総合技術3－0広島城北
安芸南7－0可　部
広島商4⑧0英数学館
明王台9－0福山商
広島新庄8－0広島工大
油　木8④4尾　道
大　竹5⑧3尾　道
祇園北3－2安芸府中
福山葦陽7⑦5廿日市
千代田6⑧0尾道東
府中東3－1三　原
大　門8－0廿日市西
熊　野3－2加計口
沼　田2－1井　口

三次青陵9⑧6誠之館
西条農14－0呉　工
呉　5⑦4広
上　下9－0黒　瀬
基　町11－7呉高専
（大会規定により8回タイブレーク）
福山工9－0広島中等教育
崇　徳10－2賀　茂
高陽東11－0呉三津田
広島国際学院18－0大竹柿
呉国港7－0宮島工

[2回戦]
観　音8－0竹　原
如水館5－0庄原実
戸　手7－1呉宮原
瀬戸山陽13⑧7三　次
美鈴が丘8－6忠　海
（大会規定により7回タイブレーク）
広島工9⑦7修　道
府　中4－3舟　入
尾道商8－1油　木
総合技術8－1広島市工
三次青陵10⑦4神　辺
安芸南11－3加計芸北
大　竹7⑧1海　田進
広島商7⑧1盈　進
千代田10⑥5松　永
祇園北12－1吉田門
日彰館6⑥5大　台
武　田17－1明王羅
広島新庄8－0世　東
呉国港21－1三　原
沼　田8⑧2安　西
府中東19－3広島商船高陽
神辺旭11⑧1福山陽
崇　徳9－2尾道北
広　陵7－0呉
西条農10－1五日市
因　島8⑧6上　下
近大福山1⑧0広島国際学院
国泰寺8－7並木学院・音戸・河内
高陽東12－2庄原格致
福山工7－0

[3回戦]
尾道商6⑧4広島工
瀬戸内12⑤7千代田
府中東7－0安芸南
神辺旭10－1呉　田
武　田9⑦3沼　田
広島商16－2祇園北
大　竹11－1戸　手
広島新庄8－0如水館
高陽東9⑧3西条農
広　陵8⑧2崇　徳
国泰寺12－2因　島
近大福山8－1観　音
山　陽8－3福山工
熊　野14⑧8三次青陵
呉　港7－1美鈴が丘

[4回戦]
広　陵3⑧1尾道商
高陽東5⑦4総合技術
神辺旭4－2近大福山
（大会規定により7回途中で終了）
瀬戸内7－0府中東
広島新庄8⑤5大　竹
武　田7－0国泰寺
広島商4⑧0熊　野
呉　港8⑦2山　陽

[準々決勝]
高陽東5－2神辺旭
広　陵9－8広島新庄
広島商8－1呉　港
武　田15－3瀬戸内

[準決勝]
広　陵18－2高陽東
広島商5－3武　田

【決勝】

広島商	0	5	0	2	0	0	2	0	0	9
広　陵	0	0	0	0	0	1	0	0	0	1

広島商―広陵　2回表広島商1死二、三塁、三塁走者・天野がスクイズで生還し先制＝鶴岡一人記念

鳥取…参加24校22チーム

7月11日～31日
コカ・コーラボトラーズジャパン
スポーツパーク

[1回戦]
鳥取西13－3鳥取湖陵
鳥取東5－3岩　美
倉吉西7－4鳥取工
鳥取育英7－4八　頭
（延長10回、10回はタイブレーク）
米子松蔭10－3鳥取東
米子東9－0米子高専

[2回戦]
鳥取商15－1倉吉農
境　10－3鳥取西
鳥取城北17－0米子・日野・境港総合
倉吉東11－10倉吉総合産
（延長11回、10回からタイブレーク）
倉吉西9－8米子北
倉吉北8－7鳥取育英
米子東9－2米子西

[準々決勝]
鳥取城北6－0境
倉吉東2－1鳥取商
米子工3－4米子東
（延長10回、10回はタイブレーク）
倉吉北6－4倉吉西

[準決勝]
鳥取城北4－0米子工
倉吉東6－5倉吉北
（延長10回、10回はタイブレーク）

【決勝】

倉吉東	0	0	0	2	0	4	1	0	0	7
鳥取城北	0	0	3	0	0	1	0	1	0	5

倉吉東―鳥取城北　6回表倉吉東無死満塁、福庭が右翼に2点適時打を放ち逆転＝コカ・コーラ

島根…参加39校39チーム

7月17日～8月4日　松江市営、
県立浜山、益田市民

【東部地区】[1回戦]
安　来11－4情報科学
松江東2－1松江農林
立正大淞南3－0松江商

[2回戦]
松江西6－5松江高専
（延長10回、10回はタイブレーク）
開　星13－2松江南
松江東3－2隠　岐

安　来　5－3　松江北
立正大淞南　9－0　松江工
【中部地区】[1回戦]
三　刀　屋　9－2　出雲工
大　　東　3－2　出雲農林
邇　　摩　8－1　出雲北陵
[2回戦]
出　　雲　7－3　出雲商
大　　社　8－1　大　田
三　刀　屋　3－2　出雲西
（延長11回、10回からタイブレーク）
大　　東　8－7　飯　南
（延長11回、10回からタイブレーク）
平　　田　11－4　邇　摩
【西部地区】[1回戦]
益　　田　10－0　浜田水産
[2回戦]
江　津　工　8－0　浜田商
益　田　東　9－3　益田翔陽
石見智翠館　14－8　浜　田
津　和　9－2　江　津
島根中央　11－2　明　誠
矢　　上　15－0　益　田
【島根大会】[3回戦]
開　　星　4－3　松江西
平　　田　15－2　江津工
三　刀　屋　6－5　大　社
（延長10回、10回はタイブレーク）
安　来　12－5　津和野
立正大淞南　7－0　出　雲
矢　　上　9－2　島根中央
石見智翠館　11－1　大　東
益　田　東　9－2　松江東
【準々決勝】
開　　星　4－1　平　田
立正大淞南　6－1　石見智翠館
三　刀　屋　3－2　安　来
益　田　東　1－0　矢　上
［準決勝］
立正大淞南　7－6　開　星
（延長10回、10回はタイブレーク）
益　田　東　4－1　三　刀　屋
【決勝】
立正大淞南　2 0 0 2 1 0 0 0 0｜5
益　田　東　0 2 0 4 0 0 0 4×｜10

立正大淞南―益田東　4回裏、益田東・久保が逆転のホームイン＝県立浜山

山口…参加59校55チーム

7月11日～8月2日
ユーピーアールスタジアム、
ビジコム柳井スタジアム、
オーヴィジョンスタジアム下関、
津田恒実メモリアルスタジアム、
山口マツダ西京きずなスタジアム、
萩スタジアム

[1回戦]
萩商工　3－2　宇部商
防　府　8－7　誠　英
下関西　6－5　厚　狭
柳井商工　5－0　岩国総合・山口徳佐
西　京　2－1　宇部鴻城
防府商工　4－2　徳　山
下関商　6－3　下関工科
柳井学園　10－1　岩国商
宇　部　13－6　小　野
徳山商工　1－0　華　陵

岩　国　8－1　光
山口県鴻城　10－0　宇部高専
下関国際　10－2　大津緑洋
山　口　1－0　慶　進
下　松　10－0　徳山高専
柳　井　9－2　周防大島
小野田工　8－3　宇部西
桜ケ丘　6－2　新南陽
熊毛南　6－2　光丘・光
萩　6－3　香　川
下松工　10－2　防府西
下関北　8－5　西市・山口農西市
美祢青嶺　12－2　下関中等教育
[2回戦]
宇　部　8－2　山　口
高川学園　7－0　防　府
岩国工　11－4　柳井商工
西　京　5－1　萩商工
南陽工　8－5　下　松
柳　井　9－1　高　水
小野田工　11－4　萩
柳井学園　3－2　岩　国
宇　部　7－6　山口県鴻城
（延長10回、10回はタイブレーク）
桜ケ丘　14－1　下松工
熊毛南　4－3　聖　光
（延長10回、10回はタイブレーク）
徳山商工　6－3　防府商工
豊　浦　12－2　下関西
早　鞆　11－0　下関北
下関商　2－1　下関国際
長　門　5－3　美祢青嶺
[3回戦]
宇部工　5－3　小野田工
高川学園　10－0　徳山商工
柳井学園　9－2　岩国工
宇　部　9－6　西　京
桜ケ丘　20－0　南陽工
熊毛南　6－5　柳　井
豊　浦　11－0　下関商
早　鞆　9－1　長　門
［準々決勝］
豊　浦　6－5　宇　部
（延長10回、10回はタイブレーク）
高川学園　11－1　熊毛南
宇部工　6－2　早　鞆
桜ケ丘　4－1　柳井学園
［準決勝］
高川学園　5－4　豊　浦
桜ケ丘　2－0　宇部工
【決勝】
高川学園　0 1 0 1 0 0 0 0 4｜6
桜ケ丘　0 0 0 0 0 0 0 0 1｜1

高川学園―桜ケ丘　2回表、高川学園・立石が左前へ先制適時打を放つ＝萩スタジアム

香川…参加38校38チーム

7月23日～8月13日
レクザムスタジアム、
レクザムボールパーク丸亀

[1回戦]
坂　出　3－1　寒　川
丸亀城西　10－5　多度津
高松西　11－8　善通寺一
高松商　10－1　高松東
高松一　3－2　志　度
高松南　4－3　香川高専高松

[2回戦]
観音寺一　3－1　丸　亀
尽誠学園　8－1　三本松
大手前高松　8－1　高松中央
小豆島中央　6－5　香川中央
高松桜井　12－2　笠　田
高松北　15－5　琴　平
高　松　15－2　石　田
高松工芸　4－0　香川高専詫間
丸亀城西　7－0　三　木
英　明　11－1　坂出商
高　松　11－8　高瀬
（延長10回）
藤　井　5－3　四国学院大香川西
坂出工　4－3　高松一
坂　出　5－3　津　田
高松南　8－1　観音寺総合
高松商　14－2　飯　山
[3回戦]
大手前高松　1－0　小豆島中央
尽誠学園　8－0　高　松
藤　井　5－3　観音寺一
英　明　13－6　高松北
高松桜井　4－3　坂出工
高松南　5－4　高松工芸
高松商　6－0　坂　出
［準々決勝］
尽誠学園　11－4　高松桜井
大手前高松　4－0　高松南
高　松　7－2　英　明
丸亀城西　10－3　藤　井
［準決勝］
尽誠学園　15－0　丸亀城西
高松商　10－6　大手前高松
【決勝】
高松商　0 0 0 0 0 0 0 0 0｜0
尽誠学園　0 0 0 1 2 2 0 ×｜5

高松商に勝って優勝が決まり、マウンドに駆け寄る尽誠学園の選手たち＝レクザムスタジアム

徳島…参加30校30チーム

7月12日～8月5日
オロナミンC、
JAアグリあなんスタジアム

[1回戦]
鳴門渦潮　5－0　板　野
徳島科技　11－5　城ノ内
徳島商　16－0　那　賀
川　島　9－1　徳島市立
城　南　14－1　阿波西
阿南光　7－6　名　西
富岡西　11－2　小松島
脇　町　7－2　城　西
城　北　8－1　穴　吹
小松島西　2－1　海　部
（延長11回）
生光学園　7－0　阿波
池田辻　11－4　つるぎ
池　田　25－5　吉野川
鳴　門　10－0　阿南高専
[2回戦]
鳴　門　6－3　徳島北
鳴　門　7－3　脇　町
鳴門渦潮　11－1　徳島科技
阿南光　7－4　川　島
徳島商　6－4　城　東
富岡西　6－0　池田辻

小松島西　9－4　城　北
生光学園　9－4　池　田
［準々決勝］
鳴　門　1－0　鳴門渦潮
徳島商　8－7　城　南
阿南光　5－1　富岡西
生光学園　4－0　小松島西
［準決勝］
鳴　門　3－0　生光学園
徳島商　7－2　阿南光
【決勝】
鳴　門　1 0 1 0 1 0 0 0 4｜7
徳島商　0 0 0 0 0 5 1 0 0｜6

鳴門―徳島商　9回表、鳴門・岸本が敵失の間に生還し、勝ち越し＝オロナミンC

愛媛…参加53校52チーム

8月1日～9日
坊っちゃんスタジアム、西条市ひうち、
今治市営、丸山公園、
マドンナスタジアム、宇和

[1回戦]
今治西　3－1　丹　原
松山商　7－6　松山城南
東予　9－6　西条農
伊予農　9－2　松山中央
大　洲　11－3　宇　和
宇和島東　11－0　八幡浜工
今治工　3－2　川之江
（延長10回、10回はタイブレーク）
松山南　7－2　東　温
三　島　8－2　今治東
松山北　11－5　愛媛大付
八幡浜　15－0　大洲農
北宇和　6－2　宇和三瓶
土　居　6－2　今治明徳
聖カタリナ　10－0　伊　予
今治南　7－3　新居浜工
宇和島南　9－1　吉　田
帝京五　17－0　三　間
新居浜西　7－0　今治大三島
新居浜商　4－3　新居浜南
小　松　2－0　今治北
[2回戦]
松山聖陵　11－0　伊予農
今　治　9－2　今治南
松山商　4－1　松山工
大　洲　9－2　川之石
北　条　8－5　内　子
今治工　9－0　今治西伯方・今治南
済　美　13－5　松山南
宇和島南　8－2　八幡浜
帝京五　5－1　野　村
三　島　12－2　東　予
新　田　7－0　聖カタリナ
松山北　15－0　内子小田・済美平成
新居浜西　8－7　新居浜東
宇和島東　5－4　北宇和
（延長10回、10回はタイブレーク）
新居浜商　7－5　小　松
西　条　10－0　土　居
[3回戦]
済　美　8－1　松山北
新居浜西　7－3　三　島
宇和島東　6－4　大　洲

松山聖陵 9-1 北 条
西 条 11-0 新居浜商
松 山 商 3-2 新 田
今 治 西 9-2 今 治 工
帝 京 五 10-2 宇和島南
[準々決勝]
宇和島東 7-6 西 条
済 美 4-3 新居浜西
帝 京 五 4-1 松 山 商
松山聖陵 10-1 今 治 西
[準決勝]
宇和島東 6-5 済 美
松山聖陵 10-1 帝 京 五
【決勝】
松山聖陵 005250010 13
宇和島東 000200300 5

松山聖陵―宇和島東 8回表松山聖陵
2死満塁、岸田が左前に適時打を放つ。
捕手・水内=坊っちゃん

高知…参加28校23チーム
7月18日～8月2日
高知市営、県立春野、高知市東部
[1回戦]
梼 原 10-4 高 知 西
高 知 工 10-0 須崎総合
伊 野 商 6-3 室戸・高知丸の内・高岡・幡多農・宿毛・清水
宿 毛 工 21-0 高知海洋
土 佐 7-0 高 知 東
小 津 11-4 安 芸
高 知 8-0 中 村
[2回戦]
高 知 工 11-7 高 知 農
高 知 商 9-2 梼 原
明徳義塾 5-1 宿 毛 工
高 知 南 10-9 土 佐 塾
(延長10回、10回はタイブレーク)
高知中央 10-4 伊 野 商
岡 豊 6-3 土 佐
高知東工 6-2 小 津
高 知 8-0 追 手 前
[準々決勝]
明徳義塾 8-1 高 知 工
高 知 商 5-3 高 知 南
高 知 11-1 高知中央
岡 豊 9-1 高知東工
[準決勝]
明徳義塾 10-0 高 知 商
高 知 4-2 岡 豊
【決勝】
高 知 011000001 3
明徳義塾 000010010 2

明徳義塾に競り勝って優勝を決め、マ
ウンドに集まる高知の選手たち=県立
春野

福岡…参加132校130チーム
6月21日～8月3日
ペイペイ、久留米市、北九州市民
ほか
【福岡地区】[1次予選]
香 椎 15-0 筑 紫 丘
福岡西陵 11-1 玄 洋
太 宰 府 5-2 玄 洋
福岡西陵 9-0 太 宰 府
福 岡 工 8-0 筑紫中央
沖 学 園 4-3 武 蔵 台
九産大九産 4-3 博 多
博 多 5-4 福岡中央
九産大九州 6-5 博 多 工
筑 紫 8-6 武 蔵 台
(延長10回、10回はタイブレーク)
香 椎 12-7 筑 紫 台
筑 紫 台 9-5 筑 紫 丘
香 椎 工 6-5 福 翔
筑 前 14-4 香 椎 工
博 多 工 7-0 柏 陵
九産大九州 6-5 博 多 工
純 真 6-3 福岡常葉
修 猷 館 19-0 福岡常葉
修 猷 館 8-1 純 真
糸 島 8-4 香 住 丘
香 住 丘 6-2 糸 島
福 岡 農 11-1 福岡大若葉
福 翔 3-2 筑 前
沖 学 園 7-1 筑 紫
筑陽学園 7-3 福岡第一
福岡第一 3-2 福 岡
福 岡 7-4 筑陽学園
東 福 岡 12-5 早 良
東 福 岡 13-4 中村学園三陽
福岡講倫館 11-8 福 岡 農
福岡講倫館 10-1 福岡大若葉
筑紫中央 8-1 福岡舞鶴
福 岡 工 7-0 福岡舞鶴
福岡工大城東 9-1 西南学院
春 日 26-2 城 南
福岡大大濠 7-0 城 南
福岡大大濠 8-5 春 日
[1回戦]
博 多 5-2 早 良
春 日 7-0 福岡中央
糸 島 5-1 香 椎 工
武 蔵 台 10-3 福岡大若葉
西南学院 4-3 城 南
筑 紫 丘 10-6 玄 洋
福岡第一 21-0 福岡常葉
福岡舞鶴 7-6 柏 陵
(延長10回、10回はタイブレーク)
[2回戦]
九産大九州 9-1 福 岡 農
福 翔 5-5 筑 紫
(8回降雨コールド引き分け再試合)
筑 紫 台 15-5 筑紫中央
香 椎 10-3 中村学園三陽
福岡工大城東 12-7 筑陽学園
筑 前 3-2 博 多
福 岡 工 14-2 西南学院
春 日 8-1 修 猷 館
香 住 丘 5-0 太 宰 府
福岡第一 3-0 福岡西陵
福岡大大濠 8-0 純 真
九産大九産 4-1 博 多 工
筑 紫 6-4 福 翔
福 岡 8-0 武 蔵 台
糸 島 3-2 沖 学 園
東 福 岡 5-1 筑 紫 丘
福岡講倫館 3-2 福岡舞鶴
[3回戦]
福岡大大濠 5-1 東 福 岡
福 岡 工 5-1 香 椎
春 日 10-0 福岡工大城東
福岡第一 0-0 福岡工大城東
(7回降雨コールド引き分け再試合)

九産大九州 2-1 筑 前
福 岡 6-1 香 住 丘
糸 島 5-3 筑 紫 丘
福岡工大城東 4-0 福岡第一
九産大九産 7-5 福岡講倫館
[準々決勝]
九産大九州 4-3 福岡工大城東
福岡大大濠 15-8 糸 島
春 日 8-1 九産大九産
福 岡 10-9 福 岡 工
[準決勝]
福岡大大濠 3-0 九産大九州
福 岡 9-8 春 日
【決勝】
福 岡 4-3 福岡大大濠
(延長11回、10回からタイブレーク)
【筑後地区】[1次予選]
西日本短大付 8-3 八 女
大 牟 田 19-0 朝倉光陽
祐 誠 2-0 福 島
久留米商 8-2 八 女 農
三 潴 3-1 三 井
南 筑 6-4 八 女 工
八 女 7-0 久留米高専
大 牟 田 6-0 浮羽究真館
福 島 9-5 大川樟風
八 女 農 7-3 朝 倉
柳 川 13-0 久留米筑水
三 井 10-4 久留米学園
久留米商 13-1 朝 倉
西日本短大付 8-0 久留米高専
大川樟風 6-3 祐 誠
浮羽究真館 12-1 朝倉光陽
南 筑 13-0 久留米筑水
柳 川 4-3 八 女 工
三 潴 9-4 久留米学園
(筑後地区予選は7回制)
[1回戦]
三 潴 5-2 八 女 農
柳 川 3-1 八 女
祐 誠 4-1 福 島
三 井 8-1 浮羽究真館
[2回戦]
大 牟 田 5-0 柳 川
祐 誠 3-2 南 筑
西日本短大付 7-0 三 潴
久留米商 5-1 三 井
[準決勝]
西日本短大付 1-0 大 牟 田
久留米商 5-0 祐 誠
【決勝】
西日本短大付 3-1 久 留 米 商
【福岡中央地区】[1次予選]
東海大福岡 1-0 玄 界
鞍手竜徳 6-5 鞍 手
嘉 穂 13-0 西 田 川
福岡水産 15-8 稲築志耕館
宗 像 5-0 苅 田 工
育 徳 館 11-3 築 上 西
希望が丘 不戦勝 須 恵
飯 塚 30-1 行橋・遠賀
光 陵 7-0 近大福岡
古賀竟成館 16-1 田川科学技術
大和青藍 8-5 嘉 穂 東
直 方 10-1 青 豊
中 間 4-0 嘉穂総合
新 宮 39-1 筑 豊
京 都 6-3 田 川
(延長10回)
福岡魁誠 9-0 東 鷹
[2回戦]
東海大福岡 4-2 古賀竟成館
福岡水産 9-2 嘉 穂
新 宮 9-8 宗 像
(延長10回、10回はタイブレーク)
飯 塚 5-2 希望が丘
光 陵 7-0 鞍手竜徳
大和青藍 11-4 中 間
育 徳 館 2-1 直 方

福岡魁誠 5-2 京 都
[準々決勝]
東海大福岡 11-1 福岡水産
光 陵 4-0 大和青藍
福岡魁誠 3-0 育 徳 館
(8回表1降雨コールド)
飯 塚 5-0 新 宮
[準決勝]
飯 塚 7-6 東海大福岡
(延長10回、10回はタイブレーク)
福岡魁誠 3-2 光 陵
【決勝】
飯 塚 11-3 福岡魁誠
【北九州地区】[1回戦]
北九州市立 3-1 若 松
八 幡 南 10-4 常 磐
八 幡 4-3 北 九 州
折 尾 11-4 若 松 商
自由ケ丘 8-1 豊国学園
小 倉 工 17-0 小 倉 西
九州国際大付 7-0 戸 畑
北 8-2 小 倉 東
慶 成 8-1 小 倉 商
八幡中央 9-8 門司大翔館
(延長11回)
真 颯 館 7-2 小 倉
東 筑 16-9 小 倉 北
門司学園 11-1 東筑紫学園
八 幡 工 5-3 折尾愛真
星 琳 11-2 北九州高専
戸 畑 工 9-2 小 倉 南
[2回戦]
北九州市立 5-3 八 幡
八 幡 南 3-2 折 尾
自由ケ丘 8-1 八 幡 工
九州国際大付 15-4 慶 成
北 8-2 八幡中央
真 颯 館 8-4 東 筑
門司学園 3-2 小 倉 工
戸 畑 工 7-4 星 琳
[準々決勝]
北九州市立 5-4 八 幡 南
(延長10回、10回はタイブレーク)
九州国際大付 0-0 自由ケ丘
(7回降雨コールド引き分け再試合)
九州国際大付 5-1 自由ケ丘
真 颯 館 10-8 北 筑
門司学園 5-4 戸 畑 工
(延長10回、10回はタイブレーク)
【準決勝】
九州国際大付 6-1 北九州市立
真 颯 館 5-4 門司学園
(延長10回、10回はタイブレーク)
【決勝】
九州国際大付 10-7 真 颯 館
(福岡大会は各地区決勝で終了)
【筑後地区交流試合】
三 池 工 22-1 浮 羽 工
三 池 工 23-1 輝翔館・ありあけ新世
小 郡 6-5 明 善
山 門 5-1 大牟田北

福岡大大濠―福岡 11回裏、福岡・
大堂の犠飛で大中が生還しサヨナラ勝
ち=ペイペイ

佐賀…参加39校37チーム
7月13日～8月4日
みどりの森県営、ブルースタジアム
[1回戦]
佐 賀 北 5-0 鳥 栖 商
早稲田佐賀 11-4 唐 津 工

佐賀農 3－1 高志館
鳥栖工 3－1 鳥　島
武　雄 12－4 神　埼
［2回戦］
敬　徳 1－0 佐賀学園
太　良 5－3 小　城
多　久 9－8 白　石
（延長10回）
伊万里 2－1 佐賀東
神埼清明 8－0 佐賀農
佐賀北 8－1 伊商農林実
鳥　栖 3－2 東明館
早稲田佐賀 8－3 唐津東
唐津西 5－3 三養基
北　陵 6－0 嬉　野
唐津商 9－2 唐津南
鳥　栖 10－0 唐津青翔
龍　谷 9－3 佐賀工
有田工 3－2 致遠館
武　雄 11－4 厳　木
佐賀西 5－2 佐賀商
［3回戦］
敬　徳 6－3 佐賀北
伊万里 7－2 太　良
早稲田佐賀 6－5 多　久
北　陵 2－0 神埼清明
唐津西 3－1 鳥栖工
（延長10回）
唐津商 8－4 鳥　栖
龍　谷 6－3 有田工
佐賀西 6－1 武　雄
［準々決勝］
敬　徳 3－0 伊万里
早稲田佐賀 11－4 北　陵
唐津商 9－1 唐津西
龍　谷 7－0 佐賀西
［準決勝］
敬　徳 6－5 早稲田佐賀
（延長10回）
龍　谷 9－3 唐津商
【決勝】

| 敬 徳 | 0 | 2 | 1 | 0 | 1 | 0 | 0 | 3 | 0 | 0 | 0 | 0 | 0 | 7 |
| 龍 谷 | 2 | 0 | 1 | 0 | 0 | 0 | 3 | 1 | 0 | 0 | 0 | 0 | 1 | 8 |

（延長13回、13回はタイブレーク）

敬徳―龍谷　龍谷は7回、野口の右犠飛で中溝が生還して同点。捕手・中野＝みどりの森県営

長崎…参加56校54チーム

7月11日～8月2日
県営、佐世保市総合グラウンド、諫早市第1野球場
［1回戦］
長崎日大 4－0 諫早農
長崎南山 10－0 上対馬
佐世保北 10－3 佐世保南
島原工 2－1 島原中央
瓊　浦 12－0 対　馬
口　加 5－4 松　浦
長　崎 8－7 長崎総大付
壱　岐 2－0 佐世実
島原農 7－4 大　村
長崎鶴洋 3－0 西彼杵
佐世保工 7－0 諫早東
島　原 4－3 西海学園
長　崎北 2－1 長崎東
（延長10回）
諫　早 10－3 国　見
海　星 6－2 五島海陽
鹿　町 8－0 壱岐商
大村工 21－0 諫早商・島原翔南

五　島 1－0 清　峰
猶興館・平戸 9－6 長崎明誠
長　崎 7－1 長崎北陽台
大　崎 6－1 川　棚
創成館 7－2 佐世保商
［2回戦］
鎮西学院 3－0 長崎北
長崎商 12－2 海　星
波佐見 6－4 佐世保北
小　浜 7－3 長崎日大
島　原 7－0 長崎南
西　陵 7－0 長崎鶴洋
島原工 8－2 佐世保高専
長崎南山 14－0 佐世保西
長崎西 2－1 創成館
五　島 7－0 猶興館・平戸
鹿　町 6－5 上五島
大　崎 5－3 島原農
佐世保工 8－1 口　加
壱　岐 4－1 大村工
瓊　浦 4－3 長崎工
（延長11回）
九州文化学園 5－4 諫　早
［3回戦］
長崎商 9－0 瓊　浦
長崎南山 4－0 五　島
壱　岐 6－1 小　浜
島　原 4－1 九州文化学園
長崎西 8－0 島原工
波佐見 6－3 鎮西学院
鹿　町 3－2 佐世保工
（延長11回）
大　崎 10－0 西　陵
［準々決勝］
大　崎 1－0 長崎商
鹿　町 7－3 壱　岐
長崎南山 3－0 島　原
波佐見 4－3 長崎西
［準決勝］
大　崎 2－0 長崎南山
鹿　町 4－3 波佐見
【決勝】

| 鹿　町　工 | 0 | 0 | 0 | 0 | 0 | 0 | 0 | 0 | 1 | 1 |
| 大　　　崎 | 2 | 0 | 1 | 0 | 0 | 1 | 2 | 0 | × | 6 |

鹿町工に勝って優勝を決め、マウンドに駆け寄る大崎の選手たち＝県営

熊本…参加59校55チーム

7月16日～8月3日
リブワーク藤崎台、県営八代、山鹿市民、川上哲治記念
【熊本市内】［1回戦］
必由館 5－1 済々黌
熊　一 14－0 真　和
熊本西 5－3 熊本二
開　新 9－4 千原台
（延長10回、10回はタイブレーク）
熊本農 2－0 ルーテル学院
［2回戦］
必由館 2－0 鎮　西
熊本工 11－8 熊本国府
九州学院 4－3 熊　本
（延長10回、10回はタイブレーク）
熊本商 2－0 熊　一
熊本学園大付 13－4 東　稜
文　徳 7－0 熊本北
熊本北 1－0 熊本農
開　新 3－0 東海大星翔
［準々決勝］
文　徳 4－3 九州学院
開　新 2－1 必由館
熊本北 4－3 熊本商

熊本工 4－1 熊本学園大付
［準決勝］
文　徳 7－2 開　新
熊本北 不戦勝 熊本工
【決勝】
文　徳 9－1 熊本北
【城北地区】［1回戦］
大　津 21－2 岱志・鹿本農・鹿本商工
阿蘇中央 11－1 鹿　本
菊　池 15－0 高　森
翔　陽 14－0 菊池農
有　明 13－1 玉　名
［2回戦］
阿蘇中央 2－0 専大玉名
城　北 15－0 大　津
翔　陽 8－7 玉名工
有　明 10－1 菊　池
［準決勝］
有　明 5－1 阿蘇中央
城　北 1－0 翔　陽
【決勝】
有　明 3－0 城　北
【城南地区】［1回戦］
上天草 8－5 八代農
八代清流 11－2 牛　深
八代東 8－5 天草工
宇　土 10－3 水　俣
人　吉 9－3 御船・矢部
［2回戦］
秀岳館 9－2 甲　佐
八代工 9－1 八　代
八代東 8－0 芦　北
八代清流 7－0 天　草
人　吉 10－3 松橋・湧心館
球磨工 12－5 上天草
宇　土 10－0 天草拓心
南　稜 6－1 小川工
［3回戦］
秀岳館 10－3 八代東
八代工 8－0 八代清流
球磨工 10－1 人　吉
南　稜 10－6 宇　土
［準決勝］
秀岳館 5－0 八代工
南　稜 11－5 球磨工
【決勝】
秀岳館 8－1 南　稜
（熊本大会は地区大会決勝で終了）

有明―城北　1回表有明2死二塁、北村が2点本塁打を放つ＝リブワーク藤崎台

大分…参加43校43チーム

7月14～31日
別大興産スタジアム
［1回戦］
日田林工 4－0 国　東
佐伯鶴城 11－1 大分豊府
大分上野丘 8－0 由　布
大分鶴崎 7－0 日田三隈
鶴崎工 5－4 高　田
（延長10回）
日本文理大付 12－0 楊志館
日出総合 9－0 竹　田
津久見 5－0 藤　蔭
大分国際情報 3－1 杵　築
情報科学 7－6 大分南
（延長10回）
別府翔青 8－7 宇　佐
［2回戦］
明　豊 6－2 日田林工

三重総合 6－3 日　田
佐伯鶴城 14－0 大　分　東
大分雄城台 4－1 中　津　東
大分工 8－4 大分上野丘
大分鶴崎 6－3 中　津　北
大分舞鶴 7－0 鶴崎工
佐伯豊南 12－10 別府鶴見丘
日本文理大付 3－0 大　分　商
日出総合 9－3 安　心　院
津久見 6－1 大　分　西
中津南 28－0 宇佐産業科学
大分国際情報 5－3 大　分
情報科学 5－4 臼　杵
（延長10回）
柳ケ浦 3－2 別府翔青
大分東明 5－3 玖珠美山
［3回戦］
明　豊 18－4 三重総合
佐伯鶴城 4－3 大分雄城台
大分工 6－2 大分鶴崎
大分舞鶴 8－1 佐伯豊南
日本文理大付 3－2 日出総合
津久見 4－3 中　津　南
情報科学 10－9 大分国際情報
柳ケ浦 4－0 大分東明
［準々決勝］
佐伯鶴城 1－0 明　豊
大分舞鶴 10－2 大　分　工
津久見 8－6 日本文理大付
柳ケ浦 8－1 情報科学
［準決勝］
大分舞鶴 4－1 佐伯鶴城
津久見 5－2 柳ケ浦
【決勝】

| 大分舞鶴 | 1 | 0 | 0 | 0 | 0 | 0 | 0 | 0 | 0 | 1 |
| 津久見 | 1 | 0 | 0 | 0 | 0 | 0 | 0 | 1 | × | 2 |

大分舞鶴―津久見　8回1失点と好投した津久見の先発・林田＝別大興産スタジアム

宮崎…参加46校46チーム

7月11日～8月1日
サンマリンスタジアム、アイビースタジアム
［1回戦］
宮崎学園 13－0 高　城
宮崎商 7－6 宮崎工
日　向 6－4 高千穂
宮崎西 4－3 南
（延長12回、10回からタイブレーク）
都　城 6－0 都城農
宮崎南 3－2 延　岡
宮崎第一 9－2 宮崎海洋
福　島 9－3 日向工
日南振徳 10－5 佐土原
（延長10回、10回はタイブレーク）
延岡星雲 4－2 鵬　翔
小林秀峰 10－3 都城西
小　林 4－3 本　庄
都城泉ケ丘 3－1 都城工
日章学園 4－1 宮崎大宮
［2回戦］
都城東 8－5 富　島
都城商 6－5 高　鍋
宮崎日大 1－0 妻
日向学院 9－3 宮崎農
宮崎北 11－1 飯　野
延岡学園 7－0 日南学園
聖心ウルスラ 16－0 高鍋農

小 林 西 10－3 門 川
宮崎学園 6－1 延 岡 商
延 岡 工 5－2 宮 崎 商
日 向 6－5 宮 崎 西
都 城 3－1 宮 崎 南
日南振徳 9－3 延岡星雲
日章学園 4－3 都城泉ケ丘
福 島 1－0 宮崎第一
小林秀峰 3－1 小 林
　　　　［3回戦］
延 岡 工 5－3 都 城 商
宮崎学園 6－3 都 城 東
日向学院 2－1 都 城
宮崎日大 2－1 日 向
延岡学園 5－0 日南振徳
福 島 3－2 宮 崎 北
小 林 5－0 日章学園
聖心ウルスラ 4－1 小林秀峰
　　　　［準々決勝］
宮崎学園 14－0 福 島
延 岡 工 7－5 延岡学園
（延長11回、10回からタイブレーク）
宮崎日大 5－2 聖心ウルスラ
日向学院 5－3 小 林 西
　　　　［準決勝］
宮崎学園 9－6 日向学院
宮崎日大 9－0 延 岡 工
　　　　［決勝］
宮崎日大 000440220 12
宮崎学園 001001000 2

宮崎日大―宮崎学園　4回表宮崎日大
2死二塁、岩崎の左前安打で二塁走者・
岩穴口が捕手・河野のタッチをかわし
て生還＝サンマリン

鹿児島…参加74校65チーム
7月8～29日
平和リース（県立鴨池）、
鴨池運動公園、日置市総合公園、
加世田運動公園、南種子町健康公園、
徳之島町健康の森総合運動公園、
始良市総合運動公園、薩摩川内市
総合運動公園、鹿屋市串良平和公
園
　【鹿児島地区】［1回戦］
鹿児島商 5－2 鹿児島南
甲 南 3－1 鹿児島中央
松 陽 5－4 鹿児島情報
鹿児島実 9－0 ラ・サール
武 岡 台 29－0 開陽・特別支援・
　　　　　　山 川・
　　　　　加世田常潤・
　　　　　串良商・垂水
　　　　［2回戦］
鶴 丸 10－0 明 桜 館
樟 南 16－1 松 陽
鹿児島商 9－2 池 田
鹿児島実 9－6 錦 江 湾
鹿児島玉龍 9－0 鹿 児 島
武 岡 台 15－0 志 學 館・
　　　　　鹿児島修学館
　　　　［代表決定戦］
鹿児島商 6－1 鶴 丸
樟 南 2－0 鹿 児 島 工
鹿児島玉龍 13－0 武 岡 台
鹿児島実 10－0 甲 南
　　　　【南薩地区】［1回戦］
枕 崎 7－0 指 宿 商
鹿児島水産 2－1 頴 娃
　　　　［2回戦］
吹 上 7－0 市来農芸

神村学園 25－0 川 辺
鹿児島城西 5－1 加世田
伊 集 院 36－0 串 木 野
枕 崎 19－1 指 宿
薩 南 工 7－3 鹿児島水産
　　　　［代表決定戦］
鹿児島城西 3－0 枕 崎
伊 集 院 2－1 薩 南 工
神村学園 26－1 吹 上
　　　【北薩地区】［1回戦］
れいめい 14－6 出 水 工
川 内 7－2 出 水 商
川内商工 5－0 出水中央
出 水 10－3 川薩清修館
　　　　［代表決定戦］
れいめい 8－3 川 内
川内商工 7－2 出 水
　　　【始良伊佐地区】［1回戦］
国 分 19－3 鹿児島高専
加 治 木 7－0 蒲 生
加治木工 10－7 隼 人 工
国分中央 15－0 薩摩中央・
　　　　　鶴 翔・
　　　　　伊佐農林
　　　　［代表決定戦］
加 治 木 13－6 国 分
国分中央 11－1 加治木工
　　　【大隅地区】［1回戦］
屋 工 10－7 志 布 志
鹿屋中央 7－0 鹿 屋 農
鹿 屋 5－4 尚 志 館
（延長10回、10回はタイブレーク）
　　　　［代表決定戦］
鹿屋中央 3－0 鹿 屋 工
曽 於 13－6 鹿 屋
　　　【熊毛地区】［1回戦］
種 子 島 10－6 種子島中央
　　　　［代表決定戦］
種 子 島 5－3 屋 久 島
　　　【大島地区】［1回戦］
徳 之 島 8－4 喜 界
沖永良部 8－1 古仁屋・与論
　　　　［代表決定戦］
徳 之 島 6－2 奄 美
大 島 7－1 沖永良部
　　　【鹿児島大会】［1回戦］
鹿児島商 5－2 加 治 木
樟 南 7－0 伊 集 院
神村学園 9－0 大 島
れいめい 7－0 曽 於
鹿児島城西 11－0 鹿児島実
鹿児島玉龍 7－6 鹿屋中央
国分中央 5－4 徳 之 島
川内商工 11－0 種 子 島
　　　　［準々決勝］
樟 南 2－0 れいめい
神村学園 4－0 鹿児島商
鹿児島玉龍 3－2 川内商工
国分中央 4－1 鹿児島城西
　　　　［準決勝］
神村学園 8－0 樟 南
国分中央 2－1 鹿児島玉龍
　　　　【決勝】
国分中央 002000000 2
神村学園 024010 14×12

国分中央―神村学園　7回表、国分中
央・橋松（あべまつ）が左前安打を放
つ＝平和リース

沖縄…参加63校59チーム
7月4日～8月2日
沖縄セルラースタジアム那覇、
コザしんきんスタジアム、
Agreスタジアム北谷、
タピックスタジアム名護
　　　　［1回戦］
八重山農林 4－0 具 志 川
中部農林 7－1 宮古工・
　　　　　宮古総合実
与 勝 7－0 南 部 商
興 南 13－2 那 覇 商
八 重 8－0 八重山商工
浦 添 商 10－0 美 里
球 陽 2－0 名 護
読 谷 4－2 那 覇
知 念 10－0 昭和薬大付
開 邦・
南部農林・7－0 首 里 東
辺土名・
真 和 志
那 覇 西 16－4 陽 明
未来沖縄 9－6 浦 添
小 禄 8－2 糸 満
南 部 工 4－2 向 陽
名護商工 4－3 那覇国際
北 中 城 4－3 那 覇 工
具志川商 6－3 北 谷
美来工科 7－2 首 里
普 天 間 8－0 石 川
浦 添 工 18－1 北部農林
美 里 工 7－1 本 部
前 原 7－1 豊見城南
沖縄水産 4－1 西 原
豊 見 城 7－3 南 風 原
嘉 手 納 5－1 宜 野 湾
宜 野 座 5－1 コ ザ
沖縄尚学 14－0 沖縄カトリック
　　　　［2回戦］
ウェルネス沖縄 1－0 与 勝
（延長12回、10回からタイブレーク）
北 山 5－2 陽 明
浦 添 商 8－1 読 谷
小 禄 1－0 開 邦・
　　　　　南部農林・
　　　　　辺土名・
　　　　　真和志
美来工科 9－1 南 部 工
興 南 9－0 八重山農林
八 重 10－2 沖 縄 工
知 念 6－1 那 覇 西
中 部 商 5－2 前 原
美 里 工 6－0 北 中 城
未来沖縄 7－0 名護商工
沖縄尚学 7－1 宜 野 座
宮 古 14－1 中部農林
沖縄水産 2－1 嘉 手 納
普 天 間 4－3 豊 見 城
　　　　［3回戦］
小 禄 5－4 美来工科
浦 添 商 6－1 北 山
普 天 間 4－2 具志川商
八 重 5－2 知 念
未来沖縄 2－1 宮 古
ウェルネス沖縄 1－0 興 南
美 里 工 8－3 中 部 商
沖縄水産 3－2 沖縄尚学
（延長10回、10回はタイブレーク）
　　　　［準々決勝］
ウェルネス沖縄 10－0 浦 添 商
未来沖縄 3－2 普 天 間
（延長11回、10回からタイブレーク）
美 里 工 2－1 沖縄水産
八 重 4－2 小 禄
　　　　［準決勝］
八 重 山 8－7 ウェルネス沖縄
（延長10回、10回はタイブレーク）
未来沖縄 10－5 美 里 工
　　　　【決勝】
八 重 山 000040000 4
未来沖縄 000010001 2

未来沖縄に勝って優勝を決め、喜ぶ八
重山の選手たち＝タピックスタジアム
名護、沖縄タイムス提供

●軟式も全国で独自大会

　2020年8月に兵庫県明石市な
どで開かれる予定だった第65
回全国高校軟式野球選手権大会
も、硬式野球同様に代表16校
を決める地方大会とともに中止
が5月に決まった。それでも、3
年生に最後の舞台をつくろうと、
35都道府県で独自大会、6県の
代表が出場した東北大会が開か
れた。

　各校が1試合ずつ行うなど優
勝チームを決めない大会もあっ
たが、決勝まで実施できた府県
も多かった。

　軟式の都道府県・地区独自大
会の参加校数と優勝校は次の通
り（不開催・中止の県を除く）。
北海道＝9、北海道科学大▷東
北＝6、専大北上▷青森＝6、
五所川原第一▷岩手＝6、専大
北上▷秋田＝6、秋田工▷宮城
＝12、仙台工▷茨城＝12、（3
地区決勝まで）▷栃木＝4、各
校1試合▷群馬＝9、各校1試
合▷埼玉＝10、各校1～3試合
▷千葉＝8、各校1試合▷東京
＝50、各校1試合（一部中止）
▷神奈川＝22、慶応▷長野＝8、
上田西▷新潟＝3、直江津中等
教育▷静岡＝3、各校2試合▷
愛知＝15、桜丘▷岐阜＝10、
中京▷滋賀＝2、比叡山▷京都
＝6、東山▷奈良＝7、天理▷
和歌山＝3、耐久▷大阪＝24、
興国▷兵庫＝15、村野工▷岡山
＝16、関西▷鳥取＝7、（米子工・
鳥取西）▷広島＝14、崇徳▷島
根＝2、浜田▷山口＝4、柳井
商工▷愛媛＝3、松山商▷徳島
＝2、鳴門▷福岡＝10、各校1
試合▷長崎＝3、長崎玉成▷熊
本＝4、開新▷大分＝3、津久
見▷鹿児島＝6、鹿児島実

● 全国選手権大会記録集

本塁打記録

サヨナラ満塁本塁打

1	川端　正	大鉄	対 津久見	延長11回	第59回
2	矢野功一郎	済美	対 星稜 *1	タイブレーク13回	第100回

サヨナラ本塁打

1	柴　武利	銚子商	対 法政一	延長12回	第43回		13	清水　満	東海大甲府	対 聖光学院	逆転3ラン	第86回
2	大谷敏夫	今治西	対 旭川竜谷	延長10回3ラン	第55回		14	井上貴晴	報徳学園	対 新潟県央工	2ラン	第90回
3	塚原　修	上尾	対 小倉南	延長10回3ラン	第57回		15	奥田ペドロ	本庄一	対 開星		第90回
4	高林基久	浜松商	対 石川	逆転2ラン	第57回		16	後藤静磨	立正大松南	対 華陵		第91回
5	川端　正	大鉄	対 津久見	延長11回満塁	第59回		17	河合完治	中京大中京	対 関西学院		第91回
6	安井浩二	東洋大姫路	対 東邦	延長10回3ラン(決勝)	第59回		18	新井　充	日本文理	対 富山商	逆転2ラン	第96回
7	中村　稔	名古屋電気	対 北陽	延長12回	第63回		19	長嶋亮磨	関東一	対 中京大中京		第97回
8	加藤誉昭	都城商	対 岡谷工	延長12回	第63回		20	矢野功一郎	済美	対 星稜 *1	タイブレーク13回	第100回
9	浜口大作	宇部商	対 帝京	逆転2ラン	第65回		21	山口環生	熊本工	対 山梨学院		第101回
10	末野芳樹	法政一	対 境	延長10回 *2	第66回		22	福本陽生	星稜	対 智弁和歌山	タイブレーク14回	第101回
11	稲元　智	帝京	対 池田	延長10回2ラン	第73回		23	緒方　漣	横浜	対 広島新庄	逆転3ラン	第103回
12	稲垣正史	海星(三重)	対 早稲田実	逆転2ラン	第78回							

満塁本塁打

1	田中一太郎	静岡中	対 北海中	第10回		29	渡辺侑也	聖光学院	対 青森山田		第89回
2	加藤常雄	東山中	対 北海中	第11回		30	副島浩史	佐賀北	対 広陵(決勝)		第89回
3	山下好一	和歌山中	対 北海中	第16回		31	田野尻悠紀	鹿児島実	対 日大鶴ケ丘		第90回
4	稲田照夫	平安中	対 東北中	第16回		32	江川大輝	関東一	対 常総学院		第90回
5	大塚善次郎	関東中	対 高松中	第20回		33	筒香嘉智	横浜	対 聖光学院		第90回
6	野村　清	岐阜商	対 盛岡商	第22回		34	前田隆一	常葉菊川	対 浦添商		第90回
7	滝川陽一	九州学院	対 足利工	第45回		35	奥村翔馬	大阪桐蔭	対 常葉菊川(決勝)		第90回
8	荒武康博	報徳学園	対 竜ケ崎一	第48回		36	白石智英	八幡商	対 山梨学院大付		第93回
9	稲山正則	県岐阜商	対 池田	第53回		37	川上竜平	光星学院	対 専大玉名		第93回
10	山川　猛	東洋大姫路	対 習志野	第54回		38	遠藤和哉	八幡商	対 帝京 *3		第93回
11	中山　明	高知商	対 東邦	第55回		39	小林　航	白樺学園	対 智弁和歌山		第93回
12	見形仁一	宇都宮学園	対 東海大相模	第59回		40	松本高徳	鳴門	対 星稜		第95回
13	川端　正	大鉄	対 津久見	第59回		41	御簗　翔	敦賀気比	対 大阪桐蔭		第96回
14	坂口義一	済々黌	対 東北	第61回		42	北川竜之介	中京	対 大分		第98回
15	小沢潤一	横浜商	対 豊浦	第61回		43	西浦颯大	明徳義塾	対 嘉手納		第98回
16	岡部道明	報徳学園	対 盛岡工	第63回		44	小林由伸	盛岡大付	対 済美 *4		第99回
17	水野雄仁	池田	対 早稲田実	第64回		45	吉岡秀太朗	済美	対 盛岡大付 *4		第99回
18	津野　浩	高知商	対 箕島	第65回		46	三好泰成	明豊	対 天理		第99回
19	吉岡雄二	帝京	対 海星(三重)	第71回		47	中尾勇介	山梨学院	対 高知商		第100回
20	水島裕介	浜松商	対 岡山城東	第72回		48	堀本洸生	大垣日大	対 東海大星翔		第100回
21	松本謙吾	宇部商	対 渋谷	第72回		49	矢野功一郎	済美	対 星稜 *1 タイブレーク13回		第100回
22	三沢興一	帝京	対 池田	第73回		50	下山昂大	八戸学院光星	対 誉		第101回
23	西原正勝	佐賀商	対 樟南(決勝)	第76回		51	元　謙太	中京学院大中京	対 作新学院		第101回
24	福留孝介	ＰＬ学園	対 北海道工	第77回		52	今井秀輔	星稜	対 仙台育英		第101回
25	兵動秀治	佐賀商	対 光星学院	第79回							
26	平井孝英	富山商	対 報徳学園	第80回							
27	仲里孝太	中部商	対 酒田南	第86回							
28	宮本大輔	常総学院	対 今治西	第88回							

*1 矢野(済美)の逆転サヨナラ満塁本塁打は大会初　*2 末野(法政一)の本塁打はこの試合のチーム初安打　*3 八幡商のチーム同一大会2本、2試合連続は大会初　*4 1試合2本の満塁本塁打は大会史上初

節目の本塁打

1	第1回	1915	中村隆元	広島中	対鳥取中
100	第28回	1946	広瀬吉治	浪華商	対函館中
200	第49回	1967	岩崎雅男	市和歌山商	対大分商　ランニング
300	第59回	1977	比嘉康哲	豊見城	対水島工
400	第64回	1982	平畠光行	熊本工	対東北
500	第66回	1984	丸山洋史	鎮西	対岡山南
600	第69回	1987	畑地久幸	東海大山形	対北嵯峨
700	第72回	1990	橋本毎弘	高知商	対鹿児島実
800	第76回	1994	大川健次	水戸商	対佐久
900	第80回	1998	谷口和弥	明徳義塾	対横浜
1000	第84回	2002	行田篤史	遊学館	対桐生市商
1100	第87回	2005	辻　寛人	駒大苫小牧	対日本航空
1200	第90回	2008	井上貴晴	報徳学園	対新潟県央工　サヨナラ
1300	第92回	2010	山口元気	北大津	対成田
1400	第95回	2013	松本高徳	鳴門	対星稜　満塁
1500	第98回	2016	吉位翔伍	中京	対大分
1600	第100回	2018	中尾勇介	山梨学院	対高知商　満塁
1700	第103回	2021	田村俊介	愛工大名電	対東北学院

節目の本塁打(甲子園球場)

1	第10回	1924	田中一太郎	静岡中	対北海中　満塁ランニング
100	第32回	1950	山本忠彦	松山東	対鳴門　決勝
200	第52回	1970	広畑省吾	PL学園	対高松商
300	第61回	1979	細谷信幸	釧路工	対比叡山
400	第65回	1983	添田貴司	学法石川	対米子東
500	第67回	1985	藤井　進	宇部商	対東農大二
600	第70回	1988	川手雅博	天理	対堀越
700	第73回	1991	薬科智尉	竜ケ崎一	対星稜
800	第78回	1996	荒金久雄	PL学園	対高陽東
900	第82回	2000	松浦健介	横浜	対佐賀北
1000	第85回	2003	菊池　智	桐生第一	対神港学園 ランニング、開幕試合
1100	第88回	2006	本田誠矢	青森山田	対延岡学園
1200	第90回	2008	奥村翔馬	大阪桐蔭	対報徳学園
1300	第94回	2012	篠原優太	作新学院	対佐久長聖
1400	第96回	2014	吉川雄大	広陵	対三重
1500	第99回	2017	橋本圭介	済美	対東筑
1600	第100回	2018	橋本吏功	花咲徳栄	対横浜

大会記録

		第1～101回			第103回	
最高打率*5	チーム	.448 駒大苫小牧　5試合174打数78安打	第86回	チーム	.363 智弁和歌山　4試合146打数53安打	
	個人	.769 住谷湧也　近江　4試合13打数10安打	第100回	個人	.588 大仲勝海　智弁和歌山　4試合17打数10安打	
最多本塁打	大会	68	第99回	大会	36	
	チーム	11 智弁和歌山　6試合 後藤3、山野3、武内2、堤野2、池辺	第82回	チーム	4 近江　5試合　新野2、島滝、山田 4 京都国際　4試合　中川2、森下、辻井 4 大阪桐蔭　2試合　花田、藤原、前田、松尾	
	個人	6 中村奨成　広陵　6試合	第99回	個人	2 前川右京　智弁学園　6試合 2 新野翔大　近江　5試合 2 代木大和　明徳義塾　4試合 2 中川勇斗　京都国際　4試合 2 西川侑志　神戸国際大付　4試合	
最多三塁打	チーム	12 和歌山中　4試合	第12回	チーム	3 智弁学園　6試合 3 高川学園　2試合	
	個人	4 山本市三　和歌山中　4試合 4 沢村通　大阪桐蔭　5試合 4 中川博之　福井商　5試合 4 渡辺政孝　九州学院　4試合	第12回 第73回 第78回 第92回	個人	2 吉田瑞樹　浦和学院　1試合	
最多二塁打	チーム	21 花咲徳栄　6試合	第99回	チーム	11 智弁和歌山　4試合 11 神戸国際大付　4試合	
	個人	6 大久保英男　鳴門　5試合 6 堂林翔太　中京大中京　6試合 6 杉崎成輝　東海大相模　4試合 6 中村奨成　広陵　6試合	第32回 第91回 第97回 第99回	個人	4 山里宝　神戸国際大付　4試合	
最多安打	チーム	100 智弁和歌山　6試合	第82回	チーム	59 智弁学園　6試合	
	個人	19 水口栄二　松山商　6試合 19 中村奨成　広陵　6試合	第68回 第99回	個人	10 前川右京　智弁学園　6試合 10 森田空　智弁学園　6試合 10 宮坂厚希　智弁和歌山　4試合 10 大仲勝海　智弁和歌山　4試合	
最多打点	チーム	57 大阪桐蔭　6試合	第90回	チーム	28 智弁学園　6試合	
	個人	17 中村奨成　広陵　6試合	第99回	個人	7 前川右京　智弁学園　6試合	
最多塁打	チーム	157 智弁和歌山　6試合	第82回	チーム	80 智弁学園　6試合	
	個人	43 中村奨成　広陵　6試合	第99回	個人	17 前川右京　智弁学園　6試合	
最多得点	チーム	75 和歌山中　4試合	第7回	チーム	30 智弁学園　6試合	
	個人	16 井口新次郎　和歌山中　4試合	第7回	個人	6 津田基　近江　5試合 6 宮坂厚希　智弁和歌山　4試合 6 大西拓磨　智弁和歌山　4試合	
最多三振	チーム	54 桐生第一　6試合	第81回	チーム	39 智弁学園　6試合	
	個人	12 上条章　松本商　3試合	第13回	個人	8 植垣洸　智弁学園　6試合	
最多四死球	チーム	48 佐賀北　7試合	第89回	チーム	38 智弁学園　6試合	
	個人	10 副島浩史　佐賀北　7試合　はじめ3人	第89回	個人	9 西山嵐大　近江　5試合	
最多犠打（犠飛を含む）	チーム	30 育英　6試合	第75回	チーム	18 智弁和歌山　4試合	
	個人	9 上地俊樹　浦添商　5試合	第90回	個人	3 横田悟　近江　5試合 3 大仲勝海　智弁和歌山　4試合 3 沢山佳文　長崎商　3試合 3 石井詠己　専大松戸　2試合	
最多盗塁	チーム	29 和歌山中　4試合	第7回	チーム	6 神戸国際大付　4試合	
	個人	8 原田安次郎　京都一商　4試合 8 平山敦規　健大高崎　4試合 8 丸山和郁　前橋育英　3試合	第7回 第96回 第99回	個人	3 久次米陸士　日本航空　3試合 3 浅野雄志　二松学舎大付　2試合	
最優秀防御率*6	チーム	0.00 桐蔭学園（大塚）　5試合45回 はじめ10チーム ※桐蔭学園は優勝校、準決勝で2失点も失策絡みで自責点0	第53回	チーム	1.00 智弁和歌山（中西、塩路、伊藤、高橋、武元） 4試合36回	
	個人	0.00 木村勇仁　報徳学園　3試合10回2/3 はじめ24人 ※木村は、準々決勝で失策絡みで1失点したが自責点0	第100回	個人	0.38 中西聖輝　智弁和歌山　3試合23回2/3	
完全試合	未達成（なし）					

*5　8強（第59回までは記念大会を除き4強）進出チームの、打席数がチーム試合数×3以上の選手が対象
*6　8強（第59回までは記念大会を除き4強）進出チームの、投球回数がチーム試合数×3以上の選手が対象

全国選手権大会記録集

項目		第1～			第103回	
最少失点 *7	チーム	0 海草中（嶋）　5試合45回　優勝　第25回 0 小倉（福嶋）　5試合45回　優勝　第30回		チーム	7 智弁和歌山（中西、塩路、伊藤、高橋、武元） 4試合36回　優勝 明徳義塾（代木、吉村）　4試合35回	
	個人	0 楠本　保　明石中　3試合21回　第19回 0 嶋　清一　海草中　5試合45回　第25回 0 福嶋一雄　小倉　5試合45回　第30回		個人	2 代木大和　明徳義塾　3試合18回	
最多失点	チーム	41 常葉菊川（戸狩、野島、萩原、浅川）　5試合45回　第90回		チーム	21 近江（山田、岩佐、副島、外義）　5試合45回	
	個人	36 大野　倫　沖縄水産　6試合53回　第73回		個人	14 山田陽翔　近江　5試合30回	
最多奪三振	チーム	83 徳島商（板東）　6試合62回　第40回		チーム	49 近江（山田、岩佐、副島、外義）　5試合45回	
	個人	83 板東英二　徳島商　6試合62回　第40回		個人	31 山田陽翔　近江　5試合30回	
最多与四死球	チーム	42 桐蔭（西村、松島）　5試合44回　第30回		チーム	22 神戸国際大付（阪上、楠本、武本、岡田、中辻）　4試合36回1/3	
	個人	40 西村　修　桐蔭　5試合40回　第30回		個人	14 森下瑠大　京都国際　4試合28回 14 城戸悠希　長崎商　3試合16回1/3	
最多失策	チーム	28 和歌山中　4試合　第1回		チーム	8 智弁学園　6試合	
	個人	13 中筋武久　和歌山中　4試合　第1回		個人	3 岡島光星　智弁学園　6試合 3 竹村日向　智弁学園　5試合 3 石黒和弥　高岡商　1試合	
延長試合	大会	8 第55回　（47試合） 8 第61回　（48試合） 8 第63回　（48試合） 8 第93回　（48試合） ※第93回の如水館は大会史上唯一の3試合連続の延長戦			京都国際－二松学舎大付（延長10回） 長崎商－神戸国際大付（延長10回）	
連続延長試合	大会	4 第2日第2試合～第3日第1試合　第55回				
引き分け再試合（大会規定による）		徳島商 0－0 魚津（準々決勝／延長18回）　第40回 掛川西 0－0 八代東（1回戦・開幕試合／延長18回）　第46回 松山商 0－0 三沢（決勝／延長18回）　第51回 駒大苫小牧 1－1 早稲田実（決勝／延長15回）　第88回 佐賀北 4－4 宇治山田商（2回戦／延長15回）　第89回				

*7　8強（第59回までは記念大会を除き4強）進出チームの、投球回数がチーム試合数×3以上の選手が対象

1試合記録

項目		第1～101回			第103回	
最高打率	チーム	.593 PL学園　対東海大山形　54打数32安打　第67回		チーム	.455 長崎商　対専大松戸　33打数15安打	
	個人	1.000 横山陽樹　作新学院　対岡山学芸館 5打数5安打　はじめ多数　第101回		個人	1.000 大仲勝海　智弁和歌山　対智弁学園 4打数4安打　はじめ多数	
最多本塁打	両チーム	7 智弁和歌山（5）帝京（2）　第88回		両チーム	4 京都国際（3）二松学舎大付（1）	
	チーム	5 智弁和歌山　対帝京　第88回 5 履正社　対霞ケ浦　第101回		チーム	3 京都国際　対二松学舎大付 3 大阪桐蔭　対東海大菅生	
	個人	3 清原和博　PL学園　対享栄　第66回 3 平田良介　大阪桐蔭　対東北　第87回		個人	1 渡部　海　智弁和歌山　対智弁学園 はじめ多数	
最多三塁打	両チーム	6 岐阜商（6）盛岡商（0）　第22回 6 小倉北（6）長崎東（0）　第31回		両チーム	3 小松大谷（1）高川学園（2）	
	チーム	6 岐阜商　対盛岡商　第22回 6 小倉北　対長崎東　第31回		チーム	2 浦和学院　対日大山形 2 日大東北　対近江 2 高川学園　対小松大谷	
	個人	3 叶　四郎　鳥取一中　対茨城商　第13回 3 酒沢政雄　育英商　対甲府中　第21回 3 松井栄造　岐阜商　対盛岡商　第22回		個人	2 吉田瑞樹　浦和学院　対日大山形	
最多二塁打	両チーム	12 徳島商（7）東邦（5）　第67回		両チーム	6 東海大菅生（3）大阪桐蔭（3） 6 神戸国際大付（4）北海（2）	
	チーム	10 仙台育英　対明豊　第97回		チーム	4 智弁和歌山　対智弁学園 4 神戸国際大付　対長崎商 4 沖縄尚学　対阿南光 4 神戸国際大付　対北海 4 松商学園　対高岡商	
	個人	3 渋谷嘉人　関東一　対鶴岡東　はじめ28人　第101回		個人	3 山里　宝　神戸国際大付　対北海	
最多安打	両チーム	41 PL学園（32）東海大山形（9）　第67回		両チーム	30 敦賀気比（16）日本文理（14）	
	チーム	32 PL学園　対東海大山形　第67回		チーム	17 松商学園　対高岡商	
	個人	6 笹岡伸好　PL学園　対東海大山形　第67回 6 松島侑也　日大三　対PL学園　第86回		個人	5 織茂秀喜　松商学園　対高岡商	

			回	
最多塁打	両チーム	60 駒大苫小牧(33) 済美(27)	第86回	40 松商学園(26) 高岡商(14)
	チーム	45 PL学園 対東海大山形	第67回	26 松商学園 対高岡商
	個人	14 平田良介 大阪桐蔭 対東北	第87回	9 織茂秀喜 松商学園 対高岡商
最多打点	チーム	27 PL学園 対東海大山形	第67回	17 松商学園 対高岡商
	個人	8 須田 努 常総学院 対小浜 8 筒香嘉智 横浜 対聖光学院	第70回 第90回	6 藤井陸斗 高松商 対作新学院 6 織茂秀喜 松商学園 対高岡商
最多得点	両チーム	36 PL学園(29) 東海大山形(7)	第67回	21 松商学園(17) 高岡商(4)
	チーム	29 PL学園 対東海大山形	第67回	17 松商学園 対高岡商
	個人	6 井口新次郎 和歌山中 対豊国中	第7回	4 間中大介 松商学園 対高岡商
最多三振	両チーム	30 北海中(19) 東山中(11) 34 (参考) 柳川商(23) 作新学院(11) ＝延長15回 はじめ4試合 33 (参考) 智弁和歌山(23) 星稜(10) ＝延長14回 32 (参考) 東北(17) 平安(15) ※延長11回	第11回 第55回 第101回 第85回	21 神戸国際大付(12) 近江(9)
	チーム	22 今治西 対桐光学園 25 (参考) 魚津 対徳島商 ※延長18回 23 (参考) 柳川商 対作新学院 ※延長15回 23 (参考) 智弁和歌山 対星稜 ※延長14回	第94回 第40回 第55回 第101回	14 石見智翠館 対智弁和歌山 14 盛岡大付 対近江
	個人	5 森 春男 神奈川商工 対福岡中 5 伊藤博之 鎮西 対岡山南 5 平井正史 宇和島東 対海星(三重) 5 楠本 諒 智弁和歌山 対仙台育英	第14回 第66回 第75回 第89回	4 上 翔曳 石見智翠館 対智弁和歌山 4 金子京介 盛岡大付 対近江 4 新井流星 盛岡大付 対近江
最多四死球	両チーム	31 静岡商(23) 長野商(8)	第22回	19 長崎商(10) 神戸国際大付(9) 19 日大山形(10) 石見智翠館(9)
	チーム	23 静岡商 対長野商	第22回	12 高川学園 対小松大谷
	個人	5 木代 成 日大三 対折尾愛真 はじめ6人	第100回	3 横田星大 長崎商 対神戸国際大付 3 西山嵐大 近江 対大阪桐蔭 3 三宅海斗 西日本短大付 対二松学舎大付 3 津田 基 近江 対日大東北 3 山見拓希 高川学園 対小松大谷 3 間中大介 松商学園 対高岡商
最多犠打(犠飛含む)	両チーム	13 豊田大谷(7) 智弁和歌山(6)	第80回	7 智弁和歌山(7) 石見智翠館(0) 7 県岐阜商(2) 明徳義塾(5)
	チーム	9 横浜商 対豊浦 9 広島商 対日大一 9 静岡商 対八幡商	第61回 第70回 第88回	7 智弁和歌山 対石見智翠館
	個人	4 岡本成司 鎮西 対都城商 4 高橋尚成 修徳 対岡山南 4 乗田貴士 平安 対金沢 4 佐々木伸之 清峰 対済美	第63回 第75回 第83回 第87回	3 沢山佳文 長崎商 対神戸国際大付
最多盗塁	両チーム	20 鳥取中(10) 中学明善(10)	第2回	5 神戸国際大付(3) 近江(2) 5 明徳義塾(3) 明桜(2)
	チーム	13 土佐 対金沢泉丘	第35回	3 神戸国際大付 対近江 3 石見智翠館 対日大山形 3 明徳義塾 対明桜 3 専大松戸 対明豊
	個人	5 原田安次郎 京都一商 対慶応普通部	第7回	2 関山 和 石見智翠館 対日大山形 2 浅野雄志 二松学舎大付 対西日本短大付 2 奥田和尉 専大松戸 対明豊
最多失策	両チーム	20 釜山商(10) 杵築中(10)	第7回	7 小松大谷(4) 高川学園(3)
	チーム	13 慶応普通部 対関西学院	第6回	4 作新学院 対高松商 4 小松大谷 対高川学園 4 高岡商 対松商学園
	個人	6 村田良平 釜山商 対杵築中 6 森永 孝 鹿児島商 対市岡中	第7回 第15回	3 石黒和弥 高岡商 対松商学園
最多併殺	両チーム	7 和歌山商(4) 岐阜商(3) 7 福岡工(5) 桐生中(2) 7 銚子商(5) 東海大一(2) 7 明徳義塾(5) 盛岡大付(2)	第22回 第25回 第58回 第86回	5 智弁学園(2) 京都国際(3)

項目	区分	記録	区分	記録
最多併殺	チーム	5 福岡工　対桐生中　第25回 5 銚子商　対東海大一　第58回 5 浜松工　対報徳学園　第79回 5 明徳義塾　対盛岡大付　第86回 5 市和歌山　対星稜　第98回 5 興南　対智弁和歌山　第99回	チーム	4 熊本工　対長崎商
三重殺		(1) 早稲田実　対静岡中　第13回 (2) 海星（長崎）　対大宮（埼玉）　第45回 (3) 平安　対花巻北　第48回 (4) 松商学園　対長崎日大　第75回 (5) 柳川　対享栄　第77回 (6) 松山商　対智弁学園　第83回 (7) 明豊　対関西　第93回 (8) 愛工大名電　対聖光学院　第95回		
最少残塁	両チーム	4 善隣商(0)　中京商(4)　第19回 4 長崎商(2)　日大三(2)　第34回 ※延長11回、9回までは両チームとも1ずつ 4 平安(1)　西条(3)　第44回 4 丸子実(1)　銚子商(3)　第47回 4 智弁学園(1)　今治西(3)　第59回 4 木更津総合(3)　広島新庄(1)　第98回	両チーム	10 明徳義塾(7)　松商学園(3) 10 沖縄尚学(2)　盛岡大付(8)
	チーム	0 横浜　対秀岳館　はじめ10チーム　第99回	チーム	0 阿南光　対沖縄尚学
最多残塁	両チーム	29 秋田中(17)　敦賀商(12)　第20回 29 仙台育英(15)　開星(14)　第92回 33 (参考)明石中(15)　中京商(18)　※延長25回　第19回 32 (参考)宇部商(17)　豊田大谷(15)　第80回 ※延長15回	両チーム	29 日大山形(15)　石見智翠館(14)
	チーム	17 呉阿賀　対松山東　はじめ3チーム　第32回 19 (参考)成田　対函館西　※延長15回　第34回 19 (参考)青森山田　対尼崎北　※延長13回　第77回	チーム	15 日大山形　対石見智翠館
	個人	5 佐藤佑樹　北海　対松山聖陵　第98回 はじめ9人	個人	4 南　早羽己　盛岡大付　対近江 4 城戸悠希　長崎商　対神戸国際大付 4 下地泰世　沖縄尚学　対阿南光 4 原田啓佑　熊本工　対長崎商 4 近藤祐星　高岡商　対松商学園
毎回得点		東海大山形　0 0 1 0 0 0 0 1 5	7 PL学園　2 5 4 3 6 2 5 2 X	29　第67回		
全員得点		九州学院　対松本工　はじめ33度　第92回 (参考)帝京（1大会で2度記録）　第84回 対中部商、対福井商		
毎回安打		木更津総合　対興南　第100回 履正社　対霞ケ浦　第101回 仙台育英　対飯山　など88度　第101回		
2試合連続全員安打		日本文理　対日本航空石川、対立正大淞南　第91回		
全員安打		花咲徳栄　対鳴門　はじめ70度　第100回		
毎回・全員安打		(1) 飯塚商　対芦別工　第51回 (2) 今治西　対北陽　第55回 (3) 横浜　対徳島商　第60回 (4) 池田　対早稲田実　第64回 (5) 松山商　対高岡商　第66回 (6) 平安　対県岐阜商　第79回 (7) 宇部鴻城　対佐世保実　第94回		
最多奪三振	チーム	22 桐光学園（松井）　対今治西　第94回 25 (参考)徳島商（板東）　対魚津　※延長18回　第40回 23 (参考)作新学院（江川）　対柳川商　※延長15回　第55回 23 (参考)星稜（奥川）　対智弁和歌山　※延長14回　第101回	チーム	14 智弁和歌山（塩路、高橋、武元）　対石見智翠館 14 近江（山田、岩佐）　対盛岡大付
	個人	22 松井裕樹　桐光学園　対今治西　第94回 19 森田勇　東山中　対北海中　第11回 19 藤村富美男　呉港中　対飯田商　第21回 19 平古場昭二　浪華商　対東京高師付中　第28回 19 坂元弥太郎　浦和学院　対八幡商　第82回 19 辻内崇伸　大阪桐蔭　対藤代　第87回 19 松井裕樹　桐光学園　対常総学院　第94回 25 (参考)板東英二　徳島商　対魚津　※延長18回　第40回 23 (参考)江川卓　作新学院　対柳川商　※延長15回　第55回 23 (参考)奥川恭伸　星稜　対智弁和歌山　※延長14回　第101回	個人	12 森下瑠大　京都国際　対二松学舎大付 12 當山渚　沖縄尚学　対阿南光

〈メモリーズプレーヤー〉

第40回に大会最多奪三振記録83を樹立した板東英二（徳島商）。延長18回、引き分け再試合となった準々決勝の魚津戦では、奪三振25を記録した。

〈メモリーズゲーム〉

第89回大会で優勝した佐賀北の2回戦、宇治山田商戦は4-4のまま15回を終了し、史上5度目の引き分け再試合となった。

		第1～101回		第103回	
最多 与四死球	チーム	23 長野商（鳥羽、小山）　対静岡商	第22回	チーム	12 小松大谷（北方、吉田佑、岩野）　対高川学園
	個人	16 森本　健（高知商）　対岐阜一	第30回	個人	7 楠本晴紀　神戸国際大付　対長崎商
全員 奪三振		藤村富美男　呉港中　対長野商、対飯田商	第20、21回		
		尾崎行雄　浪商　対桐蔭	第43回		
		牛島和彦　浪商　対上尾	第61回		
		辻内崇伸　大阪桐蔭　対藤代、対東北	第87回		
		石川達也、藤平尚真　横浜　対履正社 など31度	第98回		
毎回 奪三振		西　純矢　創志学園　対創成館　はじめ92度	第100回		塩路柊季、髙橋　令、武元一輝
		（参考）松井裕樹　桐光学園　対今治西、 対常総学院、対光星学院　3度	第94回		智弁和歌山　対石見智翠館
全員 四死球		静岡商（23）　対長野商　はじめ3度	第22回		
		（参考）小山西（13）　対玉野光南※延長11回	第84回		
毎回 与四死球		札幌商（加藤）　対京城商	第20回		
		天津商（川西、金）　対仁川商	第24回		
無三振 試合		下関商（村井）－松本商（洞沢）	第26回		
		大分商（松本）－浜松商（浜崎）	第62回		
		浜松商（伊藤、浜崎、藤井）－瀬田工（布施、木村浩）	第62回		
無四死 球試合		海星（長崎）－聖光学院　はじめ21試合	第101回		

〈メモリーズプレーヤー〉

第59回3回戦、津久見戦の延長11回に大会史上初のサヨナラ満塁弾を放った川端正（大鉄）。

無失策 試合		高岡商－履正社　はじめ多数	第101回	広島新庄－横浜 帯広農－明桜 神戸国際大付－北海 沖縄尚学－盛岡大付 明徳義塾－松商学園 明徳義塾－智弁学園 神戸国際大付－近江
全員失策		神戸一中（12）　対和歌山中	第7回	
全員残塁		藤枝明誠（13）　対津田学園　はじめ28度	第99回	

〈メモリーズプレーヤー〉

第53回優勝の桐蔭学園の大塚喜代美は防御率0.00で大会を終えた。

代打 本塁打	（1）続木久彦　新居浜商　対日大山形	第61回
	（2）細谷信幸　釧路工　対比叡山	第61回
	（3）滝上博文　徳島商　対上尾	第66回
	（4）立石幸二　鎮西　対取手二	第66回
	（5）宮内　洋　宇部商　対東海大甲府	第70回
	（6）梶原誉弘　柳ヶ浦　対仙台育英	第76回
	（7）橋本文明　茨城東　対福岡工大付	第79回
	（8）保坂有紀　日本航空　対駒大苫小牧	第87回
	（9）伊藤慎悟　常葉菊川　対日南学園	第89回
	（10）座覇政也　明徳義塾　対本庄一	第92回
	（11）吉田紘大　作新学院　対佐久長聖	第94回
	（12）酒谷　遼　聖光学院　対愛工大名電	第95回
	（13）田中秀政　明徳義塾　対智弁学園	第96回
	（14）金渕幹永　三沢商　対花咲徳栄	第97回
	（15）三好泰成　明豊　対天理 ※代打満塁本塁打は大会初	第99回
	（16）磯貝郁人　土浦日大　対興南	第100回

〈メモリーズプレーヤー〉

第7、8回に連続優勝した和歌山中で3番・遊撃手（第7回）、4番・投手（第8回）で活躍した井口新次郎（第5～8回の4回に出場）。第7回準決勝、豊国中戦での1試合最多得点6は、以来更新されていない。

サイクル 安打	（1）杉山眞治郎　平安　対盛岡（現・盛岡一）	第31回
	（2）玉川　寿　土佐　対桂	第57回
	（3）沢村　通　大阪桐蔭　対秋田　延長11回	第73回
	（4）藤本敏也　明徳義塾　対横浜	第80回
	（5）林　裕也　駒大苫小牧　対横浜	第86回
	（6）杉田翔太郎　敦賀気比　対国学院久我山	第101回

1イニング記録

		第1～101回			第103回
最多 本塁打	チーム	3 智弁和歌山（坂口、勝谷、坂口）　対駒大 岩見沢の8回	第90回	チーム	2 京都国際（中川、辻井）対二松学舎大付の6回 2 盛岡大付（小針、新井）対沖縄尚学の8回 2 大阪桐蔭（藤原、前田）対東海大菅生の3回
		3 智弁和歌山（細川、根来、東妻）　対明徳 義塾の7回	第101回		
	個人	2 坂口真規　智弁和歌山　対駒大岩見沢の 8回、2打席連続	第90回	個人	1 渡部　海　智弁和歌山　対智弁学園の9回 はじめ31人（36度）

全国選手権大会記録集

最多三塁打	チーム	3 慶応普通部　対香川商の3回	第2回	チーム	2 日大東北　対近江の5回
		3 小倉北　対長崎東の8回	第31回		2 高川学園　対小松大谷の5回
		3 中京商　対鹿児島商の3回	第44回		
		3 桐生　対北陽の1回	第48回		
		3 海星（三重）　対海星（長崎）の8回	第71回		
		3 広陵　対高知の4回	第90回		
		3 九州学院　対山形中央の6回	第92回		
		3 明豊　対東京都市大塩尻の6回	第93回		
		3 常総学院　対杵築の3回	第94回		
	個人	2 須長秀行　桐生　対北陽の1回	第48回	個人	1 谷口綜大　智弁学園　対智弁和歌山の2回
		2 オコエ瑠偉　関東一　対高岡商の3回	第97回		はじめ27人（28度）

〈メモリーズプレーヤー〉
第99回大会で6本塁打を放った中村奨成（広陵）。第67回で5本塁打を放った清原和博（PL学園）の記録を32年ぶりに更新した。

最多二塁打	チーム	4 高岡商　対福岡中の8回	第29回	チーム	3 東海大菅生　対大阪桐蔭の7回
		4 鶴見工　対高鍋の9回	第36回		
		4 PL学園　対高知商の3回	第65回		
		4 山梨学院大付　対熊本工の8回	第78回		
		4 千葉経大付　対浦添商の7回	第90回		
		4 帝京　対敦賀気比の3回	第91回		
		4 長野日大　対作新学院の6回	第91回		
		4 光星学院　対専大玉名の6回	第93回		
		4 浦和学院　対仙台育英の3回	第95回		
		4 仙台育英　対明豊の1回	第97回		
		4 東邦　対北陸の4回	第98回		

〈メモリーズゲーム〉
第68回準決勝の浦和学院戦（6打数4安打）から決勝の天理戦（5打数4安打）にかけて8打席連続安打を放った水口栄二（松山商）。

最多安打		12 松山商　対浦和学院の6回	第68回		6 敦賀気比　対三重の1回
					6 京都国際　対二松学舎大付の6回
					6 敦賀気比　対日本文理の2回
全員安打		松山商　対浦和学院の6回	第68回		
最多得点	チーム	14 立命館中　対台北一中の3回	第9回	チーム	5 敦賀気比　対三重の1回
					5 敦賀気比　対日本文理の2回
					5 智弁学園　対倉敷商の5回
	個人	2 木村航大　仙台育英　対飯山の5回 はじめ多数	第101回		
全員得点		14 立命館中　対台北一中の3回	第9回		
		13 九州学院　対足利工の7回	第45回		
		12 清峰　対光南の8回	第88回		
		12 東邦　対北陸の4回　はじめ13度	第98回		
最多四死球	チーム	8 静岡商　対長野商の8回	第22回	チーム	4 高川学園　対小松大谷の9回
		8 米子中　対高岡商の7回	第25回		

連続記録

		第1〜101回			103回
本塁打	チーム	2 星稜（内山、大高）　対仙台育英の9回 はじめ25度	第101回	チーム	2 京都国際（中川、辻井）対二松学舎大付の6回
	連続試合	3 香川伸行　浪商　対倉敷商、広島商、比叡山	第61回	連続試合	2 西川侑志　神戸国際大付　対長崎商、近江
		3 藤井進　宇部商　対東農大二、鹿児島商工、東海大甲府	第67回		2 代木大和　明徳義塾　対松商学園、智弁学園
		3 清原和博　PL学園　対高知商、甲西、宇部商	第67回		
		3 松本謙吾　宇部商　対美濃加茂、渋谷、西日本短大付	第72回		
		3 原島正光　日大三　対樟南、花咲徳栄、日本航空	第83回		
		3 萩原圭悟　大阪桐蔭　対報徳学園、横浜、常葉菊川	第90回		
		3 入江大生　作新学院　対尽誠学園、花咲徳栄、木更津総合	第98回		
		3 中村奨成　広陵　対中京大中京、秀岳館、聖光学院	第99回		
	連続打席	2 内山壮真　星稜　対仙台育英　39人、41度	第101回		
		2（参考）北條史也　光星学院　1大会で2度記録	第94回		
	連続打数	3 清原和博　PL学園　対享栄の3、6、9回（4、8回は四死球）	第66回		

〈メモリーズゲーム〉
甲子園で選手権大会が初めて開かれた第10回大会開幕戦（対北海中／延長12回）の5回表、甲子園での第1号本塁打（ランニング本塁打）となるとともに、選手権大会初の満塁弾を放ち、ホームインする田中一太郎（静岡中）。

三塁打	チーム	3 慶応普通部（塩川、河野、平川） 対香川商の3回	第2回	チーム	2 日大東北（馬場、奈須） 対近江の5回 2 高川学園（源、立石） 対小松大谷の5回	
	個人	3 酒沢政雄 育英商 対甲府中の4、5、7回	第21回			
二塁打	チーム	4 山梨学院大付（窪寺、横田、大竹、藤原） 対熊本工の8回	第78回	チーム	2 神戸国際大付（西川、武本） 対長崎商の7回 など7度	
	個人	3 川田賢一郎 八頭 対角館の4、6、8回 はじめ15人	第96回	個人	2 石田 恋 明桜 対明徳義塾の2、5回 2 佐藤拓斗 日大山形 対浦和学院の1、3回 2 島滝悠真 近江 対日大東北の5、7回 2 山里 宝 神戸国際大付 対北海の1、2回	
安打	チーム	11 松山商 対浦和学院の6回	第68回	チーム	5 京都国際（武田、金田、中川、辻井、平野） 対二松学舎大付の6回 5 盛岡大付（松本、南、金子、小針、平内） 対沖縄尚学の3、4回	
	個人	8 末次秀樹 柳川商 対三重〜対PL学園 8 水口栄二 松山商 対浦和学院〜対天理 8 鹿野浩司 帝京 対米子東〜対海星（三重） 8 松島侑也 日大三 対PL学園〜対駒大苫小牧	第58回 第68回 第71回 第86回	個人	4 宮坂厚希 智弁和歌山 対近江の5、6、8回、対智弁学園の1回 4 宝田裕椰 三重 対敦賀気比の2、4、7、8回 4 松本龍哉 盛岡大付 対沖縄尚学の1、3、5、7回 4 下地泰世 沖縄尚学 対阿南光の2、4、6、7回 4 織茂秀喜 松商学園 対高岡商の1、2、3、5回	
得点	チーム	12 立命館中 対台北一中の3回	第9回	チーム	4 神戸国際大付 対近江の9回 4 敦賀気比 対三重の1回 4 敦賀気比 対日本文理の2回 4 松商学園 対高岡商の1、3回の2度	
	個人	6 井口新次郎 和歌山中 対豊国中 6 萩原 誠 大阪桐蔭 対星稜〜対沖縄水産	第7回 第73回	個人	3 井口遥希 近江 対大阪桐蔭の7、8回、対盛岡大付の1回 3 織茂秀喜 松商学園 対高岡商の1、2、3回 3 斎藤優也 松商学園 対高岡商の1、2、3回	
四死球	チーム	7 米子中 対高岡商の7回	第25回	チーム	3 石見智翠館 対日大山形の7回 3 高川学園 対小松大谷の9回	
	個人	6 服部昌三 岐阜一 対高知商〜対小倉	第30回	個人	3 山下陽輔 智弁学園 対京都国際の7回、対智弁和歌山の2、4回 3 西山嵐大 近江 対大阪桐蔭の8回、対盛岡大付の1、3回 3 三宅海斗 西日本短大付 対二松学舎大付の2、4、6回	
出塁	チーム	14 智弁学園 対県岐阜商	第81回	チーム	7 日本航空 対新田の4、5回	
奪三振		10 松井裕樹 桐光学園 対今治西 9 平古場昭二 浪華商 対東京高師付中の9回〜対京都二中の1、2回 9 高橋光成 前橋育英 対岩国商の3、4、5、6回 9 小川正太郎 和歌山中 対大連商の3、4、5回 8 坂元弥太郎 浦和学院 対八幡商の7、8、9回〜対柳川の1回	第94回 第28回 第95回 第12回 第82回		5 森下瑠大 京都国際 対前橋育英の1、2回	

ノーヒットノーラン記録

1	松本 終吉	市岡中	対一関中	準々決勝	第2回
2	八十川 胖	広陵中	対敦賀商	2回戦	第13回
3	伊藤 次郎	平安中	対北海中	準決勝	第14回
4	楠本 保	明石中	対北海中	1回戦（開幕試合）	第18回
5	水沢 清	長野商	対遠野中	2回戦	第18回
6	岡本 敏男	熊本工	対石川師範	準々決勝	第18回
7	吉田 正男	中京商	対善隣商	1回戦	第19回
（参考）楠本 保	中田武雄	明石中	対水戸商	2回戦	第19回
8	長谷川 治	海南中	対神戸一中	2回戦	第20回
9	小林 梧楼	和歌山商	対福井商	2回戦	第22回
10	浦野 隆夫	大分商	対台北一中	1回戦	第24回
11	嶋 清一	海草中	対島田商	準決勝	第25回
12	嶋 清一	海草中	対下関商	決勝（2試合連続）	第25回
13	服部 茂次	熊谷	対県和歌山商	準決勝	第33回
14	清沢 忠彦	県岐阜商	対津島商工	1回戦	第39回
15	王 貞治	早稲田実	対寝屋川	2回戦（延長11回）	第39回
16	森光 正吉	高知商	対松阪商		第40回
17	降旗 英行	松商学園	対三笠	1回戦	第51回
18	有田二三男	北陽	対高鍋	3回戦	第55回
19	工藤 公康	名古屋電気	対長崎西	2回戦	第63回
20	新谷 博	佐賀商	対木造	1回戦	第64回
21	芝草 宇宙	帝京	対東北	2回戦	第69回
22	杉内 俊哉	鹿児島実	対八戸工大一	1回戦	第80回
23	松坂 大輔	横浜	対京都成章	決勝	第80回

第18回の開幕戦（対北海中）で、第19回の2回戦（対水戸商）では中田武雄との継投でノーヒットノーランを達成している楠本保（明石中）。

大会最少失点記録を持つ嶋清一（海草中／現・向陽）。第25回では準決勝、決勝と2試合連続でノーヒットノーランを達成した。

●歴代代表校一覧

	第1回 1915年 (大正4年)	第2回 1916年 (大正5年)	第3回 1917年 (大正6年)	第4回 1918年 (大正7年)	第5回 1919年 (大正8年)	第6回 1920年 (大正9年)	第7回 1921年 (大正10年)	第8回 1922年 (大正11年)	第9回 1923年 (大正12年)	第10回 1924年 (大正13年)	第11回 1925年 (大正14年)	第12回 1926年 (昭和元年)
北海道					北海中	函館中	北海中	函館商	北海中	北海中	北海中	旭川商
青森												八戸中
岩手		一関中	盛岡中	一関中	盛岡中	一関中	盛岡中					盛岡中
秋田	秋田中							秋田中		秋田中	秋田商	
山形												
宮城									仙台一中		仙台二中	
福島												
茨城				竜ケ崎中	竜ケ崎中	竜ケ崎中	竜ケ崎中	竜ケ崎中				
栃木									宇都宮商	宇都宮中		
群馬											前橋中	前橋中
埼玉												
千葉												千葉師範
東京	早稲田実	慶応普通部	慶応普通部	慶応普通部	慶応普通部	慶応普通部	慶応普通部	早稲田実	早稲田実	早稲田実	早稲田実	早稲田実
神奈川									横浜商			
新潟					長岡中	長岡中	長岡中	新潟商	新潟商			新潟商
長野		長野師範	長野師範	長野師範	長野師範	松本商	長野中	松本商		松本商	長野商	
山梨												
静岡										静岡中	静岡中	静岡中
愛知		愛知四中	愛知一中	愛知一中	愛知一中	愛知一中	明倫中	名古屋商	愛知一中	愛知一中	愛知一中	愛知商
岐阜												
三重	三重四中											
富山												
石川									金沢商	金沢一中		
福井											敦賀商	敦賀商
滋賀												
京都	京都二中	京都二中	京都一中	京都二中	同志社中	京都一商	京都一商	立命館中	立命館中	同志社中	東山中	東山中
大阪		市岡中	明星商	市岡中	市岡中	明星商	市岡中	市岡中	明星商	市岡中	市岡中	浪華商
兵庫	神戸二中	関西学院	関西学院	関西学院	神戸一中	関西学院	神戸一中	神戸商	甲陽中	第一神港商	第一神港商	第一神港商
奈良												
和歌山	和歌山中	和歌山中	和歌山中	和歌山中	和歌山中	和歌山中	和歌山中	和歌山中	和歌山中	和歌山中	和歌山中	和歌山中
岡山						岡山一中						
広島	広島中	広島商	広島商	広島商				広島商	広陵中	広島商		
鳥取	鳥取中	鳥取中		鳥取中	鳥取中	鳥取中				鳥取一中	米子中	鳥取一中
島根			杵築中				杵築中	島根商	松江中			
山口					豊浦中	鴻城中					柳井中	柳井中
香川	高松中	香川商	香川商								高松商	高松中
徳島												
愛媛				今治中	松山商	松山商	松山商	松山商	松山商	松山商		
高知												
福岡	久留米商	中学明善		中学明善	小倉中	豊国中	豊国中					
佐賀								佐賀中	佐賀中	佐賀中		
長崎			長崎中								長崎商	長崎商
熊本											熊本商	熊本商
大分												
宮崎												
鹿児島												
沖縄												
朝鮮							釜山商	京城中	徽文高普	京城中	釜山中	京城中
台湾									台北一中	台北商	台北工	台北商
旧満州							大連商	南満工	大連商	大連商	大連商	大連商

	第1回	第2回	第3回	第4回	第5回	第6回	第7回	第8回	第9回	第10回	第11回	第12回
優勝校	京都二中	慶応普通部	愛知一中		神戸一中	関西学院	和歌山中	和歌山中	甲陽中	広島商	高松商	静岡中
決勝成績	2−1	6−2	1−0	中止	7−4	17−0	16−4	8−4	5−2	3−0	5−3	2−1
準優勝校	秋田中	市岡中	関西学院		長野師範	慶応普通部	京都一商	神戸商	和歌山中	松本商	早稲田実	大連商
ベスト4	和歌山中	和歌山中	杵築中		盛岡中	鳥取中	豊国中	松本商	立命館中	大連商	大連商	高松商
進出校	早稲田実	鳥取中	盛岡中		小倉中	松山商	大連商	松山商	松江中	鳥取一中	第一神港商	和歌山中
本塁打数	1	4	0		0	0	10	2	3	19	8	7
参加校数	73	115	118	137	134	157	207	229	243	263	302	337
代表校数	10	12	12	14	14	15	17	17	19	19	21	22

「歴代代表校一覧」の参加校数は連合チームを1校と数えています

※第4回は代表校決定後に米騒動勃発により中止

第13回 1927年 (昭和2年)	第14回 1928年 (昭和3年)	第15回 1929年 (昭和4年)	第16回 1930年 (昭和5年)	第17回 1931年 (昭和6年)	第18回 1932年 (昭和7年)	第19回 1933年 (昭和8年)	第20回 1934年 (昭和9年)	第21回 1935年 (昭和10年)	第22回 1936年 (昭和11年)	第23回 1937年 (昭和12年)	第24回 1938年 (昭和13年)	
札幌一中	北海中	北海中	北海中	札幌商	北海中	北海中	札幌商	北海中	北海中	北海中	北海中	北海道
青森師範	八戸中		八戸中							青森師範		青森
福岡中	福岡中	福岡中		福岡中	遠野中	盛岡中			盛岡商			岩手
		秋田師範		秋田中	秋田中	秋田中	秋田中	秋田商		秋田中		秋田
								山形中	山形中	山形中	山形中	山形
												宮城
							福島師範	福島師範				福島
茨城商		水戸中	水戸中			水戸商						茨城
						栃木中						栃木
桐生中	前橋中	前橋商	桐生中	桐生中	高崎商		桐生中	桐生中	桐生中	高崎商	高崎商	群馬
												埼玉
	関東中			千葉中	千葉中		関東中	千葉中	千葉中			千葉
早稲田実	早稲田実	慶応商工	慶応普通部	早稲田実	早稲田実	慶応商工	早稲田実	早稲田実	早稲田実	慶応商工	日大三中	東京
	神奈川商工			神奈川商工		横浜商				浅野中	浅野中	神奈川
												新潟
松本商	松本商	諏訪蚕糸	諏訪蚕糸	長野商	長野商	松本商	長野商	飯田商	長野商	長野商	松本商	長野
								甲府中				山梨
静岡中		静岡中	静岡中		静岡中		島田商		静岡商	島田商	掛川中	静岡
愛知商	愛知商	愛知一中	愛知商	中京商	中京商	中京商	享栄商	愛知商		中京商		愛知
								岐阜商			岐阜商	岐阜
												三重
										高岡商		富山
					石川師範			石川工				石川
敦賀商	敦賀商	敦賀商	敦賀商	敦賀商		敦賀商	敦賀商		福井商		敦賀商	福井
												滋賀
平安中	平安中	平安中	平安中	平安中	京都師範	平安中	京都商	平安中	平安中	平安中	平安中	京都
北野中	豊中中	市岡中	浪華商	八尾中	八尾中	浪華商	市岡中	日新商	京阪商	浪華商	京阪商	大阪
第一神港商	甲陽中	関西学院	甲陽中	第一神港商	明石中	明石中	神戸一中	育英商	育英商	滝川中	甲陽中	兵庫
					郡山中							奈良
和歌山中	和歌山中	海草中	和歌山中	和歌山商	和歌山中		海南中	海草中	和歌山商	海草中	海草中	和歌山
												岡山
広陵中	広陵中	広島商	広島商	広陵中	大正中	大正中	呉港中	呉港中	呉港中	呉港中		広島
鳥取一中	鳥取一中	鳥取一中	米子中		米子中	鳥取一中	鳥取一中	米子中	鳥取一中		鳥取一中	鳥取
				大社中						大田中		島根
											下関商	山口
高松商	高松中	高松商					高松中				坂出商	香川
										徳島商		徳島
			松山商	松山商	松山商	松山中		松山商	松山商			愛媛
												高知
			小倉工	小倉工	小倉工		小倉工		小倉工	福岡工	福岡工	福岡
佐賀中	佐賀中	佐賀中			佐賀師範			佐賀商				佐賀
												長崎
					熊本工		熊本工			熊本工		熊本
				大分商		大分商		大分商			大分商	大分
												宮崎
鹿児島商	鹿児島商	鹿児島商	鹿児島二中						鹿児島商			鹿児島
												沖縄
京城中	京城中	平壌中	大邱商	京城商	平壌中	善隣商	京城商	新義州商	仁川商	竜山中	仁川商	朝鮮
台北商	台北工	台北一中	嘉義農林	台北工	嘉義農林	台北工	台北商	嘉義農林	嘉義農林	嘉義	台北一中	台湾
大連商	大連商	青島中	大連商	大連商	大連商	大連商	大連商	青島中	青島中	青島中	天津商	旧満州

高松商	松本商	広島商	広島商	中京商	中京商	中京商	呉港中	松山商	岐阜商	中京商	平安中	優勝校
5-1	3-1	3-0	8-2	4-0	4-3	2-1	2-0	6-1	9-1	3-1	2-1	決勝成績
広陵中	平安中	海草中	諏訪蚕糸	嘉義農林	松山商	平安中	熊本工	育英商	平安中	熊本工	岐阜商	準優勝校
愛知商	高松中	鳥取一中	和歌山中	松山商	熊本工	明石中	秋田中	育英商	平安中	海草中	高崎商	ベスト4 進出校
松本商	北海中	台北一中	平安中	小倉工	明石中	松山中	市岡中	早稲田実	桐生中	滝川中	甲陽中	
11	11	6	3	3	0	0	2	0	3	0	0	本塁打数
389	410	465	541	634	660	671	675	666	665	654	633	参加校数
22	22	22	22	22	22	22	22	22	22	22	22	代表校数

歴代代表校一覧

	第25回 1939年(昭和14年)	第26回 1940年(昭和15年)	第27回 1941年(昭和16年)	第28回 1946年(昭和21年)	第29回 1947年(昭和22年)	第30回 1948年(昭和23年)	第31回 1949年(昭和24年)	第32回 1950年(昭和25年)	第33回 1951年(昭和26年)	第34回 1952年(昭和27年)	第35回 1953年(昭和28年)	第36回 1954年(昭和29年)
北海道	札幌一中	北海中		函館中	函館工	函館工	帯広	北海	北海	函館西	北海	北海
青森	青森中					青森			青森			
岩手		福岡中		一関中	福岡中		盛岡	盛岡		盛岡商		
秋田											秋田	秋田
山形	山形中			山形中						山形南		
宮城		仙台一中			仙台二中	石巻	東北	仙台一			白石	
福島								福島商				福島商
茨城							水戸商			水戸商		水戸一
栃木								宇都宮工			宇都宮工	
群馬	桐生中	高崎商		桐生工	桐生中	前橋			桐生			
埼玉							熊谷		熊谷			
千葉	千葉商	千葉商		成田中	成田中	成田		千葉一		成田	千葉一	千葉商
東京	早稲田実	日大三中		東京高師付中	慶応商工	慶応	慶応	明治	早稲田実	日大三	明治	早稲田実
神奈川					浅野学園	湘南	神奈川商工	希望ケ丘	法政二		慶応	鶴見工
新潟												
長野	長野商	松本商		松本市中	県松本中	穂高農	松本市立	松商学園	松商学園	松商学園	松商学園	松商学園
山梨					谷村工商				都留			
静岡	島田商	島田商		沼津中		静岡一	静岡城内	浜松商	静岡城内		静岡商	静岡商
愛知	東邦商	東邦商		愛知商		享栄商	瑞陵	瑞陵	豊橋商	愛知	中京商	中京商
岐阜					岐阜商	岐阜一	岐阜	長良	大垣北	岐阜工		岐阜
三重											津	
富山	高岡商	富山商		高岡商								
石川						金沢一					金沢泉丘	
福井				敦賀商			武生	若狭	敦賀	敦賀		武生
滋賀											八日市	
京都	京都商	京都商		京都二中	京都二商	西京商	平安	山城	平安	山城		平安
大阪	京阪商	市岡中		浪華商	浪華商	天王寺	高津	泉大津	都島工	八尾	浪華商	泉陽
兵庫	関西学院	北神商		芦屋中	神戸一中	芦屋	芦屋	明石	芦屋	芦屋	芦屋	滝川
奈良											御所実	
和歌山	海草中	海草中		和歌山中	海草中	桐蔭	海南	新宮	県和歌山商	新宮		新宮
岡山						関西	倉敷工	岡山東				
広島							呉	阿賀				三原
鳥取	米子中				鳥取一中			米子東		境	鳥取西	米子東
島根		松江商		松江中								
山口	下関商	下関商		下関商	下関商	柳井	柳井		下関西	柳井商工	下関東	
香川	高松商				志度商	丸亀	高松一		高松一			高松商
徳島		徳島商				城東	鳴門		鳴門			
愛媛								松山東		松山商	松山商	
高知				城東中		高知商			高知商		土佐	高知商
福岡	福岡工	福岡工		小倉中	小倉中	小倉	小倉北	小倉	小倉	三池	東筑	小倉
佐賀												
長崎					鹿島一		長崎東		長崎西	長崎商		長崎商
熊本	熊本工							済々黌			熊本	
大分		大分商		臼杵中	大分二	臼杵	別府一		大分城崎	津久見		
宮崎											高鍋	
鹿児島				鹿児島商						甲南		
沖縄												
朝鮮	仁川商	平壤一中										
台湾	嘉義中	台北一中										
旧満州	天津商	奉天商										

（第27回は中止）

	第25回	第26回	第27回	第28回	第29回	第30回	第31回	第32回	第33回	第34回	第35回	第36回
優勝校	海草中	海草中	中止	浪華商	小倉中	小倉	湘南	松山東	平安	芦屋	松山商	中京商
決勝成績	5－0	2－1		2－0	6－3	1－0	5－3	12－8	7－4	4－1	3－2	3－0
準優勝校	下関商	島田商		京都二中	岐阜商	桐蔭	岐阜	鳴門	熊谷	八尾	土佐	静岡商
ベスト4 進出校	島田商 長野商	松本商 市岡中		東京高師付 下関商	成田中 仙台二中	岐阜一 西京商	高松一 倉敷工	宇都宮工 済々黌	高松一 県和歌山商	成田 長崎商	明治 中京商	新宮 高知商
本塁打数	1	2		4	8	4	9	3	6	0	4	3
参加校数	608	617		745	1125	1256	1365	1536	1633	1653	1701	1705
代表校数	22	22		19	19	23	23	23	23	23	23	23

※第27回は戦争により中止

第37回 1955年 (昭和30年)	第38回 1956年 (昭和31年)	第39回 1957年 (昭和32年)	第40回 1958年 (昭和33年)	第41回 1959年 (昭和34年)	第42回 1960年 (昭和35年)	第43回 1961年 (昭和36年)	第44回 1962年 (昭和37年)	第45回 1963年 (昭和38年)	第46回 1964年 (昭和39年)	第47回 1965年 (昭和40年)	第48回 1966年 (昭和41年)	
芦別	北海	函館工	札幌商	帯広三条	旭川北	釧路江南	帯広三条	釧路商	旭川南	帯広三条	釧路江南	北北海道
				苫小牧東	北海	札幌商	北海	函館工	北海	北海	駒大苫小牧	南北海道
			東奥義塾	青森	青森		青森一	東奥義塾		八戸		青森
岩手		黒沢尻工	福岡	宮古		福岡		花巻北	花巻商	花巻北	花巻北	岩手
	秋田		秋田商		秋田商	秋田商	秋田商	能代	秋田工	秋田	秋田	秋田
新庄北		山形南	山形南	新庄北			山形商	日大山形				山形
	仙台二		東北	東北	東北	東北	気仙沼	仙台育英	仙台育英			宮城
								磐城	保原	福島		福島
		土浦一	水戸商	下館一	水戸商		水戸工				竜ヶ崎一	茨城
	足利工		作新学院	宇都宮工		宇都宮学園	作新学院	足利工	作新学院	鹿沼農商		栃木
桐生					桐生工			桐生			桐生	群馬
		大宮	大宮	川越	大宮			大宮	熊谷商工	熊谷商工		埼玉
成田	千葉商		銚子商			銚子商	習志野	銚子商	千葉商	銚子商		千葉
日大三	早稲田実	早稲田実	明治	日大二	早稲田実	法政一	日大三	日大一	修徳	日大二	修徳	東京
法政二	慶応	法政二	法政二	法政二	法政二	法政二	慶応	横浜	武相	武相	横浜一商	神奈川
			新潟商			新発田農		新潟商		小千谷		新潟
伊那北	伊那北	上田松尾	松商学園	松商学園	赤穂	伊那北	長野	松商学園	丸子実	塚原		長野
		甲府商	甲府商		甲府一	甲府工	甲府商			甲府工		山梨
静岡	静岡	清水東	清水東	静岡商	静岡	浜松商	静岡市立	静岡	掛川西	東海大一	静岡	静岡
中京商	中京商	津島商工	中京商	中京商	享栄商	中京商	中京商	中京商	大府	東邦	中京商	愛知
	県岐阜商	県岐阜商	多治見工		県岐阜商	県岐阜商	大垣商	県岐阜商				岐阜
四日市			松阪商	松阪商			相可		海星			三重
	滑川		魚津	魚津		高岡商	高岡商	富山商	富山商	氷見		富山
			金沢桜丘		金沢市工		金沢	金沢泉丘	小松実		金沢商	石川
若狭		三国	敦賀	若狭		武生		若狭		武生		福井
		甲賀					長浜北					滋賀
立命館	平安	平安	平安	平安	平安	山城	平安	京都商	平安	京都商	平安	京都
浪華商	浪華商	寝屋川	浪華商	八尾	浪商	浪商	PL学園	明星	大鉄	北陽		大阪
市神戸商	県尼崎	育英	姫路南	滝川	明石	報徳学園	滝川	市西宮	滝川	報徳学園	報徳学園	兵庫
			御所工	天理	御所工		高田商	高田商		天理	郡山	奈良
新宮	新宮	県和歌山商	海南				南部		海南			和歌山
玉島			倉敷	倉敷工		倉敷工	岡山東	岡山東商	岡山東商	岡山東商	岡山東商	岡山
		広島商	尾道商	広陵	盈進商	崇徳	広陵	広陵	広陵	広島商	広島商	広島
	米子東		鳥取西		米子東		米子南	米子南				鳥取
		松江商	益田産	大田	大社	大社	大社					島根
岩国工			柳井				鴻城	下関商	早鞆	小野田工	早鞆	山口
坂出商	坂出商	高松商	高松商				丸亀商		高松商	高松商		香川
	徳島商	徳島商	徳島商		徳島商		徳島商	徳島商		鳴門		徳島
	西条	西条	八幡浜	西条	西条	松山商	西条	今治西	今治南		松山商	愛媛
城東	高知	高知商	高知商	高知商		高知商	高知商	高知	高知	高知		高知
小倉	小倉	戸畑	八女	戸畑	戸畑	戸畑	久留米商	柳川商	小倉工	三池工	小倉工	福岡
	佐賀商	佐賀商	佐賀			佐賀商	武雄		佐賀商			佐賀
		南山				海星	海星	海星		海星	海星	長崎
熊本	済々黌		済々黌	鎮西	熊本商		九州学院	八代東	八代東			熊本
津久見	別府鶴見丘		大分上野丘	大分		高田	大分商		津久見	津久見		大分
	宮崎大宮		大淀	大淀	大淀		宮崎商	宮崎商	高鍋	宮崎商		宮崎
			鹿児島玉龍		出水商	鹿児島実	鹿児島	鹿児島商	鹿児島玉龍	鹿児島玉龍	鹿児島実	鹿児島
			首里			首里	沖縄首里				興南	沖縄
												朝鮮
												台湾
												旧満州

※第41回から北海道は南北に分離

四日市	平安	広島商	柳井	西条	法政二	浪商	作新学院	明星	高知	三池工	中京商	優勝校
4-1	3-2	3-1	7-0	8-2	3-0	1-0	1-0	2-1	2-0	2-0	3-1	決勝成績
坂出商	県岐阜商	法政二	徳島商	宇都宮工	静岡	桐蔭	久留米商	下関商	早鞆	銚子商	松山商	準優勝校
中京商	西条	戸畑	高知商	八尾	鹿島	法政二	横浜	宮崎商	秋田	報徳学園		ベスト4
立命館	米子東	大宮	作新学院	東北	徳島商	県岐阜商	今治西	県岐阜商	高鍋	小倉工		進出校
1	2	0	5	2	4	4	12	6	5	11		本塁打数
1721	1739	1769	1807	1864	1903	1941	1996	2107	2270	2363	2415	参加校数
23	23	23	47	29	30	30	30	48	30	30	30	代表校数

歴代代表校一覧

	第49回 1967年 (昭和42年)	第50回 1968年 (昭和43年)	第51回 1969年 (昭和44年)	第52回 1970年 (昭和45年)	第53回 1971年 (昭和46年)	第54回 1972年 (昭和47年)	第55回 1973年 (昭和48年)	第56回 1974年 (昭和49年)	第57回 1975年 (昭和50年)	第58回 1976年 (昭和51年)	第59回 1977年 (昭和52年)	第60回 1978年 (昭和53年)
北北海道	網走南ケ丘	北日本学院	芦別工	北見柏陽	留萌	北見工	旭川竜谷	旭川竜谷	旭川竜谷	釧路江南	釧路江南	旭川竜谷
南北海道	北海	北海	三笠	北海	北海	苫小牧工	札幌商	函館有斗	北海道日大	東海大四	札幌商	東海大四
青森	東奥義塾	三沢	三沢	五所川原農林			青森商					青森北
岩手		盛岡一			花巻北	宮古水産	盛岡三	一関商工	盛岡商	花北商	黒沢尻工	盛岡一
秋田	本荘	秋田市立	横手	秋田商	秋田市立	秋田市立	秋田	秋田市立	秋田商	秋田商	能代	能代
山形		日大山形					日大山形	山形南		日大山形	鶴商学園	鶴商学園
宮城	仙台商	東北	仙台商			東北	仙台育英		仙台育英	東北	仙台育英	仙台育英
福島		磐城		磐城			双葉	福島商	磐城	学法石川	福島商	郡山北工
茨城		取手一	取手一				取手一	竜ケ崎一	土浦日大	鉾田一	取手一	取手二
栃木	鹿沼農商	小山	宇都宮学園			足利工	作新学院		足利学園	小山	宇都宮学園	作新学院
群馬		前橋工		高崎商	高崎商		前橋工	前橋工			高崎商	桐生
埼玉	大宮	大宮工	川越工	熊谷商	深谷商		川越工	上尾	上尾	所沢商	川口工	所沢商
千葉	習志野	千葉商			銚子商	銚子商	習志野	銚子商	習志野	銚子商	千葉商	我孫子
東東京	堀越	日大一	日大一	日大一	日大桜丘	日大一	日大一	城西	早稲田実	日体荏原	早稲田実	早稲田実
西東京								佼成学園	堀越	桜美林	桜美林	日大二
神奈川	武相	武相	東海大相模	東海大相模	桐蔭学園	東海大相模	藤沢商	東海大相模	東海大相模	東海大相模	東海大相模	横浜
新潟		新潟商				糸魚川商工	糸魚川商工	長岡商	新潟商	高田商	長岡	中越
長野	松商学園	岡谷工	松商学園	須坂園芸	須坂園芸	丸子実	丸子実	野沢北	松商学園	松商学園	松商学園	松商学園
山梨		甲府一				峡南	甲府工		巨摩	塩山商		日川
静岡	浜松商	静岡商	静岡商	静岡	静岡学園	東海大一	静岡	静岡	浜松商	東海大一	掛川西	静岡
愛知	中京	享栄	東邦	東邦	東邦	中京	東邦	名古屋電工	国府	中京	東邦	中京
岐阜		岐阜南		岐阜短大付	県岐阜商		中京商	中京商	中京商	市岐阜商	土岐商	県岐阜商
三重	四日市	三重	三重			海星		三重	三重	三重	海星	宇治山田商
富山	富山商	高岡商	富山北部		高岡商		富山商	高岡商			石動	
石川		金沢桜丘		金沢桜丘		星稜	金沢市工		金沢桜丘	星稜	星稜	金沢
福井	若狭	若狭	若狭		美方		福井商	三国	三国	福井	福井商	福井商
滋賀		守山	伊香		比叡山	膳所	伊香					膳所
京都	平安	平安	平安			京都商	平安	桂	京都商	京都商	京都商	京都商
大阪	明星	興国	明星	PL学園	PL学園	明星	北陽	PL学園	興国	PL学園	大鉄	PL学園
兵庫	報徳学園	市神港	東洋大姫路	滝川	報徳学園	東洋大姫路	東洋大姫路	東洋大姫路	洲本	市神港	東洋大姫路	報徳学園
奈良		智弁学園	御所工		郡山	天理	天理	郡山	天理	天理	智弁学園	天理
和歌山	市和歌山商	星林		箕島			箕島					箕島
岡山	倉敷工	倉敷工	玉島商	岡山東商	岡山東商		岡山東商	玉島商	岡山東商	岡山東商	水島工	岡山東商
広島	広陵	広陵	広陵	広島商	広陵	広陵	広島商	盈進	広島商	崇徳	広島商	広島工
鳥取		米子南				米子工	鳥取西					倉吉北
島根		浜田		江津工	浜田		浜田商		江の川	浜田	浜田	三刀屋
山口	早鞆	岩国商	宇部商			柳井	萩商	防府商	柳井商	宇部商	柳井商	南陽工
香川		高松商		高松商		高松一	高松商	丸亀商		高松商	高松商	高松商
徳島		鴨島商			池田		鳴門工			徳島商		徳島商
愛媛	今治南	松山商	松山商		今治西		今治西		新居浜商	今治西	今治西	松山商
高知	土佐	高知商	高知商	高知商		高知商	高知商	高知	土佐		高知	高知商
福岡	小倉工	飯塚商	飯塚商	九州工	筑紫工	東筑	柳川商	福岡第一	小倉南	柳川商	九州産	東筑
佐賀		佐賀工		唐津商			唐津商				佐賀商	小城
長崎	海星	海星	長崎商			海星	海星	佐世保工	諫早	海星	海星	佐世保工
熊本		鎮西				八代東		九州学院	熊本工	熊本工	熊本工	熊本工大
大分	大分商	津久見	大分商	大分商	鶴崎工	津久見	日田林工	佐伯鶴城		柳ケ浦	津久見	日田林工
宮崎	宮崎大宮	延岡商	宮崎商	都城	都城農		高鍋	延岡	日南	都城	延岡学園	延岡商
鹿児島	鹿児島	鹿児島商	鹿児島商	鹿児島商工	鹿児島玉龍	鹿児島商	鹿児島実	鹿児島実	鹿児島商	鹿児島実	鹿児島商工	鹿児島実
沖縄		興南				名護	前原			石川	豊見城	豊見城

※第56回から東京は東西に分離

	第49回	第50回	第51回	第52回	第53回	第54回	第55回	第56回	第57回	第58回	第59回	第60回
優勝校	習志野	興国	松山商	東海大相模	桐蔭学園	津久見	広島商	銚子商	習志野	桜美林	東洋大姫路	PL学園
決勝成績	7-1	1-0	0-0／4-2	10-6	1-0	3-1	3-2	7-0	5-4	4-3	4-1	3-2
準優勝校	広陵	静岡商	三沢	PL学園	磐城	柳井	静岡	防府商	新居浜商	PL学園	東邦	高知商
ベスト4	中京(愛知)	興南	若狭	岐阜短大付	天理	川越工	前橋工	広島商	星稜	今治西	中京(愛知)	
進出校	市和歌山商	倉敷工	玉島商	高松商	郡山(奈良)	高知商	今治西	鹿児島実	上尾	海星(長崎)	大鉄	岡山東商
本塁打数	11	13	9	10	5	7	10	11	15	13	21	15
参加校数	2460	2485	2523	2547	2569	2614	2660	2709	2798	2893	2985	3074
代表校数	30	48	30	30	30	30	48	34	38	41	41	49

第61回 1979年 (昭和54年)	第62回 1980年 (昭和55年)	第63回 1981年 (昭和56年)	第64回 1982年 (昭和57年)	第65回 1983年 (昭和58年)	第66回 1984年 (昭和59年)	第67回 1985年 (昭和60年)	第68回 1986年 (昭和61年)	第69回 1987年 (昭和62年)	第70回 1988年 (昭和63年)	第71回 1989年 (平成元年)	第72回 1990年 (平成2年)	
釧路工	旭川大	帯広工	帯広農	旭川竜谷	広尾	旭川竜谷	帯広三条	帯広北	滝川西	帯広北	中標津	北北海道
札幌商	札幌商	函館有斗	函館有斗	駒大岩見沢	北海	函館有斗	東海大四	函館有斗	札幌開成	北海	函館大有斗	南北海道
弘前実	弘前工	東奥義塾	木造	八戸工大一	弘前実	八戸	三沢商	八戸工大一	弘前工	弘前工	八戸工大一	青森
久慈	福岡	盛岡工	盛岡工	黒沢尻工	大船渡	福岡	一関商工	一関商工	高田	盛岡三	花巻東	岩手
秋田商	秋田商	秋田経法付	秋田経大付	秋田	金足農	能代商	秋田工	秋田経法大付	本荘	秋田経法大付	秋田経法大付	秋田
日大山形	山形南	鶴商学園	東海大山形	日大山形	日大山形	東海大山形	東海大山形	東海大山形	日大山形	東海大山形	日大山形	山形
東北	東北	仙台育英	東北	仙台商	仙台商	東北	東北	仙台育英	東北	東陵	仙台育英	宮城
安積商	双葉	福島商	安積商	学法石川	学法石川	磐城	学法石川	日大東北	学法石川	学法石川	日大東北	福島
明野	江戸川学園	取手二	鉾田一	茨城東	取手二	日立一	土浦日大	常総学院	常総学院	常総学院	竜ケ崎一	茨城
足利学園	黒磯	宇都宮学園	足利一	宇都宮南	足利工	国学院栃木	宇都宮工	宇都宮学園	足利工	佐野日大	葛生	栃木
前橋工	前橋工	前橋工	東農大二	太田工	高崎商	東農大二	前橋商	中央	高崎商	東農大二	高崎商	群馬
上尾	熊谷商	熊谷商	熊谷	所沢商	上尾	立教	浦和学院	浦和学院	浦和市立	川越商	大宮東	埼玉
市銚子	習志野	銚子西	東海大浦安	印旛	拓大紅陵	銚子商	拓大紅陵	習志野	拓大紅陵	成東	成田	千葉
城西	早稲田実	早稲田実	早稲田実	帝京	日大一	関東一	正則学園	帝京	日大一	帝京	関東一	東東京
日大三	国立	国学院久我山	日大二	創価	法政一	日大三	東亜学園	東亜学園	堀越	東亜学園	日大鶴ケ丘	西東京
横浜商	横浜	横浜	法政二	横浜商	桐蔭学園	藤嶺藤沢	横浜商	横浜商	法政二	横浜	横浜	神奈川
長岡	新発田農	新発田農	新潟工	中越	新潟南	中越	中越	新発田農	中越	新潟南	高田工	新潟
松商学園	松商学園	岡谷工	丸子実	長野商	篠ノ井	丸子実	松商学園	上田	上田東	丸子実	丸子実	長野
吉田	日川	東海大甲府	東海大甲府	吉田	東海大甲府	東海大甲府	東海大甲府	東海大甲府	吉田	甲府工		山梨
富士	浜松商	浜松西	静岡	東海大一	浜松商	東海大工	清水市商	静岡	浜松商	日大三島	浜松商	静岡
中京	大府	名古屋電気	中京	中京	享栄	東邦	享栄	中京	愛工大名電	東邦	愛工大名電	愛知
県岐阜商	美濃加茂	岐阜南	県岐阜商	岐阜第一	県岐阜商	県岐阜商	県岐阜商	県岐阜商	大垣商	県岐阜商	美濃加茂	岐阜
相可	海星	明野	明野	相可	明野	明野	明野	明野	伊勢工	海星	海星	三重
桜井	新湊	高岡第一	高岡商	桜井	高岡商	高岡商	新湊	高岡商	富山商	富山商	桜井	富山
星稜	金沢	星稜	星稜	小松明峰	星稜	北陸大谷	小松	金沢	金沢	星稜	星稜	石川
敦賀	敦賀	福井商	福井	北陸	福井商	福井	福井商	福井商	福井商	福井商	大野	福井
比叡山	瀬田工	近江	比叡山	比叡山	長浜	甲西	甲西	伊香	八幡商	八幡商	八幡商	滋賀
宇治	東宇治	京都商	宇治	東山	京都西	花園	京都商	北嵯峨	京都西	京都西	平安	京都
浪商	北陽	北陽	春日丘	PL学園	PL学園	PL学園	泉州	PL学園	近大付	上宮	渋谷	大阪
明石南	滝川	報徳学園	東洋大姫路	市尼崎	明石	東洋大姫路	東洋大姫路	明石	滝川二	神戸弘陵	育英	兵庫
天理	天理	智弁学園	智弁学園	天理	智弁学園	智弁学園	天理	天理	天理	智弁学園	天理	奈良
箕島	箕島	和歌山工	南部	箕島	箕島	和歌山工	桐蔭	智弁和歌山	高野山	星林		和歌山
倉敷商	岡山理大付	岡山南	関西	岡山南	岡山南	岡山南	岡山南	関西	岡山南	岡山城東	岡山城東	岡山
広島商	広陵	広島南	広島商	広島商	広島工	広島商	広島商	広島商	広島商	近大福山	山陽	広島
境	倉吉北	鳥取西	境	米子東	境	鳥取西	米子東	八頭	米子商	米子東	境	鳥取
浜田	浜田	浜田	益田	大社	益田東	大社	浜田商	江の川	江の川	出雲商	津和野	島根
豊浦	岩国商	下関商	宇部商	宇部商	柳井	宇部商	岩国商	徳山	宇部商	桜ケ丘	宇部商	山口
高松商	高松商	志度商	坂出商	高松商	三本松	志度商	尽誠学園	尽誠学園	坂出商	丸亀		香川
池田	鳴門	徳島商	池田	池田	徳島商	徳島商	池田	池田	池田	小松島西	徳島商	徳島
新居浜商	南宇和	今治西	川之江	川之江	松山商	川之江	松山商	宇和島東	松山商	宇和島東	松山商	愛媛
高知	高知商	高知	高知商	高知商	明徳義塾	高知商	高知商	伊野商	高知商	土佐	高知商	高知
八幡大付	田川	福岡大大濠	八幡大付	久留米商	福岡大大濠	久留米商	西日本短大付	東筑	福岡第一	福岡大大濠	西日本短大付	福岡
佐賀商	龍谷	佐賀学園	佐賀商	鳥栖	唐津商	佐賀商	唐津西	佐賀工	佐賀商	佐賀商	佐賀学園	佐賀
諫早	瓊浦	長崎西	佐世保工	佐世保工	海星	佐世保実	島原中央	長崎商	小浜	海星	海星	長崎
済々黌	熊本工	鎮西	熊本工	東海大二	鎮西	熊本工	熊本商	九州学院	熊本工	済々黌		熊本
大分商	大分商	津久見	津久見	中津工	別府商	津久見	佐伯鶴城	柳ケ浦	津久見	鶴崎工	藤蔭	大分
都城	日向学院	都城商	都城	高鍋	延岡商	日南	延岡工	宮崎南	日向	都城商	都城	宮崎
鹿児島実	川内実	鹿児島実	鹿児島商工	鹿児島商工	鹿児島商工	鹿児島商工	鹿児島商工	鹿児島商工	鹿児島商工	鹿児島商工	鹿児島実	鹿児島
中部工	興南	興南	興南	興南	沖縄水産	沖縄水産	沖縄水産	沖縄水産	沖縄水産	石川	沖縄水産	沖縄

箕島	横浜	報徳学園	池田	PL学園	取手二	PL学園	天理	PL学園	広島商	帝京	天理	優勝校
4-3	6-4	2-0	12-2	3-0	8-4	4-3	3-2	5-2	1-0	2-0	1-0	決勝成績
池田	早稲田実	京都商	広島商	横浜商	PL学園	宇部商	松山商	常総学院	福岡第一	仙台育英	沖縄水産	準優勝校
横浜商	天理	名古屋電気	東洋大姫路	池田	鎮西	甲西	鹿児島商	帝京	浦和市立	秋田経法大付	西日本短大付	ベスト4
浪商	瀬田工	鎮西	中京(愛知)	久留米商	金足農	東海大甲府	浦和学院	東亜学園	沖縄水産	尽誠学園	山陽	進出校
27	19	20	32	31	47	46	25	32	36	28	39	本塁打数
3170	3270	3394	3466	3568	3705	3791	3847	3900	3958	3990	4027	参加校数
49	49	49	49	49	49	49	49	49	49	49	49	代表校数

歴代代表校一覧

	第73回 1991年（平成3年）	第74回 1992年（平成4年）	第75回 1993年（平成5年）	第76回 1994年（平成6年）	第77回 1995年（平成7年）	第78回 1996年（平成8年）	第79回 1997年（平成9年）	第80回 1998年（平成10年）	第81回 1999年（平成11年）	第82回 2000年（平成12年）	第83回 2001年（平成13年）	第84回 2002年（平成14年）
北北海道	旭川工	砂川北	旭川大	砂川北	旭川実	旭川工	旭川大	滝川西	旭川実	旭川大	帯広三条	旭川工
南北海道	北照	北海	東海大四	北海	北海道工	函館大有斗	駒大岩見沢	函館大有斗	北海	札幌南	駒大苫小牧	札幌第一
青森	弘前実	弘前実	青森山田	八戸	青森山田	弘前実	光星学院	八戸工大一	青森山田	光星学院	光星学院	青森山田
岩手	専大北上	一関商工	久慈商	盛岡四	盛岡大付	盛岡大付	専大北上	専大北上	盛岡中央	専大北上	盛岡大付	一関学院
秋田	秋田	能代	秋田経法付	秋田	金足農	秋田経法付	秋田商	金足農	秋田	秋田商	金足農	秋田商
山形	米沢工	日大山形	日大山形	鶴岡工	東海大山形	日大山形	酒田南	日大山形	酒田南	酒田南	酒田南	酒田南
宮城	東北	仙台育英	東北	仙台育英	仙台育英	仙台育英	仙台育英	仙台	仙台育英	仙台育英	仙台育英	仙台西
福島	学法石川	郡山	学法石川	双葉	磐城	日大東北	日大東北	日大東北	学法石川	福島商	聖光学院	日大東北
茨城	竜ヶ崎一	常総学院	常総学院	水戸商	水戸短大付	水戸商	茨城東	常総学院	水戸商	水戸商	常総学院	常総学院
栃木	宇都宮学園	宇都宮南	佐野日大	小山	宇都宮学園	宇都宮南	佐野日大	栃木南	佐野日大	宇都宮学園	佐野日大	小山西
群馬	樹徳	樹徳	桐生第一	東農大二	桐生第一	前橋工	前橋工	桐生第一	桐生第一	桐生第一	前橋工	桐生市商
埼玉	春日部共栄	秀明	春日部共栄	浦和学院	越谷西	浦和学院	春日部共栄	埼玉栄／滑川	聖望学園	浦和学院	花咲徳栄	浦和学院
千葉	我孫子	拓大紅陵	市船橋	志学館	銚子商	市船橋	市船橋	八千代松陰／市船橋	柏陵	東海大浦安	習志野	拓大紅陵
東東京	帝京	帝京	修徳	関東一	帝京	早稲田実	岩倉	帝京	城東	日大豊山	城東	帝京
西東京	国学院久我山	創価	堀越	創価	創価	東海大菅生	堀越	桜美林	日大三	東海大菅生	日大三	桜美林
神奈川	桐蔭学園	桐蔭学園	横浜商大	横浜	日大藤沢	横浜	桐蔭学園	横浜／平塚学園	桐蔭学園	横浜	横浜	桐光学園
新潟	新潟明訓	長岡向陵	新潟明訓	中越	六日町	中越	日本文理	新発田農	新潟明訓	新発田農	十日町	日本文理
長野	松商学園	松商学園	松商学園	佐久	佐久長聖	東海大三	松商学園	佐久長聖	松商学園	松商学園	塚原青雲	佐久長聖
山梨	市川	東海大甲府	甲府工	市川	山梨学院大付	山梨学院大付	甲府工	日本航空	甲府工	山梨学院大付	日本航空	日本航空
静岡	市沼津	桐陽	掛川西	浜松工	韮山	常葉菊川	浜松工	掛川西	静岡	浜松商	静岡市立	興誠
愛知	東邦	東邦	享栄	愛知	享栄	愛産大三河	豊田大谷	豊田大谷／愛工大名電	東邦	中京大中京	弥富	東邦
岐阜	市岐阜商	県岐阜商	東濃実	大垣商	県岐阜商	県岐阜商	県岐阜商	岐阜三田	県岐阜商	中京商	岐阜三田	中京
三重	四日市工	三重	海星	海星	三重	海星	桑名西	海星	四日市工	日生第二	四日市工	久居農林
富山	富山商	高岡商	不二越工	富山商	高岡商	富山商	新湊	富山商	新湊	富山商	滑川	富山商
石川	星稜	星稜	金沢	星稜	星稜	金沢	金沢	星稜	小松	小松工	金沢	遊学館
福井	福井	北陸	福井商	敦賀気比	敦賀気比	福井商	敦賀気比	敦賀	福井商	福井商	福井商	福井
滋賀	八幡商	近江	近江兄弟社	近江	比叡山	近江	比叡山	近江	比叡山	八幡商	近江	光泉
京都	北嵯峨	京都西	京都西	西城陽	京都成章	北嵯峨	平安	京都成章	福知山商	鳥羽	平安	東山
大阪	大阪桐蔭	近大付	近大付	北陽	PL学園	PL学園	履正社	関大一／PL学園	北陽	PL学園	上宮太子	大阪桐蔭
兵庫	村野工	神港学園	育英	姫路工	尼崎北	神港学園	報徳学園	報徳学園／東洋大姫路	滝川二	育英	東洋大姫路	報徳学園
奈良	天理	天理	郡山	天理	智弁学園	天理	智弁学園	智弁学園	郡山	智弁学園	智弁学園	智弁学園
和歌山	智弁和歌山	智弁和歌山	智弁和歌山	市和歌山商	田辺	智弁和歌山	智弁和歌山	智弁和歌山	智弁和歌山	智弁和歌山	初芝橋本	智弁和歌山
岡山	岡山東商	倉敷商	岡山南	関西	関西	倉敷商	岡山城東	岡山理大付	岡山城東	岡山理大付	玉野光南	玉野光南
広島	西条農	広島工	西条農	山陽	宮島工	高陽東	如水館	如水館	如水館	瀬戸内	如水館	広陵
鳥取	米子東	倉吉北	鳥取西	八頭	倉吉東	八頭	八頭	境	米子東	米子商	八頭	倉吉北
島根	益田農林	大社	松江第一	江の川	江の川	益田東	浜田	浜田	浜田	益田東	開星	開星
山口	宇部商	山口鴻城	光	光	下関商	防府商	西京	宇部商	久賀	岩国	宇部商	宇部商
香川	坂出商	尽誠学園	三本松	坂出商	観音寺中央	高松商	丸亀商	丸亀城西	尽誠学園	丸亀	尽誠学園	尽誠学園
徳島	池田	池田	徳島商	小松島西	鳴門	新野	徳島商	徳島商	徳島商	徳島商	鳴門工	鳴門工
愛媛	川之江	西条	宇和島東	宇和島東	松山商	松山商	宇和島東	宇和島東	宇和島東	丹原	松山商	川之江
高知	明徳義塾	明徳義塾	高知商	宿毛	高知商	明徳義塾	高知商	明徳義塾	明徳義塾	明徳義塾	明徳義塾	明徳義塾
福岡	柳川	西日本短大付	東福岡	九州工	柳川	東筑	福岡工大付	東福岡	東福岡	柳川	九産大九州	柳川
佐賀	佐賀学園	佐賀商	鳥栖商	佐賀商	龍谷	唐津工	佐賀商	佐賀学園	佐賀東	佐賀北	神埼	鳥栖
長崎	瓊浦	佐世保実	佐世保実	長崎北陽台	長崎日大	波佐見	長崎南山	長崎日大	長崎日大	長崎日大	波佐見	海星
熊本	熊本工	熊本工	城北	済々黌	城北	熊本工	文徳	九州学院	九州学院	九州学院	秀岳館	熊本工
大分	柳ケ浦	柳ケ浦	大分工	柳ケ浦	大分	佐伯鶴城	大分商	日田林工	日田林工	中津工	明豊	柳ケ浦
宮崎	延岡学園	延岡工	小林西	延岡学園	日南学園	宮崎日大	都城	宮崎日大	日南学園	延岡学園	日章学園	日章学園
鹿児島	鹿児島実	鹿児島商工	鹿児島商工	樟南	鹿児島商	鹿児島実	鹿児島実	鹿児島実	樟南	鹿児島実	樟南	樟南
沖縄	沖縄水産	沖縄尚学	浦添商	那覇商	沖縄水産	前原	浦添商	沖縄水産	沖縄尚学	那覇	宜野座	中部商

※第80回は埼玉、千葉、神奈川、愛知、兵庫が東西に分離（表の上段が東、下段が西）。大阪が南北に分離（表の上段が北、下段が南）

	第73回	第74回	第75回	第76回	第77回	第78回	第79回	第80回	第81回	第82回	第83回	第84回
優勝校	大阪桐蔭	西日本短大付	育英	佐賀商	帝京	松山商	智弁和歌山	横浜	桐生第一	智弁和歌山	日大三	明徳義塾
決勝成績	13-8	1-0	3-2	8-4	3-1	6-3	6-3	3-0	14-1	11-6	5-2	7-2
準優勝校	沖縄水産	拓大紅陵	春日部共栄	樟南	星稜	熊本工	平安	京都成章	岡山理大付	東海大浦安	近江	智弁和歌山
ベスト4進出校	星稜／鹿児島実	東邦／尽誠学園	市船橋／常総学院	佐久／柳ケ浦	敦賀気比／智弁学園	福井商／前橋工	浦添商／前橋工	明徳義塾／豊田大谷	樟南／智弁和歌山	光星学院／育英	横浜／松山商	川之江／帝京
本塁打数	37	14	21	18	13	23	28	34	21	38	29	43
参加校数	4046	4059	4071	4088	4098	4089	4093	4102	4096	4119	4150	4163
代表校数	49	49	49	49	49	49	49	55	49	49	49	49

第85回 2003年 (平成15年)	第86回 2004年 (平成16年)	第87回 2005年 (平成17年)	第88回 2006年 (平成18年)	第89回 2007年 (平成19年)	第90回 2008年 (平成20年)	第91回 2009年 (平成21年)	第92回 2010年 (平成22年)	第93回 2011年 (平成23年)	第94回 2012年 (平成24年)	第95回 2013年 (平成25年)	第96回 2014年 (平成26年)	
旭川大	旭川北	旭川工	白樺学園	駒大岩見沢	駒大岩見沢	旭川大	旭川実	白樺学園	旭川工	帯広大谷	武修館	北北海道
駒大苫小牧	駒大苫小牧	駒大苫小牧	駒大苫小牧	駒大苫小牧	北海	札幌第一	北照	北海	札幌第一	北照	東海大四	南北海道
光星学院	青森山田	青森山田	青森山田	青森山田	青森山田	青森山田	八戸工大一	光星学院	光星学院	聖愛	八戸学院光星	青森
盛岡大付	盛岡大付	花巻東	専大北上	花巻東	盛岡大付	花巻東	一関学院	花巻東	盛岡大付	花巻東	盛岡大付	岩手
秋田	秋田商	秋田商	本荘	金足農	本荘	明桜	能代商	能代商	秋田商	秋田商	角館	秋田
羽黒	酒田南	酒田南	日大山形	日大山形	酒田南	山形中央	鶴岡東	日大山形	日大山形	日大山形	山形中央	山形
東北	東北	東北	一迫商	仙台育英	仙台育英	東北	仙台育英	古川工	仙台育英	仙台育英	利府	宮城
日大東北	聖光学院	聖光学院	光南	聖光学院	聖光学院	聖光学院	聖光学院	聖光学院	聖光学院	聖光学院	聖光学院	福島
常総学院	下妻二	藤代	常総学院	常総学院	常総学院	常総学院	水城	藤代	常総学院	常総学院	藤代	茨城
小山	宇都宮南	宇都宮南	文星芸大付	文星芸大付	白鴎大足利	作新学院	佐野日大	作新学院	作新学院	作新学院	作新学院	栃木
桐生第一	桐生第一	前橋商	桐生第一	前橋商	桐生第一	東農大二	前橋商	健大高崎	高崎商	前橋育英	健大高崎	群馬
聖望学園	浦和学院	春日部共栄	浦和学院	浦和学院	本庄一 / 浦和学院	聖望学園	本庄一	花咲徳栄	浦和学院	浦和学院	春日部共栄	埼玉
木更津総合	千葉経大付	銚子商	千葉経大付	市船橋	木更津総合 / 千葉経大付	八千代東	成田	習志野	木更津総合	木更津総合	東海大望洋	千葉
雪谷	修徳	国士舘	帝京	帝京	関東一	帝京	関東一	帝京	成立学園	修徳	二松学舎大付	東東京
日大三	日大三	日大三	早稲田実	創価	日大鶴ケ丘	日大三	早稲田実	日大三	日大三	日大三	日大鶴ケ丘	西東京
横浜商大	横浜	桐光学園	横浜	桐光学園	慶応 / 横浜	横浜隼人	東海大相模	横浜	横浜	横浜	東海大相模	神奈川
中越	日本文理	新潟明訓	日本文理	新潟明訓	新潟県央工	日本文理	新潟明訓	日本文理	新潟明訓	日本文理	日本文理	新潟
長野工	塚原青雲	松商学園	松代	松商学園	松商学園	長野日大	松本工	東京都市大塩尻	佐久長聖	上田西	佐久長聖	長野
東海大甲府	東海大甲府	日本航空	甲府工	甲府商	日本航空	山梨学院大付	日川	山梨学院大付	東海大甲府	日川	東海大甲府	山梨
静岡	東海大翔洋	静清工	静岡商	常葉菊川	常葉菊川	常葉橘	常葉橘	静岡	常葉橘	常葉菊川	静岡	静岡
愛工大名電	中京大中京	愛工大名電	愛工大名電	愛工大名電	大府 / 東邦	中京大中京	中京大中京	至学館	愛工大名電	愛工大名電	東邦	愛知
市岐阜商	県岐阜商	土岐商	県岐阜商	大垣日大	市岐阜商	県岐阜商	土岐商	関商工	県岐阜商	大垣日大	大垣日大	岐阜
宇治山田商	鈴鹿	菰野	三重	宇治山田商	菰野	三重	いなべ総合	伊勢工	松阪	三重	三重	三重
富山商	富山商	高岡商	福岡	桜井	高岡商	南砺福野	新湊	砺波工	富山工	富山第一	富山商	富山
金沢	遊学館	遊学館	金沢	星稜	金沢	日本航空石川	遊学館	金沢	遊学館	星稜	星稜	石川
福井商	福井	福井商	福井商	福井商	福井商	敦賀気比	福井商	福井商	福井工大福井	福井商	敦賀気比	福井
近江	北大津	近江	八幡商	近江	近江	滋賀学園	北大津	八幡商	北大津	彦根東	近江	滋賀
平安	京都外大西	京都外大西	福知山成美	京都外大西	福知山成美	龍谷大平安	京都外大西	龍谷大平安	龍谷大平安	福知山成美	龍谷大平安	京都
PL学園	PL学園	大阪桐蔭	大阪桐蔭	金光大阪	大阪桐蔭 / 近大付	PL学園	履正社	東大阪大柏原	大阪桐蔭	大阪桐蔭	大阪桐蔭	大阪
神港学園	報徳学園	姫路工	東洋大姫路	報徳学園	報徳学園 / 加古川北	関西学院	報徳学園	東洋大姫路	滝川二	西脇工	神戸国際大付	兵庫
天理	天理	天理	天理	智弁学園	天理	天理	智弁学園	天理	天理	桜井	智弁学園	奈良
智弁和歌山	市和歌山商	智弁和歌山	智弁和歌山	智弁和歌山	智弁和歌山	智弁和歌山	智弁和歌山	智弁和歌山	智弁和歌山	箕島	市和歌山	和歌山
倉敷工	岡山理大付	関西	関西	岡山理大付	倉敷商	倉敷商	倉敷商	関西	倉敷商	玉野光南	関西	岡山
広陵	広陵	高陽東	如水館	広陵	如水館	広陵	如水館	広島工	広島工	瀬戸内	広陵	広島
八頭	鳥取商	鳥取西	倉吉北	境	鳥取西	鳥取城北	八頭	鳥取商	鳥取城北	鳥取城北	八頭	鳥取
江の川	浜田	江の川	開星	開星	開星	立正大淞南	開星	開星	立正大淞南	石見智翠館	開星	島根
岩国	岩国	宇部商	南陽工	岩国	下関工	華陵	南陽工	柳井学園	宇部鴻城	岩国商	岩国	山口
香川西	尽誠学園	丸亀城西	香川西	尽誠学園	香川西	寒川	英明	英明	香川西	丸亀	坂出商	香川
小松島	鳴門第一	鳴門工	徳島商	徳島商	鳴門工	徳島北	鳴門	徳島商	鳴門	鳴門	鳴門	徳島
今治西	済美	済美	今治西	今治西	済美	西条	宇和島東	今治西	今治西	済美	小松	愛媛
明徳義塾	明徳義塾	高知	高知商	高知	高知	高知	明徳義塾	明徳義塾	明徳義塾	明徳義塾	明徳義塾	高知
筑陽学園	西日本短大付	柳川	福岡工大城東	東福岡	飯塚	九州国際大付	西日本短大付	九州国際大付	飯塚	自由ケ丘	九州国際大付	福岡
鳥栖商	佐賀学園	佐賀商	佐賀商	佐賀北	佐賀商	伊万里農林	佐賀学園	唐津商	佐賀北	有田工	佐賀北	佐賀
長崎日大	佐世保実	清峰	清峰	長崎日大	清峰	長崎日大	長崎日大	海星	佐世保実	海星	海星	長崎
必由館	熊本工	熊本工	熊本工	城北	九州学院	熊本工	専大玉名	済々黌	熊本工	熊本工	城北	熊本
柳ケ浦	明豊	別府青山	鶴崎工	楊志館	日田林工	明豊	大分工	明豊	杵築	大分商	大分	大分
日南学園	佐土原	聖心ウルスラ	延岡学園	宮崎工	都城商	延岡学園	日南学園	日南学園	宮崎工	延岡学園	日南学園	宮崎
樟南	鹿児島実	樟南	鹿児島工	神村学園	鹿児島実	樟南	神村学園	神村学園	樟南	樟南	鹿屋中央	鹿児島
沖縄尚学	中部商	八重山商工	八重山商工	興南	浦添商	興南	興南	糸満	浦添商	沖縄尚学	沖縄尚学	沖縄

※第90回は埼玉、神奈川、大阪が南北に分離（表の上段が北、下段が南）。千葉、愛知、兵庫が東西に分離（表の上段が東、下段が西）

常総学院	駒大苫小牧	駒大苫小牧	早稲田実	佐賀北	大阪桐蔭	中京大中京	興南	日大三	大阪桐蔭	前橋育英	大阪桐蔭	優勝校
4-2	13-10	5-3	1-1／4-3	5-4	17-0	10-9	13-1	11-0	3-0	4-3	4-3	決勝成績
東北	済美	京都外大西	駒大苫小牧	広陵	常葉菊川	日本文理	東海大相模	光星学院	光星学院	延岡学園	三重	準優勝校
桐生第一	東海大甲府	大阪桐蔭	鹿児島工	長崎日大	横浜	県岐阜商	報徳学園	関西	明徳義塾	日大山形	敦賀気比	ベスト4 進出校
江の川	千葉経大付	宇部商	智弁和歌山	常葉菊川	浦添商	成田	成田	作新学院	東海大甲府	花巻東	日本文理	
13	33	32	60	24	49	35	26	27	56	37	36	本塁打数
4163	4146	4137	4112	4081	4059	4041	4028	4014	3985	3957	3917	参加校数
49	49	49	49	49	55	49	49	49	49	49	49	代表校数

歴代代表校一覧

	第97回 2015年 (平成27年)	第98回 2016年 (平成28年)	第99回 2017年 (平成29年)	第100回 2018年 (平成30年)	第101回 2019年 (令和元年)	第102回 2020年 (令和2年)
北北海道	白樺学園	クラーク国際	滝川西	旭川大	旭川大	
南北海道	北海	北海	北海	北照	北照	
青森	三沢商	八戸学院光星	青森山田	八戸学院光星	八戸学院光星	
岩手	花巻東	盛岡大付	盛岡大付	花巻東	花巻東	
秋田	秋田商	大曲工	明桜	金足農	秋田中央	
山形	鶴岡東	鶴岡東	日大山形	羽黒	鶴岡東	
宮城	仙台育英	仙台育英	仙台育英	仙台育英	仙台育英	
福島	聖光学院	聖光学院	聖光学院	聖光学院	聖光学院	
茨城	霞ケ浦	常総学院	土浦日大	土浦日大	霞ケ浦	
栃木	作新学院	作新学院	作新学院	作新学院	作新学院	
群馬	健大高崎	前橋育英	前橋育英	前橋育英	前橋育英	
埼玉	花咲徳栄	花咲徳栄	花咲徳栄	花咲徳栄 / 浦和学院	花咲徳栄	
千葉	専大松戸	木更津総合	木更津総合	木更津総合 / 中央学院	習志野	
東東京	関東一	関東一	二松学舎大付	二松学舎大付	関東一	中止
西東京	早稲田実	八王子	東海大菅生	日大三	国学院久我山	
神奈川	東海大相模	横浜	横浜	慶応 / 横浜	東海大相模	
新潟	中越	中越	日本文理	中越	日本文理	
長野	上田西	佐久長聖	松商学園	佐久長聖	飯山	
山梨	東海大甲府	山梨学院	山梨学院	山梨学院	山梨学院	
静岡	静岡	常葉菊川	藤枝明誠	常葉大菊川	静岡	
愛知	中京大中京	東邦	中京大中京	愛産大三河 / 愛工大名電	誉	
岐阜	岐阜城北	中京	大垣日大	大垣日大	中京学院大中京	
三重	津商	いなべ総合	津田学園	白山	津田学園	
富山	高岡商	富山第一	高岡商	高岡商	高岡商	
石川	遊学館	星稜	日本航空石川	星稜	星稜	
福井	敦賀気比	北陸	坂井	敦賀気比	敦賀気比	
滋賀	比叡山	近江	彦根東	近江	近江	
京都	鳥羽	京都翔英	京都成章	龍谷大平安	立命館宇治	
大阪	大阪偕星	履正社	大阪桐蔭	大阪桐蔭 / 近大付	履正社	
兵庫	滝川二	市尼崎	神戸国際大付	報徳学園 / 明石商	明石商	
奈良	天理	智弁学園	天理	奈良大付	智弁学園	
和歌山	智弁和歌山	市和歌山	智弁和歌山	智弁和歌山	智弁和歌山	
岡山	岡山学芸館	創志学園	おかやま山陽	創志学園	岡山学芸館	
広島	広島新庄	広島新庄	広陵	広陵	広島商	
鳥取	鳥取城北	境	米子松蔭	鳥取城北	米子東	
島根	石見智翠館	出雲	開星	益田東	石見智翠館	
山口	下関商	高川学園	下関国際	下関国際	宇部鴻城	
香川	寒川	尽誠学園	三本松	丸亀城西	高松商	
徳島	鳴門	鳴門	鳴門渦潮	鳴門	鳴門	
愛媛	今治西	松山聖陵	済美	済美	宇和島東	
高知	明徳義塾	明徳義塾	明徳義塾	高知商	明徳義塾	
福岡	九州国際大付	九州国際大付	東筑	折尾愛真 / 沖学園	筑陽学園	
佐賀	龍谷	唐津商	早稲田佐賀	佐賀商	佐賀北	
長崎	創成館	長崎商	波佐見	創成館	海星	
熊本	九州学院	秀岳館	秀岳館	東海大星翔	熊本工	
大分	明豊	大分	明豊	藤蔭	藤蔭	
宮崎	宮崎日大	日南学園	聖心ウルスラ	日南学園	富島	
鹿児島	鹿児島実	樟南	神村学園	鹿児島実	神村学園	
沖縄	興南	嘉手納	興南	興南	沖縄尚学	

第103回 2021年 (令和3年)	加盟校	部員数	部員数の増減
帯広農 / 北海	211	5658	▼198
弘前学院聖愛	62	1837	△28
盛岡大付	68	2032	▼42
明桜	44	1601	▼30
日大山形	47	1498	▼101
東北学院	73	2293	▼49
日大東北	74	2278	▼137
鹿島学園	105	3192	▼114
作新学院	61	2063	▼41
前橋育英	68	2438	▼56
浦和学院	163	5931	▼285
専大松戸	171	5946	▼323
二松学舎大付 / 東海大菅生	272	9348	△53
横浜	191	6480	▼38
日本文理	85	2505	▼14
松商学園	86	2625	▼122
日本航空	36	1342	▼20
静岡	109	4021	▼111
愛工大名電	187	7158	▼223
県岐阜商	68	2676	▼28
三重	65	2244	▼39
高岡商	49	1400	▼60
小松大谷	50	1682	▼69
敦賀気比	32	1265	△12
近江	53	1932	▼41
京都国際	79	3123	▼16
大阪桐蔭	185	6197	▼276
神戸国際大付	159	6103	▼143
智弁学園	46	1425	▼106
智弁和歌山	39	1270	▼55
倉敷商	58	2402	▼133
広島新庄	92	3496	▼178
米子東	24	733	▼43
石見智翠館	39	1435	▼73
高川学園	58	1861	▼72
高松商	38	1309	▼70
阿南光	30	965	△16
新田	58	1792	▼69
明徳義塾	31	869	▼17
西日本短大付	138	5780	△57
東明館	37	1435	▼1
長崎商	56	1881	▼69
熊本工	61	2319	▼104
明豊	44	1808	▼94
宮崎商	47	1885	▼23
樟南	76	2184	▼103
沖縄尚学	65	2565	▼152
合計	3890	134282	▼3772

△は増、▼は減

※第100回は埼玉、神奈川、大阪、福岡が南北に分離（表の上段が北、下段が南）。千葉、愛知、兵庫が東西に分離（表の上段が東、下段が西）
※第102回はコロナ禍により中止

優勝校	東海大相模	作新学院	花咲徳栄	大阪桐蔭	履正社		智弁和歌山
決勝成績	10－6	7－1	14－4	13－2	5－3		9－2
準優勝校	仙台育英	北海	広陵	金足農	星稜		智弁学園
ベスト4	関東一	明徳義塾	東海大菅生	済美	明石商	中止	近江
進出校	早稲田実	秀岳館	天理	日大三	中京学院大中京		京都国際
本塁打数	32	37	68	51	48		36
参加校数	3906	3874	3839	3781	3730		3603
代表校数	49	49	49	56	49		49

鳴尾球場で行われた第3回で初めて、代表校が勢ぞろいする入場式が行われた

初めて甲子園で行われた第10回の始球式では、村山長挙朝日新聞社取締役が投球した

第14回、準決勝を降雨コールドで勝ち上がり優勝した松本商（現・松商学園）は、優勝旗を担ぎ、場内を行進した

第15回、外野スタンドが造られる以前の甲子園球場だが、すでに超満員。後方に見えるスタンドが初期のアルプススタンド

第20回、決勝の5回裏、優勝した呉港中は1死一、三塁から三浦のスクイズで三塁走者・原が生還。捕手は熊本工の吉原

第96回、三重との決勝の7回に逆転し、押し切った大阪桐蔭は73回、90回、94回に続いて4回目の優勝（100回にも優勝）。両校ナインは笑顔で健闘をたたえあった

● 都道府県別勝敗表／優勝回数／優勝校／本塁打数

		試合数	勝数	敗数	引き分け数	勝率	優勝回数／優勝校	本塁打数	本塁打数順位
1	大　阪	268	179	89	0	.668	14　大阪桐蔭 5、PL 学園 4、浪華商、浪商、明星、興国、履正社	147	①
2	愛　媛	192	122	69	1	.639	6　松山商 4、松山東、西条	57	④
3	神 奈 川	203	128	75	0	.631	7　東海大相模 2、横浜 2、湘南、法政二、桐蔭学園	54	⑦
4	和 歌 山	207	127	79	1	.617	8　智弁和歌山 3、和歌山中 2、海草中 2、箕島	72	③
5	高　知	160	98	62	0	.613	2　明徳義塾、高知	55	⑤
6	広　島	197	119	77	1	.607	7　広島商 6、呉港中	38	⑭
7	兵　庫	239	143	96	0	.598	7　神戸一中、関西学院、甲陽中、芦屋、東洋大姫路、報徳学園、育英	55	⑤
8	奈　良	146	87	59	0	.596	2　天理 2	49	⑧
9	愛　知	222	130	92	0	.586	8　中京商 6、中京大中京、愛知一中	49	⑧
10	沖　縄	123	71	52	0	.577	1　興南	33	㉒
11	京　都	217	124	92	1	.574	4　平安 2、平安中、京都二中	38	⑭
12	東　京	323	182	140	1	.565	7　帝京 2、日大三 2、慶応普通部、桜美林、早稲田実	117	②
	東 東 京	120	75	45	0				
	西 東 京	106	62	43	1				
13	千　葉	175	98	77	0	.560	3　習志野 2、銚子商	30	㉖
14	徳　島	125	66	58	1	.532	1　池田	35	⑰
15	岐　阜	143	75	67	1	.528	1　岐阜商	31	㉔
16	埼　玉	134	70	64	0	.522	1　花咲徳栄	35	⑰
17	山　口	150	78	72	0	.520	1　柳井	41	⑫
18	宮　城	141	73	68	0	.518		34	㉑
19	福　岡	179	92	87	0	.514	4　小倉中、小倉、三池工、西日本短大付	38	⑭
20	静　岡	173	87	85	1	.506	1　静岡中	35	⑰
21	熊　本	128	64	63	1	.504		33	㉒
22	群　馬	141	70	71	0	.496	2　桐生第一、前橋育英	22	㉟
23	香　川	137	68	69	0	.496	2　高松商 2	28	㉘
24	岡　山	129	64	65	0	.496		29	㉗
25	鹿 児 島	136	67	69	0	.493		31	㉔
26	栃　木	121	59	62	0	.488	2　作新学院 2	27	㉙
27	宮　崎	115	53	62	0	.461		25	㉝
28	大　分	129	58	71	0	.450	1　津久見	20	㊴
29	茨　城	118	53	65	0	.449	2　取手二、常総学院	41	⑫
30	青　森	111	49	61	1	.445		43	⑪
31	山　梨	99	43	56	0	.434		35	⑰
32	福　井	133	57	76	0	.429		27	㉙
33	滋　賀	89	38	51	0	.427		26	㉛
34	石　川	104	42	62	0	.404		19	㊶
35	長　野	158	62	96	0	.392	1　松本商	21	㊲
36	佐　賀	99	38	60	1	.388	2　佐賀商、佐賀北	19	㊶
37	秋　田	122	47	75	0	.385		16	㊹
38	長　崎	106	40	66	0	.377		24	㉞
39	三　重	94	35	58	1	.376	1　四日市	26	㉛
40	福　島	94	35	59	0	.372		21	㊲
41	岩　手	120	41	78	1	.345		22	㉟
42	鳥　取	113	38	75	0	.336		16	㊹
43	富　山	92	30	61	1	.330		12	㊼
44	島　根	95	31	64	0	.326		13	㊻
45	新　潟	88	28	60	0	.318		20	㊴
46	北 海 道	230	72	156	2	.316	2　駒大苫小牧 2	44	⑩
	北 北 海 道	80	18	62	0				
	南 北 海 道	95	34	60	1				
47	山　形	87	27	60	0	.310		17	㊸
[参考]									
	台　湾	29	11	18	0				
	旧 満 州	32	12	20	0				
	朝　鮮	28	8	20	0				

Editor's Note

　大会の戦績などを記した記録集は第1回大会から作っていた、という資料があります。記録を残すことが目的で、記録集は都道府県高校野球連盟を通じて全加盟校など関係者に毎年配布してきました。選手の保護者や出場校ＯＢから購入希望がありましたが、部数も限られ、お応えできませんでした。2年ぶりの開催となった今年、高校野球ファンに限らず多くの方々にお届けしようと、市販することにしました。

　記録のことなどでお気づきの点がありましたら、朝日新聞大阪本社高校野球総合センター（〒530-8211 大阪市北区中之島2-3-18）まで、ご教示くださいますようお願いいたします。

「公式記録集」編集チーム

第103回
全国高等学校野球選手権大会
公式記録集

2021年12月30日　第1刷発行

編著／朝日新聞社
写真協力／朝日新聞出版写真部
発行人／尾木和晴
発行所／朝日新聞出版
〒104-8011　東京都中央区築地5-3-2
電話　03-5541-8767（編集）
　　　03-5540-7793（販売）